U0051167

歷史中國

西元420～西元589

# 南北朝原來是這樣

張程 著

# 目錄

# 重溫年少叛逆的中國

張程

如果可以將中國古代歷史看作一個人的一生，那麼南北朝時光就像極了他的青春期。

當散布在長江黃河等地的文明之火，孕育出完備的國家形態後，中國就如呱呱落地的嬰兒，開始塗抹自己的歷史長卷。經過夏商周、春秋戰國的嬰兒期和大秦、兩漢的孩童期，中國在三世紀（東漢末年）邁入了青春期。正如每個自然人都要經歷青春期的迷茫、躁動，才能走出種種不確定，從一個少年成長為青年，中國在從對世紀初到六世紀後期的三百多年裡，經歷了反覆的分裂混亂和南北征伐，迎來了隋唐時期的輝煌。而南北朝（四二〇年到五八九年）是這段歷史青春期的高潮，散發著濃郁的叛逆氣息。

南北朝的一百七十年間，中國從南北對峙、北方分裂走向大一統的盛世，期間難以確數的皇冠落地、權貴身首異處，華麗的鮮血橫飛；烽火硝煙起了又散，散了又起，多少生靈塗炭；幾代人篳路藍縷，走向希望和危險並存的未知地域。北方游牧民族跳下馬匹，來到黃河岸邊置地耕耘，中原漢族百姓則攜家帶口，深入長江以南的蠻荒之地，繼續世外桃源般的夢想。那是普羅大眾的夢想，讀書人的夢想是實現個人價值、繼而國泰民安，而最高統治者們一直沒有放棄天下一統的追求。美好的夢想，是亂世中最耀眼的光彩，雖然一再遭致殘酷現實的打擊，卻支撐了當時無數人的人生，讓他們能夠衝出動亂，挺立在嚴冬之中，並且穿透千年塵埃，閃耀到了今日。

如今，南北朝以分裂動亂而著稱。青春期以躁動和叛逆而著稱。兩者有共通之處，都是一個「亂」字，思想觀念沒有成形，各種思潮在腦海中交雜攪動；感覺體內充滿力量，卻不知道如何運用這股力量；不斷地吸收外界新信息，還不知道如何內化為自己所有。也因為如此，青春期看似迷亂，卻是人生必不可少的成長期，亂中孕育著成熟的種子。歷史學界對南北朝的評價，也是分裂中孕育著統一，在破壞的同時穩步建設。

南北朝是一個民族大融合的時代。西晉末年，天下大亂，匈奴、鮮卑、羯、氐、羌等民族紛紛湧入中原地區。各民族間相互碰撞，激烈征伐，有矛盾，有戰爭，個別時候甚至表現為殘酷的屠戮，但各民族之間更有相互欣賞和學習。漢族農夫覺得游牧民族的服裝更實用，少數民族的乳酪、胡餅美味可口。少數民族也逐漸認識到漢族的政治制度能滿足統治需要，首領們則喜歡上漢族政治制度集權和專制的特點——它們能夠滿足少數民族統治者的權力欲。入駐中原長久了後，漢族的農耕傳統、詩詞歌賦也進入了少數民族的血液。北魏孝文帝拓跋宏的遷都漢化，就是這個潮流的表現。他的漢化是全面的、徹底的、激進的改革，堪稱中國歷史上的偉大事件。如今，顯赫一時的匈奴、鮮卑等民族已經湮沒在歷史長河中了，看似無跡可尋，但是如今中華民族身上流淌的基因之一。

南北朝是一個在社會結構上「試錯」的時期。世襲門閥在南北朝穩固發展，大家族壟斷了政權、霸佔肥田良產，政治保障經濟，並且公權力世襲化，傳子及孫。出身打倒一切，將能力、品德、功績等踩在腳下。世族子弟不勞而獲，富貴一生，寒族人家終日奔波勞累，還要維生計憂愁。中國社會的等級開始固化，凍結了社會流動性。南北朝的門閥制度表面上登峰造極，卻不可避免地走上了下坡路。清要顯貴的官職都被世族子弟佔據著，但實職實權漸漸流入寒族子弟的手中。後期，出身卑微的人才越來越能夠憑藉自身努力飛黃騰達。世族門閥的勢力在事實上削弱了，這個制度遭到多數人的反對。到了隋唐時期，科舉制創建，公開選才取代了門閥世襲。科舉制是中國歷史的一大發明，可算是在南北朝門閥制度「試錯」之後的創舉，保障了中國社會的流動性和公平公正。

南北朝還是一個各種思潮激烈碰撞的時期——正如思想沒有定型的叛逆少年都要經歷迷茫徘徊和辨偽存真的青春期一樣。南北朝在中國思想史上承前啟後，舉足輕重。

竹林七賢的癲狂不羈，可以解讀為對自由的追求、對權威的藐視和反抗，何嘗不是暴露了那一代中國知識精英對自身、對世界、對兩者關係認識的迷茫與徘徊。南北朝時代，兩晉時期的玄學思潮歸於沉寂。講求報應和避世的佛學思想大放異彩。佛教飛速發展，大批佛經被翻譯介紹到中國，佛學廣泛滲透到政治、經濟、社會、民俗及文化各個方面。後世蔚為壯觀的北方佛像石刻和隱現在江南煙雨中的「南朝四百八十寺」，就是這個時期佛教大興的例證。儒學好比中國這個少年郎之前的主導思想，如今面臨嚴峻挑戰——正如每個少年郎的思想在青春期都會遭遇危機一樣。儒家思想在南北朝接納了玄學、佛學等的養分，儒生們也虛心與僧侶等交遊，適應了時局的變化，繼續保持了主導思想地位。土生土長的道教則繼續發展，組織更加嚴密，道規教儀更為完備。儒、釋、道三者共同主導中國文化和中國人思想觀念的格局開始形成。不同的人、個人的不同階段，都能從三者中找到思想的養分乃至歸宿。

具體到文化上，亂世和盛世一樣，為文化創作提供了豐富素材。南北朝既有「羽檄起邊亭，烽火入咸陽」（《代出自薊北門行》）的混亂，讓文人們「對案不能食，拔劍擊柱長歎息」（《擬行路難》其六），也有「池塘生春草，園柳變鳴禽」（《登池上樓》）的清麗靈動，還有「野曠沙岸淨，天高秋月明」（《初去郡》）的闊寥恬靜。

駢文統治著南北朝的文壇。南朝的謝靈運、謝眺出身世族豪門，作品傳誦一時，世稱「大小謝」；詩人鮑照出身寒微，作品往往抒發憤世嫉俗的情懷。南方的吳歌越曲明麗柔婉，北方則稍遜風騷。但北方有「風吹草低見牛羊」的敕勒民歌。北方民歌質樸剛健，情意真切，同時不乏其他類型的作品，如北魏酈道元的《水經注》、楊衒之的《洛陽伽藍記》，北齊顏之推的《顏氏家訓》。最有成就的還是由南入北的作家庾信。庾信的《哀江南賦》糅合了跌宕劇變的時代背景和坎坷曲折的個人際遇，融合了南方成熟精緻的文學技巧和北方剛健爽朗的精神，集南北文學之大成。南北朝的文壇，為迎接唐朝文學的成熟和繁榮，做好了充分的準備。

長大後的我們時常還會回顧青春期，尋找我們性格、觀念等成形的路徑，思考我們一些言行的成因。我們翻閱歷史的目的，也是古為今用，讓歷史關照現實。我們重新閱讀南北朝這段歷史，可以更好地認識中國社會、文化成形的脈絡，理清中國大歷史的發展。如果讀者能從本書中得到若干現實的影子——那就是在南北朝種下的中國社會和文化的種子開出來的鮮花。

翻過這一頁吧，去看看中國是如何走過茫然懵懂和躁動、迷茫和動蕩，成長為成熟溫潤的青年的！

# 一、主角是這樣煉成的

## 一

談到南北朝，首先要來認識一下主角拓跋部落。

拓跋部和魏晉時期建立五個燕國的主角慕容部一樣，都屬於鮮卑族，都發源於東北地區。和慕容鮮卑的「少年得志」不同，拓跋鮮卑在歷史上長期是一個「跑龍套的」，直到南北朝時才熬出頭做了主角。

拓跋鮮卑作為中國古老的民族，可能發源於現在東北嫩江流域和大興安嶺附近地區，後來南遷。拓跋部的遷徙，不是漸進的鬆散的遷徙，而是所有部落人民集體性的徹底遷走，因此事後難以確定他們最初的居住地。等拓跋部發達後，《魏書》上說他們祖上發源於「大鮮卑山」，在山上鑿有石室作為祖宗之廟。北魏太武帝拓跋燾還曾派人去祖宗發源地祭祀，《魏書》抄錄了祭祀的祝文。後人對拓跋部的發源地始終有爭論，直到一九八〇年在今內蒙古呼倫貝爾盟鄂倫春旗大興安嶺北段巔峰東麓的嘎仙洞內發現了石刻銘文，與《魏書》所記載的祭祀祖宗之廟的祝文完全相同，這才證明嘎仙洞就是拓跋部落的祖宗之廟。而大鮮卑山就是現在的大興安嶺了。當時，拓跋部處於原始的氏族部落階段，沒有明顯的階級分化和組織形式。

南方溫潤的氣候和豐饒的物產，對遠處大興安嶺的拓跋部落具有極大的吸引力。恰好在東漢時期，佔據蒙古高原的北匈奴被東漢打敗西遷，空出了一大片無主的土地。拓跋部乘機向南、向西遷移，逐步佔領、消化了原來匈奴人的領地。到東漢桓、靈二帝的時候，拓跋部已經生活在現在的遼河西部地區，開始了游牧生活。此後，他們沿著陰山山脈繼續向西南遷徙，進入到內蒙古南部地區。

隨著越來越靠近中原地區，拓跋部開始進入傳統史書的視野。不過他們僅僅被當作可有可無的配角，出現在朝貢表演和邊地逸聞之中。拓跋部的人有一個特殊的習俗，喜歡剃掉頭頂的部分頭髮，再把周邊的頭髮編成小辮子垂下來，所以他們被東漢稱為「索頭鮮卑」。

拓跋部的游牧生活過得比較滋潤，部族人口不斷成長（其中也吸收了部分匈奴殘部）。他們保留著氏族社會的特點，加上不斷遷徙向未知的前方，內部凝聚力特別強。到了三國時期，拓跋部出現了一個傑出的領袖，叫做拓跋力微。他擔任大酋長時，帶著部落大規模南下，最後遷居到盛樂（今內蒙古和林格爾）一帶。力微施行強權統治，部落中有首領不服從號令或者僅僅是沒有按時參加部落集會就會受到嚴刑懲罰。這從反面證明，當時的拓跋部已經逐漸告別氏族社會，大酋長廢除了民主推舉而變為世襲，部落開始出現政權的雛形。不過，力微還沒有組建明確的政權形式，更沒有編練固定的軍隊，還是有事的時候就召集部落，沒事的時候聽任部落四散游牧。

力微先是臣服於三國中的曹魏，後來又是西晉的藩屬。拓跋部和中原王朝展開了積極的交往，用北方的皮毛、牲畜交換中原的糧食、布匹和金銀。魏晉為了籠絡拓跋部，不時給予豐厚的賞賜。

拓跋部落的力量進一步增強。力微還派兒子沙漠汗去洛陽當「質子」（人質），結果沙漠汗嚴重漢化，幾十年後返回草原時儼然是一個漢族貴族的作派了。拓跋貴族們接受不了沙漠汗，又擔心力微將位子傳給他，就設下埋伏將沙漠汗暗殺了。

據說力微活了一百多歲。北魏建國後，追謚他為「神元皇帝」，廟號「始祖」。

這應該是一個民族在童年時期編造的神話。拓跋鮮卑類似的神話還有他們在遷徙過程中經歷的「九難八阻」，以及如何在上天的幫助下戰勝諸多困難，等等。神話迭出，恰恰說明了一個民族還沒有發展成熟。

力微死後，拓跋部出現了短暫的動蕩，最後力微的孫子拓跋猗盧重新統一了拓跋部落。猗盧很有祖父的風格，並且將祖父的強權統治發揚光大。他屠殺了任何膽敢挑戰自己權威的部落貴族和百姓，進一步打破了部落內部的民主傳統，把權力都集中在自己手中。當時，中原大亂，強大的拓跋部自然成了北方各派爭取和利用的對象。猗盧支持的是西晉的殘餘勢力，和劉琨勢力一起四處出擊。由於劉琨出面爭取，西晉在湣帝建興三年（三一五年）封猗盧為代王。拓跋部落第一次有了明確的政權名稱和形式。猗盧也徹底從一個部落聯盟的大酋長變成了割據勢力的君主。

猗盧死後，拓跋部又經歷了短暫的動蕩，直到東晉咸康四年（三三八年）猗盧的侄孫拓跋什翼犍成為新一任代王。

什翼犍根據史書的描繪，天生就是君王像。他「生而奇偉，寬仁大度，喜怒不形於色。身長八尺，隆準龍顏，立髮委地，臥則乳垂至席」。如果什翼犍真長成這樣，的確不是「凡人」。什翼犍的經歷也很傳奇。他從小被當作「質子」前往後趙，居住在趙都襄國（今河北定縣）多年，漢化比較深。什翼犍學會了不少漢族的政治話語和手腕，比凶悍的同胞們更懂得收買人心。比如他有一次在作戰中被射瞎了一隻眼睛。後來抓住了射箭的敵人，大臣們提議將射箭的人活活割死。什翼犍說：「各為其主，何罪之有？」於是將其釋放了。

在政治上，什翼犍對拓跋部落的貢獻是里程碑式的。如果說爺爺猗盧為拓跋鮮卑描繪了政權的藍圖，那麼孫子什翼犍則實現了這個藍圖。他設官分職，頒布法律，制定國家機構，正式建立了代國。拓跋人建國過程中，漢族人幫了大忙。什翼犍以漢人燕鳳為長史、許謙為郎中令，幫助自己建立法制。經過一番作為後，拓跋部勢力大長，統治區域東到現在的遼寧，西到甘肅一帶，南距陰山，北盡沙漠，面積幾百萬平方公里。拓跋部的軍隊有多少呢？史書說什翼犍「帶甲四十萬」。這就過於誇張了。如果什翼犍真的有四十萬武裝，早就可以爭奪天下了。比較可信的是，這四十萬人可能是拓跋部能夠動員的所有青壯年的總數。那時候，部落有事，青壯年都得跨馬橫刀出征，在一定程度上大家都算是軍人。

什翼犍還想走得更遠，讓部落定居下來。他計畫在盛樂等地築造城池。可是，以他母親為代表的貴族們反對定居。他們的理由是，一旦定居下來就可能遭到敵人的包圍，到時候連迴旋的餘地都沒有了，還不如游牧來得安全自在。什翼犍覺得有道理，最終放棄了築城定居的計畫。

初生的代國四處征戰，到處擄掠，日子過得挺滋潤。可惜什翼犍的運氣實在不好，遇到了更強大的敵人——前秦。前秦在苻堅的率領下，逐一消滅北方割據勢力，勢力如日中天。苻堅不能容忍代國的存在，於三七六年率領五十萬秦軍大舉北伐拓跋部。什翼犍硬著頭皮應戰，結果敗得一塌糊塗，倉皇向蒙古高原逃亡。沿途因為缺乏糧草，拓跋部傷亡慘重。屋漏偏逢連陰雨。什翼犍的庶長子拓跋寔君又聽信讒言，先殺儲弟，後殺什翼犍。什翼犍時年五十七歲。苻堅捕殺了拓跋寔君，將拓跋鮮卑殘餘分別劃歸匈奴劉庫仁、劉衛辰兩部治理。代國正式滅亡。

## 二

如果是一般的部落，遭到如此重創，在歷史舞台上的戲基本上就算唱完了。可拓跋部不是一般的部落。他們在常年的遷徙和游牧中強化了內部凝聚力，如今即便亡國了相互之間還保持著緊密的聯繫，一心謀劃著復國。同時，他們要感謝動蕩的年代。亂世中隱藏著很多的機會。

三八三年，前秦在淝水之戰中慘敗。被它征服的北方各族紛紛復國。三八六年，散落的拓跋部落一致推舉什翼犍的嫡孫、十六歲的拓跋珪為代王，正式復國。拓跋珪移居盛樂，不久改國號為「魏」。為了與三國時的曹魏相區別，歷史上將拓跋珪建立的魏國稱為「北魏」。拓跋珪就是北魏的道武帝。

拓跋珪稱魏王後，陸續擊敗周圍部落，兼併劉衛辰等匈奴部落（劉衛辰的兒子劉勃勃逃脫拓跋人的追殺，後來改名赫連勃勃，建立了夏國），勢力日益強大。當時北方最強大的割據勢力是慕容鮮卑建立的後燕。拓跋珪和後燕皇帝慕容垂有親戚關係。他的爺爺什翼犍曾向前燕的慕容皝求婚，迎娶了慕容皝的妹妹。按照輩分來排，拓拔珪是慕容垂的外甥。北魏起初也向後燕稱臣，作為後燕的附庸。慕容垂很關照拓跋珪這個小外甥，客觀上他也需要在北方有個盟友安定邊境，牽制其他部落。所以，北魏和後燕很快進入了蜜月時期。拓跋珪得以全心全意在北方作戰，有的時候兵力不夠還向舅舅慕容垂求援。慕容垂也很爽快地出兵相助。

但是拓跋珪並不甘心做後燕的附庸，所以當慕容垂封他做西單于、上谷王時，他就不肯接受。又過了兩年，他的羽毛更加豐滿，對燕的態度更有變化。三八八年，拓跋珪派堂弟拓跋儀出使後燕首都中山。慕容垂問他，魏王為什麼不親自前來朝賀？拓跋儀回答說，北魏和後燕的先世都是晉朝臣子，兩國應該世代結為兄弟，委婉地提出了地位平等的主張。一心蕩平天下的慕容垂對此很不快。而拓跋珪等人看到「燕主衰老（慕容垂六十三歲了），太子暗弱」，判斷後燕強盛不了多久。北魏暗暗有了兼併後燕之心。

後燕不久發動了滅亡西燕的戰役。西燕向拓跋珪求援，拓跋珪出兵援助。西燕滅亡得太快，北魏軍隊沒有趕上與後燕兵交鋒。但如此一來，北魏和後燕已經處於敵對狀態了。慕容垂滅掉西燕後，下定決定要遠征北魏。三九五年，慕容垂以太子慕容寶為主帥，率領後燕主力大舉進攻北魏。拓跋珪避其鋒芒，堅壁清野，帶著軍隊和百姓隱藏在黃河南岸河套地區。害得慕容寶在黃河以北遊蕩了幾個月，硬是找不到敵人戰鬥。初冬很快就到了，慕容寶失去了戰鬥意志，又風聞父皇慕容垂在後方病危，倉促決定撤退。為了防止北魏軍隊追擊，慕容寶撤退前留了一手。他燒毀了黃河上的所有渡船，以為這樣北魏就無法追擊了。不想，拓跋珪挑選了兩萬精兵，親自披掛上陣，踩著黃河的薄冰尾隨而去。最後在一個冬天的早晨，北魏追兵在參合陂包圍了還在睡夢中的後燕大軍。一場決戰變成了屠殺。慕容寶僅帶少數人倉皇逃命。北魏大獲全勝，僅戰後俘虜的燕軍就有四五萬人。拓跋珪殘忍地將這些俘虜全部活埋了。

這場戰鬥扭轉了北魏和後燕的力量對比。慕容垂鬱鬱而終，拓跋珪趁熱打鐵，大口大口吞噬後燕的領土。三九六年，北魏佔領了并州（今山西地區），並越過太行山進入冀州（今河北地區）。拓跋珪親臨陣前，魏軍包圍了中山城。後燕在生死關頭，慕容家族卻還在內訌。繼位的慕容寶要求遼東龍城（今遼寧朝陽，是慕容鮮卑的老巢）的軍隊南下增援。不想龍城方面希望慕容寶早死，可以爭奪帝位。最後無奈之下，慕容寶放棄中山，帶領精幹軍隊北逃。其實，中山城內的多數百姓都有親友在參合陂被魏軍殺害或者活埋，抵抗意志很強。他們在慕容寶逃跑後，又堅持抵抗了半年。後來因為彈盡糧絕，中山城被北魏攻克。這回，拓跋珪吸取教訓，沒有大開殺戒，還把握救死扶傷，收攬人心。

自此，後燕被截為兩段。慕容寶北逃後，勢力融入北燕。南邊的後燕勢力以困守鄴城的慕容德為核心。慕容德在北魏的逼迫下，南逃山東，勢力轉化為南燕。後燕大部被北魏吞併。三九八年，拓跋珪稱帝，定都平城（今山西大同），北魏成為北方最強大的勢力。

拓跋珪不僅建立了赫赫武功，在文治上也頗多建樹。攻佔并州後，拓跋珪仿照漢族政治制度建立台、省等官署，又在地方上設置刺史、太守等官。這些官職都由三個人同時擔任，比如某州刺史同時有三人。一人是拓跋宗室，一人是鮮卑貴族，還有一個人是鮮卑平民或者漢族人。當時地方上治安不好，地方官的主要職責就是抓強盜、保境安民。北魏規定有能力穩定一縣的縣令可以兼任兩個縣的縣令，穩定兩個縣的縣令兼任三個縣的縣令，如果能穩定三個縣三年就直接升任太守。而能夠治理多個郡的太守也可以照樣兼任和提升，直接當刺史。由此可見，當時北魏的統治還不穩定，政權組織也很粗糙，保留著許多原始的習俗，但畢竟走出了質變的一步。

拓跋珪很重視生產，在立國不久就讓拓跋儀組織屯田。佔領華北大部後，拓跋珪強迫各族人民上百萬人口遷移到平城。他們當中有的人「計口授田」，租種國有土地，做了國家的農奴；有的被分配到作坊從事手工業，為官府和貴族生產商品；有的被劃定為「營戶」，世世代代當兵（純正的拓跋人口不多，北魏軍隊中有許多異族士兵）；有的被賞賜給鮮卑貴族當奴婢。北魏規定鮮卑貴族可以擁有二百名奴婢，達官顯貴們實際擁有的奴婢都數以千計。這些移民被稱為「新民」，低人一等，甚至沒有人身自由，情況比奴隸好不到哪裡去。普通拓跋部落的人民理論上地位很高，有人身自由，可以從事各種職業，不過絕大多數人都從事單一職業：當兵打仗。他們當中的許多人在戰爭中劫掠致富，不過多數人始終一貧如洗。他們在戰鬥間隙四處遊蕩，沒有固定的職業，被稱為「遊手」。這部分人大約相當於拓跋部人口的三分之二。

以平城為核心的地區，過去就是拓跋部游牧的地區，如今成了北魏的根據地和政治中心。北魏著力經營這一地區，然後再輻射到四周去。他們把平城周圍叫做「畿內」；環繞著畿內一千多里的地方，叫做「近畿」。這一地區以外的地區，分別叫做「方」和「維」，一共有四個方和四個維，組成了「八部」，由「八部大人」管理。這八部大人和之前拓跋部的部落酋長不同，不是民主推舉的，而是由拓跋珪任命的，不負責領兵打仗，而是監督百姓耕種納稅。拓跋珪用徵收的賦稅的多少來考核八部大人。雙方的關係已經完全不是部落內部大小酋長之間的關係，而是君臣關係了。

鮮卑貴族也接受了這種上下關係的變化。為什麼呢？因為他們從國家的發展中獲得了切實的好處。戰爭的不斷勝利給他們帶來無數戰利品，分配了眾多的奴婢。而定居農耕的收穫遠比游牧要輕鬆，收穫也多。鮮卑貴族們對現狀比較滿意。可以這麼說，拓跋珪用物質利益換取了鮮卑貴族們的政治權力，北魏膨脹發展的收益淹沒了貴族們的失落感。

政權在不斷穩固，北魏和漢族的關係也得到改善。不少漢族人或主動或被逼地進入北魏政權。拓跋珪曾問博士李先：「天下有什麼好東西對人的神智有益？」李先說：「沒有比書籍更好的了。」於是拓跋珪下令徵集書籍，送到平城。自然，這些書籍都是講授儒家學說和漢族政治的圖書。華北的世族大家們也接受了新的統治者。為了給自己「投靠蠻夷」找個藉口，同時也為了增強拓跋鮮卑統治中原的合法性，漢族讀書人經過「仔細研究」，發現鮮卑族拓跋部原來是黃帝後裔。根據他們的「研究成果」，黃帝娶妻嫘祖，生子昌意，昌意的小兒子悃被封到北方。黃帝以土得王，而北方習俗將土稱為「拓」，將后稱為「跋」，所以黃帝的這一支後裔就以拓跋為姓了。這個說法很合拓跋貴族們的胃口，被他們欣然接受。既然大家都是黃帝後代，那麼拓跋鮮卑統治中原就是合情合理的事情了。

拓跋珪創建了北魏王朝，文治武功都很了不得。但他有一個毛病：性格殘暴。地位越高，拓跋珪就越不自信，老覺得有人覬覦皇位，於是更加殘暴地鎮壓部下。堂兄弟拓跋遵、拓跋儀等人先後被推上了斷頭台，還有不少人被滿門誅殺。他們當中只有少數人有謀反的真憑實據，多數人都是死於拓跋珪的猜疑。北魏朝廷人人自危。四〇九年十月，拓跋珪猜疑賀夫人，準備殺掉她。賀夫人所生的兒子清河王拓跋紹惶恐不安，搶先動手，殺掉了拓跋珪。拓跋珪當時只有三十九歲。

在拓跋部之前的歷史上，首領死後都引起了動蕩。但是，拓跋珪被殺後，北魏並沒有陷入之前的循環。這要歸功於已經穩固下來的北魏政權。它已經迅速從類似部落聯盟的階段飛躍到封建政權階段了。

拓跋珪死時，十七歲的長子拓跋嗣正在外地。拓拔鮮卑有個陋習，就是皇子被挑選為繼承人後，生母要自盡。拓跋珪要立拓跋嗣為太子，就逼其生母劉貴人自盡。拓跋嗣知道後悲傷不已，日夜哀號。拓跋珪聽了，要怒責他。拓跋嗣不得不逃出平城，流亡在外。拓跋紹殺了父皇後，平城的貴族們卻不擁戴他。大家都希望拓跋珪的長子拓跋嗣繼位。於是，拓跋嗣在宮中衛士的支持下很順利地殺入皇宮，砍死弟弟拓跋紹，於同年即位。拓跋嗣就是北魏明元帝，廟號太宗。

拓跋嗣是一個平穩的過渡性皇帝。他喜歡漢學，尤其喜歡學習歷史。在位十五年，拓跋嗣繼續推進父皇的制度建設。在對外征伐上，拓跋嗣抓住南宋劉裕病死的良機南征，和南朝在河南一帶展開了激烈爭奪。當時南朝力量還相當強大，南北幾乎以黃河為界。拓跋嗣付出了慘重的代價後，打敗了宋朝軍隊，佔領了河南和山東等地，將南北邊界線推向淮北一帶。這是南北朝期間，北方對南方的第一場勝利。由於長途征戰勞頓，拓跋嗣回到平城不久就病死了，年僅三十二歲。他留下了一個蓬勃向上的新帝國。

至此，北魏成了一個天下人不可小覷的重要角色，終於從一個虛渺的配角蛻變為耀眼的主角了。

# 二、拓跋燾的赫赫武功

## 一

拓跋嗣死後，繼位的是兒子拓跋燾。拓跋燾當時只有十六歲，和爺爺拓跋珪、父親拓跋嗣一樣都是少年繼位。也和祖父輩一樣，拓跋燾將北魏王朝推上了更高的台階。

拓跋燾的運氣很好，接手的是一個北方最強大的帝國。不過，北魏帝國雖然強大，卻只是若干個北方割據政權中的一個。

前秦滅亡後，北方經過多年的相互吞併，還有北魏、北涼、北燕、夏和西秦幾大政權。其中北魏最強大，佔領現在的山西、河北大部和河南、山東的一部分。和北魏有世仇的匈奴後裔赫連勃勃建立的夏國佔據陝西大部地區，也就是古代的關中地區，勢力僅次於北魏。北燕是後燕的殘餘（後燕的另一支殘餘南燕在劉裕北伐時滅亡），佔領現在京津地區和遼東一帶。西秦、北涼是現在甘肅、青海一帶的割據政權。臥榻之側，豈容他人鼾睡？拓跋燾繼位後，就把統一北方作為奮鬥目標。

統一要用拳頭來說話，誰的拳頭硬誰就有希望統一天下。

為了磨礪一雙硬拳頭，拓跋燾非常重視軍隊建設。

長期的游牧射獵生活鍛鍊了拓跋鮮卑健壯的體魄和高超的騎射能力。北魏軍隊戰鬥力很強，尤其是騎兵，算得上北魏克敵致勝的法寶。有了硬體優勢，拓跋燾又在軟體建設上下功夫。他常從普通士兵中提拔將官，激勵士兵們英勇作戰，對在戰鬥中表現勇敢的將士，或升官進爵，或賞賜以人口、牲畜及金銀、古玩、繒帛等物品；對違犯軍紀的官兵，拓跋燾嚴懲不貸，即便是親貴重臣也痛下殺手。臨淮公丘堆是老資格的鮮卑貴族，幾朝老臣，貴為太僕。在和夏國作戰的時候，丘堆聽到前線兵敗的傳言臨陣脫逃。拓跋燾毫不猶豫地將丘堆斬首。扶風公拓跋處真等八人則因為偷盜軍用物資，也被斬首。

拓跋燾嚴格治軍，首先做到了以身作則，對自己嚴格要求。每次征戰，他非但御駕親征，還身先士卒。比如始光四年（四二七年），拓跋燾親自帶上三萬輕騎突襲夏國的都城統萬。途中，他與官兵們頂著風沙、強忍饑渴，並親自參加了統萬城下的惡戰。戰鬥中，拓跋燾的坐騎力竭倒地，把主人帶倒墜地。拓跋燾上馬後繼續戰鬥，殺死夏軍十多人，後來身中流矢還血戰不已。看到拓跋燾玩命地衝鋒在前，北魏官兵們也都英勇殺敵，「是以人思效命，所向無前」。

當然，拓跋燾不是一味窮兵黷武的武夫，知道上層建設離不開經濟基礎。他忙於征戰的同時也不放鬆經濟生產。北魏統治民族和百姓眾多，拓跋燾尊重各民族的風俗習性，治理百姓卻不強迫百姓改俗易性，追求生產效益卻不強求整齊劃一。一句話，拓跋燾「因地制宜」地「開展多種經營」，既發展鮮卑等少數民族的畜牧業，又尊重漢族人的農耕和商貿。難能可貴的是，拓跋燾還派出使者用太牢大禮祭祀孔子，真正做到了物質文明和精神文明並重。

很快，北魏兵強馬壯，和其他割據政權的差距越拉越遠。統一的時機成熟了！先消滅誰呢？

以長孫嵩、長孫翰、奚斤等為代表的鮮卑武將們主張先進攻柔然。新興的游牧民族柔然不斷侵擾北魏北方邊界，日益成為北魏的大患。同樣出身游牧民族的鮮卑武將們渴望和柔然們一決雌雄，擄掠牲畜來補充軍需。大臣劉絜等則主張先打北燕，因為北燕最弱小。做事情先易後難，也算是人之常情。太常卿（掌宗廟禮儀的官）崔浩反其道而行之，認為應該先進攻最強大的赫連氏大夏政權。崔浩的理由是大夏政權殘暴無道，已經失去了人心，看似強大其實不難戰勝。拓跋燾毅然接受崔浩的主張，親自領軍度過黃河襲擊夏國首都統萬城，擂響了統一的鑼鼓。

北魏對大夏的征戰開始並不太順利。拓跋燾親自出馬也沒能攻破統萬城，只擄獲牛馬十多萬班師。赫連氏匈奴還有相當強大的軍隊。為了消滅夏軍的有生力量，拓跋燾在始光四年（四二七年）再次進攻統萬。這一次，他只帶一支小部隊佯攻城池，然後假裝不敵撤退，引誘夏軍離開統萬城追擊。拓跋燾早在城外的山谷中埋伏了主力，就等夏軍出城，在城外解決敵人。

夏國的赫連昌看到北魏軍隊「戰敗」了，並沒有出城追擊。他擔心這是拓跋燾的誘敵之策。

崔浩向拓跋燾獻計，故意讓犯死罪的士卒逃走報信，說魏軍糧草已盡，軍中士卒每天只吃菜，而輜重補給還在後方，步兵也未能趕到。赫連昌終於上當，大喜，親自帶兵出城追擊。這一下就中了拓跋燾的計謀了。訓練有素、嚴陣以待的北魏主力給了夏軍致命打擊。就是在這次激戰中，拓跋燾墜馬又身中流矢，仍然血戰不停，鼓舞士氣，消滅了夏軍的主力。赫連昌狼狽而逃，放棄統萬城逃往現在的甘肅一帶去了。夏軍殘餘則逃入統萬城。

拓跋燾帶少數隨從混在夏軍的敗軍中衝進城裡。匈奴人覺察到有魏軍混入城中，把城門全都關上，四處搜捕。拓跋燾和隨從闖入宮裡，拿到女人的裙子，化了裝，翻城出去，最終脫險。第二天，他指揮大軍猛攻統萬城，最終佔領這座夏國的都城，匈奴王公、大臣、將校、妃婢都成了俘虜。經此一戰，夏國敗局已定。

拓跋燾戰後巡視統萬城，看到當年赫連勃勃驅趕無數血肉之軀花費幾十年修成的都城，感歎道：「夏國國土不大、人口不多，卻濫用民力修建這樣的都城，哪有不亡的道理？」

在南邊，魏軍佔領了長安。夏國仍在掙扎，在西部和北魏打持久戰。第二年（四二八年），魏軍在隴西俘獲赫連昌。赫連定在隴西即位稱帝，繼續抵抗魏軍。他一度擊敗北魏軍隊，奪回長安。兩年後，北魏最終收復長安，平定關中地區。赫連定向西逃竄，竟然還在四三一年迫使乞伏暮末投降，滅亡了西秦。但是，北魏大軍接踵而來，赫連定畏懼魏軍，不敢接戰，向青海一帶繼續逃竄。同年六月，赫連定被吐谷渾所俘。夏國滅亡。

夏國滅亡的第二年（四三二年），北魏再接再厲進攻北燕，包圍其都城和龍（今遼寧朝陽）。北燕皇帝馮弘連戰連敗，在太延二年（四三六年）自己放了一把火燒毀和龍的宮殿、城池，逃往高麗（朝鮮）。馮弘後為高麗人所殺。北燕滅亡。

十六國政權中就只剩下一個北涼了。涼主沮渠蒙遜對自身實力本來就沒有信心，不斷依附於中原強者。誰強大，他就向誰稱臣，以求苟延殘喘。劉裕滅後秦的時候，沮渠蒙遜擔心自身地盤不保，非常恐慌。他看到漢族大臣劉祥奏事時面有喜色，罵道：「你聽到劉裕入關，竟敢這樣高興！」就把他殺了。他先向東晉、劉宋稱臣，北魏崛起後又向北魏稱臣。四三三年，沮渠蒙遜死了，終於在有生之年保住了地盤。六年後（太延五年，四三九年），拓跋燾御駕親征北涼，包圍其首都姑臧（今甘肅武威）。繼位的涼主沮渠牧犍聯合柔然人，守城不降，寄希望於柔然入侵可以迫使北魏撤軍。沒想到柔然不成器，只能騷擾一下北魏邊境，撼動不了全域。拓跋燾一心一意要滅北涼，把握攻城。沮渠牧犍困守孤城一個半月，山窮水盡而降。北涼滅亡，十六國結束。

北涼雖小，消滅它的意義卻不小。首先，北涼佔據著中原地區和西域的交通要道——河西地區。北魏滅北涼後，通西域更方便，西域各國紛紛臣服北魏，使得後者的影響力劇增。其次，從晉末張軌割據河西以來的一百多年時間裡，河西地區相對安定。中原人士避居河西的人很多，其中有許多讀書人，世代詩書相傳。北涼滅亡後，北魏將這些文人遷到平城。他們對北魏王朝的漢化進程產生了重要作用。

至此，拓跋燾基本統一了北方。時隔多年以後，統一的光芒重新照耀北方大地。南北朝對峙局面正式形成。

## 二

必須指出的是，拓跋燾的統一是形式上的、脆弱的。

北方分裂了上百年，數十個政權相互廝殺，留下了各種矛盾。拓跋燾剪滅其他割據政權只是消除了表面的統一障礙而已。深層次的民族問題、財政問題等更要命，更難解決。拓跋燾的高超之處就在他不僅打倒了其他梟雄，還大大緩解了深層次的矛盾。能夠做到前一點的人不少，但能同時完成後一點的人就不多了。拓跋燾，一個少數民族的年輕人，能夠兩者兼顧，實在是難能可貴。

我們來看看拓跋燾面臨哪些深層次的矛盾。主要是柔然、民族、收入和南方威脅四大問題。

柔然是繼鮮卑之後在北方興起的少數民族。鮮卑人南下發展得如火如荼的時候，空出來的塞北草原被柔然佔領。到北魏初期，柔然已經佔領了東起朝鮮半島、西到西域、北達西伯利亞、南至長城的廣袤土地，成為中原王朝新的心腹大患。拓跋燾剛繼位，柔然就出兵侵擾。拓跋燾親自迎戰，結果被柔然騎兵層層包圍了整整五十重。全賴北魏將士拼死殺敵，拓跋燾才脫險逃出。

北魏王朝對柔然的政策遵循「穩中求變」的原則，在北方各地建立軍鎮、以守住現有疆域為前提，然後瞅準時機積極出擊。拓跋燾一共對柔然發動了不下十次征戰。北魏組織敢死隊，將士們都只帶有限天數的糧食深入敵後，抱著不成功就成仁的決心，給了柔然不小的打擊。尤其是在四二九年，拓跋燾大敗柔然，取得了戰略意義的勝利。北魏俘獲柔然軍民數十萬人、牛羊上百萬頭，將他們南遷，安置在邊界南北。柔然餘部北遁，逃到了漠北地區。原先依附於柔然的高車（北方游牧民族，據說所乘之車輪子高大而得名）等部落改弦易轍，投靠北魏。柔然元氣大傷。不過他們依然沒有放棄侵擾北魏。

北魏對柔然的戰爭，耗費了大量的物資和人力。朝野有許多人因此反對主動出擊柔然，認為柔然地處荒遠，即便得到土地也不能耕種，俘虜人口也不能直接驅使，主張消極建造軍鎮防守。拓跋燾在崔浩的支持下，力排眾議屢次出擊柔然，雖然沒能根除柔然勢力，但基本解除了北方的威脅，免除了內政外交的一大後顧之憂。

第二個民族問題，從西晉末年就開始了。北方犬牙交錯地生活著漢、匈奴、氐、羌、鮮卑、羯、屠各等民族。割據戰爭往往和民族仇殺相伴隨，導致北方民族關係非常緊張。

和鎮壓異族的十六國政權一樣，北魏也推行民族高壓政策，尊崇鮮卑族人，強遷其他民族加強控制，對反抗的異族力量大開殺戒。許多異族百姓被北魏王朝罰做各種府營雜戶，供各衙門驅使奴役，甚至被迫從軍當炮灰。拓跋燾用兵關中和隴西的時候，為籌措軍需對關中百姓橫徵暴斂。因此，表面統一後的北魏王朝民族矛盾激烈，尤其以關中地區最厲害。

關中百姓的反抗屢有發生，北魏只能控制長安、杏城等重要軍鎮，沒能實現有效統治。太平真君六年（四四五年）九月，匈奴別部的盧水胡百姓在蓋吳的領導下起義。關中各族人民紛紛響應，起義軍迅速擴展到十萬餘人，分兵三路進逼長安。關東的河南、山西等地老百姓聞訊，也紛紛響應，佔領弘農等地，進逼潼關。一時間，烽火燃遍北魏王朝半壁江山。拓跋燾不敢怠慢，緊急抽調軍隊鎮壓起義。連新歸附的高車部落的騎兵都奉命從內蒙古地區南下作戰，可見拓跋燾抽調範圍之廣，也可以看出蓋吳起義的衝擊之大。

遺憾的是，蓋吳起義雖然聲勢浩大，卻沒有明確的發展戰略。起義軍四處活動，卻沒有攻克長安、潼關等戰略要地，也沒有構建起確定的防線。這就讓拓跋燾有充分的時間來調兵遣將。他先調兵趕赴長安固守，又派兵屯守渭北，嚴令務必阻止關中局勢進一步惡化。拓跋燾自領主力先清剿山西、河南一帶的起義。

第二年（四四六年）正月，拓跋燾成功隔斷了關中和關東起義軍的聯繫，隨後乘起義軍沒有戒備發起突襲，鎮壓了關東的起義。二月，拓跋燾馬不停蹄渡過黃河，殺向關中。蓋吳聞訊北撤，在杏城遭到魏軍包圍，損失嚴重。八月，蓋吳遇害，年僅二十多歲。有人傳說他是被親屬出賣的，也有人說他是屠各叛軍殺害的。但是之後，不斷有起義軍打著蓋吳的旗號繼續作戰，北魏花費了兩年時間來徹底穩定關中局勢。

在鎮壓過程中，拓跋燾對回應起義的百姓殘酷殺戮。為震懾人心，屠城也在所不惜。之後一段時間，各族百姓屈服於暴力，起義浪潮逐漸息弱。

大起義的爆發，讓拓跋燾意識到國家財政的窘迫。赫赫武功離不開物質基礎。常年征戰讓原本就不富裕的北方百姓捉襟見肘，北魏的橫徵暴斂是關中各族大起義的重要原因。可拓跋燾也有他的難處，國家掌握的戶口很有限，分擔給每個人的賦稅自然就重了。所以，當務之急是增加戶口。

當時北方大量的戶口被貴族官僚、據守一隅的塢堡主、寺廟僧侶等人控制。亂世中，人們依附於強者，為強者勞作服務，並不對國家作貢獻。官僚貴族依靠特權佔有奴婢，拓跋燾一時無法剝奪；塢堡主們各據一方，擁有武裝，拓跋燾也無法驟然解決。而寺廟和僧侶控制的大批工作力、土地和財產就進入了拓跋燾的盤算之中。

佛寺的興起在中國時間不長，畢竟佛教傳入中國也沒多久。但是撫慰人心的佛教理論遇到了魏晉南北朝的大亂世，如同火苗遇到硫磺，越燒越旺。信眾越來越多。拓跋鮮卑入主中原之初也接受了佛教，把它當作思想武器痲痺人民。從拓跋珪開始，北魏統治者大多敬禮沙門。寺廟規模日漸擴展，最後發展成擁有大批土地、財產和依附百姓的莊園經濟。許多信眾信仰、尊崇神佛超過了對朝廷的信仰，奉獻寺廟而不服從衙門，這就在官府和寺廟之間產生了矛盾。拓跋燾的赫赫武功恰好需要大批的物質支持，於是激發了蓬勃發展的寺廟經濟和北魏朝廷的矛盾。一些佛教僧侶和信徒藉助於鬼神方術擴大影響，追求特權，更讓官府看不慣。

拓跋燾一改之前對佛教的尊崇，強迫寺廟經濟納入朝廷的控制。在討伐北涼的時候，他就為了解決兵源不足問題，下令五十歲以下的和尚全部還俗，參軍作戰。太平真君五年（四四四年）正月，拓跋燾正式下令「禁佛」。他在詔書中指責佛教信眾假借神佛荒誕之說，影響朝廷政治，威脅皇權。規定上自王公下至平民，有私養和尚及師巫的，限在二月十五日前遣送官府，不得藏匿。過期不送，一經查實，和尚身死，主人抄家。

太平真君七年（四四六年），拓跋燾鎮壓蓋吳起義來到長安。一次，侍從牧馬來到一座寺院，發現其中藏有大批武器，就報告了拓跋燾。經搜查後，官兵又在其中發現數以萬計的贓賄之物和密室等。拓跋燾勃然大怒，在大臣崔浩的進言下，將「禁佛」發展為「滅佛」。他發布了更為嚴厲的滅佛詔：佛圖形象及佛經一律擊破焚燒，和尚無論長幼一律活埋。這就是中國歷史上著名的「太武帝滅佛」。中國北方的滅佛運動掀起了高潮，北魏境內難覓佛教僧侶蹤跡，北方佛教勢力一時陷於衰落。

且不說滅佛背後的思想糾葛，僅僅從物質收益上來說，拓跋燾經此一舉獲得了不少物資和人口，緩解了北魏朝廷的收入窘迫的困境。但是，人口被官僚貴族和塢堡主藏匿的主要弊端，拓跋燾終其一生都沒能解決。要經過之後幾代人的努力，透過「三長制」、「均田制」等漢化改革才能徹底消除。

拓跋燾面臨的第四大問題是南方的威脅。早在拓跋燾全力翦滅割據群雄的時候，南方的劉宋王朝就很有「想法」，想趁北方內戰來收漁翁之利。劉宋元嘉二十七年（北魏太平真君十一年，四五〇年），宋文帝劉義隆發動了轟轟烈烈的「元嘉北伐」，很有氣吞河山、畢其功於一役的架勢。宋軍一開始也取得了部分成績，但很快就在拓跋燾的御駕親征下一敗塗地。當年年底，拓跋燾就帶著北魏官兵飲馬長江，對宋都建康（今南京）指指點點了。北伐變成了拓跋燾的南征。最終，南北方都付出了巨大的傷亡，在淮南一帶達成了均勢（事見之後元嘉北伐的內容）。

這時候是北魏王朝軍力最強盛的時期。策馬揚鞭馳騁在長江北岸的拓跋燾的赫赫武功也達到了巔峰。

## 三

拓跋燾果敢英武，事業成功，但性格上有個缺陷，就是脾氣暴躁。人到中年以後，拓跋燾的脾氣越來越差。一般人發脾氣的時候，也就是砸砸東西，最多打打人。拓跋燾發脾氣，後果就很嚴重了。他每回生氣都殺人，而且誅戮過多，造成他身邊的人終日戰戰兢兢，擔心隨時都可能成為喜怒無常的皇帝的刀下鬼。拓跋燾也常常在殺完人之後後悔莫及，但就是改不了暴躁的脾氣。

話說，拓跋燾做事親力親為，經常領兵在外，留太子拓跋晃在首都平城監國，主持政府運轉。拓跋晃年紀大了，身邊自然聚集了一批人輔佐他。但是拓跋燾不放心太子，而是信任太監宗愛，放任宗愛留在平城宮中胡作非為。拓跋晃集團不時限制宗愛，雙方就產生了矛盾。

正平二年（四五二年），宗愛向拓跋燾進讒言，誣陷太子身邊的輔佐大臣們行為不軌。拓跋燾不辨真偽，就處死了他們。太子拓跋晃大為驚恐，擔心父皇接下來就要對自己開刀了，竟然驚懼而死，年僅二十四歲。事後查明，太子及其身邊的人並沒有不軌的行為。拓跋燾追悔莫及，號啕大哭。

這下子，輪到宗愛害怕了。他害怕拓跋燾治自己的誣陷之罪，決定先下手為強。在一個漆黑的夜裡，宗愛趁拓跋燾熟睡之時，將他殺死在床上。北魏的一代雄主，一個面對數萬敵軍鐵騎面不改色、馳騁南北浴血百戰的拓跋燾稀裡糊塗地死在了親信的太監手中，時年四十五歲。

北魏史書對拓跋燾做了極高的評價：「世祖（拓跋燾的廟號）聰明雄斷，威豪傑立，藉二世之資，奮征伐之氣，遂戎軒四出，周旋險夷。……遂使有魏之業，光邁百王，豈非神睿經綸，事當命世？」等於是將拓跋燾看作開創北魏百年基業的領袖。就是被拓跋燾打得夠嗆的劉宋王朝，也對他做了很高的肯定，說拓跋燾是「英圖武略，事駕前古」。

# 三、最後一個史官：崔浩

## 一

北魏太平真君十一年六月己亥（四五〇年七月五日），都城平城（今山西大同）的大街上碾過一輛囚車。透過揚起的塵土，人們看到囚車中押著一個白髮蒼蒼的老者。「這不是司徒崔浩大人嗎？」

是的，這個死囚正是已經七十歲的崔浩，太武帝拓跋燾親自下達了對他的死刑令。年邁的崔浩顯然被可怕的前景嚇壞了，驚恐得不發一言。崔浩被狼狽地押上刑場後，幾十名鮮卑族士兵還解下褲子，朝著他的身子解尿。崔浩嚇得嗷嗷大叫起來，叫聲之大連場外的行人都聽到了。不久，叫聲戛然而止，一個服務了三朝鮮卑皇帝的漢族重臣的腦袋滾落在地……

崔浩，出生於著名的清河（今河北清河）崔氏。作為北方首屈一指的世族大家，清河崔氏在晉末的大動亂中並沒有南遷，選擇留在北方。為了籠絡北方的漢族百姓，之後的少數民族政權建國後，紛紛延攬滯留北方的世族子弟入仕。清河崔氏門第高、聲望隆，自然是重要的延攬對象。

崔浩的曾祖父崔悅、祖父崔潛就分別在後趙、前燕做官。父親崔宏先是在前秦做官，前秦滅亡後他顛沛流亡。崔宏一度有意投奔東晉，一路向南跑去，結果在泰山被亂軍扣留。之後，崔宏被後燕政府任用。拓跋鮮卑興起，大肆進攻後燕的河北州縣。崔宏當時擔任高陽內史，大兵壓境後棄官而逃。拓跋珪久聞清河崔氏的名聲，派騎兵追趕，硬是把崔宏追到，拉入北魏政府做官。崔宏的經歷簡直是北方大世族的一部磨難史。患難生活讓他養成了低調謹慎的作風。崔宏在北魏朝廷言行委婉曲折，不樹敵，也不攀附權貴。拓跋珪晚年動輒斥責大臣，崔宏卻安然無事，最後榮封白馬公，和他的性格有很大關係。

崔浩就是白馬公崔宏的兒子。他沒有經歷過父親那樣的磨難，是在相對安定的環境中長大的。崔浩從小博覽群書，喜好文學，二十歲就入仕，在拓跋珪身邊做官。拓跋珪死後，繼位的拓跋嗣很信任崔浩，賜爵武城子，常常讓他為自己講授經書。崔浩得寵，能夠和拓跋嗣同車出行，參與軍國機密，引起了鮮卑貴族的羨慕。拓跋嗣立拓跋燾為皇太子時，就指定長孫嵩、奚斤、安同為左輔，崔浩、穆觀、丘堆為右弼。這六個輔政大臣除了崔浩外，都是鮮卑貴族。拓跋嗣死後，崔浩很快遭到鮮卑貴族排擠，被罷免職務。但拓跋燾在行政和征戰過程中，日益覺得需要一個精通漢族制度、善於謀劃的大臣，離不開崔浩。崔浩在進攻柔然、滅亡大夏、征服河西和處理與南朝的關係方面，給拓跋燾出了很多好主意。北魏政府仿行漢族禮儀制度，崔浩也起了重要作用。《魏書》就說「朝廷禮儀，優文策詔，軍國書記，盡關於浩」，看來是金子在哪裡都會發光的。

一次，拓跋燾接見歸附的幾百名高車酋長，指著崔浩說：「你們看看他，身材瘦小，拉不開弓，提不起槍，但肚子裡卻有滿腹甲兵。朕打的這些勝仗，都有他指點的功勞。」拓跋燾還下令各位尚書有不能定奪的軍國大計，先問問崔浩，然後施行。除了政治上信任，拓跋燾在生活上也很親近崔浩。他不時到崔浩家中請教問題，事先也不打招呼。倉促之間，崔浩接待皇帝難免手忙腳亂，只能用家常菜招待皇帝。拓跋燾總是高高興興地拿起來就吃。同樣，崔浩也被允許可以進入皇宮的任何地方，其中就包括拓跋燾的臥室。

皇帝對大臣信任到這樣程度，古今罕見。那麼，既然崔浩掌握了朝廷大權，拓跋燾又無比親信他，他怎麼就遭到了斬首示眾的噩運呢？

這得從當時北魏嚴重的民族矛盾和崔浩張揚耿直的作風兩方面來說。

## 二

還記得拓跋燾「滅佛」嗎？在旁邊慫恿他下滅佛令的，就是官至司徒的崔浩。

崔浩這麼做，有消滅膨脹的佛教勢力增加國家財富的「公心」，也有「私心」。他本人篤信道教，和當時北方道教領袖寇謙之關係密切。崔浩引薦寇謙之給拓跋燾，經常諷喻拓跋燾滅佛。而當時北魏上至太子、公卿，下至一般鮮卑百姓，佛家信徒不計其數。佛教在東漢年間傳入中原後長期被視為「胡教」。鮮卑族人自認為「胡人」，既然是胡人就應該信仰胡教。崔浩則對中原土生土長的道教情有獨鍾，堅定滅佛。「滅佛」風潮興起後，大批鮮卑貴族心有不甘。他們不敢反對拓跋燾，就把攻擊的矛頭對準了崔浩。

事實上，寇謙之提醒過崔浩，說他高調而堅定的滅佛會得罪很多人的。崔浩就是不聽。他生長在官宦人家，沒有父輩的磨難，入仕後基本算是一帆風順，不知道做人為政要謹小慎微，相反，知無不言，言無不盡，做事雷厲風行，很少顧及同僚們的想法。加上君臣關係融洽，官位正隆，崔浩內心的兩大缺點就被放大了。一個是讀書人的高調和虛榮，一個是世家子弟的優越感。我們來看看這些因素是如何發酵，最終將崔浩送上斷頭台的。

太原王氏是和清河崔氏並列的北方頭等世族門第，西晉末年南渡。東晉末年，太原王氏子弟王慧龍從江南歸附北方。崔浩的弟弟羨慕王家門第，想把女兒嫁給他。有人懷疑王慧龍並不是王家的人。崔浩親自前去驗證。他看到王慧龍的鼻子生得很大，不禁讚歎道：「這是真正的王家人，是個貴種。」原來太原王氏有個生理特徵，世代都出酒糟鼻。崔浩精通世族譜學（各個世族的家譜和特徵）。王慧龍透過崔浩「鑑定」後，受到了北方官民的推崇。崔浩並且多次對朝中的鮮卑諸公稱讚王慧龍長得俊美。他不知道，在鮮卑人建立的北魏朝廷中高調地稱讚漢族世族子弟是一個忌諱。果然，司徒長孫嵩聽了很不高興，跑去向拓跋燾告狀，說王慧龍是從南方歸降的，崔浩嘆服南人是「矮化國家」、「蔑視鮮卑」的行為。拓跋燾大怒，把崔浩叫來一頓訓斥。崔浩脫帽叩頭，自責了一番才得到寬恕。

自責歸自責，崔浩沒有真正從心底認識到自己的錯誤，很快故態重萌。

神䴥四年（四三一年），北魏徵召一批漢族世族做官。范陽盧玄、博陵崔綽、趙郡李靈、河間邢穎、勃海高允、廣平游雅、太原張偉等都應召到了平城。崔浩就想「大整流品，明辨姓族」，計畫由朝廷出面劃分世族門第的高低，作為區分政治待遇的標準，有點要恢復魏晉時期的九品中正制的味道。這個計畫肯定是對漢族世族掌握政權有利的。但是同樣是世族出身（范陽盧氏），又是崔浩親戚的盧玄勸他說：「創制立事，都要看時機是否適當。現在朝堂上對這件事樂觀其成的能有幾個人？」崔浩聽不進去，公開提出了這個計畫，還進一步提出分藩封鎮，希望恢復西周時期的諸侯制度。當然了，崔浩心目中裂土封到各地的諸侯對象多數是漢族世族子弟。鮮卑族權貴們自然對這樣的政策懷恨在心：這不是要奪我們的權，讓漢族人掌權專政嗎？

拓跋燾伐涼時，留太子拓跋晃監國。崔浩自恃拓跋燾的寵信，專制朝權，惹得太子不滿。更嚴重的是，崔浩推薦了冀、定、相、幽、并各州數十名漢族世族人士，擬任命為郡守。太子拓跋晃不同意，說官員任用要一步步來，不能馬上就提拔為太守，再說朝廷裡還有很多優秀人才等著任用呢。應該說，拓跋晃的意見是有道理的。但是，崔浩固執己見，堅持要按照自己的意見辦，結果得罪了更多的鮮卑官員。中書侍郎高允見狀，對東宮博士管恬說：「崔公恐怕不會有好下場的，自己錯了不肯承認，一定要和上面爭到底，這樣怎麼得了！」

所有的不滿和矛盾，最終在崔浩主持修撰北魏國史的時候爆發了出來。

一直到太武帝的時候，鮮卑民族和北魏王朝都沒有自己的史書。所以，拓跋燾就讓崔浩以司徒的身分主持國史修撰工作，中書侍郎高允、散騎侍郎張偉等人協助。這是一件思想文化領域的大事，拓跋燾很重視，專門召集修撰班子成員開會說：國史一定要寫好，一定要「根據實錄」。崔浩把這個要求理解為「實事求是」，所以採集了鮮卑民族資料，不避忌諱，編寫了北魏的國史《國記》，內容涉及鮮卑先輩許多同族殺戮、荒暴淫亂的史實。

崔浩這麼做，沒有什麼大錯。畢竟拓跋燾要求「實錄」，況且修撰國史是為了留下準確的資料，教育後代統治者，算作「內參讀物」。如果將內容過濾得乾乾淨淨、大唱讚歌，那還算什麼內參？裡面如果有讓讀者接受不了的內容，頂多算是崔浩「把關不嚴」。這個時候，崔浩身上文人虛榮和張揚性格暴露了出來。他並沒有將《國記》侷限為內部參考讀物，而是將它大肆宣揚，犯下不可饒恕的錯誤。

事情是這樣的：參與修撰工作的著作令史閔湛、郗標想拍崔浩的馬屁，就建議把《國記》刊刻在石上，來宣傳這一文化盛事。同時刊刻的還有崔浩所注的《五經》。之前，崔浩曾注釋過《論語》、《詩經》、《尚書》、《春秋》、《禮記》、《周易》等書。他在日理萬機之餘，僅僅花了三年時間就完成了這麼多「學術圖書」的寫作，這些書的質量就可想而知了。閔湛、郗標二人巧言令色，平時拍崔浩馬屁拍慣了──崔浩也很受用這些馬屁。如今，他們兩人將崔浩那些品質粗糙的作品抬得很高，說之前儒家學者注釋的五經都比不上崔浩作品的品質高，不僅要把這些作品和《國記》一道刊刻出來，而且上書建議收集北魏境內的五經舊注，以崔浩的注釋為標準。

高允知道了，很擔心。他對著作郎宗欽說：「閔湛、郗標的建議，恐怕會釀為崔家萬世之禍，我們也要受到連累的。」

但是，崔浩昏了頭，竟然對閔湛、郗標二人的馬屁照單全收，下令將《國記》刊刻出來。

## 三

不久，在平城天壇東三里處出現了一片碑林。整片碑林方圓一百三十步，刻印著《國記》和崔浩所注釋的《五經》，一共用工三百萬才完成，不愧為一個浩大的「文化盛舉」。

麻煩立刻來了！《國記》如果僅限在小範圍內傳閱，即便少數鮮卑權貴對秉筆直書的內容不滿，他們也找不出攻擊崔浩的藉口來──畢竟崔浩記載的是事實。可現在，崔浩將客觀但卻不光彩的鮮卑早期歷史曝光在大庭廣眾之中，無所避諱，引起圍觀者議論紛紛。鮮卑貴族就找到了攻擊崔浩的藉口。

大批鮮卑貴族怒不可遏──他們的確非常憤怒，先後到拓跋燾面前告狀，控訴崔浩有意「暴揚國惡」。拓跋燾沒有想到崔浩膨脹到這種地步，竟然私自在通衢廣場之上樹立「內部讀物」。他也怒不可遏。拓跋燾迅速下令收捕崔浩及祕書郎吏，審查罪狀。

拓跋燾的火發得非常大。情況很嚴重。

一向不贊同崔浩做法的高允也參與了《國記》的修撰工作，名字也在要逮捕查辦的黑名單上。太子拓跋晃是高允的學生，決心救他。父皇正在火頭上，拓跋晃不敢去為老師求情，就把高允召進宮裡保護起來，第二天早晨才帶著他去見父皇。一路上，拓跋晃叮囑高允：「一會不管陛下詢問什麼，老師都只能依照我的話講下去。」高允不明就裡，問道：「究竟發生了什麼事情？」拓跋晃三言兩語說不清楚，只是拉著高允見了拓跋燾。拓跋晃搶先說道：「中書侍郎高允在臣宮裡，小心謹慎，雖與崔浩同事，但一切都由崔浩作主。請饒了他的性命。」拓跋燾召高允上前問道：「《國記》是不是崔浩一個人所作？」高允實事求是地說明了各人分工情況，坦率承認自己編撰的部分比崔浩多。拓跋晃見狀，在一旁急得直瞪眼，但高允不為所動，毫不避諱地說了實情。果然，拓跋燾大怒，說：「如此說來，你的罪行比崔浩還重，我怎能饒你性命！」拓跋晃連忙替高允掩飾：「高允地位低賤，見了陛下早就嚇昏了，說的都是胡話。兒臣仔細問過了，《國記》都是崔浩一個人所作。」拓跋燾再問高允：「的確是這樣嗎？」高允坦然說了一番道理：「臣才學粗劣，蒙陛下不嫌棄委以編修國史的重任。但是在修史過程中冒犯天威，罪應滅族。太子殿下念臣曾經為他授課，想救我一命，其實事先並沒有問過臣修史的情況。臣說的是實話，不敢說謊。」聽他說完，拓跋晃眼睛一閉，心想：完了！不想，拓跋燾很欣賞高允的耿直、坦率，對他免予治罪。

崔浩就沒高允這樣幸運了。崔浩被帶進宮來，遭到嚴厲審問。他一介書生，年已古稀，早就嚇得渾身發抖，連話都說不清楚了，更不用說自我辯護了。負責審案的鮮卑貴族們自然給他重重定罪。

拓跋燾拿到最後的案卷，又一次大發雷霆，命令高允起草詔書，要將參與修史的一百二十八人全部滅族——其中大多數是漢族世家大族。高允奉詔後，心如刀絞，遲遲寫不出一個字來。他手裡的筆，可關係著北方數十家世族的幾千條人命呢！太監幾次來催詔書，高允實在扛不住了，就請求覲見拓跋燾後再寫。見到拓跋燾，高允說：「如果崔浩犯有別的罪，臣就不知道了。單單就觸犯忌諱來說，崔浩罪不至死啊。」拓跋燾大怒，命左右武士把高允拉下去砍頭。又是一旁的太子拓跋晃百般求情，甚至跪地叩頭替高允求饒，拓跋燾這才慢慢壓制了怒氣，覺得定罪確實太重了，同意赦免大多數人的族人，只處罰罪犯本人。拓跋燾指著高允對太子說：「若不是這個人惹朕發火，會死幾千人的。」

高允不僅又一次逃過了鬼門關，還拯救了很多人。他最後活到了九十八歲才死，是古代少見的長壽老人。

崔浩最終以修史「暴揚國惡」的罪狀被殺。遭到屠戮的除了清河崔氏滿門和參與修史的官吏外，還有和清河崔氏有姻親關係的范陽盧氏、太原郭氏、河東柳氏等，這幾天都遭滅族之災。崔浩生前竭力壯大漢族世族在北魏朝野的勢力，如今連累著這股勢力遭到了血腥的屠滅。

因為崔浩一案牽連人數很多，北方漢族世族為之膽寒，所以很多人懷疑北魏朝廷藉崔浩修史一案來鎮壓漢族勢力。進而有人認為崔浩「身在曹營心在漢」、一直處心積慮地為漢族謀利（自然包括為南方的漢族政權說話），被拓跋燾發覺後藉修史一事斬首。後來很多人「挖掘」了崔浩密圖光復的證據。比如崔浩反對北魏朝廷從平城遷都漢族腹心地區的名城。神瑞二年（西元四一五年），北魏糧食歉收，有大臣就建議遷都鄴城。崔浩藉口鮮卑人去河北容易水土不服發生疾病死傷反對，又藉口鄴城離北方邊界遙遠，如果大夏、柔然入侵救援困難反對，堅持都城要定在平城。他是不是不想讓鮮卑蠻族入居中華舊地呢？又比如劉裕北伐後秦的時候，崔浩竭力反對北魏出兵夾擊漢族軍隊，而且崔浩對北魏討伐其他少數民族無不全力支持，但一旦涉及南征或者與漢族軍隊作戰，崔浩總是反對，是不是也是崔浩「心懷故國」的證據呢？當然了，這樣的解釋揣摩的色彩較重。說崔浩是深藏在北魏內部的漢族間諜，缺乏直接的鐵證。

相反，崔浩在北魏統一北方和北魏朝廷的制度建設方面，功勳卓著，說他是北魏的開國元勳也不為過。在處決崔浩後不久，拓跋燾就後悔了，感歎崔浩「死得可惜」。

從某種意義上說，崔浩是最後一位敢於直書國史的人物，從那以後，後來的史臣們出於種種考慮，都是本著「為尊者諱」的態度撰寫史書，無一敢直書帝王其人其事，像崔浩那樣個性張揚、心靈簡單的讀書人也越來越少了。

# 四、成也太后：千古一后馮太后

## 一

北魏歷史上，出現了兩位太后。前一位勵精圖治，推動國家走向了強盛，後一位敗壞朝政，將國家推向了崩潰與分裂的邊緣，可謂是「成也太后，亡也太后」。

第一位太后姓馮，是個漢族女子。一個漢人怎麼成了鮮卑人的太后呢？這得從頭說起。

馮太后身世坎坷，祖父馮宏是十六國時期北燕的末代皇帝。北燕被太武帝拓跋燾滅亡，馮宏帶著家人跑到高麗，後來在高麗被殺。馮氏家族紛紛逃回中原，投降北魏。北魏為了表示寬容，接納了這些亡國皇室後裔。其中馮宏的一個女兒還被拓跋燾納入後宮，封為左昭儀。馮宏的一個兒子馮朗被封為西域郡公，當過秦州和雍州刺史，後來因為某宗案子受到牽連被殺。馮朗留下一個幼女，孤苦無依，姑姑馮昭儀就將她接到宮中，親自撫育。這個小女孩就是日後的馮太后。

馮昭儀對小侄女傾注了無私的關愛，小女孩在北魏後宮平安地成長，並且耳濡目染了諸多的政治風暴，無形中鍛鍊了才能。當她從女孩子長成少女的時候，正是北魏宮廷權力紛爭白熱化的時期。

北魏正平二年（四五二年）三月，太武帝拓跋燾被宦官宗愛殺害。宗愛將弒君的罪行掩蓋得很好，開始插手皇權更替，決心扶立便於操作的新皇帝。拓跋燾的太子拓跋晃已死，拓跋晃之子拓跋濬是皇位的第一繼承人。但是拓跋濬當時才十二歲。尚書左僕射蘭延、侍中和定以及侍中薛提三人認為主少國疑，新皇帝還是找年紀大的人來做比較好。他們三人屬意拓跋燾的第三子秦王拓跋翰，並將拓跋翰叫到宮中，準備登基了。期間，薛提突然變卦了，覺得大家捨棄血統最近的皇孫拓跋濬，改立秦王，會引發動亂。分歧導致了衝刺時刻的猶豫。這一猶豫就被宗愛利用了。宗愛和秦王拓跋翰關係一般，與拓跋燾第五子吳王拓跋余私交很好。他也在同時策劃擁立拓跋余為新皇帝。宗愛先又假傳皇后詔令，召蘭延、和定、薛提三人入內宮殺掉，又將秦王拓跋翰騙入密室殺害，然後擁立拓跋余為新皇帝。

拓跋余暴得皇位，喜出望外之餘知恩圖報，任命宗愛為大司馬、大將軍、太師、都督中外諸軍事，並封馮翊王。沒幾天，拓跋余就後悔了。因為天下的實權都被宗愛奪走了，自己這個皇帝成了傀儡。於是，拓跋余謀劃削奪宗愛權力。宗愛一不做二不休，乾脆又偷偷把拓跋余殺害了。

這一回弒君，宗愛做得不隱蔽，被禁衛軍官劉尼知道了。劉尼趕緊告訴了尚書源賀、陸麗等人。幾人聯手，捉拿宗愛。宗愛就是一個太監，並沒有多大實力，哪裡是大臣們聯手後的對手，很快就成了刀下之鬼。朝臣們重新迎立皇孫拓跋濬為帝，史稱文成帝。

文成帝拓跋濬在位十四年，沒有什麼豐功偉績可以說的。他最大的政策可能就是重新推崇佛法。拓跋濬的爺爺拓跋燾執行了嚴厲的滅佛令，公開的佛像和佛教勢力被摧毀了，但民間信仰依然堅定，繼續擴散。拓跋燾末期，官員對滅佛令的執行漸漸鬆弛。興安元年（四五二年）年底，文成帝正式允許各州縣建立佛寺，承認和尚剃度出家。拓跋濬本人似乎也信仰佛教，他不僅親手為高僧剃髮，還在僧侶的建議下，選定首都平城西北約三十里的武州山南麓，開鑿石窟，窟中雕鑿石佛像。這就是著名的山西雲岡石窟的緣起。

拓跋濬做的第二件影響深遠的事情，就是在太安二年（四五六年）立十五歲的馮氏為皇后。馮氏之所以能在候選人中脫穎而出，極可能得到了姑姑馮昭儀的幫助。北魏朝廷選皇后的規定是，先挑選一定數量的候選人，候選人要完成「手鑄金人」的考驗。「手鑄金人」很可能是類似鑄造玩偶的手工藝活動，是挑選過程中關鍵的一道程序，也是一個非常隆重的儀式。如果候選人不能鑄造成功，便被淘汰。而馮氏手鑄金人一次成功，順利打敗其他競爭者。後人有理由相信，姑姑馮昭儀長期的宮廷生活經歷對侄女馮氏的勝出產生了重要作用。

立后的同時，拓跋濬立年僅三歲的拓跋弘為皇太子，當夜依據制度賜太子生母自盡。

早在道武帝時期，北魏為了防止後宮干政，制定了「子貴母死」的制度，即皇子被立為太子後，其生母要被賜死。道武帝拓跋珪立兒子拓跋嗣為帝，就殺其生母，並且語重心長地對拓跋嗣說：「昔日漢武帝要立太子劉弗陵，殺了他的生母，是不讓婦人參與國政，防止外戚為亂。汝當繼統，故吾遠同漢武，為長久之計。」拓跋嗣繼位後，雖然懷念生母，但將立子殺母定為「祖宗家法」流傳了下來。

馮氏沒有生育，這是她的不幸，但她因此免於殺戮的命運。

和平六年（四六五年）五月，文成帝拓跋濬在平城駕崩。按照北魏風俗要焚燒文成帝生前的衣物用器等，文武百官和後宮嬪妃要到現場哭泣哀悼。正當百官和後宮痛哭的時候，皇后馮氏忽然撲火要自焚。眾人趕緊將她拉了出來。此事可見馮氏的剛硬和勇敢。

太子拓跋弘繼位，史稱獻文帝。馮皇后則升格為了馮太后。

## 二

事實證明，北魏「子貴母死」的家法並不能防止皇權旁落。拓跋濬死後，馮太后很快就獨攬了朝政，事實上掌握了北魏實權。

當時，獻文帝拓弘宏年幼，車騎大將軍乙渾乘機要攬權。他矯詔殺害大臣，自稱丞相，位居諸王之上，擺出一副獨斷專行的樣子來。他忘記了，馮太后可是敢往火堆裡跳的人。馮太后對乙渾的行為假裝不聞不問，暗中調大臣入京，突襲乙渾，將他殺死。接著，馮太后以皇帝年幼、防止奸臣攬權為名，宣布臨朝稱制，掌控朝政大權。

這是馮太后第一次臨朝主政，時間只有短短幾年。原因是獻文帝拓跋弘天資聰明、剛毅果斷，幾年後又生下了皇子拓跋宏（父子名字同音），馮太后臨朝的理由不充分了，於是歸政獻文帝，由他決斷朝事。

馮太后名為太后，其實還不到三十歲，加上結束臨朝後無事可做，熬不住寂寞，看到大臣李奕風流倜儻，就和他「親密接觸」，成雙入對了。朝野議論紛紛。

拓跋弘血氣方剛，得知後怒不可遏，完全不能容忍李奕和母親的不正當關係。巧的是，李奕的弟弟李敷在相州刺史任上收受賄賂，被人檢舉。拓跋弘就抓住這件事情不放，高舉反腐大旗，大開連坐之門，誅殺了李奕、李敷全家。馮太后遭到情感和顏面兩方面的打擊，對拓跋弘心生怨恨。於是，母子失和。

獻文帝拓跋弘鍾愛黃老之學，對佛經有手不釋卷之感，對富貴視為糞土，追求內心的平靜和安寧。他治理的朝廷處於亂世，後宮又母子失和，不免心煩意亂，竟然萌發了退位歸隱的想法。拓跋弘要把皇位讓給叔叔、京兆王拓跋子推。大臣們被皇帝的這個念頭給嚇壞了，紛紛反對說禪位給皇叔紊亂宗祀，萬不可行；如果皇上一定要禪位，也要禪位給皇太子。拓跋弘也不含糊，在皇興五年（四七一年）八月禪位給五歲的太子拓跋宏。拓跋宏做了太上皇，馮太后則升格為太皇太后。

拓跋宏即位，他就是歷史上著名的孝文帝。

拓跋弘這個太上皇只有十八歲，心中還有大展宏圖的念想。他雖然禪位，但依然對朝政有決定性的影響，每天依然像之前一樣處理政務，賞罰嚴明。五年後的一天，二十三歲的拓跋弘「暴亡」。那是馮太后派人在他酒中下毒。原來拓跋弘禪讓之後，和馮太后的關係非但沒有好轉，還進一步疏遠。皇位更替後，孝文帝拓跋宏年幼，馮太后本想再一次攬權，不料拓跋弘把著實權不放，激起了馮太后的殺心。毒死拓跋弘後，馮太后攬權道路上的巨石就被去除了。

如果說還有什麼障礙，就只可能是十歲出頭的孝文帝拓跋宏了。

對於孫子，馮太后的心態很糾結。一方面，為了大權獨攬，馮太后不惜大開殺戒，北魏因為遭馮太后猜忌而被覆滅者十餘家。孝文帝的外祖父、南郡王李惠的家族因為是可能替代馮太后的外戚，而被族誅。孝文帝拓跋宏聰慧過人，對祖母表現得非常順從。有宦官對馮太后搬弄是非，說拓跋宏的壞話，馮太后盛怒之下痛打了他一頓。拓跋宏默然接受，並不申辯。但是馮太后還是擔心他日後對自己不利，想要廢掉孝文帝。濃厚的猜忌心讓馮太后甚至曾經在寒冬臘月、冰凍刺骨之時，把只穿單衣的拓跋宏關到小屋裡，三天沒給飯吃。這已經不是廢黜拓跋宏的帝位，而是要他的命了。大臣李沖、拓跋丕、穆泰等紛紛勸阻馮太后，她才改變主意。（孝文帝拓跋宏因此對李沖異常尊重，皇帝對王公重臣都直呼其名，但是拓跋宏見到李沖都不呼姓名，而叫他「李中書」。）

另一方面，馮太后一旦消除了廢帝的心意，就用心教導拓跋宏，希望孫子能夠成為一代聖君。馮太后親自寫了《勸戒歌》三百餘章和《皇誥》十八篇，作為拓跋宏學習的指南和行為準則，悉心教導孫子治理天下的原則、方法。在馮太后的主持下，北魏展開了一系列的變革維新，歷史上把這一時期的一系列改革稱為「太和改制」（太和是孝文帝的年號），現代人更多地逕直稱之為「孝文帝改革」。實際上在太和十四年（四九〇年）之前，馮太后才是北魏的實際執政者。她開啟了一系列改革的序幕，還親自策劃、推行了諸多重要方針政策。因為出身漢族，馮太后啟動的改革帶有鮮明的漢族特色。

## 三

以上這些描述可能讓人覺得馮太后是一個多疑猜忌、殺戮心很重的女強人。歷史上馮太后也是「多智略，情猜忍，能行大事，生殺刑罰，決之俄頃」。但她還有知人善用、生性儉素、仁慈和善的另一面。

馮太后對沒有政治野心的人往往加以籠絡，注意培養、選拔賢能之士為己所用。李奕被殺後，馮太后又挑選了不少健美強壯的男子作為新寵。其中他最寵愛王睿、李沖。

王睿本是以天文卜筮維生的江湖中人，長得偉岸英俊。馮太后因事接見王睿後就喜歡上了他，上床歡愉之後立刻破格提拔王睿為給事中。之後，王睿青雲直上，歷任散騎常侍、侍中、吏部尚書，賜爵為太原公。王睿內參機密、外預政事，恩寵日隆。但是他不是一個只會獻媚的佞臣，而有相當的膽略和才能。太和二年（四七八年），馮太后、孝文帝率百官、宮人去虎圈賞虎，有隻吊睛大老虎偷跑出來，眼看就要衝到御座之前了。帝后左右的衛士和宮人全都被嚇跑了，唯獨王睿一人揮舞畫戟，站在馮太后和孝文帝面前阻擋老虎。老虎最後被嚇走了。王睿被升為尚書令，封中山王，在四十八歲時病逝。

李沖出身高貴，是敦煌公李寶之子，自少就文雅大度、交遊廣闊，聲譽很高。他雖然也因為床第原因得到提拔，升任中尚令，進爵隴西公，但他也才能出眾，對北魏政治多有貢獻。比如影響深遠的三長制就是他創造的。

馮太后寵愛王睿、李沖等人，多有賞賜。比如李沖原本家貧，馮太后就暗中將珍寶財物送到李家去，李沖很快成為富室。但馮太后自己日常生活儉素，不好奢華。她吃得十分簡單，穿著打扮也很隨意。馮太后一改北魏宮廷之前食不厭精、膾不厭細、花樣繁多的舊制，將食譜減少了十分之八九，平日就在一種寬僅幾尺的几案上就餐，杜絕鋪張浪費。她平日穿戴，都是縵繒（沒有花紋裝飾的絲織品），不用錦繡華麗的裝飾。馮太后在朝政上也厲行節約，臨朝之初就下令取消鷹師曹，禁止各地上貢鷹鳥。

但是由於馮太后好佛，北魏因敬佛而花費錢財巨大，投入成百上千的黃金，將金玉珍寶成斗成斗地裝嵌在佛堂佛像上。北魏時期的佛像形制恢弘，至今還多有遺物。

在日常瑣事上，鐵腕的馮太后表現得仁慈和善。一次，馮太后身體不適，要服用中藥。負責的廚子卻稀裡糊塗地端上一碗米粥，而且粥裡竟然還蠕動著一條數寸長的爬蟲。馮太后發現後，只是用湯匙輕輕一攪，把蟲子挑了出來。一旁的拓跋宏見狀，很是惱火，痛罵那廚子，要砍他的腦袋。馮太后卻笑著擺擺手，將早已嚇得七魂出竅的廚子釋放了。對於身邊的宦官，馮太后恩威並施，寵信有加，但也不放縱自流。馮太后個性嚴明、不徇私情。左右宮人有小過錯，她就大加鞭撻，少的幾十下，多至數百下。可事情過後，馮太后心中不存芥蒂，對受懲罰者待之如初，許多人還更加富貴，「是以人人懷以利欲，至死而不思退」。

馮太后對拓跋宏的控制極嚴。一直到馮太后死前，拓跋宏都不知道自己的生母是何人，可見馮太后的控制程度。拓跋宏生性至孝，事無巨細都先稟明馮太后再做定奪。他長期生活在馮太后的高壓下，卻養成了正常的心態，既能看到祖母攬權強硬的一面，又沒有心生怨恨，而是看到了祖母對國家發展有功的一面。他對祖母推行的諸多改革打心眼裡贊同，終生奉行，還進一步深化推進。四九〇年，馮太后病逝，當時四十九歲。拓跋宏哀痛至極，五天五夜漿水不進，給祖母上諡「文明太皇太后」，歷史上因此稱馮太后為文明太后。

馮太后生前，將兩個親侄女（哥哥、太師馮熙的女兒）安排嫁給了孫子拓跋宏——似乎有點亂倫。拓跋宏先立妹妹為皇后，封姐姐為昭儀。馮昭儀和馮皇后同父異母，因為母親出身微賤，所以入宮要晚於其妹，但是長得漂亮嫵媚，很受拓跋宏的寵幸。她不滿於做昭儀，與妹妹爭寵。馮昭儀在拓跋宏面前百般詆毀皇后妹妹，後者毫無還手之力，最後被廢為庶人，罰去寺廟做尼姑，後又被賜死。馮昭儀如願以償，做了皇后。拓跋宏在祖母死後操心政事、常年征戰在外，馮皇后不甘寂寞，竟然與中官高菩薩通姦。一次拓跋宏南征，後方謠傳孝文帝在汝南病重，馮皇后公然不避諱地與高菩薩行淫。拓跋宏接到告發後，驚愕異常，返回洛陽將相關人等羈押刑訊。拓跋宏親自審訊馮皇后，現場只留一個衛士，還用棉絮塞住衛士的雙耳，可見他也覺得「家醜不可外揚」。當馮皇后自陳淫亂本末後，拓跋宏召喚宗室彭城王、北海王等人，說：「昔是汝嫂，今為路人，但入勿避！」考慮到馮皇后是祖母的侄女，天性孝順的拓跋宏沒有馬上明令廢掉馮皇后。臨終之時，拓跋宏才囑託兩個兄弟賜死馮皇后。馮皇后不肯服毒，兩個王爺揪住她把毒藥強灌進嘴裡。

# 五、到洛陽去，到漢人的地方去！

## 一

西元四七一年，北魏皇帝拓跋弘將皇位禪讓給了五歲的兒子拓跋宏。

這原本是北魏王朝的一樁宮廷醜事，卻在客觀上開啟了一場偉大改革的序幕。

北魏皇太后馮氏在幕後掌握政權，將拓跋弘置於虛君的位置。拓跋弘殺死了馮太后的情夫李奕，想以此來打擊政敵。結果，馮太后強迫他退位，將他軟禁起來。不久，拓跋弘就「暴亡」了。新即位的拓跋宏年幼無知，無法處理政事，朝中大事均由太皇太后馮氏執掌。馮氏雖然是鮮卑人的太后，卻出身漢族人家。她提拔了許多漢族人進入朝廷，對新皇帝拓跋宏也進行了正規的儒學教育。在政治上，馮太后並不因循守舊，而是大膽進行了改革。

當然了，馮太后改革的出發點是為了鞏固太后的權力，削弱潛在的政敵。人事和吏治整頓往往是最好的突破口。馮氏就從整頓吏治入手，規定地方官只要治績突出，任滿一年就升遷一級；而治績不好的即使就任不久也要受到處罰。過去，拓跋鮮卑的賦稅制度混亂，地方上州郡縣爭收租調。現在朝廷嚴令只能由縣級政權徵收，削弱州郡的財權。如此一來，朝廷（其實就是馮太后）對地方官的控制就加強了，地方反抗中央的資本也大為削弱了。馮太后的人事改革還有許多清明的地方。比如北魏一改鮮卑民族的掠奪本質，在朝廷執行班祿制。鮮卑貴族原來是沒有「薪水」的，要用錢的時候就到地方財政上拿，或者公然敲詐勒索、索取賄賂；現在馮太后申明任何官員在俸祿以外貪贓滿一匹絹布者，處死。考慮到許多官員都拖家帶口的，俸祿可能不夠，朝廷又規定地方官可以按官職高低領取一定數量的俸田，耕種收穫，補貼家用。這些俸田不准買賣，官員離職時移交下任。後來其他政權覺得「俸田制」不錯，紛紛效仿。馮太后也算是為中國官場提供了一項原創制度。

有一項改革可能在馮太后心目中並不是重點，卻對中國歷史產生了深遠的影響。那就是「均田制」。

作為漢人的馮太后對農業結構的基本理解是地主與雇農的結構。長期的戰亂造成了大批無地農民，也讓北魏朝廷掌握了大量無主土地。朝廷於是頒布均田令，根據百姓家庭的不同情況，授予不同數量的國有土地。授田有露田、桑田之別。其中露田種植穀物，不准買賣，得田百姓七十歲時交還國家；桑田種植桑、榆、棗等經濟作物，不須交還國家，允許百姓自由買賣。

均田制的推行對於「不習農桑」的鮮卑經濟來說是一大進步。它的本質是國有經濟，以國家掌握的土地和人口為基礎。戰爭導致百姓脫離田地，背井離鄉，國家手裡掌握著大片無主土地，但就是缺乏人口（原先固定在土地上的百姓不是成了遊民就是依附豪強地主，成了後者的「蔭戶」）。因此北魏又和地方豪強和宗主展開了對人口的爭奪。馮太后在國內推行三長制，抑制地方豪強蔭庇戶口。朝廷調查人口，規定每五家為鄰，設立一個鄰長；每五個鄰為一里，設立一個里長；每五里為一個黨，設立黨長。三長協助官府管理人口、徵發賦稅，大大削弱了地方豪強的勢力，保證了均田制需要的人口。

與均田制相適應，朝廷調整了租調制，規定以一夫一婦為徵收單位，每年交納帛一匹、粟二石。均田制和租調制相結合產生了巨大成功，以至於它日後漂洋過海，為日本等國所效仿。這些後事大大出乎了當初改革者的意料之外。

這些改革帶有突出的漢族色彩，都是以拓跋宏的名義頒布施行的。但是年幼的拓跋宏只是一個傀儡而已。他受到馮太后的嚴格教育和嚴密監視，終日戰戰兢兢，生怕惹怒太皇太后，招來被廢的厄運，甚至是殺身之禍。拓跋宏就是在大權旁落、擔驚受怕的環境中日益長大的。如果說他有什麼突出之處，就是他成功地和馮太后處理好了關係，並且養成了沉穩老練的性格，深諳政治。而改革的倡議者和主持人馮太后雖然缺乏高尚的目標和響亮的口號，卻在南北朝歷史上刻上了深深的痕跡。

只是馮太后此人，精於權謀卻疏於政治，長於戰術卻短於戰略。她僅僅揭開了一次偉大改革的序幕，沒有能力讓它成為一場輝煌的大戲。

## 二

西元四九〇年，馮太后死後，拓跋宏將老人家風光大葬，然後從權力舞台的幕後走到了前台。年輕的拓跋宏接受的政治遺產非常複雜。祖母啟動的改革取得了一些成效，卻沒有解決帝國的深層次問題：北魏王朝與作為政治根基的漢族民族依然存在隔閡。中原各地反抗鮮卑的零星造反事件層出不窮。一道道鎮壓的命令不斷從平城發往各地。拓跋宏對祖母的改革是持完全肯定態度的。這不僅僅出於對政策方針本身的認同，更是因為馮太后留下了一整套政治班子。拓跋丕、穆泰、陸睿等馮太后的老臣把持著朝政，依然分割著皇權。拓跋宏透過對馮太后的高度尊崇，全面繼承祖母的政策來壓制這部分人的潛在政治威脅。

最讓拓跋宏頭痛的是，帶有漢族色彩的改革引起了鮮卑民族內部的不滿。

鮮卑貴族是在馬上得的天下，王朝建立後也始終保持著游牧民族的本性。他們居住在祖先經營多年的首都平城，自豪而且自信。他們感謝祖先留下的富貴生活，也願意為捍衛這樣的生活方式而奮鬥。馮太后透過自己的權威和高超的政治手腕推行了許多改革，卻絲毫沒有觸及鮮卑民族在精神層面的內容。拓跋鮮卑依然保持著保守的面貌。當年酋長拓跋力微的兒子沙漠汗在晉朝當質子後返回晉北。他用彈弓打鳥。這個很尋常的行為竟然引起了部落貴族的恐慌。因為在拓跋鮮卑的歷史上，弓都是用來發射箭，再用箭來射鳥的，從來沒有人用弓發射彈子。於是，惶恐的貴族們認為沙漠汗已經被南方漢族人的風俗習氣給「污染」了，擔心他日後繼承了大位後，會改變鮮卑舊俗，進而對部落貴族們不利。大家討論的結果是建議拓跋力微殺死兒子，再挑選本分樸實的人為繼承人。這些保守的鮮卑貴族對已經開始的改革的不滿情緒是顯而易見的，現在「女強人」馮太后死了，這種情緒可能會尋找途徑爆發出來。

從小接受正規儒家教育的拓跋宏顯然不是舊式貴族的同路人。

只有繼續馮太后開啟的改革，仿效中原先進的政治文化，才能破解鮮卑族落後保守的面貌，才能突破王朝發展的瓶頸。

拓跋宏如今需要做的是尋找在舊貴族包圍中突圍而出的方法，一種既可以鞏固和擴大皇權又能夠推進改革的兩全其美的方法。拓跋宏想到的方法就是「遷都」。平城是拓跋鮮卑的老根據地，為北魏王朝的創建立下了汗馬功勞。這裡埋葬著本民族的列祖列宗。這裡是拓跋鮮卑祖宗耕耘之地，靠近本民族熟悉的草原。但是平城越來越滿足不了一個日益強大的帝國的經濟需求，北魏王朝不得不定期從中原各地徵調物資和人口來支撐首都的正常運轉。隨著北魏立國時間越來越長，漢族人已經成為了王朝人口的多數，成為了王朝政治的根基，但鮮卑人顯然和他們缺乏溝通，也沒有得到他們的堅定支持。

且不說平城氣候惡劣、環境惡化、經濟薄弱，也不說平城遠離中原腹心地區，不利於王朝對中原地區的控制，就只說平城籠罩著的濃厚的游牧民族氣息和保守的思想就讓拓跋宏受不了。平城的氣氛與拓跋宏的思想不符，也不利於王朝的長遠發展。當時，拓跋宏經常要處理北方柔然不斷進犯北魏雲中地區的軍務。柔然的軍隊能夠威脅到平城的安危。拓跋宏覺得如果自己再繼續和柔然這樣後起的游牧民族糾纏下去，北魏朝廷就永遠擺脫不了游牧民族這個圈子了。現在的北魏王朝已經不是游牧王朝了，需要一次飛躍。那就是遷都。遷都到什麼地方呢？拓跋宏認為「國家興自北土，徙居平城，雖富有四海，文軌未一。此間用武之地，非可文治，移風易俗，信為甚難。崤函帝宅，河洛王里，因茲大舉，光宅中原」。他計畫遷都到中原腹心的洛陽去。

洛陽是之前東周、曹魏和西晉王朝的首都，處於中原漢族人口和經濟的中心，具有深厚的漢民族政治文化智慧的累積。遷都洛陽，可以解決物資保障問題、接受漢族政治遺產的滋養、爭取漢族主體的支持。至於平城的那些舊貴族，就讓他們和游牧後輩柔然人去糾纏較量吧！拓跋宏認定自己給北魏王朝找到了一個正確的發展方向。

有學者認為由於馮太后「臨朝專政……太后多智略，猜忍，能行大事，生殺賞罰，決之俄頃，多不關高祖者。是以威福兼作，震動內外」，導致了拓跋宏和心理和現實上始終處在馮太后的政治壓迫之下。「平城諸多鮮卑元老重臣無時無刻不想把孝文帝（拓跋宏）控制在自己的掌心。而且，馮太后已經固有的政治業績在平城已經達到巔峰，不可能再有更大更多的發展，孝文帝（拓跋宏）在平城很難施展抱負。」

## 三

太和十七年（四九三年），拓跋宏突然嚷嚷著要南伐宋朝，統一全國。

皇帝的行動還很快，在明堂上當眾命令太常卿王諶親自去做龜卜，看看南伐是否吉利。

王諶是九卿之一的太常卿，本不應該由他親自去鑽烏龜殼做占卜。這些事情本應該是下面的僕吏去做的。拓跋宏下詔要王諶親自去做，頓時讓群臣感覺到了皇帝對南伐一事的重視。沒有人料到，在詔書下達之前，拓跋宏偷偷把王諶叫到一邊面授機宜了。沒多久，王諶就呈上來一個大大利於出兵的「革」兆。商朝湯武當年伐夏前占卜就得了一個「革」卦。

鮮卑人迷信占卜。拓跋宏見此，高興地宣布：「這是湯武革命，順天應人的吉卦。我們要擇日興兵，南伐宋朝。」群臣知道皇帝要來真的了。可討伐南方統一全國是大事，關係王朝興衰，不是倉促能夠準備好的，更不是兒戲。但是占卜的結果卻是有利於出兵的吉卦。大臣們一下子茫然了，都低頭不敢說話。

任城王拓跋澄仗著自己是拓跋宏的叔叔，出來說：「易經說『革』是更改的意思。將欲應天順人，變革君臣的地位，所以湯武得到『革』卦是吉卦。但是陛下擁有天下，有好幾代了。現如占卜出征，只能說是『伐叛』，不能說是『革命』。因此，占卜得到『革』卦，並非君人之卦，並不吉利。」一群臣見有人挑頭反對南伐，待拓跋澄話落，紛紛點頭表示同意。

拓跋宏厲聲反駁說：「象云『大人虎變』，何言不吉也！」拓跋澄也和侄子摽上了，說：「陛下龍興已久，怎麼能和虎變相提並論！」拓跋宏想不到遇到這麼大的阻力，氣得臉都變了色：「社稷是我的社稷，任城王難道想破壞士氣，阻礙國家南伐嗎？」拓跋澄也不示弱：「社稷的確是陛下的社稷，但臣是社稷的臣子，既然參預政事以備皇上垂問，就不能不竭盡所能，暢所欲言。」拓跋宏早就下定了遷都洛陽的心思，現在提南伐只是找個藉口而已。想不到南伐剛提出來，就遭到了拓跋澄的堅決阻擊，心裡一下子就煩躁不安起來。拓跋宏畢竟是拓跋宏，很快就從不快情緒中解脫出來，認識到：「我和拓跋澄只是都將內心的想法表達出來而已。拓跋澄也不見得就是個老頑固。」拓跋澄反對南伐，是為國著想。既然為國著想，就不會反對遷都。打定主意，拓跋宏不再提南伐，轉移到了其他話題上。等到退朝，皇帝車駕還宮後，拓跋宏立刻召拓跋澄來見面。

拓跋澄還沒走上台階，拓跋宏就遠遠地對他說：「我們再不談什麼革卦了，剛才在明堂之上，我是怕眾人爭相發言，阻我大計，所以厲色震懾群臣。我現在叫你來，是希望你能了解我的真意。」接著，他把名為南伐、實為遷都的計畫單獨告訴了拓跋澄：「今日之行，誠知不易。但國家興自北土，徙居平城，雖富有四海，文軌未一，此間用武之地，非可文治，移風易俗，信為甚難。

崤函帝宅，河洛王里，因茲大舉，光宅中原，任城意以為何如？」拓跋澄原本是擔心年輕的拓跋宏一時興起，對南宋發動衝動的討伐傷害國家元氣。現在他終於知道了拓跋宏深謀遠慮，為國家發展著想的真實意圖，立即表示支持：「伊洛中區，均天下所據，陛下制御華夏，輯平九服，蒼生聞此，應當大慶。」拓跋澄也認為洛陽地處中心，遷都洛陽有利於對全國加強統治，也就是「制御華夏，輯平九服」，是件大好事。

有了叔叔的支持，拓跋宏的心放寬了一些。但他還是心存擔憂：「北人戀本，突然聽到朝廷要遷都，不能不驚擾。」拓跋澄堅定地說：「遷都大事，本來就是非常之事，當非常人所知，只要陛下聖心獨斷，其他人亦何能為也。」拓跋宏受到鼓舞，高興地說：「如果遷都能成，任城王就是我的張良啊。」

拓跋宏決心甩開群臣，開始「南伐」的準備。他先加封拓跋澄為撫軍大將軍、太子少保，又兼尚書左僕射，再和出身漢族的尚書李沖等人祕密部署。拓跋宏任命李沖負責選拔勇士南征，命令北魏全國戒嚴，軍隊總動員，正式宣布南伐，還命令與南朝接界的揚州、徐州徵發民夫，召募兵丁。夏末，拓跋宏拜覲了馮太后的永固陵後告別平城，率領大批大臣、將領和三十萬大軍浩浩蕩蕩往南去了。

地下的馮太后不知道，自己的孫子從此將她孤零零一個人留在了寒冷的晉北。平城也想不到，這座城市從此再也沒能成為任何一個政權的首都。

# 四

拓跋宏率領著大軍，風塵僕僕地趕到了南征途中的洛陽。來到洛陽前後，河南一帶陰雨連綿，讓長途跋涉、全副武裝的將士們苦不堪言。拓跋宏於是下令全軍在洛陽休息待命。

洛陽還下著雨，拓跋宏則興致勃勃地帶著群臣參觀了城內殘存的漢家宮殿。洛陽從西晉末年開始屢經戰亂，早已經失去了往日的恢宏景象，但是曹魏和西晉各代皇帝對這座城市長期經營，留下了眾多的遺跡。滿目荒涼的殿址斷垣殘壁、雜草叢生。拓跋宏觸景生情，對左右大臣說：「西晉不修功德，致使宗廟社稷毀於一旦，宮殿荒廢至此，朕實在感到痛心。」說完，拓跋宏潸然淚下，吟誦起了《詩經．黍離》來：「彼黍離離，彼稷之苗。行邁靡靡，中心搖搖。知我者，謂我心憂。不知我者，謂我何求。」他熟知歷史，擔心北魏王朝也重蹈西晉的覆轍。其他王朝是在洛陽走到了末日，對於北魏來說，只有留在洛陽才能遠離末日。

為了留在洛陽，拓跋宏披甲上馬，又要拔劍出城，下令全軍繼續南進。當時，連綿的秋雨已經下了一個月，河南地區道路泥濘，士兵前行困難、士氣低落。隨行的大臣和將領們原本就對草率的南伐缺乏信心，現在在洛陽的生活苦不堪言，偏偏遇到皇帝督促上路，紛紛出來勸阻拓跋宏。群臣攔著拓跋宏的馬，尚書李沖指出此次南伐本來就沒有取得朝野的一致意見，現在皇上又緊緊催促進攻，群臣懇請他收回成命。他的話得到了許多大臣的認同，但拓跋宏緊握韁繩，毅然決然地要繼續南伐。安定王拓跋休等人最後都哭著勸諫皇帝不要南伐了。拓跋宏這時裝出無可奈何的樣子，嚴肅地說：「此次朝廷興師動眾，如果半途而廢，豈不是貽笑大方？既然停止南伐，不如就將國都遷到洛陽。」大臣們聽了，面面相覷。皇帝同意停止南伐了，但是提出了遷都的新要求。誰都不敢搶先發表意見。拓跋宏緊接著說：「諸位不要猶豫了。同意遷都的站到左邊，不同意的站在右邊。」在內心裡，多數文武官員是不贊成遷都的，但是眼前的雨水和危險的南伐是最緊迫的問題，遷都可以停止南伐，因此多數官員只好表示擁護遷都，往左邊站了。安定王拓跋休等少數人站到了右邊，反對遷都。少數服從多數，南安王拓跋禎代表多數大臣說：「今陛下苟輟南伐之謀，遷都洛邑。此臣等之願，蒼生之幸也！」

拓跋宏精湛的演技環環相扣，到現在算是取得了階段性的成績。

洛陽城殘破，拓跋宏先駐蹕在西北角的金墉城。

遷都一事在程序上確定後，拓跋宏給拓跋澄下了一道詔書：「遷移之旨，必須訪眾。當遣任城馳驛向代，問彼百司，論擇可否。」末了，他還意味深長地說：「近日論《革》，今真所謂革也，王其勉之。」在拓跋宏的心中，所謂的「革」卦完全應驗在了遷都洛陽這件事情上，它完全可以和商湯伐夏相提並論。

拓跋澄回到平城後，宣布了遷都的決定。留守平城的文武大臣聞言無不驚駭失色。他們一點思想準備都沒有。好在拓跋澄援引今古，耐心地一個一個人地做思想工作，才沒有在平城引發出大騷亂來。貴族大臣們雖然不願意遷都，但一下子懵在那裡，不知道怎麼辦了。

第二年（太和十八年，四九四年）年初，拓跋宏親自回平城安排遷都事宜。他在太極殿正式宣布遷都。留守平城的鮮卑元勳顯貴藉機向拓跋宏發難，反對遷都。

燕州刺史穆羆說：「國家北有柔然的危險，南有南齊政權沒有臣服，西有吐谷渾的騷擾，東有高句麗的隱患，四方不定，尚待統一。在這個時候遷都，時機不對。況且征討四方，需要大量戎馬，平城有馬而洛陽沒有馬，遷都怎能取勝呢？」拓跋宏反駁說：「北方出產馬匹，朝廷只要在北方設立牧場，何必擔心無馬？平城在恆山之北，九州之外，非帝王之都，所以要遷都中原。」尚書于果反對說：「臣也承認代地（平城屬於代地）比不過伊洛（洛陽在此地），但本朝自先帝以來世代久居平城，百姓已安，一旦南遷，眾人未必樂意。」老資格的宗室拓跋丕也反對說：「去年，陛下親率六軍南征，到了洛陽後派任城王回平城宣旨，命臣等討論遷都大計。臣等初奉恩旨，心中惶惑。遷都大事，應當訊問卜筮，審定是否大吉，然後定奪。」拓跋宏耐心地回答道：「卜以決疑，不疑何卜。人的認識超過占卜的力量，我們沒有什麼疑問，占卜又有什麼用呢？帝王以四海為家，或南或北，哪能常居一地！本朝遠足，世代居於塞外荒漠，平文皇帝開始南下草原，昭成皇帝營建盛樂新城，道武皇帝才遷都平城，朕為什麼就不能遷都洛陽呢？」至此，拓跋宏從細節、心理和理論上全盤駁斥了反對遷都的言論。保守大臣們爭辯不過，啞口無言。有的人乾脆痛哭流涕，表示誓死不離開平城。拓跋宏強行下詔遷都洛陽。平城的國家機構南遷的事情算是定了下來。

拓跋宏於是祭拜太廟，告訴列祖列宗後代要遷都河南的事情，再把祖廟的神主牌位遷往洛陽。平城的王公大臣及後宮都遷往洛陽，許多百姓也扶老攜幼開始前往洛陽。整個遷都行動直到第二年的下半年才大致完成。

浩大的北魏遷都工作從謀劃到最終完成一共持續了三年之久。

# 六、誰阻擋漢化就讓誰滅亡

## 一

遷都只是手段，不是目的。

拓跋宏的目的是推動整個鮮卑民族的漢化。遷都洛陽為拓跋宏大刀闊斧地深入改革提供了契機。

與祖母馮太后一樣，拓跋宏的深入改革也是先從政府人事開始的。

拓跋宏到洛陽不久，南方的大士族王肅從江南逃奔北方，來到鄴城。王肅是東晉大丞相王導之後，博學多通，才華出眾。他尤其精通政治，給北方王朝帶來了完備的漢族政治思想和制度。拓跋宏聽說王肅在鄴城，親自召見。王肅辭義敏捷，對答如流，態度不卑不亢，對國家大事和發展引經據典，侃侃而談，非常切合拓跋宏的思路。拓跋宏細心地與王肅交談多日，有時談至深夜也不覺得疲憊。拓跋宏向漢族靠攏的政治和社會改革，正需要王肅這樣的人才。拓跋宏放心地對王肅委以重任，親切地呼他為「王生」。之後北魏王朝的禮樂改革，移風易俗和制度制定，多數是由王肅主持的。在改革的旗幟下，大量有真才實學的漢人得到了重用。而對於反對改革或者思想保守的貴族大臣，拓跋宏透過人事調整，逐步清理出了政治核心。拓跋宏任命反對遷都的馮太后親信拓跋丕留守平城，實際上剝奪了他的實權；又如原本顯赫的陸睿由鎮北大將軍調整為尚書令、定州刺史。

政治上的改革相對簡單，社會改革的難度要大得多。遷都洛陽後，大批鮮卑人南下中原，來到漢族核心地區。這些鮮卑人編髮左衽，男子穿袴褶，女子穿夾領小袖，與漢族人顯得格格不入。多數的鮮卑人不會說漢語，就是在朝堂之上，鮮卑族和漢族的官員也不能直接交流。為此，朝廷和社會上都出現了專門的翻譯。習俗與語言的衝突還是其次的，最大的問題是大量鮮卑人來到洛陽地區，居無定所，又不擅耕種，缺乏糧食。在各種各樣的問題面前，南遷的鮮卑人難免人心戀舊，對遷都頗有微詞。

拓跋宏很快就將改革觸角延伸到了社會風俗和思想領域。他下令官民禁穿胡服，服裝一律依漢制。此令一出，引起了鮮卑人的巨大反彈。對於一個民族來說，政治雖然是上層建設，但畢竟不是一個民族內在的特徵。而服裝以及語言、風俗等與民族心理緊密相連，是各民族相互認同和區別的主要特徵。接到命令的多數鮮卑人都沒有改換服裝，依然我行我素。留守平城的太傅拓跋丕就公然拒不換裝。

太和十九年（四九五年）年初，太師、京兆公馮熙在平城病故。馮熙是馮太后的哥哥，又是拓跋宏的岳父，按禮拓跋宏要參加他的葬禮。於是拓跋丕聯合陸睿等人上書，請求拓跋宏回平城參加馮熙的葬禮。當時，朝廷剛剛搬遷到洛陽，百廢待興，如果皇帝公開返回平城參加葬禮，無疑給反對遷都的人增加了口實，也從一個側面表現了遷都帶來的不便。拓跋宏一眼就看出了拓跋丕等人的心思，斥責他們「陷君不義」，下詔將拓跋丕降為并州刺史，調離平城，其他官員相應降職處理。

至於馮熙的葬禮，拓跋宏下令將他的靈柩迎至洛陽安葬。

不久，拓跋宏的一個堂兄在洛陽病故了，產生了一個新問題。拓跋宏的堂嫂子早死，已經葬在平城，那麼這位堂兄是否要葬回平城呢？按禮說，拓跋宏應該讓人家夫妻團聚，但拓跋宏卻藉機規定從平城地區遷移到洛陽的人死後全部葬在洛陽城北的邙山；如果丈夫已死而且葬在代地，妻子死後可以歸葬；如果妻子已死而且葬在代地，丈夫死在洛陽後不准回代地與妻子合葬。拓跋宏還乾脆將所有南遷官民的籍貫都改為河南洛陽。類似的改革很多，比如讓鮮卑人學習漢語。拓跋宏首先在朝堂上做起，規定三十歲以下的官員在朝堂上不講漢語的，一律免官，三十歲以上的官員不強求，但也要慢慢學；又比如下令鮮卑人將複姓改為音近的單音漢姓。拓跋宏率先將皇族拓跋氏改為元氏，因此拓跋宏就變成了元宏。其他的，比如獨孤氏改為劉氏，步大孤氏改為陸氏。

語言和姓氏等是一個民族的鮮明特徵，對一個民族的心理有著根深柢固的影響力。拓跋宏要求在短時間內告別以往的民族特徵，盡量磨平民族差異，遭到了強大的阻力。整場改革行動更多的是依靠拓跋宏的皇帝權威去強力推行。一次，拓跋宏出去巡視的時候看到許多鮮卑婦女還穿著胡服，回來後就責備相關官員沒有落實改革措施，進行了處罰。為了讓皇族起表率作用，拓跋宏下令北方四個世家大族的代表人物（范陽盧敏、清河崔宗伯、滎陽鄭羲、太原王瓊）將女兒送進後宮。李沖出身隴西大族，與各個高門大族聯姻，與漢族大家的關係錯綜複雜。拓跋宏娶了他的女兒為妃。拓跋宏的六個弟弟已經娶妻，也在哥哥的要求下再婚，分別與隴西李氏、范陽盧氏、滎陽鄭氏和代郡穆氏聯姻。

有一次，拓跋宏在洛陽街道上看到一個鮮卑婦女坐在車上，全副鮮卑打扮。後到宮中，拓跋宏就召見群臣，公開責備了任城王拓跋澄，說他督查不嚴，落實政策不力。拓跋澄自我辯解說漢化政策貫徹落實得不錯，只有少數人還固守鮮卑服飾和語言。拓跋宏尖銳地反駁說：「難道要多數人都保留鮮卑服飾，講鮮卑話，才能算你督查不嚴嗎？你這樣說，簡直是『一言喪邦』！」他氣鼓鼓地轉向史官，命令將這件爭吵如實記載在國史上。可見，拓跋宏推動漢化政策是如何雷厲風行。

遷都和漢化改革，是拓跋宏眼中的國家正確發展道路。為此，他不近人情而又孤獨地前行著。

## 二

拓跋宏的改革是對鮮卑族政治和文化的全面否定。這樣的改革必然遭到本民族保守勢力的反對。拓跋宏推行的力道越大，意願越堅決，反對派設置的阻力也就越大。

拓跋宏對反對改革勢力的做法只有一個：強力鎮壓。

拓跋宏很早就立長子元恂為太子。太和十七年（四九三年），元恂在十二歲的時候，也就是拓跋宏動身去洛陽「南伐」前夕被立為太子。之後，元恂跟隨父親來到了洛陽。拓跋宏出外征巡時，元恂都留守都城，主執廟祀。拓跋宏父子的關係還是正常和睦的。

元恂年紀輕輕，卻長得很胖很肥。他肥到什麼程度後人難以有確切的資料。一到夏天，元恂就渾身流汗，很不舒服。遷都到洛陽後，元恂對河南的氣候很不適應，老是想念平城相對涼爽的氣候。對於一個十多歲的孩子來說，他的這種思想是純真的，不帶任何政治因素的。

四九六年，拓跋宏巡幸嵩山，留元恂在洛陽主持政務。出巡途中，拓跋宏接到了皇后的緊急報告，說元恂要逃回平城去，還親手殺死了苦苦勸他留在洛陽的中庶子高道悅。領軍元儼為了防止變亂，趕緊關閉宮門，才阻止了太子的出逃。接到報告的拓跋宏中止了出巡，匆匆返回洛陽。

經過初步審訊，元恂出逃的經過非常清楚，自己也供認不諱。因此元恂被捕。拓跋宏將兒子的出逃上升到了政治事故的高度。這也難怪，拓跋宏長期在改革和反改革的漩渦之中掙扎鬥爭。他獨自推動改革的車輪向前進，每一個進步都要付出巨大的努力。拓跋宏感到累了。元恂逃到哪裡避暑不好，偏偏要選擇平城。平城是拓跋宏要捨棄的鮮卑民族落後保守的象徵。元恂要逃回平城，難道不是公開和自己唱對台戲，反對改革嗎？這樣的太子還怎麼能託付大任？

拓跋宏迅速廢黜了元恂的太子位，當眾斥罵他的罪過，還親自杖責兒子。後來打累了，又令咸陽王元禧等人替他杖責了元恂百餘下。元恂還是一個十五歲的孩子，一頓打下來，遍體鱗傷，足足一個月趴在床上難以動身。拓跋宏還惡狠狠地說：「此小兒今日不滅，乃是國家之大禍。」之後，廢太子元恂被軟禁在河陽，由兵丁看守，每日只有粗食過活。殘酷的政治鬥爭讓拓跋宏喪失了理性的感情。

真正反對遷都和改革的代表人物是元丕、穆泰、陸睿等人。

穆泰出身鮮卑貴族世家。祖父穆崇對拓跋珪有救命之恩，任太尉，封安邑公；父親穆真是馮太后的姐夫。穆泰本人又娶了章武長公主，既是功臣之後，又是皇親國戚，先後擔任尚書右僕射、定州刺史、征北將軍等職。穆泰對拓跋宏還有「救命之恩」。最初的時候，大權獨攬的馮太后曾將拓跋宏幽禁，計畫廢黜。穆泰勸諫馮太后不要隨意廢立皇帝，保全了拓跋宏的皇位。拓跋宏親政後，對穆泰很感激。君臣兩人關係一度非常親近。但是拓跋宏推動遷都和漢化改革後，穆泰毅然站在了反對立場上——因為他畢竟是一個頑固的老貴族。

太子元恂要逃回平城的那個夏天，穆泰正在定州刺史的任上。穆泰對逐漸深入的改革難以接受，藉口不適應定州的氣候奏請轉任恆州（治所就是平城）刺史。當時的恆州刺史是思想同樣保守的陸叡。拓跋宏於是決定讓穆泰、陸叡二人對調一下職位。

穆泰在回平城的路上，不滿和失落的情緒讓他做出了割據平城叛亂的決定。等他到恆州時，陸叡還未起程。穆泰就煽動陸叡共同起兵。兩人一拍即合，並聯絡了安樂侯元隆，撫冥鎮將、魯郡侯元業，驍騎將軍元超，陽平侯賀頭，射聲校尉元樂平，前彭城鎮將元拔，代郡太守元珍，鎮北將軍、樂陵王元思譽等人參與。其中元隆、元超、元業三人是元丕的兒子。這簡直是一次保守勢力的大集合、大檢閱。他們祕密推舉朔州刺史、陽平王元頤為新主，要與拓跋宏分庭抗禮。

元頤卻對起事缺乏信心。這邊來推舉他的人剛走，他就派人快馬向拓跋宏告密。拓跋宏立即派任城王元澄率領大軍討伐。元澄先派治書侍御李煥潛入平城了解情況。李煥在平城展開了成功的攻心離間工作，各個擊破叛亂份子，很快瓦解了叛軍的士氣。穆泰自度必敗，一不做二不休，親自帶上一百多號人圍攻李煥的住處。結果沒有打下來，穆泰只好單槍匹馬逃跑，被擒。元澄的大軍迅速進城，將叛亂份子一一抓獲。

事後，拓跋宏御駕親臨平城，審問罪犯，穆泰等多人被斬首。陸叡是老臣。馮太后曾賜他鐵券金書，答應許他不死。拓跋宏沒有將陸叡斬首，而是賜死。平城發生兵變時，元丕已經八十歲了，並不在城內，更沒有參與兵變，但他的兒子曾將密謀告訴過父親，元丕沒有發表意見。事後，元丕被認為「心頗然之」，應該連坐受死，但拓跋宏念他在馮太后當年要廢黜自己時曾和穆泰一起固諫，加上元丕也有免死詔書，因此只是被削爵為民。樂陵王元思譽、穆熊等也被削爵為民。

平城的未遂兵變，讓拓跋宏沉重打擊了反對勢力，也讓他加深了對反對勢力的警惕和仇視。

平城的兵變平息後不到四個月，拓跋宏下達了對廢太子元恂的處決令。

廢太子元恂在河陽每日忍饑挨餓，對自己的行為很後悔。他每天的行動主要是禮佛誦經，還經常書寫學佛心得。太和二十一年（四九七年）四月，中尉李彪告發元恂與左右謀逆。拓跋宏隨即派中書侍郎邢巒與咸陽王元禧用「椒酒」賜死元恂。元恂死後，粗棺常服，被葬於河陽城。

元恂死後的第二年，御史台令龍文觀違法當死。可能是為了開脫自己，龍文觀在審訊的時候交代了許多問題。他曾經接觸過廢太子元恂，說元恂被拘押時，寫了很多書信。龍文觀不知道元恂所寫書信的內容，供認中尉李彪和侍御史賈尚很清楚。為了查明此事，廷尉收審賈尚。當時李彪已免官回歸老家，廷尉奏請拓跋宏將李彪收赴洛陽。拓跋宏非但不准，赦免了李彪，還指示龍文觀交代的這條線索「到此為止」，不再追查。賈尚隨即被無罪釋放，回家後就得了「暴病」，沒幾天就死了。

這是一樁令人疑惑重重的無頭案。元恂到底寫了些什麼內容？拓跋宏為什麼不讓追查下去？拓跋宏明顯偏袒李彪，而對元恂的死漠不關心。最大的可能是元恂寫了一些對李彪不利的文字，導致了後者的誣告。而拓跋宏剛剛經過平城兵變的「考驗」，多疑煩躁。他本來就對廢太子不放心，剛好抓住李彪的誣告置兒子於死地。事後，拓跋宏也知道其中有貓膩，但他的維權的目的已經達到了。

元恂的鮮血是無辜的，他是一樁孤獨艱難改革的犧牲品。

## 三

從某種意義上來說，拓跋宏才是北魏王朝真正的開國君主。

北魏王朝出自代國，不是拓跋宏創造的。但拓跋宏給予了它成其為一個王朝的基本內容：政治、文化和受到的認同。拓跋宏的先輩們利用西晉末年的亂世建立了割據政權。像它這樣的少數民族政權在五胡亂華時期很多，多到隨起隨滅的地步。儘管北魏實力稍強，但也沒有真正得到中原百姓的認同。而拓跋宏實現了北魏從一個北方蠻夷政權到全國政權的飛躍。他的遷都和改革讓北魏融入了中原。

南朝名將陳慶之觀察北魏後，向南方人感歎說：「自晉、宋以來，號洛陽為荒土，此中謂長江以北，盡是夷狄。昨至洛陽，始知衣冠士族，並在中原。禮儀富盛，人物殷阜，目所不識，口不能傳。」可見在南方人的心目中，北魏再也不是割據的蠻夷政權了。

這要歸功於拓跋宏。他領導了中國歷史上漢化程度最深的改革。正因為程度之深，導致了本民族內部的強烈反對。「在拓跋宏之前，十六國的君主中也不乏漢化程度很深者，如漢的劉聰、劉曜，前燕的慕容伽鬼、慕容光，前秦的苻堅，後燕的慕容垂等，他們本人都有很高的漢文化素養，但都沒有能夠解開本民族的情結，打破民族間界線，不得不實行民族之間、文化之間的雙重標準。

相比之下，拓跋宏的高明之處是不言而喻的。正因為如此，拓跋宏儘管犧牲了自己兒子，不得不殺了一批企圖叛亂的宗室重臣，但付出的代價並不是很大，他的改革取得了影響深遠的成功。」

從物質上來衡量，拓跋宏的改革也非常成功。西晉鼎盛的太康年間，朝廷「編戶二百四十五萬九千八百四，一千六百一十六萬三千八百六十三，此晉之極盛」。到北魏，西元五二〇年，朝廷控制的人口就超過了五百萬戶，是西晉太康時期的兩倍還要多。在冷兵器時代，人口的多寡是國力強盛的核心標準。

洛陽城從西晉末年起，經歷多場戰火，在迎接拓跋宏到來的時候已經殘破不堪了，幾乎就是一片廢墟。經過拓跋宏的營建和北魏之後幾十年的經營，洛陽迅速恢復為中原重鎮，規模宏大，市井繁榮。整個洛陽「市東有通商、達貨二里。里內之人，盡皆工巧屠販維生，資財巨萬……市南有調音、樂律二里。里內之人，絲竹謳歌，天下妙伎出焉……市西有延酤、治觴二里。里內之人，多酒為業……市北有慈孝、奉終二里。里內之人，以賣棺槨為業，賃車為事……別有阜財、金肆二里，富人在焉。凡此十里，多諸工商殖貨之民，千金比屋，層樓對出，重門啟扇，閣道交通，迭相臨望。」

四方人士匯聚洛陽。城南四里的洛水之上，有一座浮橋叫永橋。北魏在橋南建造了整齊的建築群，招待各方來客。從南方投奔而來的「吳人」先居住在金陵館，三年後賜宅歸正里。洛陽人將歸正里叫做「吳人坊」。南齊建安王蕭寶夤來投降的時候，北魏就在歸正里給他安排了府邸。後來蕭寶夤娶了北魏公主，恥於居住在城外，得到允許後移居城內。後來，南梁的西豐侯蕭正德來投降，也先住金陵館，後來在歸正里找到了房子。從北方投靠來的「北夷」先被安排在燕然館，三年後賜宅歸德里。一些北方少數民族酋長還派遣兒子入侍北魏朝廷。因為忍受不了黃河流域的炎熱，這些人秋來春去，在當時被稱為「雁臣」。從東方依附而來的「東夷」先住在扶桑館，之後再賜宅慕化里。而西邊「西夷」來依附的則入住崦嵫館，之後再賜宅慕義里。這些附化之民，就超過了一萬戶。史書說：「自蔥嶺以西，至於大秦，百國千城，莫不歡附，商胡販客，日奔塞下，所謂盡天地之區已。」洛水岸邊，「門巷修整，閶闔填列，青槐蔭陌，綠樹垂庭，天下難得之貨，咸悉在焉」。

改革成功後的北魏國力強盛，四方百姓歸附。拓跋宏也以天下共主自居的君王，不斷發動對南朝的征伐。四九九年四月二十六日，拓跋宏逝世於南征途中，年僅三十三歲——北魏皇帝都不長壽。歷史上稱他為孝文帝。

# 七、草根做皇帝

## 一

了解了北朝的主角北魏，我們再來看看南朝的主角——劉宋王朝。

東晉朝廷建立在司馬皇室和各大世族大家的勢力均衡上。司馬家族的權威和聲望並不高漲——這也是東晉權臣迭出的重要原因，世族大家更多的只是將朝廷作為認可自身權益的招牌而已。長期以來，皇室形同傀儡，全賴地方藩鎮和世族相互廝殺，誰都沒有能力獨霸大權，司馬家族才能維持微弱的統治。桓玄一度推翻司馬家族自立，更是讓司馬皇室名聲掃地。東晉末年，軍政大權完全操於權臣劉裕手中。劉裕勢力日增，無人能敵。幾乎所有人都很清楚，劉裕篡晉自立只是時間的問題了。

司馬皇室對劉裕的步步緊逼沒有絲毫還手之力。在位的晉安帝司馬德宗自然不知道劉裕的篡逆之心。因為他是個白癡。但是他的弟弟司馬德文卻不是傻瓜，他很清楚自家的王朝已經處於風雨飄搖之中了。司馬德文是晉孝武帝的兒子，最早被封為琅琊王，在朝堂擔任地位崇高的虛職。他和哥哥的感情很好。晉安帝被桓玄廢掉的時候，司馬德文陪伴著哥哥居住在潯陽；桓玄敗死後，又一起被遷到江陵。

桓玄死後，部將桓振繼續叛亂，奪回了晉安帝。當時桓振躍馬奮戈，衝到晉安帝面前要為主子的死討個說法。他瞪著眼睛對晉安帝說：「臣桓氏一家有什麼辜負國家的地方，要遭到朝廷的屠滅之禍？」司馬德文當時正在榻上陪伴瑟瑟發抖的白癡哥哥，見事情緊急，下床對桓振說：「這難道是我們兄弟的意思嗎？」這句話說得桓振無話可說。的確，哥哥司馬德宗是個天下皆知的白癡，連話都不會說，更不用說謀劃屠殺桓氏家族了；而桓玄是被劉裕打敗的，桓氏一家是在建康被殺的，與這兩個可憐的兄弟沒有什麼關係。這一句話也說出了司馬德文兄弟的無奈。身為皇室成員，他們對朝廷大事根本作不了主，卻要在亂世中因為血統飽受顛沛流離之苦。這一句話出自司馬德文之口，也恰好是他自己一生的寫照。

四一八年，劉裕篡位的野心越來越暴露了。他急於篡位，密令黨羽中書侍郎王韶之買通司馬德宗左右侍從，要伺機除掉晉安帝司馬德宗。司馬德文知道劉裕有殺害哥哥的企圖，加上晉安帝這個人不辨饑寒，沒有自理自衛能力，因此他便堅持天天隨侍於晉安帝左右。司馬德文整日陪侍皇帝，一時讓王韶之等人無法下手。年底，司馬德文突患急病，不得不回府醫治。王韶之乘機入後宮東堂，指揮皇帝侍從用散衣結成帶子，將晉安帝司馬德宗活活勒死。司馬德宗時年三十七歲，在位二十二年。還在府中醫治的司馬德文突然聽到宮中傳出的噩耗，得知皇帝暴病駕崩，痛哭失聲。他哭的不僅是兄長，還有東晉的國運。

殺安帝後，劉裕本想自己登基，但之前社會上有圖讖盛傳「昌明（晉孝武帝）之後有二帝」。劉裕覺得時機還沒有最後成熟，人心對晉朝還有依戀，因此決定再等一兩年。他指使黨羽偽造遺詔，於四一八年改立司馬德文為皇帝，次年（四一九年）改年號為元熙。

元熙元年正月，司馬德文為了表彰劉裕的「策立之功」，下詔進封劉裕為宋王，將徐州的海陵、東海、北譙、北梁，豫州的新蔡，兗州的北陳留，司州的陳郡、汝南、潁川、滎陽十個郡增劃為宋王封地。到了十二月，司馬德文又不得不允許劉裕佩帶十二旒的王冕，建天子旌旗，出警入蹕，乘金根車，駕六馬，備五時副車，置旄頭雲罕，樂舞八佾，設鐘虡宮縣。與司馬德文的祖先司馬昭做過的一樣，劉裕控制的朝堂也進封宋王太妃為太后，王妃為王后，世子為太子，王子、王孫各有爵命。

四一九年就這麼平淡地過去了，轉眼到了四二〇年。

劉裕覺得受禪的時機已經成熟，而且自己已經是五十八歲的老人了。一生的征戰讓劉裕遍體鱗傷，身體情況並不好。劉裕相信自己一定會在生命的時間長跑中輸給新皇帝司馬德文。因此他急於在有生之年稱帝。但是下面的大臣們卻沒有再出現劉穆之那樣知道他心意的人。也許他們覺得主子剛扶立了一個新皇帝不到一年，不會馬上受禪登基的。或許還有人以為他要做第二個曹操或司馬昭。

劉裕處於很想受禪又難以啟齒的尷尬中。於是他想了個方法，在宋國首都壽陽召集群臣宴飲。席間，劉裕感歎說：「桓玄篡位的時候晉室鼎命發生移動。我首倡大義，興復帝室，南征北戰，平定四海，功成名就。於是我接受皇上的九錫之禮。現在，我也進入了遲暮之年，身分尊貴至此，生怕物極必反，不能久安。因此我計畫奉還爵位，歸老京師。」劉裕這番話的表面意思是回顧一生的成就，感歎自己的遲暮之年。他宣稱退休養老的意思自然是裝出來的，實際上是希望群臣向他勸進。正如劉裕擔心的，自己已經位極人臣，一人之下，萬萬人之上，但也不是什麼好事，很容易物極必反。他想再進一步，不僅是自保的手段，也是胸中之志的展現。可惜大臣們都只理解了劉裕講話表面的意思，紛紛爭相拍馬屁，盛讚宋王的功德。劉裕也就和大家嘻嘻哈哈，等天晚了，宴會也就散了。

參加宴會的中書令傅亮在回家的途中，突然靈光閃現。他猛然意識到，這不是劉裕的稱帝暗示嗎？傅亮連忙折回宋王府，求見劉裕。當時宋王府的宮門已經關閉，傅亮也不顧理解，叩門請見。劉裕下令開門召見。傅亮見到劉裕後真的是千言萬語湧上心頭，憋了好一會，才說出一句話：「臣請求暫時回建康。」劉裕馬上就理解了傅亮的意思，沒有多餘的話直接問道：「你需要多少人馬相送？」傅亮說：「只需要數十人就足夠了。」劉裕馬上布置人手，跟著傅亮去建康辦事，聽從他的指揮。傅亮得到劉裕的首肯後，馬上告辭出宮。等傅亮出門的時候，夜都已經深了。傅亮插著腰仰望滿天的星星，感歎說：「我之前不相信天文，今天終於開始相信了。」

幾天後，傅亮帶著草擬好的禪位詔書入宮去見司馬德文。他將詔書遞給司馬德文，讓他謄抄一份。登基不到一年的司馬德文馬上就明白是怎麼回事了。

經過片刻的驚訝，司馬德文欣然允諾。他邊抄邊對左右侍從說：「桓玄篡位的時候晉朝其實已經亡國了。多虧了劉公出兵平定，才恢復晉朝。我們司馬家族得以繼續君臨天下，近二十年全靠劉公之力。今日禪位之事，我心甘情願，沒有什麼可怨恨的。」司馬德文抄謄完詔書，交給傅亮，然後主動攜同后妃等眷屬搬出宮去。傅亮馬上宣布了皇上禪讓的消息。

劉裕得知這個意料之中的消息後，依照慣例上表推辭。但是司馬德文早已經自去了帝號，搬進原來的琅琊王官邸居住。也就是說，在那幾天中，天下已經沒有了皇帝。劉裕送上去的讓表自然也沒有了呈送對象。相反，以陳留王曹虔嗣（就是禪位給司馬炎的曹奐的後代）為首的建康貴族官員和宋國的群臣二百七十人向劉裕上表勸進。劉裕還是不答應即位。

依照之前的慣例，權臣還要三請。這回，太史令駱達呈上了天文符瑞數十條；群臣又更加懇切地恭請劉裕登基。劉裕這才答應下來。六月，劉裕在建康南郊登上受禪台，接受皇帝位，並舉辦柴燎告天儀式。

劉裕定新的王朝國號為宋，他就是宋武帝。傅亮因為有佐命輔立的大功被封為建城縣公，食邑二千戶，並且入值中書省，專門負責詔命，權重一時。司馬德文則被降封為零陵王，遷居秣陵縣城，由冠軍將軍劉遵考帶兵監管。《宋書》記載新朝給司馬德文的待遇是：「全食一郡。載天子旌旗，乘五時副車，行晉正朔，郊祀天地禮樂制度，皆用晉典。上書不為表，答表勿稱詔。」也就是說，宋朝以零陵一個郡的物產來供養司馬德文。司馬德文不僅保持皇帝的待遇和禮儀不變，而且在對皇帝的來往中可以不用稱臣，在封國之內奉行晉朝正朔。宋朝先是規定零陵王在貴族百官中的排位是「位在三公之上、陳留王之下」。之所以將零陵王放在陳留王之後，因為劉裕覺得自己的天下是先由陳留王所代表的曹氏傳給零陵王司馬家族，再傳給劉氏。後來，宋朝又規定「零陵王位在陳留王上」，給予了司馬家族特殊的禮遇。

遺憾的是，史載：「有其文而不備其禮。」遜帝的待遇是新朝給的。真正執行到什麼程度，自然是由新王朝來決定。之前禪位的劉協和曹奐的待遇都還不錯，但是司馬德文就沒有前輩這麼幸福了。劉裕一開始就沒打算讓司馬德文繼續活在世上。劉裕常年征戰，養成了置對手於死地的習慣。

對他來說，讓一個遜位的、明顯要比自己活得長的皇帝活在身邊，簡直是一件不能容忍的事情。萬一天下還有人對遜帝心存感情怎麼辦？萬一在自己百年之後，遜帝復辟怎麼辦？只是因為之前的禪讓先例規定了遜帝的一系列優待條件，劉裕才不得不作作樣子。

劉裕不僅派兵監視司馬德文的一舉一動，而派人時刻尋找機會暗殺遜帝。司馬德文皇后的哥哥褚秀之、褚淡之是晉朝的太常卿和侍中，在妹夫落難後迅速投靠劉裕，協助監視帝后。司馬德文的褚皇后在禪讓之時已經懷孕，遜位後生下一個兒子。劉裕怕這個剛出生的嬰兒日後對劉家不利，下達了暗殺令。褚秀之兄弟執行劉裕的命令殘忍地將自己剛出生的外甥殺死了。經過這件事後，司馬德文夫婦心驚膽戰，日夜生活在驚恐之中。夫婦倆整天共處一室；一切飲食也都由褚皇后親自動手。劉裕及其爪牙一時無法下手。

四二〇年九月，劉裕命令琅琊侍中、司馬德文原來的侍從張偉攜帶毒酒一瓶前去毒殺司馬德文。張偉不忍心謀害故主，對劉裕又無法交代，在路上飲毒酒自殺了。

劉裕一計不成，又生一計，派遣褚淡之兄弟出馬。兩兄弟假意去探望褚皇后，士兵悄悄地跟隨著他們身後。褚皇后聽說兄長來了，暫時離開丈夫出門相迎。士兵們乘機越牆跳入司馬德文室內，將毒酒放在他面前，逼他速飲快死。

司馬德文搖頭拒絕說：「佛曰：人凡自殺，轉世不能再投人胎。」

幾個兵士於是一擁而上，將司馬德文按在床上，用被子蒙住他的臉，用力扼死，然後再跳牆而去。司馬德文死時三十六歲。劉裕聽到噩耗後，率文武百官哭悼了三天，追謚司馬德文為恭皇帝，葬沖平陵（今江蘇省江寧縣蔣山西南）。

司馬德文死後，劉裕命司馬元瑜繼承零陵王爵位。零陵國一直傳國到南齊。之後，劉裕對司馬皇室痛下殺手，幾乎夷平了全族，開了後世受禪之君屠殺遜帝及先朝宗室的先河。這是個很惡劣的先例，之前文質彬彬的禪讓之後老是伴隨著腥風血雨。以後的皇帝還有所發展，趕盡殺絕，屠家滅族，慘無人道。

儘管劉裕在禪讓一事上開了一個壞頭，但他透過南征北戰結束了江南在東晉後期的動蕩局面，並開啟了宋朝早期的安康盛世。整體來說，劉裕還是個值得肯定的皇帝。

## 二

劉裕的登基是大勢所趨，表面上是個謎，實際上是自然的政治結果。

司馬德文都承認東晉如果沒有劉裕二十多年的維持，早就滅亡了。多年來，東晉王朝名存實亡，完全喪失了制約地方，尤其是手握實權的軍閥的能力。在野心勃勃的造反者面前，東晉的最後幾代皇帝只能逆來順受，毫無抵抗之力。而劉裕不僅擁有軍隊，而且代表著他所生長的那個階層的利益。在東晉時期，門閥世族的力量已經大大削弱了。而劉裕所代表的寒門地主逐漸掌握了實權。他們自然期望出現一個寒門皇帝。另一方面，從主觀上說，東晉末期的亂政和動蕩已經讓普通百姓對司馬家族喪失了信任。晉朝皇帝失去了民心，失去了君臨天下的道德基礎。而劉裕作為事實上的主政者，他的功績和能力有目共睹。再加上普通百姓對終日清談，無所事事的世族大家的失望，人心已經傾向了劉裕一邊。

劉裕的崛起意味著之前中國歷史上以個人出身為考核標準的門閥政治的瓦解，以及一個新的平民政治時代的到來。

劉裕的成功也是軍權對皇權的勝利。這是軍權對皇權的第一次完全顛覆。劉裕通過控制軍隊建立功勳，最終獲得天下。之後的南北朝權臣都出身於軍隊將領，都是依靠控制的軍隊謀取政權。這也幾乎成為了古代中國的普遍現象。

作為從社會底層躍起的皇帝，劉裕即位後做得很出色。

魏晉以降，皇室、官府、世家崇尚奢華。由於是孤寒出身，劉裕知道稼穡艱辛。他平時清簡寡欲，事事嚴整有度，車馬不加裝飾，後宮不奏音樂，內府不藏財寶，甚至連床腳上的金釘也令人取下，換上鐵釘。女兒出嫁，嫁妝絕無錦繡金玉；日常回到家裡，馬上脫掉公服，只穿普通衣衫，腳下則拖雙連齒木履；住處用土屏風、布燈籠、麻繩拂。他喜歡逍遙散步，每次只帶幾個隨從，從不要任何儀仗。

當然任何一個從最底層躍升為皇帝的人都會受到最高處花花世界的吸引。對於許多從小生活簡樸，沒有見過珍寶美女的人來說，真正面臨這些物質利誘時的抵抗力異常薄弱。劉裕平定關中的時候，就得到了姚興家族的女兒。劉裕一度非常寵愛這個女子，並因此荒廢了政事。謝晦為此勸他。劉裕馬上將這個女子遣走，恢復了勤政的生活。

劉裕對珠玉車馬、絲竹女寵十分節制。一次，長史殷仲文上奏朝廷應該備齊音樂，武帝以沒有閒暇且不會欣賞為由予以拒絕。殷仲文再勸皇帝經常聽聽自然會懂得欣賞。劉裕直接回答說：「正以解而好之，故不習之。」劉裕患有熱病和刀傷，需要睡在冷物上。寧州進獻光彩豔麗、價逾百金的琥珀枕，光潔華麗，武帝聽說琥珀可以療傷，令人搗碎分發給將士。劉裕不僅內外奉禁，處處節儉，還能不忘窮時。為了警誡後人，他在宮中懸掛著當年使用過的農具、補綴多層的破棉襖。侍中袁盛上奏稱讚皇帝節儉樸素。劉裕回答說：「田舍公得此，以為過矣。」（老農夫過上我這樣的生活，還覺得過分呢。）後來，劉裕的孫子宋孝武帝劉駿看見這些東西，批評祖父是「鄉巴佬」。

在宏觀方面，劉裕採取了一系列抑制豪強兼併，減輕人民負擔和恢復農業生產的措施，與民生息。可惜的是，劉裕只做了兩年多皇帝就駕崩了，時年六十歲。不過他還是開啟了一個小康之世的大門，在宋武帝劉裕和其子宋文帝劉義隆統治時期，南方出現了難得的安定局面——元嘉之治。

# 八、君臣關係永遠是個大難題

## 一

宋武帝劉裕是個「奉獻型」的皇帝。他戎馬一生，打下了江山，卻來不及享受就駕崩了，把大好河山留給子孫去享受了。

誰讓劉裕出身草根呢？他的起點太低了，好不容易奮鬥到頂點當皇帝了，卻已經五十八歲了。這在古代是徹徹底底的高齡。劉裕只當了兩年皇帝，就在永初三年（四二二年）五月病死了。長子劉義符繼位，史稱少帝。

劉義符當時只有十七歲。（劉裕生兒子很晚，年過四旬才生了長子劉義符。不過他的生育能力很強，之後隔幾年就誕生新皇子。）劉裕擔心幼稚的劉義符能否治理好一個新成立的王朝，臨終前指定了四個顧命大臣輔佐兒子。這四個人分別是司空徐羨之、中書令傅亮、領軍將軍謝晦和鎮北將軍檀道濟。

徐羨之，和劉裕一樣出身草根，沒正兒八經地念過書，但是辦事能力很強。更重要的是，徐羨之在劉裕初起時就進了他的幕府，開始是劉穆之的副手，劉穆之死後成了劉裕的大管家，稱得上劉宋王朝的元老重臣。由徐羨之來領銜顧命大臣隊伍，朝野都沒有意見。加上徐羨之本人把握全域、處理政務的能力較強，劉宋王朝沒有出現不穩定的跡象。

傅亮，我們在上一節已經熟悉了。他是替劉裕向司馬家族逼宮的關鍵人物，在劉宋王朝建立的節骨眼上立下大功。所以劉裕把他也安排進了顧命隊伍。謝晦在四人中出身最好，是著名的陳郡謝氏的成員。讓他當顧命大臣一方面有拉攏江南世族大家的意思，另一方面，謝晦本人長於謀略。在劉裕北伐中原收復兩京的行動計畫中，十策有九策是謝晦出的主意。

檀道濟，是北府兵的舊將。北府兵是劉裕發家的基礎，是劉裕南征北戰的私家軍，可惜在北伐戰爭中先勝後敗，北府兵精銳損失殆盡，王鎮惡、沈田子、傅弘之、毛修之、朱齡石等名將相繼隕落。檀道濟是僅存的重要將領，指揮著北府兵餘部。

應該說，這樣一個顧命大臣班子能力出眾，兼顧各方利益，且效忠劉宋皇室，是一個成功的、可以有所作為的領導班子。但問題就產生在這個班子太強勢了，把朝政權力抓得太緊了，反而讓皇帝成了擺設，成了傀儡。

再說宋少帝劉義符也實在是不成器。他繼位後，父親的卓越才能一點沒繼承，相反是不理朝政，嬉戲無度，讓朝野失望。史書說他「居喪無禮，又好為遊狎之事」，在給父皇劉裕守孝期間就不遵喪禮，召集樂工伶宮歌唱奏樂取樂；他似乎很有商業頭腦，把宮中華林園開辦成市場，親自開店沽酒叫賣。後來覺得做買賣不過癮，又開瀆聚土，挖人工湖、造龍船，和隨從們一起呼喊號子拉船取樂。朝臣諫阻，劉義符壓根就不聽。

既然小皇帝不聽，徐羨之等人也不客氣，要代替老皇帝劉裕來教訓劉義符了。方法很簡單：廢帝！

要廢帝先要想好立哪個新的皇帝。按照長幼順序，應該擁立劉裕的第二個兒子、廬陵王劉義真。這劉義真就是當年劉裕留在長安鎮守關中的那個小孩子，北方大敗後僥倖從長安逃了回來。大難不死後，劉義真比較排斥軍事，和一些文人攪和在了一起。他和謝靈運、顏延之、僧人慧琳等人交好，好到什麼程度呢？劉義真揚言如果自己當了皇帝，要任命謝靈運、顏延之為宰相，讓僧人慧琳做西豫州都督——這西豫州都督可不是一般的地方官，因為地處南北交戰前線而指揮宋朝精銳軍隊，是個大大的強勢職位。說者也許無心，聽著的徐羨之等人就擔心了：一旦劉義真成了新皇帝，我們權位不保！既然不能擁立劉義真，就得把他當作障礙排除掉。徐羨之狠下心來，乾脆先置劉義真於死地。恰好劉義符、劉義真兩兄弟關係不好，徐羨之等人就告發劉義真「潛懷異圖」，以皇帝的名義廢劉義真為庶人，安排在新安郡軟禁。

再接下去的人選就是劉裕的第三個兒子、遠在荊州刺史任上的宜都王劉義隆。徐羨之覺得這個小孩子沒什麼問題，決定以劉義隆取代劉義符。

廢帝計畫開始了！首先得準備軍隊，沒有槍桿子就沒有底氣。謝晦是領軍將軍，手上有軍隊。他藉口自家府舍房屋破敗，要翻新修理，把家人都搬出去，調集了一撥將士進府，名義上修房子，實際上準備動刀子。其次，要在班子內部統一思想認識。在建康的徐羨之、傅亮和謝晦三個人意見一致，關鍵是鎮北將軍檀道濟在外地統兵，不知道他的心意如何。檀道濟名聲在外，又統率著北府兵，他的立場如何關係到廢帝行動能否成功。於是，徐羨之把檀道濟叫到建康來，告訴他廢帝計畫。檀道濟起初不贊成，但是少數服從多數，隨大溜同意參與廢帝行動。

行動的前一天晚上，檀道濟和謝晦一起夜宿領軍府。兩人同居一室，世家出身的謝晦緊張得輾轉反側，夜不能寐；行伍出身的檀道濟睡得又快又沉。謝晦自歎不如。

第二天清晨，檀道濟率領尖兵打前站，徐羨之等帶著大部隊跟進，衝向皇宮。當天值日的中書舍人已經被買通，警衛們都木然不動，看著一行人魚貫進入皇宮。前一天，宋少帝劉義符在華林園玩得很晚，睡在龍船上。亂哄哄的政變隊伍把劉義符驚醒了。他看到全副武裝的將士衝殺過來，知道不妙，趕緊指揮左右隨從抵抗。一場小規模的戰鬥爆發了，政變將士殺死了兩名皇宮隨從，劉義符手指被砍傷，疼得嗷嗷大叫，束手就擒。徐羨之等人沒收了劉義符的皇帝璽綬，扶著他走出皇宮，先安排在東宮居住，很快就遷往吳郡軟禁。劉義符前腳剛走，徐羨之等人後腳就擔心了，怕留著劉義符夜長夢多，擔心自己將來遭到報復，派人去吳郡殺劉義符。劉義符暫居在吳縣金昌亭，看到殺手嚇得拔腿就跑。殺手用門栓將劉義符一棍子打倒，再補上一刀殺死。同時，徐羨之等人還派人去新安郡殺了劉義真。兄弟倆死的時候，一個十九歲，一個十八歲。

宋少帝劉義符被廢的理由是嬉戲胡鬧。不過，和之後孝武帝、前廢帝、宋明帝、後廢帝等人的荒唐行徑相比，劉義符的行為太小兒科了，充其量也就是不懂事的小孩子瞎胡鬧而已。劉義符被廢得實在是有些「冤」。當然，這些都是後話了。

## 二

劉義符被廢後，傅亮率一行人逆江而上，到江陵奉迎宜都王劉義隆來建康繼位。

劉義隆並不知曉徐羨之他們的廢帝計畫，如今聽傅亮說大哥劉義符被大臣們從龍椅上趕下來了，他是無比的吃驚。讓他更吃驚的是，劉義符死了，二哥劉義真也死了。後人不知道傅亮是怎麼向劉義隆解釋的，但劉義隆確信兩位哥哥是被謀殺的。他悲從心來，當著迎接他登基的人們號啕大哭。過了許久，劉義隆又拉住傅亮詳細詢問大哥、二哥遭廢和遇害的詳細情況，一邊問一邊悲號嗚咽。他哭得如此傷心，以至於部下、侍從們都低下頭，不敢仰視。傅亮不知如何解釋，汗流浹背，呆若木雞。傅亮知道不管有什麼樣的理由，他和徐羨之等人的行為都是弒君。一顆蒼涼、恐懼的種子開始在傅亮的心底紮根、發芽。

好在，劉義隆沒有過分糾纏兩位哥哥的死，同意繼任皇帝，改元元嘉。劉義隆就是宋文帝。

劉義隆心裡對兩位哥哥的死耿耿於懷，更對徐羨之等人擁有能夠輕易廢殺、更立皇帝的能力如鯁在喉。在皇權至高無上的時代，沒有帝王會允許大臣們對皇權構成威脅，更不用說能夠弒君換帝了。劉義隆的皇位是徐羨之政變集團「賜予」的，他是兩位哥哥之死的最終受益者，但他並不認為這是什麼好事。他要懲治徐羨之等人。但劉義隆深知徐羨之等人盤踞朝野，掌握大權，不是想剷除就能剷除的，所以他對徐羨之等人採取了迷惑和安撫的策略。他登基後並沒有動徐羨之等人，而是給他們加官晉爵，由他們繼續掌權。

宋文帝劉義隆比宋少帝劉義符要合格得多。他認真學習、勤奮工作、謙虛待人，很符合明君聖主的標準。朝野都認為劉義隆是個好皇帝，隨著劉義隆很快成年，徐羨之四人沒有理由繼續輔政了，該讓劉義隆親政了。

元嘉二年（四二五年），徐羨之與傅亮上表，主動要把實權歸還給劉義隆。劉義隆開始還不同意，推辭了三次。徐羨之兩人就連續請求了三次。最後劉義隆才同意了。徐羨之遜位，退居私第。歸政前，徐羨之的侄子徐佩之、侍中程道惠、吳興太守王韶之等人都苦苦勸他不要放棄實權。徐羨之沒有聽從。不過他也留了一手。劉義隆當皇帝前是荊州刺史。荊州和揚州是南方政權最重要的兩個地方州府。兩地人口密集、經濟繁榮，是王朝賦稅和兵源的主要來源。首都建康隸屬揚州，揚州處於長江下游，以江陵為首府的荊州在它的上游，對建康形成逼迫之勢。所以，荊州的軍事重要性更勝揚州。歷任荊州刺史不是朝廷重臣、權臣就是皇族子弟；東晉以來，叛亂者也多次以荊州為割據地，和建康的朝廷對抗，比如王敦，比如桓玄，比如劉毅。荊州刺史的人選非常重要。劉義隆當皇帝後，荊州刺史就出缺了。徐羨之不等劉義隆動身，便任命謝晦繼任荊州刺史，作為外援。徐羨之退位後，謝晦還在荊州擁有重兵。他們一派的力量依然不容小覷。

劉義隆親政後，不露聲色，暗中把握積蓄力量。他任命當荊州刺史時的親信到彥之為中領軍，掌握首都的軍隊，還努力爭取世族豪門的支持。很快，劉義隆就自信鏟除徐羨之集團的時機成熟了。

元嘉三年（四二六年）正月的一天，這是南方最冷的時節。建康城裡陰冷刺骨，街上絕少有行人。皇宮裡傳出詔書，宣召徐羨之、傅亮二人進宮。傅亮接到詔書，乘車就向皇宮趕去。走到宮門口的時候，傅亮遇到了謝晦的弟弟謝皭。謝皭是當天皇宮值班的黃門郎。他攔住傅亮，輕聲對他說：「殿內有異，皇上可能要處分大臣。」傅亮心中的隱憂終於要爆發了。他慌忙藉口嫂子病重，讓人傳話申請暫時回家。不等劉義隆回覆，傅亮就奪了一匹馬，向城外跑去。

傅亮逃命前，不忘派人去通知徐羨之。徐羨之正乘車前往皇宮途中，聽到警報也趕緊驅車向城外跑去。出城後，徐羨之可能覺得乘車的目標太大了，捨車步行。在這個南方寒冬的早晨，已經六十三歲的徐羨之跌跌撞撞地向前走去，一直走到了新林。劉義隆知道徐羨之、傅亮兩個人都沒來，已經派出到彥之和大臣王華兩人帶兵追捕了。徐羨之後有追兵，前路又茫然不知道在何方，最後逃入一個陶灶中，拔出佩劍自刎而死。徐羨之是一個有功的實幹家，很可能是一心報國的大忠臣，但他的高調掌權和輕易廢君觸犯了君臣關係的紅線，招致殺身之禍，令人惋惜。

傅亮乘車出城後，也茫然不知所去。冥冥中，他知道自己犯的是抄家滅族的大罪。想到自己為權位奔波一生，到頭來落得這麼個結果，傅亮不甘心又無可奈何。他騎馬來到哥哥傅迪的墓前。在之後的時辰裡，傅亮就待在墓地裡，直到追兵將他逮捕。在被押解回城的途中，劉義隆派人送來了誅殺傅亮的詔書，還給傅亮帶了一句話：「我想起了當日你在江陵無言以對但還算坦誠的表現，決定只殺你一人，不株連你的家人。」傅亮被殺，時年五十三歲。

劉義隆旗開得勝後，立即公布徐羨之、傅亮、謝晦三人殺害宋少帝和廬陵王的罪行，宣布捕殺徐羨之、傅亮、謝晦。謝晦不在建康，但他的兒子謝世休和弟弟謝嚼等家人受到株連，同時遇害。

四個顧命大臣中還剩下領兵在外的謝晦和檀道濟。劉義隆決定對他們區別對待、分化合併。檀道濟是廢帝弒君行為的脅從，並不是主謀，加上他掌握北府兵，劉義隆要想打敗謝晦還要仰仗他，所以對其安撫利用。他將檀道濟從廣陵召回建康，開誠布公地說：「廢立之事，你未參與謀劃，我不加追究。」檀道濟心中的一塊石頭頓時落地，不禁對劉義隆感恩戴德。接著，劉義隆說：「如今謝晦割據荊州，抗表犯上，不知你有何良策？」檀道濟馬上分析：「謝晦老練幹達，富有謀略，但他未曾親臨疆場，軍事非其所長。若陛下信任，請讓我率兵征討他。我可一戰擒之。」劉義隆大喜。他要的就是檀道濟這個態度。

謝晦至此被徹底孤立。誅殺徐羨之的第二個月，劉義隆就迅速組織大軍，宣布御駕親征荊州，以到彥之為先鋒，檀道濟隨後，率水師溯長江西上。

謝晦得知劉義隆親征，留下另一個弟弟謝遁帶領一萬士兵留守江陵，親率水師兩萬人，以長史庾登之為參軍，順江而下迎戰。出師要有名，不然對軍心民心不利。戰前，謝晦很高調地上表劉義隆，盛讚徐羨之、傅亮等人忠貞為國，不幸為「奸臣」所害。謝晦不敢說幕後兇手就是皇帝劉義隆，把當時主政的王弘、王華和王曇首等人指為奸臣，高舉起了「清君側」的大旗。劉宋王朝第一次內戰就此爆發。

謝晦和到彥之兩軍在現在的長江湖南岳陽段相遇。謝晦行軍打仗全靠長史庾登之。庾登之率軍佔領了巴陵（今岳陽），開局有利，卻不敢對到彥之發動主動進攻。適逢連日大雨，庾登之每天待在船中，不發一令。謝晦催他進兵，庾登之藉口要等天晴後發動火攻，一味拖延戰機。過了半個月，陰雨散去，天空放晴，庾登之沒了藉口，不得已主動進攻。到彥之部隊的戰鬥力很弱，將士怯懦無能，棄營而逃。首戰失利後，部將建議到彥之退守夏口（今武昌）。到彥之擔心劉義隆譴責，堅持屯守巴陵前線，並派人敦促檀道濟部前來會師。檀道濟率領北府兵很快抵達前線。宋軍走出戰敗陰影，士氣振作起來。

謝晦首戰告捷，高興地又向劉義隆上表，先誇耀自己旗開得勝的「輝煌戰果」，然後以此為籌碼要求和談。表文剛送走，探子來報檀道濟率北府兵已與到彥之會師，宋軍水師遍布長江江面。謝晦大吃一驚。他原以為檀道濟是弒君的同謀，肯定不會被劉義隆赦免，所以會站在自己一邊，現在發現檀道濟不僅被赦免，還率軍前來討伐自己，太出乎意料了！謝晦深知領兵打仗自己遠不及檀道濟，惶恐起來，越想越害怕，幾乎手足無措。

雙方很快又打了一戰。謝晦的部隊有戰敗的跡象。謝晦已經徹底喪失了信心，一點小小的失敗在他內心擴大為全域的慘敗，一看情形不妙拔腿就逃奔江陵，導致全軍大亂，四處奔散。謝晦逃到江陵後，見部眾散盡，難以堅守，帶著弟、侄等七人出城北逃。一行人逃到安陸（今湖北大悟）被擒，被押送建康斬首。

劉裕留下的顧命大臣集團勢力就此灰飛煙滅。這不僅意味著劉義隆剷除了能對皇權構成威脅的力量，也宣告他以全新的姿態閃亮登場，準備大幹一番了。這一年他十九歲。

# 九、元嘉之治，不過如此

## 一

在南朝的宋齊梁陳四個朝代中，劉宋王朝立國的時間最長，一共是六十年。其中，宋文帝劉義隆一個人就在位三十年，是宋朝在位時間最長的皇帝。不過整個南朝在位時間最長的皇帝是梁武帝蕭衍。蕭衍在位四十八年，但是年長而無功。論成就，劉義隆還是南朝皇帝第一。

劉義隆親政後，和世族豪門保持了密切的聯繫。整個東晉、南朝時期，世族豪門將官職當作家族遺產世代相傳，關係盤根錯結，勢力雄厚。皇帝要想鞏固統治必須爭取他們的支持。劉義隆剛剛走上政治前台，加上劉宋王朝建立年頭屈指可數，更要和世族豪門聯絡感情了。從世族豪門的角度來說，他們總覺得劉宋開國皇帝劉裕是個只知道衝鋒陷陣的持刀莽夫，雙方不是太合得來。而劉義隆博涉經史，寫得一手漂亮的隸書，談吐溫文爾雅，自然很受世族們的歡迎。劉義隆清洗徐羨之、傅亮等人的行動，就得到了世族豪門的支持。元嘉前期，劉義隆將朝政委託給王弘、王華、王曇首等世族子弟，劉宋政權得以穩定發展了十幾年。

王弘、王華、王曇首三人都是赫赫有名的琅琊王氏的子孫。其中王弘是東晉締造者王導的嫡曾孫。因為出身高貴豪門，王弘對出身草根的劉裕等王朝締造者們不太熱情。劉裕專權還沒篡位的時候，一次在宴會上半是感慨半是矯情地說：「我一介布衣，能有今天的地位，完全出乎意料。」傅亮等親信馬上出來拍馬屁，盛讚劉裕的功德，說眾望所歸，宋王有今天的地位完全是應當的。王弘卻淡淡地說：「這就是命啊，求之不得，推之不去。」他的話反映了世族豪門當時普遍存在的對劉裕冷眼旁觀的態度。他的這句話，被「時論」（世族們控制的輿論）稱誦為「簡潔、直率」。劉裕、傅亮等人雖然聽得刺耳，但也無可奈何。

但是對劉義隆，也許是覺得隔了一代人，世族們感覺他已經褪去了草莽之氣，認可了他的高貴身分，轉而親近、支持劉義隆。不少大世族在劉義隆發達之前，就進入了他的幕府。徐羨之集團廢殺宋少帝，迎接劉義隆去建康登基的時候，有人擔心此行凶多吉少，反對劉義隆登基。王弘的弟弟王曇首當時在劉義隆幕府之中，堅定勸說劉義隆早日去登基。之後，世族們又支持劉義隆清除徐羨之集團。同屬於琅琊王氏的王華還帶著追兵捕殺了徐羨之。在內戰中，謝晦敢打出「清君側」的旗幟，要求誅殺王弘、王華、王曇首三人，也不是無憑無據。

大功告成後，劉義隆大宴群臣，向王弘兄弟等人舉杯勸酒，還撫摸著御床（當時沒有凳子，人們以榻為床，坐在上面）說：「如果沒有愛卿兄弟，這張床哪能有今日。」

幸運的是，琅琊王氏眾位兄弟雖然在蜜罐中長大，卻沒有沾染上驕奢淫逸、懦弱無能的富貴病，反而能力出眾，生活簡樸，操心國事。王弘主政的基本思路就是保持穩定，不要出事。因此，他建議劉義隆一方面要澄清吏治，嚴懲貪腐，一方面要與民為善，減輕百姓負擔。東晉時期，男子年滿十三歲就要服半役，年滿十六歲就要服全役。王弘認為天下太平，並禁止大興土木，奏請將半役的年齡提高到十五歲，全役的年齡提高到十七歲，被劉義隆採納。百姓們從中得到了實實在在的好處。

王弘很懂為臣之道，知道月盈則虧、盛極而衰，在主政的巔峰時期懂得謙讓，主動引進宗室、彭城王劉義康共同執政。王弘等人逐漸隱退，把劉義康推到了前台。元嘉中期以後，王弘、王華、王曇首相繼逝世，實權轉移到彭城王劉義康的手中。

劉義康是劉裕的第四子，比劉義隆小兩歲。劉義康和文雅的三哥不同，他不喜歡讀書，知識淺薄，率性而為，主持朝政後獨攬大權，權勢顯赫。好在劉義康辦事勤勉、自強不息，政務沒有出亂子。劉義隆重視親情，對淺陋任性的四弟並不猜忌，所以兄弟君臣兩人關係還算融洽。劉義康又調自己當彭城王時的長史劉湛到中央當自己的助手。劉湛不尚浮華，也很有實幹精神，協助劉義康把朝政處理得不錯。國家繼續發展。

天下承平日久，劉義康淺陋驕縱的小毛病惡化成了大問題。他獨攬朝野內外大權，在自己的王府中決策朝廷大事。每天一早，彭城王府門口停的車子常有數百輛之多。漸漸地，劉義康在三哥面前越來越隨便，混亂了君臣之別。各地獻給皇帝的貢品，劉義康把上等貨送進彭城王府，把次等貨留給劉義隆使用。有一次，劉義隆嫌宮中的柑子形態、滋味都差，劉義康就說：「今年送上來的柑子，有一些還不錯。」他隨即派人到王府拿來上等柑子和三哥分享。劉義隆看到四弟享受的柑子比皇宮裡的大得多、好得多，頓時明白了怎麼回事。不過，他在前期心胸還比較開闊，知道自己這個四弟不讀書、沒腦子，也知道劉義康沒有謀反之心，拿著柑子笑笑而已，並不深究。劉義康也拿起柑子剝開了吃，還吃得挺美，一點都沒意識到潛伏著的危險。

劉義康入朝前擔任荊州刺史，入朝後荊州刺史出缺。劉義隆就任命江夏王劉義恭繼任荊州刺史。劉義恭是劉裕的第五個兒子，比劉義隆小六歲。在兄弟們當中，劉義恭從小最受劉裕寵愛。劉裕講究節儉，其他兄弟都不敢向父親討要什麼好東西，即便開口要了劉裕也不會給。但是劉義恭要什麼，劉裕就給什麼。他出任荊州刺史的時候才十七歲，劉義隆不太放心，特地寫了一封《誡弟書》，語重心長地提醒五弟昨日父皇打江山不容易、今日兄弟幾個守江山更不容易，所以要禮賢下士、要經常接見下屬、工作要勤奮、生活要節儉、不能大興土木、不能草率斷案等等。劉義隆的諄諄教誨事無巨細，細緻到要求五弟每個月的零用錢不能超過三十萬錢。

劉義隆的可貴之處在於，他不僅這麼要求弟弟，也是這麼自我要求的。他繼承了父親劉裕儉樸的生活和兢兢業業的工作態度。

西晉以來，由於皇室權貴帶頭，中國社會崇尚奢華。劉裕出身孤寒，知道百姓的艱辛，發達後清心寡欲，對珠玉車馬、絲竹美女十分節制。對百姓，劉裕相對寬容。他廢除了政府物資從民間徵發的慣常做法，改為由官府出錢向百姓購買；他鼓勵耕作，降低了農民租稅，廢除苛繁法令，希望百姓能在寬鬆的環境中發展生產。劉義隆上台後，進一步讓老百姓休養生息。除了上述的提高百姓服役的年齡，還在東晉義熙土斷的基礎上清理戶籍，擴大稅賦徵收面，減輕戶籍百姓的負擔；對於百姓拖欠政府的陳年舊帳，一律免除。劉義隆還派官員視察地方行政，了解民間疾苦。為了維護社會正義，劉義隆每年三次親自在華林園堂審理案件，直接為老百姓主持公道。

在劉義隆統治的元嘉年間，南方經濟得到了很大的發展。史書記載：「三十年間，民庶蕃息，奉上供徭，止於歲賦。晨出暮歸，自事而已……民有所繫，吏無苟得。家給人足……凡百戶之鄉，有市之邑，歌謠舞蹈，觸處成群，蓋宋世之極盛也。」後世豔稱為「元嘉之治」，將它列為中國古代的若干盛世之一。

說元嘉之治是「盛世」，有粉飾的成分，它更像是一個治世。與其說是經濟的繁榮，不如說是經濟的恢復，經過東晉末期的打擊後的恢復。老百姓的生活仍然很窮苦，南朝在南北方的實力對抗中依然處於劣勢，整個元嘉之治持續的時間也很短，更重要的是這個階段沒有創建出有深刻歷史影響的制度。南方社會沿著之前的道路繼續前進，劉義隆等人沒有給發展設置障礙，給人民休養生息的機會，可也沒有走得更遠。後人盛讚這是一個盛世，也許是在紛繁破敗的南北朝時期，很難找到元嘉之治這樣的閃光點。

無論如何，說元嘉之治是南北朝時期南朝國力最為強盛、人民生活最為安定的時期，肯定是沒有錯的。

## 二

說完元嘉之治的內政，來看看它的外交。

得益於劉裕成功的北伐，東晉收復關中地區和黃河以南幾乎所有的領土。關中不久便淪陷了。劉裕時期，劉宋王朝依然保有現在黃河以南的河南省的大部地區和山東省的大部地區。儘管它對這一大片土地的控制並不牢固，可相對於之前南北方沿著淮河對峙，劉宋的戰略形勢已經大為改觀。

劉宋主要透過控制戰略要點，將這些點連成線，然後實現面的佔領。在河南，劉宋主要防守洛陽、虎牢（今河南滎陽）、滑台（今河南滑縣）、碻磝（今山東茌平縣）四個重鎮；在山東，歷城（今濟南）、淄博、東陽（今青州）等城市是宋軍重點防守的。這些點連起來就是劉宋的北方防線，它保障著黃河以南地區。

劉裕駕崩後，北魏覺得有機可乘了，在永初三年（四二二年）兵分兩路越過黃河，一路攻陷滑台、洛陽，進逼虎牢；一路向東攻陷臨淄，進逼東陽。宋軍在東陽、虎牢兩地頑強抵抗。中原局勢岌岌可危。檀道濟率軍北上增援北方防線。北方軍隊戰鬥力強，行動迅速，掌握著戰場主動權。檀道濟到達彭城（今江蘇徐州）後，無奈承認自己無力分兵兼顧虎牢和東陽兩個方面，現實的做法是放棄一個方面的友軍，集中力量救援另一處友軍。兩難之下，考慮到彭城離東陽比較近，檀道濟決定救援東陽。宋軍出發了，但是戰鬥卻沒有打響。因為圍攻東陽的北魏軍隊爆發了疾病，半數以上的官兵都患病了，不得不在檀道濟援軍即將到達東陽的時候主動燒營撤走。檀道濟到了東陽，本想乘勝追擊，不料糧草接濟不上，又無奈地放棄了追擊。在河南，虎牢的宋軍困守孤城苦戰兩百天。魏軍最終攻下了虎牢，但是付出了慘重的代價，損失了十分之二三的兵力，無力繼續戰鬥。戰場就此停歇下來。南方丟失了多數重鎮，防守局勢惡化。

劉義隆對這次失敗耿耿於懷，一心要找機會收復失地。

元嘉六年（四二九年），機會來了！當時北魏與大夏、柔然的戰爭連綿不斷，黃河中下游魏軍兵力空虛。劉義隆於是寫信要求北魏太武帝拓跋燾歸還河南各地，聲稱不給就要用武力奪取。拓跋燾對劉義隆的要求付之一笑。你說歸還地盤就歸還地盤啊？拓跋燾才沒那麼傻呢。要想收復失地，那就來搶吧！

元嘉七年（四三〇年）三月，北魏因為北方戰事再次削減黃河以南屯兵。劉義隆派遣使者出使北魏，告知北魏宋軍即將北伐，目的是收復黃河以南失地，還明確說此戰「不關河北」。宋軍五萬人在劉義隆親信將領到彥之的率領下，走水路進入黃河，逼向各鎮。北魏在碻磝、滑台、虎牢、洛陽四鎮守軍薄弱，且無力增援，主動棄城退往黃河北岸。到彥之輕易收復四鎮，重新恢復了先前的北方防線，又派出先頭部隊向西進逼潼關，覬覦關中地區。形勢如此大好，宋軍上下皆大歡喜。殊不知，幾萬宋軍沿著黃河排成東西兩千里的一條線，軍力異常分散，連重要城市都只能分攤到幾千人防守，犯了分兵大忌。

北魏就等著宋軍出現破綻。等到十月，黃河開始結冰，鮮卑騎兵可以長驅南下，加上魏軍陸續在河北集結完畢，一聲號令之下，魏軍渡河反攻。鮮卑騎兵像一把把尖刀，瞬間將宋軍的防線撕得粉碎。洛陽、虎牢迅速失陷，分散各處的宋軍相繼奔散。到彥之在滑台附近，得悉城池失守、諸軍潰散，充分暴露了三腳貓的本質，嚇得竟然下令全軍焚舟棄甲，狼狽地逃往彭城。

劉義隆見親信將領實在不成器，只好派遣並不親信的將領去收拾殘局。他任命檀道濟為都督征討諸軍事，率眾北上。元嘉八年（四三一年）年初，檀道濟率軍在山東地區與魏軍激戰，幾乎是每日一戰，勝多敗少，扭轉了宋軍潰敗的局面。宋魏兩軍形成了對峙狀態。遺憾的是，檀道濟的部隊糧盡，只得從歷城南退。有宋軍官兵投降北魏，將宋軍糧盡退兵的實情告訴魏軍。魏軍馬上追擊。宋軍將士都非常害怕。檀道濟為迷惑魏軍，令人用沙子冒充糧食，在「糧堆」上覆蓋一層真的穀米，然後帶領官兵在晚上公開、高聲地測量、統計「存糧」。追兵看到這一幕，以為宋軍糧草充足，反認為投降告密的宋軍是奸細，將降兵全部殺掉。檀道濟又命將士們披甲穿戴整齊，自己穿著白服乘輿車，列隊緩緩出城南返。魏軍擔心有伏兵，不敢追擊。檀道濟將全軍安全帶回南方，還留下了「唱籌量沙」的典故。

劉義隆的第一次北伐以失敗告終。此戰不僅沒有收復失地，宋軍還略有損失。但是檀道濟在魏軍的圍攻中全軍而退，威名大振。劉義隆嘉獎老將軍智勇雙全，提升他為司空。

## 三

檀道濟功名赫赫，統率著身經百戰的部隊。他的親信部將都勇猛無敵，各個兒子又才氣非凡，讓人既羨慕又嫉妒。檀道濟下朝回家，從者如雲，儀仗威武，老百姓看到他威風凜凜的樣子，不禁說：「說不定這又是一個司馬懿啊。」自古武將功高震主、力強惹禍，檀道濟不幸犯了大忌。朝廷對他產生了疑畏之心。宋文帝劉義隆本就不親信檀道濟，加上自己身體羸弱，登基之後疾病不斷，更不放心讓檀道濟留在身邊，就命他去鎮守潯陽（今江西九江）。

元嘉十二年（四三五年），劉義隆忽然病重。統治層怕皇帝死後檀道濟反叛，就召他入朝準備殺掉。這項決策到底是誰做出的呢？有人說是皇帝劉義隆親自下令的，也有人說是主政的劉義康「矯詔」的。比較可信的版本應該是劉義隆當時有殺檀道濟的心思，但還沒有具體落實，可下面的小人就開始有動作了。這個小人就是劉湛。劉湛見劉義隆一度病重，就對劉義康說：「一旦皇上駕崩，就沒有人控制得了檀道濟了。」恰巧宮中傳聞皇帝病危，劉義康就矯詔召檀道濟入朝。

檀道濟準備入京，夫人拉住他說：「皇上無故召你入朝，恐怕不是什麼好事。」檀道濟不聽，趕到了建康。他到的時候，劉義隆病情好轉。劉義康就慰勞了他幾句，又放他回潯陽。檀道濟在長江邊準備上船時，一群白鳥聚集在船篷上悲鳴。劉義隆病情突然加重，劉義康派追兵趕來，將來不及登船的檀道濟逮捕。他矯詔殺死檀道濟及其子弟八人，還捕殺了被人們比作關羽、張飛的檀道濟部將薛彤、高進之二人。檀道濟臨死之前，目光如炬，憤怒地摘下巾幘擲在地上，厲聲說：「你們這是自毀長城！」死訊傳出，南方官兵寒心、百姓震驚。宋文帝劉義隆心中雖有不忍，但也默認了四弟的做法。

倒是消息傳到北魏後，鮮卑官兵欣喜若狂，都說：「檀道濟已死，江南再也無人讓我們害怕了！」魏軍自此頻頻南侵。敵人的評價往往是最真實客觀的，檀道濟能獲得鮮卑官兵如此之高的評價，地下有知也可以瞑目了。

檀道濟已死，劉義隆繼續養病，政權更是被彭城王劉義康把持。劉義康日漸仰仗謀主劉湛，放權讓他去幹。劉湛開始權傾朝野。但是他的權力來自劉義康的「私相授受」，並沒有合法依據。劉湛就想從幕後走到前台，排擠掉名義上的丞相——尚書僕射殷景仁，取而代之。他不斷地在劉義康面前說殷景仁的壞話，在政務上一味和殷景仁作對。

殷景仁久經宦海，是老官僚了。他覺得不能和劉湛正面交鋒，就稱疾解職，連續向宋文帝上表請求辭職。劉義隆不是傻瓜，早就注意到劉義康、劉湛的舉動了。朝政已經把持在這兩個人手裡，劉義隆需要援引殷景仁作為外援。之前劉義康等人老在面前說殷景仁的壞話，劉義隆左耳進右耳出。現在，他沒有批准殷景仁的辭職申請，而是讓殷景仁在家好好養病，還派人噓寒問暖，以示尊崇。

劉湛一計不成又生一計，乾脆來狠的，派人裝作強盜去劫殺殷景仁。這事情眼看就要鬧大了，但劉湛覺得即便劉義隆知道了實情，也會照顧到兄弟感情，不會對自己和劉義康怎麼樣。劫殺的計畫還沒實施，劉義隆就聽到了風聲。他也來了招狠的。你們不是要殺殷景仁嗎，那我就讓殷景仁住到我身邊來，看你們誰敢動手！劉義隆在皇宮邊上給殷景仁安排了住所。殷景仁搬過來住後，劉義隆祕密和他交換意見，每日兩人住所之間文件政令的往來達十幾乃至數十次之多。朝政無論大小，劉義隆都徵詢殷景仁的意見。兩人暗中嘀咕商議什麼，宮女太監們都不知道，更不用說劉湛了。

劉湛禍在眼前，還不知道悔改。他見宋文帝多病，為了常保富貴，竟然與親信商量，打算等劉義隆一死便以「天下艱難，宜立長君」為理由，擁立劉義康繼位。

不得不說，劉湛實在不是搞陰謀詭計的料。政變計畫還在謀劃之中，連劉義康這個主角都還不知道，劉義隆就又一次聽到了風聲。劉義隆講究兄弟感情是有限度的，劉湛的所作所為已經「越界」了，超出了劉義隆的容忍度。皇帝發怒了，後果很嚴重！

元嘉十七年（四四〇年）十月初三，宋文帝劉義隆讓彭城王劉義康在中書省住宿，處理政務，似乎劉義隆的身體又一次不行了，需要四弟來主政。這天白天，已經臥床「養病」五年之久、從來沒有出過門的殷景仁忽然命令家人拂拭衣冠，擺出要出門的樣子。家裡人都很迷惑，不知道老頭子要幹什麼。

當夜，劉義隆突然駕臨華林園，召殷景仁進宮。殷景仁接令，立即進宮。他因為腿腳不方便，劉義隆就賜他坐在小床上，授權殷景仁主持今夜的行動。什麼行動？殺劉湛，廢劉義康！

劉義康、劉湛全無準備，且被分隔兩處，毫無還手之力。劉湛被闖入的官兵輕鬆逮捕。有人向他出示了劉義隆的詔書，詔書上羅列了他的種種罪狀，最後的判決是立即處死。劉湛被殺，同時被殺的還有他的兒子和黨羽。劉義隆對四弟劉義康還算客氣，將四弟軟禁在中書省十多天，最後貶他為江州刺史，送往豫章郡（今江西南昌）「上任」。劉義康來向二哥辭行，劉義隆只是對他慟哭，什麼話也說不出來。

劉義隆政變成功，收回實權。殷景仁接替了劉義康的職位，但沒過多久就死了。有人說是劉湛的鬼魂作祟，來向殷景仁索命了。

劉義康在江州名為刺史，實際上是囚犯。政事全都由諮議參軍蕭斌處理。就這樣被軟禁了五年，元嘉二十二年（四四五年）年底有人告發太子詹事范曄、孔熙先等人密謀擁立劉義康。劉義隆處死范曄等人，將劉義康及其子女廢為庶人，徙往安成郡正式軟禁。在安成郡，劉義康開始靜下心來好好讀書了。一次，他讀《漢書》，看到淮南王劉長謀逆被漢武帝誅殺的事，感歎道：「前代就是骨肉相殘的事，現在要落到我的身上了。」他早年不讀書，不知歷史興替和為臣之道，現在知道為時晚矣。元嘉二十八年（四五一年）北魏大軍南侵，南方局勢動蕩。劉義隆擔心有人再把劉義康捧出來作亂，遣人給劉義康送去毒藥「賜死」。劉義康也和東晉末代皇帝司馬德文一樣信佛，也說：「佛說自殺者來世不復得人身，我不能這麼死。」他就是不肯服藥自殺。好在劉宋王朝的臣子在處理這種事情上很有經驗，照搬殺司馬德文的先例，找了條被子將劉義康捂死了。劉義康時年四十三歲。

劉義康的一生，為朝廷做過貢獻，有功績，但不知謙恭進退，自謀敗局。可他確實沒有要取代三哥劉義隆的意思。劉義隆聽到劉義康死訊後，感歎了一番，下令以侯禮安葬了四弟。劉義隆此舉，開了劉宋皇室骨肉相殘的先例。

# 十、戰場有風險，北伐須謹慎

## 一

上一節提到劉義隆「賜死」劉義康的背景是北魏大軍南侵，南方局勢動蕩。這事發生在元嘉二十八年（四五一年），對南方造成了極大的打擊。而事情的起因，則是一年前的「元嘉北伐」。

元嘉後期，國家太平無事，府庫漸漸充實，劉義隆頗有志得意滿的感覺。美中不足的是，北魏始終對南方構成威脅，且霸佔著河南、山東等地。南北雙方在邊界摩擦不斷。劉義隆可能覺得自己文治有餘，武功不足。而打敗北魏收復中原無疑是最好的建功立業的途徑。他對北伐中原的興趣越來越大。

過慣了平安日子的大臣們，也慫恿劉義隆北伐。這些慫恿的大臣幾乎都是文官，沒有武將，大致可以分為兩類。第一類人純屬拍馬屁，比如御史中丞袁淑發現劉義隆有學漢武帝泰山封禪的意思，就奉承說：「陛下席捲趙魏之後，一定要封禪泰山。臣生逢盛世，遇到這樣千載難逢的機會，願意寫一篇《封禪書》獻給陛下。」劉義隆聽了很高興，似乎覺得自己可以和漢武帝相提並論了。第二類人是真心要北伐中原，覺得南方有能力打敗北魏，比如彭城太守王玄謨。王玄謨出身著名的世族太原王氏，沒有打過一場仗，卻喜歡談論軍事。他對劉義隆大談北伐計畫，暢想勝利前景。劉義隆特別喜歡聽王玄謨的空談，聽得入神時還對左右說：「王玄謨的話，令人有封狼居胥的憧憬（這裡指的是漢武帝時，霍去病大破匈奴，封狼居胥山而還）。」結果，劉宋朝野瀰漫著一股激烈而樂觀的戰爭氣氛。

元嘉二十七年（四五〇年），機會似乎來了！當年拓跋燾誅殺大臣崔浩的消息傳來，北魏內部出現不穩跡象；柔然又千里迢迢派遣使節來到建康，表示願意配合宋軍北伐；春夏之交，南方水量充沛，河道通暢，便利軍隊、糧草運輸，似乎天時地利都傾向南方。於是，丹楊尹徐湛之、吏部尚書江湛、彭城太守王玄謨等大臣在六月鼓動劉義隆出兵。

以沈慶之為代表的軍隊將領們反對北伐。沈慶之，吳興（今浙江德清）人，出身貧寒，年輕從軍，在鎮壓內部反叛和少數民族起義中立下赫赫戰功而躋身高級將領行列，當時已經六十四歲了。他對劉義隆列舉了兩條反對理由：第一，軍事優勢在北方，南方步兵對北方騎兵天生就處於劣勢；第二，當年檀道濟、到彥之北伐都失利而返。沈慶之點名道姓說：「王玄謨等人的能力都弱於檀道濟、到彥之二人，現在的軍隊也不比當年強盛，倉促北伐恐怕會再一次失利。」

劉義隆更多的是從政治層面思考北伐問題。他對老將軍的意見不以為然：第一，「小丑」竊據中原，我們是正統王朝，有責任收復中原；第二，之前北伐失利是因為檀道濟「養寇自資」、到彥之私自撤退；第三，魏軍的優勢在騎兵，但現在夏水浩蕩，河道通暢，我們用水軍恰好可以揚長避短。只要宋軍在冬天河流結冰前收復各個重鎮，構築鋼鐵防線，就等著魏軍自投羅網吧（原話是「虜馬過河，便成禽也」）！

沈慶之堅持己見。劉義隆就讓徐湛之和江湛來和沈慶之辯論。沈慶之說：「治國譬如治家，耕地要問農夫，紡織要問婢女。陛下現在要討伐敵國，只和白面書生商量，怎麼能成功呢！」沈慶之的話說得很重，劉義隆聽了哈哈大笑，認為沈慶之年紀大了亂發脾氣而已，既沒採納也不怪罪。北伐大事，最終由劉義隆敲定了。

這次北伐，劉義隆追求畢其功於一役，幾乎傾盡了全國之力。由於兵力不夠，朝廷徵發青、冀、徐、豫、南兗、北兗六州的壯丁，每戶有三名壯丁的抽一人從軍，有五名壯丁的抽兩人從軍，又出錢招募有武藝的壯士出征；由於軍費不足，朝廷進行愛國宣傳，發動臣民捐獻金帛，又向富豪巨室和富裕的僧尼借貸。北伐的部署是這樣的，主力放在東路，由王玄謨率沈慶之、申坦等水軍入黃河，受青冀二州刺史蕭斌指揮。東路目標是收復山東、河南；西路由柳元景、薛安都等率領，從襄陽北上，進攻關中地區，受雍州刺史、隨王劉誕（劉義隆的兒子）指揮。東西兩路之前還有劉康祖、臧質等人率領的小股部隊，作為策應之用。

史稱「元嘉北伐」的大行動就此拉開序幕。

## 二

元嘉北伐開頭很順利，因為北魏沒有料到劉宋會傾國而出，被打得措手不及。碻磝的北魏守將棄城而走，宋軍留沈慶之守碻磝，王玄謨繼續率主力進攻滑台。王玄謨率領的主力兵源充足、軍械精良，但王玄謨是個庸才，壓根就不是打仗的料。滑台被宋軍圍得水洩不通，魏軍堅守不降。城中茅屋很多，部將建議用火攻，王玄謨卻說：火攻會燒毀房屋、傷亡百姓，即便我們攻下了也只是得到一片焦土，有害無利。所以，王玄謨堅絕不同意火攻。中原人民看到宋軍來到，紛紛攜帶武器投軍，平均每天都有上千人之多，民心可用。但王玄謨不用義兵首領，把投軍的壯士們當作新兵分散補充到自己的親信部隊。同時，王玄謨非但不撫卹中原百姓，還要他們每家繳納一匹布、八百隻大梨。宋軍的種種逆行，讓中原人民大失所望，甚至將部分百姓推到了魏軍一邊。結果，小小一座滑臺城，宋軍主力攻打了兩個月還沒有打下來。大軍困於堅城之下，北伐前途堪憂。

九月，天氣轉涼，北魏太武帝拓跋燾集結了六十萬南下大軍，御駕親征，第一站就直驅滑台，來和王玄謨過招。拓跋燾是何等人物，是帶著虎狼之師在槍林彈雨中廝殺長大的，別說是王玄謨，整個南方又有哪個人是他的對手？宋軍得知北魏援兵南下的消息，部將也好，同事也好，都勸王玄謨把握最後一點時間，在拓跋燾趕到之前不惜一切代價攻下滑台，避免遭到魏軍內外夾擊。王玄謨不聽，仍舊不緊不慢地攻城。拓跋燾即將到了，部將們集體勸王玄謨趕緊建立車營（將戰車連接在一起排列在軍營周邊，作為屏障），以作防禦。王玄謨還是不聽。

拓跋燾大軍來到滑台。他也是幾乎傾國而出，號稱有百萬之眾。魏軍擊鼓之聲震天動地。王玄謨這時候急得六神無主了。部將請示如何迎戰，王玄謨磨嘰了大半天，才擠出一個字：「走」！頓時全軍潰散。魏軍隨後追擊，殺死宋軍一萬餘人，繳獲的軍資器械堆積如山。元嘉之治二十多年累積的精品軍械，幾乎都成了北魏的戰利品。

王玄謨下令撤退，卻不做任何組織，導致宋軍主力四散潰敗，幾乎流失殆盡。中途遇到沈慶之率軍前來接應，才收攏了部分殘軍敗將。此次巨大失敗，王玄謨罪責難逃。戰後，東路主帥蕭斌要殺王玄謨。不料沈慶之主動站出來為王玄謨說好話，認為拓跋燾是當世雄才，誰遇到他都沒有獲勝的把握，又說陣前殺戮大將會引起軍心混亂。王玄謨這才得以保全性命。

此處交代一下王玄謨之後的經歷。王玄謨雖然能力平庸，敗軍禍國，但個性耿直，做事認真。之後他仕途坎坷，被免官又被起用，因生性嚴直和同僚、上司的關係不好。晚年，王玄謨剛正不阿，對孝武帝、宋明帝的倒行逆施多有勸諫。他直到宋明帝時才死，高壽八十一。

滑台大敗後，宋軍轉入被動防禦，不斷放棄城池，步步後撤。賴有沈慶之這樣的老將維持，東路宋軍才沒有出現全域性的大逃亡。

滑台大敗消息傳到西路的時候，西路宋軍正在陝城（今河南陝縣西南）與魏軍激戰。之前，西路宋軍進展也不錯。這路宋軍中有不少將領是北方人，熟悉關中情況，比如大將薛安都就曾在北魏擔任雍州、秦州都統，幾年前因為謀反失敗才逃奔宋朝的。而北魏佔領關中不久，統治並不穩定，各族人民紛紛起兵響應宋軍。弘農等重鎮被宋軍攻克，宋軍進圍陝城。陝城一戰，大將薛安都殺得性起，丟掉頭盔，脫去鎧甲，再去掉坐騎的護具，怒目挺矛，單騎衝向敵陣。胳膊沾染了敵人和自己的鮮血，手中的長矛也打斷了，薛安都就換一根再衝殺。兩軍惡戰兩天，宋軍大勝，攻克陝城，斬魏軍三千餘人，俘虜兩千餘人。宋軍把俘虜、投降的北魏士兵全部釋放，又乘勝攻克潼關。關中豪傑聞風而起，派人與宋軍接洽。西路北伐形勢一片大好。然而，王玄謨大敗、拓跋燾南下的消息逆轉了西路的勝利。東路敗後，劉義隆認為柳元景、薛安都等不宜孤軍深入，下詔班師。西路宋軍含淚放棄城池，退回襄陽。「元嘉北伐」以失敗告終。

但是戰爭不是以單方面的失敗結束的，而是取決於戰勝方的意志。宋軍雖然戰敗了，但戰場並沒有沉寂。拓跋燾不是被動挨打、消極防禦的軟柿子，他態度強硬，寸土必爭，抓住宋軍後撤的良機擴大戰果。

在滑台大敗王玄謨後，拓跋燾將大軍分為兩路，長驅南下。其中永昌王拓跋仁率領一路從洛陽向壽陽（今安徽壽縣）進軍，一路攻佔懸瓠、項城。宋軍防守壽陽的將領是豫州刺史南平王劉鑠。劉鑠是劉義隆的兒子，年輕無經驗。劉義隆怕壽陽有失，急招劉康祖回援。劉康祖這支偏師在壽陽城外幾十里地與拓跋仁大軍遭遇。劉康祖手下只有八千人，部將提議繞道走山路以地利削弱鮮卑騎兵的衝擊，劉康祖不聽，組成車營，等待魏軍的進攻。臨戰前，劉康祖下令「顧望者斬首，轉步者斬足」，以必死之心迎戰。魏軍倚仗人多勢眾，分為三波，從四面輪番進攻宋軍，企圖用疲勞戰術消滅劉康祖。劉康祖指揮部屬頑強頂住。後來，天上颳起了西北風，拓跋仁趁勢火燒車營。宋軍拼死抵抗，在熊熊烈火中以失敗告終。劉康祖身受十多處傷，仍奔走呼號，最後因頸部中箭而死，部下八千人全軍覆沒。此戰可算是元嘉北伐中最慘烈的一戰。戰後，拓跋仁進抵壽陽，劉鑠閉門不出。好在宋軍在壽陽經營多年，城堅糧足，魏軍是騎兵，沒有攻城的經驗，只好在城郊大肆燒殺搶掠一番後，繼續南下。劉鑠也不敢追擊，只求守住壽陽。

第二路由拓跋燾親自統率，進攻彭城。鎮守彭城的是劉義隆的五弟、江夏王劉義恭（就是收到劉義隆《誡弟書》的那位）和劉義隆的另一個兒子、武陵王劉駿（就是後來的孝武帝）。劉義恭聽到魏兵將至，就要棄城逃走。城內其他人都不同意。長史張暢說：「王爺絕對不能走，您一走就群龍無首，非輸不可了。」劉駿則說：「叔叔要走，悉聽尊便，侄子決心與彭城共存亡。」劉義恭羞紅了臉，留了下來，和大家一起守城。彭城也是宋軍經營多年的重鎮，城池堅固，魏軍攻打了幾天，彭城巋然不動。拓跋燾主動放棄，繞開彭城繼續南下。攻城本非魏軍的長項，拓跋燾揚長避短，發揮騎兵行動迅速的特點，一心深入江南。劉義恭、劉駿叔侄倆也不敢追擊。

拓跋燾度過淮河後，遇到了宋朝輔國將軍臧質的部隊。臧質和劉康祖一樣，也是此次北伐的偏師。劉義隆聽到彭城告急後，命令臧質率領部下一萬人救援。兩軍相遇，臧質的一萬步兵哪是幾十萬鮮卑騎兵的對手，一觸即潰。臧質只帶著殘部七百人逃向附近的盱眙（今江蘇盱眙）。

盱眙駐紮了三千宋軍。因為盱眙地處南北交通要道，太守沈璞早早就開始準備防守，想接納臧質殘部。但城內官紳不同意，擔心接納臧質會把拓跋燾主力吸引過來，得不償失。沈璞力排眾議，將臧質的七百人接入盱眙城，還將全城的防務交給臧質指揮。臧質出身東晉外戚家庭，長得相當有特點，高顴骨突下巴，禿頂捲髮。盱眙官紳百姓看著這個敗軍之將，不知道他的奇怪相貌能否有助於退敵。好在虛驚一場，拓跋燾再次擦城而過，繞開盱眙，馬不停蹄向南衝了。

年底，各路魏軍在長江北岸會師。人們在長江南岸用肉眼就能看到拓跋燾那耀眼的皇帝車駕。拓跋燾在北岸耀武揚威了一番後，選擇瓜步（今江蘇六合縣東南）建起了行宮。魏軍在江北忙於劫掠殺戮，各地的劉宋官員要麼望塵奔潰，要麼望風而降。兵力薄弱的江南裸露在鮮卑鐵器的刀鋒之下，劉宋王朝面臨著立朝以來最大的威脅。建康城內空前緊張，朝廷緊急徵發壯丁從軍。建康所在的丹陽郡轄區內王公子弟以下全部男子一律從軍。宋軍沿江慌忙布防。劉義隆臨江登高瞭望，看到魏軍旌旗搖曳，面露憂色，歎息道：「如果檀道濟還在，豈能讓胡馬至此！」此時距離檀道濟冤死已經過去十五年了。

# 三

就在劉宋朝野認為局勢危如累卵，人心惶惶之時，歷史朝著戲劇性的方向發展而去。

之前，拓跋燾不攻城、不咬硬骨頭，一心盡快衝殺到長江邊上。現在他飲馬長江了，可接下去怎麼辦呢？拓跋燾很清楚，鮮卑騎兵連壽陽、彭城這樣的城池都沒有能力攻下，更不用說城牆更加堅固，又有滾滾長江屏護的建康城了。你讓騎兵游過長江，再爬上高高的建康城牆？拓跋燾頭腦很清醒，知道魏軍的攻勢已經達到極限了，還是見好就收吧！

拓跋燾下令魏軍在江北劫掠以後，滿載北歸。第二年（四五一年），浩浩蕩蕩凱旋的魏軍又一次經過盱眙（今江蘇盱眙）城。魏軍無意停留，原本擦肩而過就是了，可拓跋燾突然想喝酒，就派人去盱眙索要美酒。宋軍守將臧質撒了一泡尿，用罎子封好給拓拔燾送去。拓跋燾勃然大怒，也不回國了，驅動大軍進攻盱眙。數十萬魏軍一夜之間就圍著盱眙城造了一堵長堤，又挖土運石填平了流向盱眙的水源，徹底切斷了盱眙的水陸通道。盱眙軍民一覺醒來，發現城池被圍得水洩不通了。經過一陣短暫的驚慌上，盱眙軍民迅速準備迎戰。盱眙之戰就此打響。

盱眙為了這第一戰已經準備了好幾個月了，器械充足，士氣鼎盛。魏軍遭到了頑強的抵抗，士卒傷亡嚴重。拓跋燾這個時候犯了一個錯誤，他滿不在乎地給臧質寫了一封信。信中說：「我驅趕攻城的士兵，都不是我們鮮卑人。攻打盱眙城東北的是丁零與胡人，南邊的是是三秦的氐族、羌族人。你們幫我多殺一點丁零人，我們就能減少常山、趙郡（在今河北）的盜賊；幫我多殺一點胡人，正好減少并州（今山西）的叛軍；如果氐族、羌族都死了，關中的反賊也都沒有。所以，你殺的士兵越多，對我越有利。」拓跋燾可能是想透過這封信告訴臧質自己會不惜傷亡攻下盱眙，但這封對士卒傷亡滿不在乎的親筆信被臧質利用。臧質將拓跋燾的「御筆」展示給攻城的魏軍士卒看，大聲宣布：「你們的皇帝用心險惡，根本不把你們當人看，你們不要為他賣命了！」臧質又寫了許多傳單，發給攻城的少數民族士兵，號召廣大士兵倒戈一擊，凡是斬拓跋燾首級者，封萬戶侯，賞賜布、絹各一萬匹。拓跋燾見狀，暴跳如雷，下令做一張鐵床，在上面紮滿鐵刺，發誓要踏平盱眙，活捉臧質釘在鐵床上。

魏軍在拓跋燾的驅使下掀起了一波波更猛烈的進攻。他們造了鉤車來鉤城樓，城內宋軍就用大繩繫住鉤車，數百人呼喊著一起牽拉，使車不能退。到夜晚，宋軍把士兵裝在大桶裡墜下城牆，截下車上的鐵鉤，繳獲鉤車。魏軍又造了衝車攻城。無奈城牆堅固，衝車每次衝擊都只能衝落幾個戰士，難以奏效。魏軍最後只好採取最原始的方法：肉搏上陣，搭雲梯登城。一波波的魏軍像潮水一般湧上前去，又像潮水一樣退下來，在盱眙城下留下了數以萬計的屍體，死屍堆積得與城牆一樣高。就這麼猛攻了整整一個月，盱眙城還牢固控制在宋軍手裡。南方的春天來了，魏軍水土不服，傷患病號越來越多。更糟糕的是，劉義隆派遣宋軍水師從東海進入淮河，命令彭城的宋軍南下，會師截斷魏軍的歸路。為了避免被南北夾擊，拓跋燾在二月燒毀攻城器械，主動退走。宋軍不敢攔截，僅出動少數水師佯攻，逼迫魏軍速撤。

盱眙之戰，宋軍大獲全勝。劉義隆對這場意外的勝利大喜過望，對守城有功的臧質大加賞賜，提升他為冠軍將軍、雍州刺史，負責中部邊界軍務。元嘉二十七、二十八年的南北激戰就此結束。南方在領土方面的損失不大，但國力遭受巨大損耗。魏軍進出南方，大肆燒殺搶掠，僅擄掠而走的江北百姓就數以十萬計，宋朝傷亡的軍民更是不知有多少，南兗、徐、兗、豫、青、冀六州城鎮殘破、廢墟累累。「自是道里蕭條，元嘉之政衰矣」，之前二十多年治世累積的物質成果幾乎蕩然一空。北魏方面也傷亡慘重，損失鮮卑精銳數以萬計，它和南朝一樣都是輸家，只是損失略小一點而已。

當然，很多政治事件的成敗是不能用簡單的物質得失來計算的。拓跋燾對劉宋的勝利，使北魏的統一更為鞏固。這個成果比劫掠的物資更加重要。而劉義隆志得意滿的心態被慘敗擊得粉碎，受到巨大精神創傷，沒兩年就駕崩了。這個損失比戰場的失敗更加嚴重。

# 十一、劉家的精神病史I：精神病開始發作

## 一

被拓跋燾打得大敗後，原本身體就不好的宋文帝劉義隆一次又一次地病危。然而，他每一回都能在大臣們提心吊膽的時候奇蹟般地康復。如此反覆多次，讓一個人很著急。這個人就是劉義隆的太子劉劭。

劉義隆妻妾眾多，共生了十九個皇子，分別是：劉劭、劉濬、劉駿、劉鑠、劉紹、劉誕、劉宏、劉褘、劉昶、劉渾、劉彧、劉休仁、劉休佑、劉休茂、劉休業、劉休倩、劉夷父、劉休範、劉休若。此處不吝煩瑣，一一列出，是因為他們當中的多數人即將在骨肉相殘的鬧劇中粉墨登場。其中劉劭是袁皇后所生的嫡長子，年近三十歲，在古代已經不算年輕了。他渴望早日當皇帝，父皇羸弱的身體似乎能讓他早日實現願望，可等了一年又一年，父親「病危」了一次又一次，龍椅擺在眼前，劉劭就是坐不上去。

劉劭快要抓狂了。他乾脆找了同父異母的二弟、始興王劉濬商量，如何讓父皇早死。劉濬給太子大哥出了一個餿主意：找個女巫在東宮裡作法咒父皇早死！劉劭覺得這個主意還不錯，就找了女

巫，製作了巫毒娃娃，還堂而皇之地埋在東宮院子裡。很快，劉義隆知道了兩個兒子幹的好事，龍顏大怒。這時候，劉義隆優柔寡斷、瞻前顧後的毛病暴露了出來。他捨不得廢太子，也不責備劉浚，只是下令抓捕那個女巫。有關部門搜捕了多日，找不到人。有人向劉義隆告密說：女巫被太子藏在東宮保護起來了。

劉劭此舉，火上澆油。劉義隆出離了憤怒。「劉劭這個逆子，竟然要咒我死，還不知悔改，和我對抗到底！我要廢了他！」即便決心要廢太子，劉義隆也不能當機立斷，而是召徐湛之、江湛、王僧綽三位大臣入宮商議。王僧綽一聽，趕緊說：「如果陛下下定決心要廢黜太子，請立即發布命令，以免消息洩露，發生什麼變故。」關鍵時刻，劉義隆動搖了，不肯頒布詔書，表示要再考慮考慮。可是，不等劉義隆考慮清楚，消息不可避免地洩露了出去。劉浚的生母潘淑妃趕緊派人通知劉浚，劉浚又急報太子。

自古被廢的太子沒有一個有好下場，劉劭驚恐萬分。他乾脆一不做二不休，要和父皇兵戎相見，拼個魚死網破了。之前，劉義隆、劉劭父子關係親密的時候，劉義隆給東宮調撥了一萬名禁軍執行安保工作，歸劉劭指揮。現在，劉劭就指揮這支部隊，在父皇提議要廢太子的第二天清晨，突襲殺入皇宮。宋文帝劉義隆在寢宮中，被亂軍砍死，享年四十六歲。徐湛之、江湛、王僧綽三人也被殺死。這是元嘉三十年（四五三年）的事情。

劉劭終於坐上了夢寐以求的龍椅，宣布繼位為帝，改元太初。

但這僅僅是劉劭噩夢的開始，也是劉宋王朝一系列禍害的開端。

如果劉劭等父皇死後正常登基，天下沒有人可以指責他，即便是他的敵人也找不到攻擊他的藉口。但劉劭殺父自立，就失去了繼位的合法性。天下人人都可以指責他，可以冠冕堂皇地討伐他，更不用說敵人了。劉劭登基之時，就是人心渙散之際。他雖然登基了，但四方州縣、封建大吏都沒有效忠、祝賀的表示。他的叔叔、兄弟們都對他側目而視。

劉劭當然明白自己的處境。除了照例加官進爵後，劉劭也開始做些小動作，一心想除去皇位的威脅。他心中的頭號敵人，就是三弟——恰好領兵在外打仗的武陵王劉駿。

劉駿當時擔任江州刺史，正統帥各路軍隊在長江中游剿滅反叛的少數民族。劉劭、劉浚弒父後，三弟劉駿遞補成為繼承皇位的合法人選。而且劉駿掌握軍隊，也最有能力起兵造反。劉劭就祕密寫信給和劉駿一起作戰的老將軍沈慶之（就是之前反對劉義隆北伐的那位），要他殺掉劉駿。沈慶之有軍隊、有經驗，他的動向就成了決定時局的關鍵。

沈慶之接到劉劭的密信後，跑去求見劉駿。劉駿聽說大哥二哥謀殺了父皇後，最大的反應是害怕，擔心篡位的大哥派人來殺自己。所以他聽說大將沈慶之求見，擔心是大哥派來的刺客，嚇得稱病不敢接見。沈慶之就硬衝進去，走到劉駿面前，把劉劭的密信遞給他看。劉駿戰戰兢兢地看完，嚇得淚流滿面，乞求沈慶之讓他到屋內和母親訣別。誰料到，沈慶之剛毅地說：「臣受先帝厚恩，一心圖報。今日之事，只能起兵推翻篡位的劉劭。殿下不用懷疑臣。」劉駿這才緩過神來。事到如今，起兵討逆不僅是劉駿義不容辭的責任，也是他自保的唯一選擇。他起身拜謝沈慶之，說：「家國安危，在於將軍！」

在沈慶之的主持下，武陵王劉駿領銜舉起了討逆大旗。沈慶之集合江州和本部兵馬，力排眾議，迅速順江而下，進攻建康。荊州刺史、南郡王劉義宣（劉裕第六子）和雍州刺史臧質、司州刺史魯爽、兗冀二州刺史蕭思話、宣城太守王僧達等地方實力派紛紛起兵響應劉駿。討逆軍的隊伍不斷壯大，幾乎無人與之為敵。劉駿很快兵臨建康城下，在新亭（今南京附近）稱帝，改元孝建，史稱孝武帝。

劉浚只能搜羅建康的軍隊負隅頑抗，無奈眾叛親離，組建的烏合之眾被討逆軍擊潰。參加討逆的將軍薛安都率本部官兵為前鋒，最先攻入宮殿，活捉劉浚。薛安都因功獲封男爵。劉劭則和全家一起被殺。始興王劉浚企圖逃跑，中途被抓，也遭到屠殺。

劉宋王朝的第二次內戰以討逆方的勝利、弒君方的失敗而圓滿結束。一切看起來很「正義」，很「成功」。但是從之後的發展來看，劉駿是一個很糟糕的新皇帝人選。

## 二

劉駿的毛病很多，最突出的就是好色。

劉駿好色，不是一般的好色，而是特別好色，幾乎到了饑不擇食的程度。只要看到有感覺的女性，不管是親疏貴賤，都召入宮裡臨幸。可怕的是，其中許多女性是宗室女眷，也就是劉駿的親戚。這就涉及亂倫了。大臣和宗室家的女眷，時常會被叫到宮中朝謁太后。劉駿就在女眷朝謁的時候闖進去，看見中意的就拉到宮中侍寢。最可怕的是，劉駿還和生母路太后亂倫。他從小是路太后養大的，鎮守州縣的時候路太后也一直陪同，可能有很深的戀母情結。當了皇帝後，劉駿發展到和生母亂倫。他不僅留宿生母宮中，還在公開場合和生母親暱。南方史書對此多有隱晦，但《魏書》

忠實記載了這骯髒的一幕。劉駿是中國歷史上唯一被正史記載與生母亂倫的皇帝。

劉駿肆無忌憚的亂倫終於惹出了大麻煩。劉駿的六叔劉義宣鎮守荊州，盤踞多年，兵強馬壯。他的四個女兒留在建康。劉駿看到四個堂妹長得如花似玉，竟然將她們納入宮中亂倫。醜聞傳到荊州，劉義宣義憤填膺，發誓要推翻劉駿，聯繫江州刺史臧質一起幹。臧質滅劉劭有功，調任江州刺史，居功自傲，驕橫專行。劉駿之前計畫要剝奪他的兵權，所以臧質也對劉駿不滿。兩人再聯繫對劉駿胡為不滿的豫州刺史魯爽、兗州刺史徐遺寶。孝建元年（四五四年），四人推劉義宣為首，一同起兵討伐劉駿。劉駿派遣沈慶之、王玄謨、柳元景、薛安都等人迎戰。這是劉宋王朝第三次大內戰。

戰鬥打響後，造反的兗州刺史徐遺寶進攻重鎮彭城，失敗，喪失信心，竟然棄軍投奔豫州刺史魯爽。魯爽沒有分兵去攻城掠地，而是率軍從壽陽直趨歷陽（今安徽和縣），與臧質合兵。兩人會師後，水陸並進，直指建康。劉駿以薛安都為前鋒去阻擋魯爽。兩軍接觸，薛安都擊斬魯爽的前鋒，堵住了魯爽前進的勢力。沈慶之趕到軍前督戰。兩軍大戰爆發。薛安都躍馬大呼，單騎直入敵陣，直衝敵將魯爽，一槍將他殺死。魯爽系出將門，平素勇武異常，號稱萬人敵，卻在薛安都的衝鋒面前毫無還手之力。時人都將此戰和當日關羽斬顏良相提並論。魯爽死後，部隊譁然大潰。沈慶之、薛安都等乘勝追殺，一舉攻克壽陽。徐遺寶逃出，途中被殺。宋軍集中兵力，專心對付劉義宣、臧質兩軍。

沈慶之派人將魯爽的首級送給劉義宣。劉義宣、臧質看到魯爽首級後，萬分驚駭。站在劉駿一邊的太傅劉義恭又使離間計，派人送書信給劉義宣，說臧質「少無美行」，如果你們倆反叛成功，恐怕你就是他下一個池中之物。劉義宣不禁對臧質疑忌起來。

戰爭還在繼續，劉義宣軍大敗。宋軍藉助風勢放火，叛軍的船艦都被燒毀。臧質找劉義宣商量下一步怎麼辦，發現劉義宣對自己的疑忌，驚惶失措，拋棄部隊逃往尋陽。其部或降或散。一支宋軍追到尋陽，臧質焚燒府舍，帶著妻妾逃入南湖躲避，饑餓難耐時就採摘蓮子充饑。宋軍追兵搜查南湖，臧質用荷葉蓋在頭上，沉到水裡，只把鼻孔露出水面呼吸。就是這樣，臧質還是在六月被人發現，先中了一箭，然後被亂刃砍死。劉義宣也很快失敗，他自己和十六個兒子全部被劉駿處斬。以前劉駿和劉義宣的四個女兒還偷偷摸摸亂倫，如今乾脆將她們改換姓名，冊封為嬪妃。

除了好色，劉駿的猜忌心很重。別的帝王猜忌大臣，劉駿主要是猜忌叔伯和兄弟們，而且一猜忌就是刀光劍影。他不惜骨肉相殘，在劉宋宗室內部掀起了陣陣腥風血雨。除了屠殺叔叔劉義宣一家外，南平王劉鑠、竟陵王劉誕、武昌王劉渾、海陵王劉休茂等兄弟也先後遭到劉駿殺害。南平王劉鑠是他四弟，從小最受父皇劉義隆的寵愛，看不起劉駿這個兄長。劉駿當皇帝不久，就派人下毒殺死了劉鑠。十弟武昌王劉渾從小頑劣成性，十幾歲就當上了雍州刺史。在雍州，劉渾自稱楚王，立年號，備百官，被人告發。這也就是一個無知少年瞎胡鬧，罪不至死，但是劉駿卻逼劉渾自殺。劉宋皇室原本枝繁葉茂，在劉駿時期開始遭到沉重打擊；劉宋廣封宗室是為了藩護皇帝，不想成了皇帝發洩猜忌心的目標，成了頻繁內戰的背景。

劉駿六弟、竟陵王劉誕之前忠誠站在他的一邊，在討伐劉劭和平定劉義宣等戰爭中都立有功勳，逐漸佔據高位。劉誕的府第建築精巧、園林優美，冠絕一時，他經常在府中大會賓客，和文人武將們應酬，因此遭到了劉駿的猜忌。孝建二年，劉駿讓劉誕擔任南徐州刺史，趕出建康，趕到京口（今江蘇鎮江）上任。他又嫌京口距離首都太近，又在大明元年（四五七年）調任劉誕為南兗州刺史，調往廣陵（今江蘇揚州）。劉誕不是傻子，知道劉駿猜忌自己，也開始積蓄實力以防不測。他藉口防備北魏入侵，大力修治城防，積聚糧草軍械，積極訓練軍隊。劉駿更不放心了，授意有關大臣告發竟陵王劉誕謀反，下令將他降爵、削職。劉誕不願束手就擒，舉兵造反。他完全是被劉駿逼反的。

劉誕造反，東部局勢不穩。劉駿下令內外戒嚴，挑選將領出征。老將沈慶之已經退休，獲封始興公在家養老。劉駿請他出來擔任車騎大將軍、南兗州刺史，主持討伐劉誕。沈慶之只好率軍東進。劉誕備戰多年，又實行堅壁清野戰術，焚燒廣陵外城的民房，將居民遷入城中閉門自守。在重重圍困之中，劉誕製作了許多傳單，用一切方法投送城外，宣稱自己無罪，並宣揚劉駿穢亂宮廷的種種醜行。劉駿大怒，下令斬殺劉誕心腹的親族上千人。他急欲攻下廣陵，連發詔書督促沈慶之攻城。為了早日得到捷報，劉駿命沈慶之在廣陵城西南修築烽火台，如果破城就點燃烽火，以便自己能早些得知消息。重壓之下，沈慶之不得不督率將士，日夜攻打，製造樓車、填平溝塹、修築土山，可三個月過去了還是毫無進展。劉駿大怒，命大臣彈劾沈慶之，再下詔不予追究，催逼沈慶之攻戰。沈慶之不顧年邁，身先士卒，親冒矢石，衝在前線，終於攻破廣陵。劉誕被殺，傳首建康，其母親、妻子在城破時自殺。劉駿認為廣陵全城附逆，下令屠城，經沈慶之苦苦勸阻，最終改為男子五尺以上一律屠殺、女子被賞賜給軍隊。這暴露了劉駿的第三個惡性：殘忍嗜殺。屠殺廣陵男子後，劉駿還將屍骨築為景觀，用來炫耀。

至此，我們基本可以認定孝武帝劉駿有精神病。他亂倫、猜忌、嗜殺，而且程度都很深。這可能是皇帝這個職業的壓力太大了，也可能與劉駿個人成長經歷有關（他庶出、不受父皇喜歡，且從四歲就開始出外「為官」），更大的可能是：劉宋皇室有家族精神病史。隱藏著的精神病基因在劉駿這一代身上開始顯現出來，之後會愈演愈烈。

鎮壓多次反抗後，劉駿越發肆無忌憚。他變寵一個崑崙奴。這個崑崙奴長得高大強壯，劉駿就讓他拿著棍子侍立在身邊，對哪個大臣稍微不滿就命崑崙奴上前毆擊。劉駿還日益驕侈。為了警誡子孫，劉裕在宮中特地保留了幾個房間，裡面收藏自己使用過的農具、補丁疊著補丁的棉襖。劉駿翻新宮殿，發現祖父的遺物，譏誚祖父是「鄉巴佬」。國庫很快因為多次戰爭和皇帝的驕奢而空虛，劉駿想出一個斂財的方法：賭博。每次遇到地方刺史、太守等高官卸職還都的時候，劉駿都召他們來賭博，規定大臣們只能輸不能贏，而且金額巨大。這就變相逼迫地方官員們貪污腐敗、搜刮地方，最後這些贓款很大部分進了劉駿的腰包。

大明六年（四六二年），劉駿寵幸的殷淑儀病死了——殷淑儀其實是劉義宣的女兒、劉駿的堂妹，冒姓殷。劉駿十分傷心，將她的喪事大操大辦，並要求朝野大臣都去墳前哭泣，誰哭得不傷心，輕者責罰，重者免官。劉駿自己哀傷過度，身體每況愈下，從此很少理政。兩年後，劉駿病死。這樣的皇帝竟然得以善終，真是令人感歎。

劉駿廣納後宮，子女成眾，所生皇子多達到二十八個，將成為新的骨肉相殘鬧劇的主角。

# 十二、劉家的精神病史II：一個都不正常

## 一

孝武帝劉駿終於死了，十六歲的長子劉子業登基。人們以為可以鬆一口氣了，但是很快發現：劉子業也有精神病，而且是個重症患者！

劉子業和父親劉駿一樣愛好亂倫、猜忌、嗜殺，並且非常變態。比如新蔡公主是宋文帝劉義隆的女兒，劉子業的親姑姑，已經嫁給寧朔將軍何邁為妻。劉子業看上了新蔡公主，將姑姑納入後宮封為夫人，對外謊稱新蔡公主已死，還殺了一名宮女冒充新蔡公主舉行了隆重的葬禮。又比如他繼位後，命令宮女赤身裸體在宮中奔跑嬉戲，自己站在一旁津津有味地觀看，看到哪個宮女不願意赤身裸體或者不情願，就拉出去砍頭。更變態的是，劉子業在即位第一年的冬天將建康城裡所有的王妃和公主叫進宮裡，讓她們列隊站好。這些劉子業的親戚兼貴婦人們都迷惑不解，不知道小皇帝要幹什麼。誰料到，劉子業竟然讓宮裡的幾百名侍衛將她們集體強姦。最變態的是有一次，劉子業把叔叔建安王劉休仁和嬸嬸建安王妃叫到宮裡來，又把將軍劉道隆召進宮來，竟然讓劉道隆當著叔叔的面強姦嬸嬸！劉子業站在一旁觀看強姦過程，還留意叔叔劉休仁的反應。

劉子業的妹妹山陰公主淫恣過度，對劉子業說：「我與陛下，雖男女有別，可都是先帝的子女。陛下後宮佳麗上萬，可我卻只有駙馬一人。這太不公平了！」劉子業就為山陰公主安排了面首三十人。山陰公主還是不滿足，看到吏部郎褚淵體壯貌美，請求劉子業把他也賞給自己當面首。劉子業竟然同意了，將大臣賞給妹妹當面首。褚淵在山陰公主身邊十日，雖然被公主苦苦逼迫，誓死不從。山陰公主最後沒辦法，才把褚淵放回去。可見，劉宋皇室的公主精神也不太正常。

大臣戴法興在劉駿時期深受信任，實際主持中樞公文處理和政令傳達。他對劉子業的變態好色行為多有勸諫。戴法興忘記了，劉子業同樣繼承了劉駿嗜殺的惡習！劉子業嫌戴法興多嘴，將他莫名殺死。同樣，劉子業把屠刀伸向皇室內部：江夏王劉義恭是劉子業的叔祖，輩分高，被殺；兩個弟弟始平王劉子鸞和南海王劉子師，輩分低，年紀輕，也被殺……結果，朝野震動不安，人心惶惶。

江夏王劉義恭的死需要拎出來專門述說。話說大將柳元景、顏師伯等人心懷恐懼，不知道劉子業哪日就要殺自己。他們就密謀廢殺劉子業，擁戴劉義恭稱帝。幾個人日夜謀劃，但猶豫不決。柳元景覺得應該爭取到軍界元老、三朝重臣沈慶之的支持，就上門去說服沈慶之。沈慶之與劉義恭的關係一般。顏師伯當時掌握實權，對沈慶之這樣的老前輩不以為然，曾公開說：「沈公，就是一介武夫、一個爪牙，哪能干預政事呢！」沈慶之因此對顏師伯極為不滿，對擁立劉義恭的計畫不贊成，還向劉子業告發了此事。於是，劉子業親自率羽林兵殺死劉義恭及其四子。他將叔祖劉義恭斬斷四肢，分切腸胃，挖出眼睛，浸在蜜裡，取名「鬼目粽」，又殺了柳元景。柳元景的八個兒子、六個弟弟及諸位侄子也都被殺；顏師伯和他的六個兒子同樣沒能倖免。

沈慶之真不應該去告發柳元景等人。他沒料到自己會成為劉子業下一個殺戮的目標。

剛開始，沈慶之因告發顏柳有功，與劉子業的關係不錯。但是老將軍對劉子業的胡作非為也看不慣，說了幾句勸諫的話，劉子業就不高興了。沈慶之懼禍，趕緊閉門謝客，以求自保。一些人仍然希望沈慶之能夠主持推翻劉子業的荒唐統治。吏部尚書蔡興宗就對沈慶之說：「現在皇上的所作所為，人倫喪盡，根本沒有希望改正。他忌憚的人就是您，老百姓能依賴的人也只有您。沈公威名天下所服，在如今人心惶惶之際舉兵起義，誰不回應！如果沈公猶豫不決，只會坐觀成敗，災禍早晚要降臨的。」沈慶之也承認現在局勢危急，但藉口退休在家、沒有軍隊，不願意領頭。他將一切寄託在「天命」身上，抱著聽天由命的態度。蔡興宗苦苦再勸：「當今有心起義的人，都不是想邀功求富貴的小人，只是為了自保啊！領兵的將帥，只要聽到有人首先發難，肯定會群起響應。沈公領兵幾十年，舊日部將門生遍布朝野，受您恩惠的人也很多，何患沒有軍隊！況且儘管您不願意出面，保不準有人打著您的名義起事，到時候您也免不了附從之禍。」沈慶之還是下不了決心，一味推辭。青州刺史沈文秀是沈慶之的侄子，率領部下駐紮在建康城外，也勸沈慶之：「皇上狂暴如此，禍亂不久將至。天下人心思變，如今藉助眾力推翻暴君，易於反掌。機會難得，不可失也。」沈文秀勸了叔叔好多次，最後都流涕相勸了，沈慶之始終不同意。沒幾天，寧朔將軍何邁謀反失敗，被劉子業誅殺，牽連到沈慶之。劉子業派沈慶之的侄子沈攸之送藥「賜死」沈慶之。沈慶之不肯服毒，沈攸之就用被子捂死了親叔叔。沈慶之死時八十歲。

這裡順帶說一下殺死親叔叔的沈攸之。沈攸之相貌醜陋，小時候父親去世，家境貧寒。元嘉二十七年（四五〇年），朝廷大肆拉壯丁北伐，沈攸之應徵入伍，此後隨沈慶之征討。沈攸之作戰勇敢，參加了討伐劉劭、征討劉誕的戰役。在討伐劉劭的戰鬥中，沈攸之勇猛奮戰，屢建戰功，多次身受重傷，比如在廣陵之戰中沈攸之就被箭射破了骨頭。他內心有很強的名利觀念，且自視很高，但叔叔沈慶之讓他從普通士兵做起，並沒有特殊照顧，且當劉駿看到沈攸之善戰，要對他大加賞賜時，沈慶之還出面阻擋，沈攸之由此對叔叔懷恨在心。劉子業登基後，沈攸之馬上獻媚，幫助小皇帝誅戮大臣，和宗越、譚金等人成為劉子業的寵臣。沈攸之因為殺叔叔沈慶之有功，被升為右軍將軍。

## 二

劉宋王朝大封宗室，讓皇子皇孫們頂著王爺的尊銜在地方上擔任實職，控制一地的軍政大權，形成藩鎮。劉裕的本意可能是吸取曹魏抑制宗室，導致皇室力量薄弱的教訓。他本人雄才大略，能夠控制那麼多的宗室藩鎮。傳到兒子劉義隆時期，劉義隆就顯得有點力不從心，轉而對兄弟猜忌起來，所以才有了「賜死」劉義康的先例。到了劉駿時期，皇帝和宗室藩鎮的關係變成了純粹的猜忌和提防遊戲。大封宗室制度設立的本意完全被顛倒了過來。

劉子業繼位後，叔叔湘東王劉彧、建安王劉休仁、山陽王劉休佑都鎮守一方。劉子業不放心，把他們召回建康，關在宮中當作木樁給自己練習拳腳，之後變本加厲地把三個叔叔關在竹籠子裡。劉彧三位王爺都長得很胖。劉子業給他們一一過秤，最重的劉彧獲得「豬王」的綽號，劉休仁其次，被稱為「殺王」，劉休佑第三，被稱為「賊王」。劉子業對三人任意侮辱，每次出宮都把他們關在竹籠裡隨行，招搖過市。

三個叔叔中，劉子業對劉彧最提防。有民謠說：「湘中出天子。」劉彧恰恰是湘東王。劉子業對他猜忌最重，侮辱最多。既然叫劉彧「豬王」，劉子業覺得就得向豬的生活靠攏。他命人挖了一個土坑，在坑裡灌上泥水，把劉彧扒得赤條條地扔到泥水坑裡，然後用木槽盛上豬食，強迫劉彧像豬一樣趴在木槽裡吃豬食。每次看到「豬王」哽咽著吃豬食的樣子，劉子業都笑得前仰後翻。

劉彧不堪其辱，沒幾天就拚命反抗，不願當豬了。劉子業二話不說，命人把劉彧五花大綁，像挑豬一樣用棍子挑著四肢，抬到御膳房。劉子業吩咐御廚：「殺豬！」建安王劉休仁這天恰好被允許在竹籠外放風，看看這一幕，悄悄跟到了御膳房。他要救下哥哥劉彧，急中生智，裝作嬉皮笑臉地對劉子業說：「皇上不該殺這頭豬！」劉子業奇怪地問為什麼。劉休仁說：「皇上的生日快到了，到時候再殺，取豬肝豬肺！」劉子業想想有道理，繼續將劉彧關押。劉彧不斷遭受劉子業凌辱，好幾次都是命懸一線，每次全靠劉休仁裝瘋賣傻、取巧逢迎，才一次次逃過鬼門關。

修理完三個叔叔，劉子業又對鎮守地方的兄弟們猜忌起來。其中最讓他不安的是擔任江州刺史的晉安王劉子勳。劉子勳當時只有十歲，還是個孩子，政務都委託長史鄧琬，有什麼值得猜忌的呢？他的排行！原本，宋文帝劉義隆在兄弟中排行老三、孝武帝劉駿也排行老三，劉子勳很不幸，在劉子業幾個兄弟中也是老三。單單憑這個排行，劉子業就得要三弟的命。

剛好建康內部發生了寧朔將軍何邁謀反事件。何邁將軍其實是劉子業的姑父，妻子新蔡公主被劉子業納入後宮亂倫後，何邁既惱怒又擔心受禍。他密謀在劉子業出巡時發動政變，迎立劉子勳為皇帝。事情敗露，何邁被殺。劉子業廣開株連之門，先殺了老將沈慶之，再派人去江州「賜死」劉子勛。江州長史鄧琬聞訊，義憤填膺地表示：「我本江南寒士，承蒙先帝厚恩，以愛子相託。當今昏君當道，邪惡殘暴，致使社稷危急。我當置性命於度外，以死來報效先帝。」他立刻統一江州內部意見，決定起兵反抗，擁立劉子勛為新皇帝。景和元年（四六五年）十一月，晉安王劉子勛在眾人的擁戴下自尋陽起兵，向各處州縣發布討伐劉子業的檄文。

聽到劉子勛造反的消息，劉子業非常興奮。他馬上決定御駕親征。他似乎覺得這是一個玩耍和殺戮的大好時機。

出發前，劉子業對留在建康的劉彧、劉休仁、劉休佑三個人不放心，決心殺了他們，免得夜長夢多。劉彧等人的生命危在旦夕。江東寒士阮佃夫是劉彧的心腹，是劉彧長子劉昱的老師。阮佃夫為主人的處境焦慮異常，聯合劉彧的另一個親信李道兒，決定拼死一搏，殺掉劉子業，救出劉彧。阮佃夫、李道兒再聯合皇帝的近臣壽寂之、太監錢蘭生等十幾人，大家都有誅殺暴君的意思。一天晚上，劉子業在華林園「射鬼」。劉子業殺人太多，老覺得皇宮中有女鬼糾纏自己，巫師們就建議他射鬼。射鬼的時候，劉子業摒退侍衛，只留巫師、彩女們跳舞、射箭。阮佃夫等人覺得機不可失，決定當晚行動。壽寂之帶頭闖入華林園，劉子業看到壽寂之持刀惡狠狠地走過來，知道情況不妙，慌忙向他射了一箭。沒有射中，劉子業掉頭就跑，被壽寂之追上，一刀劈死。

劉子業死時十七歲，在位僅一年多，史稱「前廢帝」。「廢」字比一般的惡謚更糟糕，意味著這個皇帝一無是處，連謚號都沒法上了。這個皇帝和他這段時期就算是「廢」了。為什麼加一個「前」字呢？因為後面還有一個和劉子業一樣糟糕的壞皇帝：後廢帝劉昱。

殺死劉子業後，政變集團把劉彧解救出來，擁戴他為新皇帝。那麼，這場政變，劉彧到底知不知情，有沒有參與呢？有很多後人認為劉彧不僅知情，而且是幕後主使。但《宋書》則明確記載直到事情發生後，「上（指劉彧）未知所為」。建安王劉休仁跑到劉彧跟前，主動稱臣，把劉彧奉迎到龍椅上坐定，再召見王公大臣。由於事起倉卒，劉彧連鞋子都沒穿，光腳走到宮殿，還戴著一般人戴的烏帽。等他坐定了，劉休仁發現穿戴不妥，才叫奴僕們找了頂白帽給劉彧戴上，又慌忙布置了羽儀禮器。劉彧大難不死，必有後福，史稱宋明帝。

人們對劉子業持一邊倒的譴責痛斥態度。《宋書》說之前的任何暴君和劉子業相比都相形見絀，罪行比不上劉子業的萬分之一。任何人只要犯了劉子業罪行的其中之一，就足以玷污宗廟、辱沒社稷，而劉子業居然把所有罪惡集於一身！最後，《宋書》對劉子業的死持歡呼的態度：「其得亡亦為幸矣！」

政變發生後，太皇太后（劉義隆的皇后）頒布詔書追認了誅殺行為的合法性，並歷數劉子業的斑斑罪惡，說他「少稟凶毒，不仁不孝」，從小就不學好，所以才會「反天滅理，顯暴萬端。苛罰酷令，終無紀極」，鬧得朝野大臣人人自危，百姓惶恐不安。在這份詔書中，太皇太后痛斥孫子劉子業惡貫滿盈，行為如同禽獸，連上古的暴君夏桀、商紂王都比不上他，簡直是開天闢地以來聞所未聞的暴君（原話是「開闢以降，所未嘗聞」）！這也許是歷史上對皇帝最惡劣的評價，表達了老奶奶對孫子極端的失望和憤怒。不過客觀地說，皇室將罪責都推給劉子業一個人有失公允。沒有人一生下來就是壞蛋，亂倫嗜殺等等惡行也不是娘胎裡帶出來的，皇室對皇子的教育也沒有跟上。從劉裕開始，皇帝忙於政務，疏於管教皇子，而劉家出生草莽，沒有家學底子可談，也沒有系統的教育方法，反而是許多皇子剛學會說話，就封王授官，去鎮守地方。比如劉駿在四歲就離開建康，出鎮地方了。等於在孩子正需要教育的黃金時期，把他們放養了。劉宋皇室對皇子教育失敗，加上之前所說的大封宗室，兩者結合導致了皇帝無道、骨肉相殘的種種悲劇。

之前被徐羨之等人廢黜的宋少帝劉義符，和劉子業相比，完全就是一個正常人了。宋明帝劉彧在即位詔書中痛斥劉子業「人面獸心」，「反道敗德」，「毒流下國」，「實開闢所未有，書契所未聞」，那麼，他又將會如何表現呢？

# 十三、劉家的精神病史Ⅲ：沒有最變態，只有更變態

## 一

劉彧繼位後，首先面臨的是鞏固皇位的問題。

天下普遍認為，劉子業有罪該殺，但劉彧以叔叔的身分奪了侄子輩的皇位，也不對，而且之前，晉安王劉子勛已經起兵討伐劉子業，得到天下回應了。劉子勛是劉駿的兒子，在繼承序列上比劉彧更有資格當皇帝。劉彧登基後，嘗試和劉子勛妥協，提升侄子為車騎將軍，希望能罷兵修好。但是鄧琬等人不接受，還在泰始二年（四六六年）正月在尋陽為劉子勛舉行了登基儀式。劉子勛稱帝，改元義嘉，設置百官，成立了和建康對峙的中央政府。讓劉彧尷尬的是，他雖然佔據著首都、稱帝比較早，但天下大多數州縣卻承認劉子勛為新皇帝，不承認他。劉子勛得到廣泛回應，徐州刺史薛安都、冀州刺史崔道固、青州刺史沈文秀等實力派都宣布效忠尋陽的朝廷，還派兵回應劉子勳。湘州、廣州、梁州等地也向劉子勛表示效忠；東邊的會稽、吳等地也效忠劉子勳，並且起兵反對劉彧。劉彧能控制的，只有首都建康和周邊丹陽、淮南等幾個郡的地方。

劉彧心態很好。他本來就沒想到能當皇帝，現在也不在意將皇位讓給劉子勳。鐵桿兄弟劉休仁

拉住劉彧，不讓他讓位，鼓勵他奮戰一場再決定進退不遲。

於是，劉彧在泰始二年（四六六年）正月下令內外戒嚴，以司徒、建安王劉休仁為都督，任命王玄謨為江州刺史，發兵討伐劉子勳。劉彧即位後，原本依附劉子業的沈攸之遭到冷遇。沈攸之告發昔日同伴宗越、譚金等人「謀反」，得到了劉彧的好感，重新被任用。這次，沈攸之也列名討伐將領行列。他確實有才，而且從軍多年，經驗豐富，屢敗劉子勳的部隊。而劉子勳稱帝後，以鄧琬為丞相。鄧琬雖有熱血卻無謀略，且拉幫結派、貪圖享受。面對節節推進的沈攸之等人，鄧琬惶恐無計，在內亂中被殺。沈攸之攻入尋陽，擒斬十一歲的劉子勳。劉休仁再分別派遣將領進攻荊、郢、雍、湘等州，相繼削平支持劉子勳的勢力。

在東部，劉彧起用將軍吳喜。吳喜在東部郡縣有為政寬鬆的好名聲，得到百姓的支持，很快扭轉了局勢，平定了回應劉子勳的勢力。薛安都、崔道固、沈文秀等人見劉子勳死，也轉向劉彧宣布效忠。南方重歸一統，劉彧沒費幾個月時間就坐穩了皇位。

危機一解除，劉彧身上好色、猜忌和殘暴等家族病迅速爆發出來！

劉彧和劉駿、劉子業一樣變態。他把后妃、公主與命婦聚集到宮中歡宴。喝到半醉的時候，劉彧命令無論宮中的嬪妃還是宮外的命婦，都要脫去衣服裸露身體，相互戲謔。后妃、公主與命婦都不敢違抗劉彧的命令。

劉彧猜忌成性，對宗室極不信任，繼續大開殺戒。殺人之多，不僅令劉駿望塵莫及，就是連劉子業也歎為觀止。劉彧是劉義隆的兒子，他將當時還生活在南方的十二個兄弟都無端殺害，只留下一個平庸無能的桂陽王劉休範；劉彧是劉駿的弟弟，他把劉駿的二十八個兒子一口氣全部殺光了。

需要指出的是，劉彧殺害這些兄弟、侄子，不是單單殺他們一人，而是滿門抄斬，包括生母、妻妾、子女全部屠殺。令人髮指的是，劉彧連鐵桿兄弟、建安王劉休仁也殺了。劉休仁和劉彧一起被劉子業關過竹籠，因為他的多次搭救劉彧才沒被劉子業當作豬給殺掉。劉彧稱帝後，劉休仁忙前忙後，幫哥哥鞏固皇位。劉彧對這個有大恩於己的弟弟也不放心，猶豫要不要殺。最後，劉彧還是把劉休仁召入皇宮，強灌毒藥害死了。將軍吳喜平定東部郡縣，功勳卓著，也被劉彧無端殺害。

大規模屠殺親人、功臣後，劉彧信任阮佃夫、沈攸之等人，放手讓他們處理軍政事務。

阮佃夫救主有功，劉彧稱帝後被封侯、賜官，掌握朝廷實權。阮佃夫本是劉彧的家庭教師，沒有成熟的政治構想，掌權後也提出不了什麼政策措施，就知道行賄受賄，凡事沒錢不行，而且行賄者送錢少了也不行，甚至連老家的侄子來找他要求解決工作問題，阮佃夫也逼侄子行賄。

大凡一個人從社會底層突然躍升到頂端，大權獨攬，大多會追求享受，用驕奢淫逸來彌補、麻醉自己。阮佃夫就是這樣的人。他的住宅園林，賽過宮廷，家中堆滿珠玉錦繡，蓄養女伎數十人，才貌冠絕當時。為了泛舟遊玩，阮佃夫從家中向東挖掘人工河，長達十里，泛舟河上，命女伎彈奏作樂。阮家的廚房中水陸珍饈齊備，臨時操辦招待數十名賓客的宴席，一眨眼的工夫就能辦完。阮佃夫豪奢的生活，為京城中人仿效。同時，阮佃夫暴得大權，對權力一點都不珍惜。他手握官職予奪之權，濫封僕從為官。阮家拉車的人都是虎賁中郎將，馬旁的隨從都是員外郎。朝士無論貴賤，都奉承巴結阮佃夫。阮佃夫自我膨脹，自高自大到極點，一般人根本就不搭理，能進入他房間談話的只有一兩個人而已。劉宋的政治風氣早在劉駿時期就已敗壞，阮佃夫掌權後則加速滑向黑暗的深淵。

朝政黑暗、劉彧多疑，曾經支持劉子勳的薛安都等人惶恐不已。果然，劉彧惦記著薛安都。薛安都表示效忠後，劉彧派張永、沈攸之領重兵北上「迎」薛安都。薛安都知道大禍臨頭，派使者向北魏投降，表示願意獻出徐州的土地、軍隊，並協助北魏進攻劉宋。

薛安都是一員虎將，而且天上掉下這麼大一塊餡餅，在北魏朝堂引起了一陣騷動。很多人不相信天底下有這麼好的便宜事，而且覺得薛安都開始是北魏的大臣、中途投降劉宋與北魏為敵、現在又主動投降，如此反覆，未必可信。最後，北魏獻文帝拓跋弘聖心獨斷，接受薛安都的投降。北魏授薛安都為鎮南大將軍、徐州刺史，賜爵河東公，對投降的宋軍大規模封賞，就連薛安都的兒子都一律封侯。從此，本是劉宋北方長城的薛安都所部鐵了心效忠北魏，與南方為敵。同時，大批魏軍進入彭城，接收徐州等地。泰始三年（四六七年）正月，薛安都的降軍聯合北魏援軍，擊敗張永、沈攸之的宋軍。薛安都繼而引魏軍攻破歷城，崔道固投降；攻克東陽，俘虜沈文秀。劉宋王朝受到傷筋動骨的打擊，外部局勢迅速惡化。

元嘉北伐之後，宋軍雖然失敗，但北方重鎮彭城、歷城、東陽等都控制在宋軍手中。南北邊界保持在離黃河南岸不遠的地方。如今因為薛安都的投降，劉宋在淮北的四州以及豫州、淮西等郡縣先後淪陷，相當於丟失了現在山東、河南的大片地區和江蘇、安徽的北部。南北邊界推移到淮河一線。南方在對北方戰爭中更加處於劣勢，之後一退再退，直至滅亡。

劉彧逼反薛安都，導致北方領土淪陷，是南北朝時期雙邊關係的重大事件。

劉彧統治後期，好鬼神，多忌諱，制定言語文書中有禍、敗、凶、喪及疑似的語句應迴避的規定數百上千條，大臣們誰違反了必加罪戮。宮中禁忌特別多，移張床、粉刷牆壁都要先祭土地神，派文人撰寫文詞祝策，做得同朝廷大祭一樣。劉彧年紀越大，越殘忍，越喜歡虐殺。左右忤逆了他的意思，往往被斮刳斷截。結果自然是「內外常慮犯觸，人不自保」，活脫脫是劉子業時期的恐怖時光再現。

劉彧時期比劉子業時期更不如。因為劉子業只是荒唐了一年多，劉彧卻胡作非為了十多年，把南方搞得烏七八糟的。薛安都叛變後，淮河南北戰鬥不斷，導致府藏空竭，一度連官員的俸祿都發不出來了。但是劉彧依然過著奢侈無度的生活，不斷追加苛捐雜稅，盤剝百姓。百姓困苦不堪，州縣騷動。後世普遍認為劉彧時期，政治黑暗、皇室削弱，「宋氏之業，自此衰矣」。

## 二

說來奇怪，之前劉宋宗室的生育能力很強，子孫眾多。不少人生的兒子數以十計。劉彧的生育能力卻不強，長久沒有兒子。

荒唐的本性讓劉彧想出了一個匪夷所思的方法。他看到親信李道兒生了很多兒子，就將寵妾陳妙登賞賜給李道兒。等到陳妙登懷孕後，劉彧趕緊又將陳妙登接回來。陳妙登就這樣生下了兒子，取名劉昱。劉彧將劉昱當作自己的親生兒子，並冊立為太子。後來，劉彧找了個藉口將李道兒賜死。不過，社會上始終風傳劉昱是李道兒的兒子。劉昱也聽到那些傳言，成年後還常常自稱「李將軍」，一點都不為父母避諱。嘗到有兒子的甜頭後，劉彧派人祕密將諸王懷孕的姬妾接進宮裡，讓她們在宮中生產。如果孕婦生下來的是男孩，劉彧就殺了母親留下孩子，讓寵姬冒充孩子的母親。

透過這樣的手段，劉彧一共「有」十二個兒子。其中有多少是劉彧親生的，就只有他自己知道了。

泰豫元年（四七二年），劉彧病死，年僅十歲的太子劉昱繼位。

臨終前，劉彧指定袁粲、褚淵二人為顧命大臣輔佐兒子。袁粲是老官僚了，歷經數朝逐步升遷而來。褚淵在仕途上的成功，則主要仰仗兩個優勢：第一，他父親褚湛之娶了宋武帝劉裕的女兒始安公主，褚淵自己娶了宋文帝劉義隆的女兒南郡公主，和劉宋皇室親上加親。第二，劉彧還是湘東王的時候，褚淵就和他關係密切。

這兩個顧命大臣搭建領導班子有些力不從心，覺得有必要再拉幾個人一起幹。袁粲提名了劉秉。劉秉是劉裕的侄孫，當時劉宋宗室能幹的不多，劉秉還算是少數能夠拿得出來的宗室成員之一，就被袁粲調到中央。褚淵見袁粲拉了一個人進班子，也提名了一個人：蕭道成。蕭道成出身將軍世家，是個職業軍人。褚淵早年路遇蕭道成，就對人說：「此非常人也。」他認為蕭道成「才貌非常，將來不可測也」。於是，劉秉擔任了尚書左僕射，參預政事；蕭道成擔任右衛將軍、衛尉，負責首都軍事。

也真是奇怪了，劉義隆之後的宋朝皇帝一個不如一個。天下人忍耐一個胡作非為的皇帝，覺得天底下不可能有比他更壞的皇帝了，等這個皇帝死的時候都鬆了一口氣，結果發現繼位的皇帝比前任更壞，更不是東西。如此反覆，人們只好不斷刷新忍耐的極限。

新繼位的劉昱雖然年紀很小，但荒唐胡鬧、殘忍無道，一點都不輸給祖輩。他在五六歲就被立為太子，在東宮的時候劉昱從不好好學習，喜歡嬉戲，特別喜歡學猴子爬油漆竿。那些竿子離地面有丈餘高，劉昱爬到頂端再滑下來，老師們都管不了他。稍微長大點後，劉昱喜怒無常。左右有不順他意思的，動手就打，習以為常。

劉昱的主要愛好有兩個：一是出宮遊玩，一是無故殺人。劉昱喜歡穿件小衣衫，帶著幾個隨從出宮，不管郊野還是市井，哪裡有趣就往哪湊。陳太妃開始的時候還時常乘著車跟隨他。但劉昱一出宮就似蛟龍入海，轉瞬間將母親甩得無影無蹤。陳太妃越來越力不從心，對寶貝兒子也就睜隻眼閉隻眼了。劉昱常常是夜裡從承明門出去、次日凌晨回來，或者早上出去再晚上回來。每次在外面，劉昱睏了就投宿客棧，有的時候甚至找個路邊空地睡一覺。他交往的對象不是賣柴養馬的商販，就是拉車擔貨的少年。遇到被人喝斥辱罵，劉昱就淡然一笑；遇見婚喪嫁娶，劉昱就衝入人群高歌飲酒取樂。官吏見了，都習以為常。

劉昱如果僅僅是喜歡民間，倒還有與民同樂，不拘小節的味道。遺憾的是，他總是攜帶鉗鑿斧鋸，發明了擊腦、椎陰、剖心等刑罰。通常情況下，劉昱每日都殺數十人，有些人則是劉昱親自用長矛刺穿的。一次，劉昱聞到一個叫孫超的大臣口中有蒜味。為了證明他吃過大蒜，劉昱讓左右抓牢孫超，親手剖腹查探他肚子裡有沒有大蒜頭。建康城傳聞大臣孫勃聚斂了許多金銀財寶，劉昱發動了一次奪寶行動，帶著人馬劫掠孫勃。搶劫開始了，劉昱揮刀衝鋒在前，頭一個衝入孫家。一夥人殺掉孫勃後，劉昱記得小的時候被孫勃管教過，竟然臠割屍體解恨。

從即位第四年起，劉昱就無日不出去胡鬧。最後他發展到手執長矛大棒，凡是遇到男女行人及犬馬牛驢就立即撲殺，致使人民驚擾，道無行人，儼然是強盜行徑。劉昱殺人成癮，如果一日不殺人就悶悶不樂。父親的正妻老太后多次訓斥自己，劉昱煩了竟然下令太醫煮毒酒，準備鴆殺老太后。左右侍從慌忙勸他說：「如果太后死了，陛下您就得以兒子的身分參加各種各樣煩瑣的喪禮儀式。我們就沒時間陪陛下出宮遊玩了。」劉昱一想也是，打消了毒死太后的念頭。

卻說阮佃夫在劉彧死後沒能成為顧命大臣，內心失落。雖然作為劉昱的老師，阮佃夫依然身居高位，但他的不滿和怨恨越積越多。阮佃夫看到劉昱嗜殺成性，朝野人人自危，就聯合將軍申宗伯、朱幼、于天寶等人密謀殺死劉昱，擁立其弟劉準，透過廢長立幼來奪取大權。這是阮佃夫第二次密謀政變了，他制定了詳細的政變計畫，擬定趁劉昱去江乘射雉的時候發難。政變的保密工作做得也很好，然而百密一疏，不知道劉昱為什麼當日臨時改變路線，沒有去江乘，害得阮佃夫的周密計畫無法施行。同謀的于天寶心理素質差，見計畫沒能執行，嚇得告發同謀以求自保。劉昱在殺人方面很在行，迅速將阮佃夫捕獲處死，並封存了他搜刮的不義之財。這也許算是劉昱做的唯一一件好事。

## 三

劉昱即位的第二年（元徽二年，四七四年），桂陽王、江州刺史劉休範在江州起兵反叛。劉休範就是那個劉彧覺得平庸無能，懶得殺的兄弟。作為碩果僅存的皇叔，劉休範自以為德高望重，對自己沒能進入顧命大臣班子非常不滿，因此起兵謀反。他親率大軍兩萬從尋陽出發，晝夜兼程殺向建康。朝廷派出蕭道成率軍迎戰。兩軍在新亭迎戰。

劉彧沒有看錯劉休範，他的確無能。蕭道成使了一個小小的詐降計，就把他解決了。事情經過是這樣的：蕭道成指使部將張敬兒、黃回前去敵營詐降。劉休範輕易相信了二人，當晚還備了酒宴招待張敬兒、黃回。酒過三巡，張敬兒藉敬酒之機，從劉休範腰間抽出配刀，手起刀落，將劉休範斬首，然後取下頭顱疾馳而去。劉休範一死，叛軍很快被擊潰。

平定劉休範之亂後，袁粲、褚淵、劉秉、蕭道成四人輪流在朝廷值日，形成了新的政治格局，號稱「四貴」。這四貴的排名，蕭道成最末。他資歷最淺、職位最低，在戰後給褚淵、袁粲的書信中還自稱「下官」，說自己「志不及遠」。他和褚淵關係親近，袁粲則和劉秉關係親近，班子內部隱約分為了兩派。

桂陽王劉休範死後，南方劉義隆諸子全都死了，孫子輩中以建平王劉景素年齡最長。劉景素勤學好文，召集人才，聲望不錯。朝野曾流傳劉景素「宜當神器」（適合當皇帝）。之前劉景素就被朝廷忌憚，他因此更加注意結交人才，積蓄力量以防不測。劉休範死後，劉景素內心驚恐，舉兵自衛。兵敗後，劉景素被滿門抄斬。之後，劉宋宗室中再也找不出像樣的人才了。劉家這麼大的一個家族，原本人才濟濟，卻在刀光劍影和骨肉相殘中凋敝殆盡。時人流傳：「遙望建康城，小江逆流縈。前見子殺父，後見弟殺兄。」說的就是皇室的內訌導致人丁衰敗。

之後，蕭道成篡位的時候，又將劉宋宗室不論長幼一律殺死。劉裕的子孫只剩下一個逃往北魏的劉昶。劉昶是劉義隆的兒子，封義陽王，任徐州刺史。景和元年（四六五年），前廢帝劉子業誣陷劉昶謀反，下詔討伐劉昶。劉昶聞訊只好造反，被打敗後，連夜僅帶數十騎逃奔北魏。在北魏，劉昶生活得遠比在南方要好，不僅娶了公主當了駙馬，還獲封丹陽王。劉宋宗室遭到系統殺戮後，劉昶成了唯一倖存者，在北方延續了劉家的血脈。

劉家的精神病史基本發作完畢了——再發作也找不到合適的人選了。

像劉宋皇室這樣密集、整體性的荒淫殘暴史上罕見，僅此一例。劉子業的太后病重了，派人去叫皇帝來。劉子業卻說：「病人房間多鬼，哪能去呢？」不願意去看望太后。太后大怒，高呼：「快拿刀來，剝開我的肚子，看是怎麼生出這樣的不孝兒的！」她不知道自家子孫的不孝、亂倫和殘暴是皇家遺傳。在爾虞我詐、壓力巨大的皇宮中，皇帝很容易發生人格扭曲。加上劉宋皇室不重視家族教育、大封宗室，就容易爆發劉宋皇室這樣的集體精神病發作事件。

# 十四、七夕夜弒君

## 一

元徽五年（四七七年）盛夏的一天中午，建康城酷熱難奈。中領軍蕭道成體態過胖，解衣袒腹地在家裡堂中納涼、睡午覺。

突然，蕭家門口出現了一群躡手躡腳的年輕人。他們衣著華麗，容貌形態不像一般人家的子弟，但卻行為猥瑣，對著蕭家大門張頭探腦，分明又是一群市井無賴的模樣。尤其是領頭的年輕人，十三四歲光景，特別顯眼，招人懷疑。這群人的確不是一般人，而是當朝皇帝劉昱和他們的一些侍衛。這天，好動荒唐的劉昱出宮遊玩時，經過蕭道成的領軍府，突然想進去戲弄一下這位老將軍。

領軍府有警衛認識皇帝，要行禮迎接，劉昱示意警衛不要驚動他人。他帶著一行侍衛輕聲細語地直入蕭家正堂。劉昱一眼看到酣睡的胖子將軍，好奇地揭開帳子欣賞起袒胸露肚的蕭道成來，只見蕭道成的肚子碩大滾圓，肚臍眼像雞蛋一般大，劉昱不禁哈哈大笑起來。

笑聲驚醒了蕭道成。蕭道成睜眼見是小皇帝親臨府邸，以為出什麼大事了，急忙起身要穿衣行禮。劉昱搖搖手說：「你的肚子是個很好的箭靶子，正好讓我試試箭法。」

蕭道成驚訝地還沒回過神來，劉昱就命令左右架起蕭道成站到幾步開外，要用他的腹部當箭靶，肚臍眼當靶心練習箭法。劉昱還有模有樣地拿起弓箭，擺出姿勢就要射。

蕭道成嚇得魂飛魄散，慌忙用手捂住肚臍，大聲申辯說：「老臣無罪，為何要射殺我？」

劉昱也不搭理，拉滿弦就要放箭。千鈞一髮之間，隨從的皇家衛隊長王天恩進言道：「蕭領軍的肚子真是一個好靶子，可以供皇上練習射技。但是如果一箭下去將蕭領軍射死了，以後皇上就沒有這麼好的靶子了。皇上不如將箭頭拔去，用禿箭射。」

劉昱想想覺得有道理，於是拔掉箭頭，張弓就射。那一箭正中蕭道成的肚臍眼，痛得他嗷嗷大叫。小皇帝劉昱卻哈哈大笑。王天恩等人連忙拍馬屁說：「陛下神射無雙，一箭中的。」劉昱更加高興了，玩得盡興後扔下敢怒不敢言的蕭道成揚長而去。

回去的路上，劉昱想起剛才蕭道成的神態又發起怒來。回到宮中，劉昱咬牙切齒地叫喚：「明天就去殺掉蕭道成！」他還磨起劍來，一副明天親力親為的架勢。宮中早有人告訴了他的生母陳太妃，陳太妃匆忙趕過來制止兒子。她罵道：「蕭道成統領禁軍，是國家的功臣。你殺了他，誰還為國家出力啊！」劉昱挺怕母親的，一琢磨她教訓得有道理，也就把殺蕭道成的事情擱到一邊去了。

這裡要詳細介紹一下蕭道成。在劉宋荒唐的朝政和不斷加劇的內亂中，蕭道成登上政治中心舞台，攝取了越來越大的權力。

蕭道成，東海蘭陵（今山東棗莊嶧城）人，祖先在西晉末年南遷，寓居武進（今江蘇丹陽）。元嘉四年（四二七年）蕭道成出生於職業軍人家庭。父親蕭承之歷經戰爭，因戰功一步步升遷為劉宋王朝的右軍將軍。蕭道成年幼的時候曾經學習儒學，但在他十四歲那年發生了彭城王劉義康被廢黜事件，父親的部隊要移防豫章，蕭道成只好放棄學業，正式參軍跟隨父親去江西。蕭道成先後歷經大小數十戰，為劉宋王朝出生入死，官職和權力逐步得到提升。泰始四年（四六八年），他正式成為南兗州刺史，先是鎮守廣陵，後來移鎮淮陰，成為南方對北魏作戰的前線指揮官。

不知道是惡作劇，還是有心陷害，建康城一度出現了「蕭道成當為天子」的流言。劉彧原本就覺得蕭道成相貌出眾，不是久居人下的人，聽到民間流言後更加懷疑前線的蕭道成有野心，會對自己構成威脅了。他決定試探一下蕭道成，於是千里迢迢派遣使者送給蕭道成一壺酒。蕭道成戎裝出迎使者，謝過天恩後，毫不懷疑地仰面喝下御酒。聽完使者的回報，劉彧判斷蕭道成不會造反，於是放過了他。

當時的蕭道成還是一位忠心的前線將領，無奈猜忌成性的劉彧老是懷疑他，弄得他非常鬱悶。蕭道成曾經寫過一首《群鶴詠》。全詩只有四句：「大風舞遙翮，九野弄清音。一摧雲間志，為君苑中禽。」他用鶴的迎風高飛，當空鳴叫來表達自己的雄心壯志和宏才大略。遺憾的是，因為受到朝堂的約束，難以真正展翅高飛，無奈成為君王的觀賞動物。可見，雖然地位和權力得到升遷，但蕭道成的心情並不愉悅。

泰始七年（四七一年），宋明帝劉彧病重，派人召蕭道成入京。前線部將都覺得此行凶多吉少，為蕭道成擔心。蕭道成清醒地分析道：「諸位都沒有看到事情的本質。當今皇上誅殺兄弟，而太子稚弱。皇帝病重，正在考慮自己的身後事，既想尋找輔政大臣，又不想威脅到太子的地位。皇上召我，我正應該迅速應召，如果遲遲不去，反而是自取其禍啊。」接下去，蕭道成又講了一段

「大逆不道」的話，充分暴露了他心中已經萌發的不臣之心。他說：「皇室骨肉相害，非靈長之運。國家禍難將起，各位要和我一起出力同心啊。」

事實發展證明蕭道成的分析是完全正確的。一到建康，他就被拜為散騎常侍、太子左衛率，加邑二百戶。不久，劉彧駕崩，立下遺詔，任命蕭道成為右衛將軍，領衛尉。他很快掌握了劉宋朝堂禁衛軍的兵權，為日後的政治發展打下了堅實的基礎。

禁衛軍權是中國古代宮廷政治的重要影響因素，是古代君權的重要組成部分，卻也常常在亂世中脫離君王的控制，甚至成為顛覆君權的工具。禁衛將軍控制禁衛軍權，從而專斷朝政，多有廢立篡弑之舉；登基之初，新皇帝就會命親信將領擔任禁衛將軍，控制禁衛軍權，鞏固統治。南朝時候政治不穩，昏主迭出，禁衛軍權對朝政影響更大。劉裕打敗桓玄初期就親自擔任指揮禁衛軍的領軍將軍，牢固掌握建康的禁衛軍權。這是劉裕控制京師、整頓朝政的勢力基礎。劉裕開了這個頭後，以後的宮廷政變和朝政變遷或多或少都有禁衛軍的影響，為中國古代歷史提出了一個不大不小的新命題。

話說荒唐的劉昱雖然放棄了殺蕭道成的想法，但蕭道成內心極度不安起來。誰能保證自己哪天不會被這個莽撞無理的小皇帝殺掉呢？蕭道成為了自保，覺得只有推翻劉昱才行。他首先想到透過正常途徑廢立皇帝。他找到「四貴」中的袁粲、褚淵，提議廢黜劉昱。領銜「四貴」的袁粲不同意，說：「皇上還在幼年，有些錯誤將來會改正的。廢立皇帝是大事，不是每一代都可以執行的。縱使廢立皇帝成功，我們這些做大臣的最終也沒有好下場。」褚淵默然不語。他也覺得劉昱荒唐無道，推翻他未嘗不是好事，同時又覺得袁粲的意見也有道理。不過在內心，褚淵是支持蕭道成的。

正常途徑走不通，蕭道成就密謀透過「非正常途徑」廢掉劉昱。他四處聯絡同道力量，首先尋找的就是禁衛軍內部的人，比如禁衛軍越騎校尉王敬則、劉昱貼身隨從陳奉伯等等，伺機行事。

## 二

四七七年七月初七，七夕節。劉昱在這一天白天的行程非常混亂。《宋書》和《南齊書》中有不同的版本。《宋書》說劉昱當天乘露車，帶著二百來人，與往常一樣沒有帶儀仗裝飾，到民間去野混。先是去了往青園的尼姑庵，估計是去偷雞摸狗，或者調戲小尼姑去了；傍晚的時候他又到新安寺找曇度道人飲酒。《南齊書》也說劉昱當天在外微服遊玩。劉昱出北湖，像往常一樣騎著單馬飛奔在前，羽儀禁衛等人隨後追趕。一行人在堤塘之間相互蹈藉，狼狽得很。突然劉昱的隨從張互兒的馬在追趕擁擠之中墜下湖去。劉昱很生氣，把馬拉上水來，趕到光明亭前，自己玩起殺馬遊戲。馬被殺後，他和隨從一起屠割馬肉。大家一起學北方的羌胡人，邊割肉邊唱歌跳舞。傍晚的時候，劉昱又去了蠻岡賭博。

夜深了，劉昱終於回到宮中。

當晚，劉昱是在仁壽殿東的阿氈屋中就寢。臨睡前，他突然記起今天是七夕。於是，劉昱就對隨從楊玉夫說：「今天晚上織女渡河與牛郎相會，我要看看織女的模樣。等織女出來了，你叫醒我。如果看不到織女，我明天就殺了你。」

楊玉夫大驚失色。他如何能夠讓劉昱看到織女？楊玉夫馬上想到了之前得罪劉昱的人被殘殺、被肢解的血腥場面。現在為了自衛，他不得不鋌而走險了。楊玉夫知道同伴陳奉伯等人平日裡與禁衛軍校尉王敬則等人互通消息，有過密謀。於是他就去找陳奉伯，將事情起因和自己要殺小皇帝自衛的計畫和盤托出，尋找幫助。陳奉伯一面聯絡王敬則，一面和楊玉夫聯絡了更多的劉昱侍衛、隨從，準備共同起事。結果，二十五個劉昱平日的隨從聚集起來，一致決定弒君。

事不宜遲，楊玉夫帶了幾個人來到劉昱休息的氈房外，只聽鼾聲陣陣。楊玉夫等人突入氈房之中，取出劉昱的防身刀，當場將熟睡中的小皇帝殺死。劉昱時年十六歲。楊玉夫將劉昱的頭顱割下，又假傳聖旨，宣禁衛軍校尉王敬則入內，商議後事。

大家商議的結果是決定利用小皇帝平日的生活習慣，騙出宮去，將蕭道成引進宮來主持大事。於是，王敬則領頭，楊玉夫假扮劉昱，陳奉伯提著劉昱的腦袋，向宮外走去。劉昱之前經常在深更半夜出宮，陳奉伯等人就聲稱皇帝要出宮，王敬則陪護。宮廷一干人等一見是小皇帝的貼身隨從和禁軍校尉陪同「皇帝」出宮，沒有絲毫的懷疑。劉昱每次出門，門衛和士兵們懼怕他的喜怒無常，都不敢正視他。這天夜黑，宮人只知道慌忙打開承明門，看都沒看清到底是不是劉昱本人出宮，就放走了一行人。

來到領軍府外，王敬則稱帶了皇帝的首級來請蕭道成入宮主持大事。因為整件事情事起突然，蕭道成之前毫不知情。現在突然深夜有人說殺了皇帝，請你入宮，正常人都不會相信這是真的。蕭道成的最初判斷就覺得這極可能是劉昱對自己的考驗或者是另一場惡作劇，因此下令家人緊閉大門，不要放人進來。

王敬則無奈，急中生智，將小皇帝劉昱的人頭從門上拋了進去。蕭道成忙命人將腦袋上的污血洗去，親自查看，果然是劉昱的首級。他大吁了一口氣，這才下令打開府門。蕭道成聽完王敬則報告後，迅速決定入宮。他全身戎裝，率左右數十人，由王敬則、楊玉夫等人引路向宮中奔去。這一次，他們聲稱是皇帝回宮，讓宮中開門。宮廷內照樣沒有絲毫的懷疑，打開了宮門。

承明門剛一打開，蕭道成就駕著常騎的赤馬當先衝入。宮中見放進來的是全副武裝的蕭道成及其侍衛，大驚失色。蕭道成的那匹赤馬高大威猛，也許是頭次進入深宮的緣故，揚蹄嘶叫起來，竟然鎮住了不知所措的宮人們。蕭道成日後登基後，封這匹赤馬為「龍驤將軍」，民間稱這匹馬為「赤龍驤」，可見這匹馬確非尋常馬匹。王敬則等人乘機高舉著劉昱的腦袋大喊：「昏君已死，蕭領軍入宮主持大事！」殿內一片驚怖，片刻後都高呼起萬歲來——可見劉昱是多麼的不得人心。蕭道成隨即下令自己控制的禁衛軍陸續開到皇宮內外，連夜控制了整個局勢。

大事稍定後，蕭道成派人召集袁粲、褚淵、劉秉三位大臣入宮，商議廢立事宜。褚淵原本就贊同蕭道成，入宮知道真相後果斷地站在蕭道成的一邊。司徒袁粲、尚書令劉秉兩人原本就和蕭道成不睦，且權力地位與蕭道成相當，現在見蕭道成一夜間主持了大局，又不滿自己對皇帝猝死等事毫無所知，心生怨恨。在即將開始的權力分配中，袁劉二人不願意蕭道成獨霸朝政。

天色漸漸明亮起來，「四貴」在殿庭前的槐樹下集議。蕭道成保持一副戎裝，先對劉秉說：「劉大人您是國家重戚（劉秉是宗室成員），今日之事，應該由您主持。」劉秉沒有想到蕭道成會來這一手，慌亂地推辭了。蕭道成又讓袁粲主持廢立之事，袁粲也不敢接受。這時，早就候在一旁的王敬則拔刀在手，威嚇說：「天下事都應該歸蕭公管，誰敢說一個不字，就吃我一刀！」他拿起一頂白紗帽替蕭道成戴上，推舉蕭道成馬上去召集大臣主政，喊道；「今天誰敢再動！事情須趁熱辦！」蕭道成見王敬則如此支持自己，心中高興，表面上卻板著臉衝著他喝道：「你懂得什麼，休得胡說！」袁粲就想開口說話，又被王敬則喝住。這時，褚淵出面說話了：「今日，非蕭公不能了事！」蕭道成於是當仁不讓地宣布，備法駕去東城迎立劉彧第三子、劉昱的弟弟、年僅十一歲的劉準為新皇帝。袁劉二人在大局將定的時候又後悔了，想發表意見，但是蕭道成布置的士兵用長刀組成了刀牆，阻遮在袁粲、劉秉等人面前。兩人大驚失色，怏怏而歸。

皇太后天明後知道了消息，異常震驚，但是生米已做成了熟飯，只好接受蕭道成的既成現實。太后下令說：「劉昱窮凶極暴，自取毀滅。但是將他廢為庶人，我又有所不忍。可特追封為蒼梧郡王。」因此，劉昱在歷史上被稱為「蒼梧王」或者「後廢帝」——與之前的劉子業並列。

劉準登基後，史稱宋順帝。蕭道成因為有扶立之功，進位為侍中、司空、錄尚書事、驃騎大將軍，封竟陵郡公，邑五千戶。蕭道成堅決推辭，只接受了驃騎大將軍、開府儀同三司的官職，但在不久後兼管了南徐州、豫州、司州三個州。對楊玉夫等二十五人不僅沒有追究弒君的罪責，還封賞爵邑。

之前「四貴」的排名顛倒了過來，成了蕭道成、褚淵、袁粲、劉秉。實際上，蕭道成主持廢立，又軍權在手，後面三人都不能與他抗拒。蕭道成獨掌了劉宋王朝的大政，成了七夕政變的最大受益者。

# 十五、劉宋王朝的背水一戰

## 一

蕭道成勢力掌握劉宋實權後，朝野還潛伏著反對他的強大力量。兩股力量的消長、戰和，決定著南朝政治的走向。

原本是「四貴」之首的袁粲在劉宋王朝做官幾十年，又受宋明帝劉彧臨終前顧命委託，對劉宋王朝多少有感情。他眼看著當年提攜起來的蕭道成凌駕到自己頭上來了，心裡本來就不好受，對蕭道成架空劉宋王朝逐步篡位的行徑更是看不下去。《宋書》說袁粲是「不欲事二姓，密有異圖」，稱讚了他對劉宋王朝的忠心。就是日後的蕭齊王朝，也對袁粲的忠心表示了讚賞。於是，以袁粲為核心，聚集了一股反對蕭道成的勢力。

「四貴」之一的劉秉首先參加了進來。前湘州刺史王蘊是太后的外甥，和蕭道成一向不對盤，也參加了進來。此外，將軍黃回、任候伯、孫曇瓘、王宜興、彭文之、卜伯興等人，或者是因為忠於劉宋王朝，或者是因為反對蕭道成，先後聚集到了袁粲周圍。

在建康之外，反對蕭道成的最重要的人物是荊州刺史沈攸之。袁粲集團的人都在建康，人數雖然不少，但不掌握地方軍政大權，實力有限。而沈攸之長期盤踞地方，是真正有能力和蕭道成較量的實力派。

沈攸之投靠劉彧後，以英勇奮戰和獻媚奉承博得劉彧的好感。泰始五年（四六九年），劉彧任命沈攸之為郢州刺史（治所在今武漢）。從此，沈攸之長期盤踞在長江中游，擴充勢力。他為政苛暴，有時還鞭打士大夫，誰不服從自己就當面辱罵。同時，沈攸之精通政務，橫徵暴斂，重點發展武備。總之，沈攸之在轄區內實現了一元化的強勢領導，導致士民畏憚，令行禁止。劉昱繼位後，沈攸之地位繼續提升，調任了更重要的荊州刺史，並且都督荊、襄、雍、益、梁、寧、南北秦等八州諸軍事，真正成了長江中游一霸。

沈攸之自以為才略過人，又自以為功勳卓著，開始有不臣之舉。他調任荊州的時候，挑選郢州的精銳部隊和精良器械，攜帶赴任。到荊州後，沈攸之以討蠻為名，大舉擴充部隊，加緊訓練，始終保持臨戰狀態。為了壯大自己，沈攸之在荊州推行重賦聚斂政策，就連給朝廷的賦稅貢物也敢截留，一心製造武器，最後養馬兩千多匹、擁有戰艦近千艘。荊州倉廩、府庫充盈。沈攸之還很重視人才建設，經過荊州的很多士子、商旅被他羈留；藏匿亡命的勇士；對於逃亡的部下，沈攸之不論遠近一律窮追，務求捕獲。最後，沈攸之發展到獨斷專行，不遵從建康號令的地步。作為最大的地方實力派，沈攸之的謀逆跡象已經很明顯了。

但是蕭道成還不想和沈攸之鬧僵。劉昱死後，蕭道成以宋順帝的名義提升沈攸之為車騎大將軍，依然擔任荊州刺史，用來安撫他的情緒。

但是沈攸之根本看不上什麼車騎大將軍。他自認為功勞、能力和實力都超過蕭道成，不甘心居於蕭道成之下，繼續聽從朝廷的指揮。況且蕭道成還有「弒君」的巨大嫌疑，所以沈攸之在升明元年（四七七年）的十二月以蕭道成殺君另立為名，舉兵反叛。此時，他已經蓄養了十萬大軍。一批批軍隊相繼從荊州順江而下，東下建康。

建康又一次震動不安。好在蕭道成經歷多次內戰，對這種上下游的內戰見怪不怪了。他從容安排親信鎮撫東部各郡縣，任命將軍黃回為郢州刺史，督率軍隊反擊沈攸之。

沈攸之起兵前，派人祕密聯繫建康內部的袁粲集團合作。袁粲等人也躍躍欲試，想和沈攸之內外呼應，推翻蕭道成。袁粲向褚淵透露了一些風聲，褚淵如能夠合作最好，如果不願合作起碼也要保持中立。在錯綜複雜的局勢面前，褚淵經過權衡，還是選擇站到蕭道成的一邊。恰好蕭道成也來諮詢褚淵的意見，褚淵就提醒蕭道成：「沈攸之發難，事必無成。蕭公倒是要防備內部。」蕭道成覺得很有道理，請袁粲率一支部隊駐屯建康城郊的石頭城，名為防備沈攸之，實際上將袁粲調出城去。

蕭道成還親自去拜訪袁粲，諮詢戰爭建議。袁粲稱病不見。部下認為袁粲閉門不見不妥，袁粲沒有底氣地說：「蕭道成見面如果藉口皇上年幼、時局艱難，劫持我去朝堂值班，我連推辭的理由都沒有。我一旦跟著他走了，可能就回不來了。」袁粲保持了極強的警惕心，把握制定從內部推翻蕭道成的計畫。

當時，蕭道成入屯朝堂，主持討伐沈攸之的全面工作。劉秉的族弟、領軍將軍劉韞在門下省值班；卜伯興是直閣將軍，能接近朝堂；黃回則率領一支軍隊駐紮在新亭備戰。他們都是袁粲集團的成員，蕭道成對他們都疏於防範。這就為袁粲的政變提供了便利。袁粲很快制定了一個詳細計畫：假冒太后的命令，由劉韞、卜伯興率宿衛部隊進攻朝堂，抓捕蕭道成；黃回率領本部兵馬從城外向城內進攻；劉秉、任候伯等集團成員來到石頭城和袁粲會合，眾人以石頭城為大本營，以石頭城的駐軍為預備隊。

這是一個很周密、很穩妥的政變計畫，也是劉宋王朝的背水一戰。政變集團集結了朝廷內外反對蕭道成的所有力量和忠於皇室的最後力量，如果政變成功，劉宋王朝延續統治，一旦政變失敗，劉宋王朝面對圖謀篡位的蕭道成就沒有還手之力了。因此，這次政變也可算是劉宋王朝的最後一戰。

## 二

一個王朝到了末期，就好似病入膏肓的病人，找不到健康無恙的肌體。劉宋王朝國運將盡的時候，雖然有忠心圖存的大臣，卻找不到幾個有能力、有膽魄的大臣。袁粲等人的計畫是不錯，但因為執行者素質太低，倉促之中走向了失敗。

原本計畫集團成員夜晚在石頭城聚會，等天亮的時候一同舉兵。劉秉一向膽小怕事，天還沒有暗就內心騷動起來，坐立不安了，喝個水都捧著杯子發抖，灑了自己一身水。他住在丹陽郡，等不到太陽落山就用車載著金銀細軟和家眷，大搬家一樣離家向石頭城趕去，後面還跟著門客、部下數百人。這樣的架勢連大街都堵塞了，更不用說什麼保密問題了。蕭道成馬上知道了劉秉的反常情況。他不禁想：劉秉為什麼要慌張地棄家而逃？他為什麼要跑去石頭城？難道他和袁粲有什麼預謀？蕭道成馬上警覺起來，命令心腹王敬則當天參加值班，與卜伯興一起指揮禁衛軍。這就等於分了卜伯興的兵權，讓他成了一枚死棋，不能動彈了。

另一邊，袁粲看到劉秉帶著一大家子人慌慌張張地跑到石頭城來，頓足大叫：「你這麼早就來了，把整件事都暴露出去了！」劉秉還傻呼呼地回答：「我們同生共死，見到袁大人我死也甘心了。」袁粲完全被他這句話「雷」倒了。

袁粲集團的計畫有一個疏漏，或者說它是蕭道成的過人之處：早前袁粲帶兵鎮守石頭城的時候，蕭道成安插了薛淵、蘇烈、王天生等人一同前行。這三個人名義是袁粲的部將，其實是蕭道成安排在石頭城的奸細。

話說城外的劉韞聽說劉秉提前舉家逃奔石頭城的消息後，感歎道：「事敗矣！」劉韞還沒引起蕭道成的懷疑，之前還奉蕭道成的命令去招募兵勇。此時，劉韞帶著自己招募的數百新兵，狼狽地奔向石頭城，希望和袁粲會合，繼續按計劃政變。劉韞這一小股部隊趕到石頭城南門的時候，天色已經大暗。傾向蕭道成的薛淵等將領閉門不開，還向劉韞的部隊射箭攻擊。劉韞誤以為石頭城已經被蕭道成佔領、袁粲已經失敗，轉身逃命去了。他的部隊四散而盡。

事情發展到這一步，蕭道成完全明白怎麼回事了。他派王敬則帶兵捕殺了劉韞、卜伯興，又加派王僧靜帶部隊去石頭城協助薛淵等人。蕭道成的援兵很快趕到石頭城，和薛淵等人合兵一處，在城內與袁粲的部隊廝殺起來。袁粲和劉秉又犯了一個錯誤，他倆率領重兵把守府邸東門，沒想到蕭道成的軍隊從西門攻入了府邸。袁粲、劉秉慌忙折返回府內。府內漆黑一片，袁粲舉著蠟燭照明。王僧靜遠遠看到他，埋伏在暗處，悄悄走近袁粲準備生擒他。袁粲的兒子突然感覺有危險，挺身護衛到袁粲的前面。王僧靜舉刀砍去，將袁粲的兒子一刀砍死。袁粲抱著兒子大哭，接著被王僧靜殺死，死時五十八歲。餘黨四散一空。

袁粲死後，劉秉趁亂逃出城去，在城外被擒，與兩個兒子一起被殺。任候伯等政變集團成員在當年夜裡坐著輕舸如約趕赴石頭城集合，聽說袁粲失敗的消息後，趕緊往回走，最後還是被捕殺。按照計畫，黃回要率領新亭駐軍向建康進攻。他聽說袁粲敗亡後，按兵不動，裝作沒有參與政變的樣子。蕭道成偵知黃回也參與了政變，可還需要仰仗他與沈攸之作戰，佯裝不知，暗中提防著他。

鎮壓了內部政變後，蕭道成得以全心全意對付沈攸之。

沈攸之在戰爭初期優勢明顯：備戰多年，兵強馬壯，敵人蕭道成又陷於內患。他派出多路兵馬，順江而下，很快到達郢城（今武漢）郊外。郢城城池矮小，又沒有重兵把守，沈攸之本來並不想攻打它。而且也不應該在郢城浪費時間，在乎一城一地的得失。沈攸之如果想取勝，關鍵是盡快進攻建康。但是據守郢城的宋將柳世隆主動出兵襲擊沈攸之，還派人在城樓上肆意辱罵沈攸之。沈攸之被激怒了，改變了長驅東進的計畫，命令各路軍隊圍攻郢城。叛軍逐漸攻陷了外城，築起長堤圍困了內城，晝夜攻打。柳世隆拚命死守，堅持了三十餘日，打退沈攸之的多次進攻。時間很快到了升明二年（四七八年）的二月。沈攸之開始的優勢在郢城底下蕩然無存：軍隊傷亡增多，士氣低落，而蕭道成解決內患後開始向上游進軍了。

叛軍開始逃散，逃兵越來越多，甚至有人向被圍的柳世隆投降。沈攸之為政，一味用強權聚攏部下，部下並非真心擁護，到最後發展成了大規模的潰散，連將領都陸續離開。沈攸之被柳世隆一敗再敗，落魄得只帶數十騎敗退江陵，沿途收容散兵約二萬人，勉強組織了一支隊伍。走到距離江陵百餘里的時候，江陵已被蕭道成派張敬兒佔領的噩耗傳來，好不容易聚攏的官兵馬上一哄而散。沈攸之窮途末路，只好和三子沈文和逃至華容界（今湖北監利）。父子倆走投無路了，找了片樹林上吊自殺了。

沈攸之死後，黃回凱旋。他以為蕭道成沒有懷疑自己，又自以為功勞很大，逐漸放鬆了警惕。一次，蕭道成派人召黃回來商量軍務。黃回放心地跟著來人去了，一到地方就被伏兵砍下了腦袋。至此，蕭道成大獲全勝。劉宋王朝的背水一戰以失敗告終，再也沒有力量可以阻擋蕭道成篡取劉宋的江山了。

## 三

在鎮壓了反對勢力後，朝廷晉封蕭道成為太尉。蕭道成把握內政建設來提升自己的聲望和形象。年輕的時候，蕭道成曾經立下過「治天下十年，當使黃金與泥土同價」的宏願。一次，他與族弟蕭順之登上武進的金牛台，見到枯骨橫道。蕭道成說：「宋文帝之後才幾年時間啊，怎麼又出現了這樣的慘況？」當時他凜然的表情讓蕭順之為之動容。元嘉之世結束後，南朝上流奢侈成風，百姓也不事節儉。蕭道成主政後，罷御府，清理宮殿和官府的飾玩，又禁止民間的華偽雜物。他以節儉勤政入手，積蓄國力，減輕百姓負擔，推動了劉宋王朝的改革，取得了一定的成效。

隨著蕭道成威望的成長，四七八年九月，宋順帝晉封蕭道成假黃鉞、都督中外諸軍事、太傅、領揚州牧，給予他劍履上殿，入朝不趨，贊拜不名的待遇。蕭道成堅決推辭，朝廷屢次下詔敦勸，他才接受了黃鉞，但是辭去了過高的特殊待遇。第二年，朝廷再次重申前命，給予蕭道成劍履上殿，入朝不趨，贊拜不名的特殊待遇，蕭道成「被迫」接受。他的接受是一個特殊的信號，馬上朝廷又晉封蕭道成為相國，總百揆，劃出十個郡來設立齊國，封他為齊公，位在諸侯王之上。依照慣例，蕭道成退讓了三次，朝廷和公卿敦勸請求之後，他才接受。

齊國建立後，老夥計褚淵公開向蕭道成表示，自己願意學當年曹魏的司徒何曾放著司徒不做，願意做晉國的丞相。褚淵也不願意在劉宋當官，而願意去蕭道成的齊國為官。蕭道成婉言謝絕。褚淵的願望沒有實現，但透露出來強烈的政治信號：劉宋不行了，投靠蕭齊才是正道！

局勢豁然開朗了。接下來就是小皇帝劉準主動禪讓了。但是劉準還是一個十二歲的貪玩小孩，根本不知道禪讓是怎麼回事。而宮中的皇太后、太妃等人又裝聾作啞，不吱聲。蕭道成不可能殺入宮中去搶奪寶座的。於是局勢又似乎停頓了。

最後還是禁衛軍發生了作用。升明三年（四七九年）的一個春天，禁衛軍官兵在王敬則的率領下湧入宮中，大喊著「齊王當繼大位」的口號，橫衝直撞，逼劉準遜位。劉準當時正在一個小房間捉迷藏，被外面一嚇，不肯出來。禁衛軍才不管這些，據說是將刀架在皇太后的脖子上，逼皇太后親手把小皇帝從某個房間的角落裡拽出來，官兵們架著劉準去完成「禪讓之禮」的。

劉準坐在車上，被人急速帶往宮外，在驚嚇過度的情況下反而不哭了。他問王敬則：「你們要殺我嗎？」王敬則回答說：「你不能住在宮中了，要搬到別的地方住。你家祖先取司馬家的天下的時候就是這麼做的。」劉準哭泣道：「願後身世世勿復生在王家！」宮中家眷聽到小皇帝的這句話，哭成一片。這句話成為古代歷史上的一句名言。

依照慣例，蕭道成在接到劉準禪位的消息後還要推辭三次。蕭道成按照慣例都一一做了，宋朝從劉準到王公貴族又誠懇堅定地請求了三次。其中兼太史令、將作匠陳文建說的一句話，可以作為到那時為止的禪讓歷史的一個小結。他說：「後漢從建武到建安二十五年（二二〇年）經過一百九十六年後禪位給魏；魏從黃初到咸熙二年（二六五年）經過四十六年禪位給晉；晉從太始到元熙二年（四二〇年）經過一百五十六年禪位給宋；宋自永初元年（四二〇年）至升明三年（四七九年）已經有六十年了。占卜的結果是『六』，預示著天命六終六受。請宋王順天時，應符瑞，登基稱帝。」蕭道成這才同意受禪。

當年四月甲午，蕭道成在建康南郊即皇帝位，設壇柴燎告天。新朝國號齊，史稱南齊。

蕭道成即位後封劉準為汝陰王，在汝陰郡建國，全食一郡，位在三公之上。劉準搬離建康，在丹陽縣故治建宮居住，奉行宋正朔。南齊規定劉準是新朝的賓客，在封國內行宋朝正朔，上書不為表，答表不為詔。但就是在當年五月己未，丹陽縣汝陰王府門外馬蹄聲雜亂。奉命監視劉準的軍隊以為有人想劫持劉準復辟，自作主張將十三歲的劉準殺害。從四月遜位到五月被殺，劉準離開皇位後存活了不到一個月。蕭道成聽到消息後，非但沒有吃驚，反而十分高興。五個月後，蕭道成封劉胤繼承劉準為汝陰王，奉宋祀。汝陰國傳國至南陳。

蕭道成登基的時候，宋朝諸王都降封為公。這些皇室成員是在宋朝殘酷的骨肉相殘後倖存的。在劉準被殺後，蕭道成將殘存的劉宋宗室不論年紀大小，一律幽殺。也許他是覺得江山到手得過於容易，時刻擔心前朝皇室的復辟。蕭道成臨死時囑咐兒子蕭賾：「前朝劉氏如若不是骨肉相殘，我蕭家哪能乘亂奪位。子孫後代要牢記宋朝的教訓。」蕭賾遵遺囑不殺本家，朝政也還清明。但蕭賾之後的南齊又重走了宋朝的老路，骨肉相殘的程度遠勝過宋朝。齊明帝幾乎殺光了同族親屬，南齊王朝種下了被其他家族取代的禍根。

# 十六、蕭子良謀位：書呆子鬥不過實幹家

## 一

在南朝宋齊梁陳四個朝代中，蕭道成建立的南齊是最短命的王朝，一共才存在二十四年。它乏善可陳，似乎沒有什麼亮點。整個南齊沿著亂世固有的軌道在滑行：篡奪別人的王朝，最後自己的王朝也被別人篡奪；皇帝走馬燈似地頻繁更替；知道骨肉相殘的危害卻繼續上演同室操戈的悲劇；朝野關係緊張導致地方藩鎮接連造反；對北魏保持消極防禦不斷挨打……

開國的齊高帝蕭道成很想有所作為，可是沒能提出建設性的政策措施來。蕭道成所做的，完全是前朝劉裕、劉義隆等人所謂「善政」的翻版。比如蕭道成力圖改變奢侈的社會風氣，下令禁止民間製造、銷售奢侈品，不得用金銀製作金箔、銀箔，不准用金銀裝飾馬匹車輛。為此，蕭道成以身作則，從皇宮做起，將後宮器物一律改作用鐵裝飾，宮人穿的鞋子都改用素布，華蓋上的金花爪改用鐵回釘。這些政策是好的，可惜沒有新意，效果也不明顯——世族豪門們根本就不搭理朝廷的禁令，朝廷也奈何不得他們。

又比如蕭道成想給老百姓休養生息的寬鬆環境。當時有權有勢的人普遍佔山封水、兼併土地，

蕭道成明令禁止，又以身作則，宣布皇室和諸侯王不得「營立屯邸，封略山湖」。可惜，蕭道成的禁令沒有強制的懲罰措施相配套，在現實中成了一紙空文，根本不能杜絕土地兼併。

相反，蕭道成為了增加政府賦稅進行的清理戶籍政策（專業名稱叫「校籍」），還引起了軒然大波。南北朝時戶籍管理混亂，大批百姓託庇在世族權貴門下躲避賦稅，又有世族豪門不斷擴大蔭庇的人口，為己所用。在南朝，還存在普通地主編造先輩的官爵，冒充世族騙取各種特權的問題。蕭道成下令以劉宋元嘉二十七年（四五〇年）的登記為準整理戶籍。校籍工作嚴重侵犯了世族豪門乃至普通地主的利益，加上執行過程弊端百出，有關部門和官員將整理工作當作敲詐勒索的良機，誣陷貧苦百姓戶籍造假來巧取豪奪，最終弄得天怒人怨。校籍不當，引發了浙東唐寓之起義。蕭道成死後不久，其子蕭賾就宣布停止整理戶籍，維持校籍之前的狀況，這才穩定了局面。

和建立劉宋王朝的劉裕一樣，蕭道成在位時間也很短，才四年，就在五十六歲時駕崩了。長子蕭賾繼位。臨終的時候，蕭道成回顧一生成敗，語重心長地告誡蕭賾：「宋朝如果不是骨肉相殘，我們家哪能取而代之。你必須引以為戒，切勿骨肉相殘！」

蕭賾牢牢記住了父親的告誡，在位期間盡力維護皇室團結，沒有妄殺親屬。父皇蕭道成生前最不放心四皇子、長沙王蕭晃。蕭晃有勇無謀、好勇鬥狠，蕭道成怕他惹出麻煩，導致蕭賾、蕭晃兄弟兵戎相見。幾年後，蕭晃卸任南徐州刺史，攜帶可武裝數百人的軍械回京。按照規定，親王在京，身邊武裝侍衛以四十人為上限。有關部門發覺蕭晃違制攜帶兵器，就報告了蕭賾。蕭賾大發雷霆，要懲辦四弟。另一個弟弟、豫章王蕭嶷苦勸蕭賾。蕭賾最終下令將多餘的兵器都扔進長江了事，並沒有懲罰蕭晃。如果放在劉宋時期，蕭晃完全可能被抄家滅門。

蕭賾時期，南齊只發生過一例宗室親王被殺事件。蕭賾的第四個兒子、巴東王蕭子響也是個四肢發達頭腦簡單的王爺。他出任荊州刺史，身邊聚集了一批和他一樣頭腦簡單又貪圖榮華富貴的傢伙。蕭子響在任上私自製造服裝，準備和山區少數民族交換武器。這原本是一件小事，但因為處置不當，遭致了一場動亂。先是荊州的官員向朝廷舉報，蕭賾命令查究；蕭子響知道後，怪地方官監視催逼，一怒之下殺死舉報的官員，致使事態擴大。接著，蕭賾派人帶幾百名武士前往荊州查辦。到現在為止，他都不覺得這是一件大事，只是覺得蕭子響不再適合擔任荊州刺史這個關鍵職位，想把他帶回建康。但是帶隊的使節把問題看得很嚴重，到荊州後態度傲慢。蕭子響主動認錯服軟，還送上飲食犒勞建康來的武士，不想被後者全部倒入長江。蕭子響暴怒，集合幾千人打敗來使。這一下，事情變質為動亂了。蕭賾派將軍蕭順之帶兵討伐。蕭子響主動投降，蕭順之用繩子將他勒死。蕭子響成了蕭賾時期唯一一個被殺的宗室成員，而且人們普遍認為錯在蕭子響。

不過，蕭賾很快後悔逼死了兒子。有關部門奏請將蕭子響剔除出皇族，蕭賾非但沒有答應，還追貶蕭子響為魚復侯，以禮相葬。至於殺死蕭子響的將軍蕭順之，是蕭道成的族弟，如今又討伐有功，滿心以為能得到封賞。不料，蕭賾根本沒有獎賞他，還對他殺死兒子的事情耿耿於懷。蕭順之嚇得鬱鬱寡歡，沒幾年就死了。蕭順之當時沒沒無名，等到兒子蕭衍篡位登基後被追尊為梁文帝。據說，蕭衍正是因為父親的遭遇才對南齊王朝失去忠心的。

除了維護皇室內部的親睦外，蕭賾在其他方面做得怎麼樣呢？

蕭賾繼位的時候已經四十二歲了。這個年紀值得關注。一方面，蕭賾已經有了二十多年的政治經驗，在劉宋王朝歷任縣令、太守等職，橫跨中央地方、文武各界。他知道真實的國情民意，形成了自己的執政思路和風格；另一方面，南齊的建立很有戲劇性，都出乎蕭道成的意料，更是在蕭賾的意料之外。他在幾年前還以為自己會在劉宋王朝的宦海中終老一生，之後地位迅速變化，竟然當了皇帝！這兩個因素在蕭賾的體內交織作用，導致他執政思路清晰、剛毅果斷，同時又雷厲風行、專斷獨裁。

《南齊書．武帝紀》概括蕭賾「剛毅有斷，為治總大體，以富國為先，頗不喜遊宴、雕綺之事，言常恨之，未能頓遣」。可見他繼承了父皇儉樸的作風和富民強國的思路，關心百姓疾苦。同時，為了保證有一個安定發展的環境，蕭賾與北魏通好，南北邊界安定了十幾年。蕭賾史稱齊武帝，其實他並沒有什麼「武功」，「文治」成績倒是有一些。

蕭道成篡位和在位期間，成年的蕭賾都參與其事，自認為與父親「同創大業」，登基前就頗為剛愎自用。散騎常侍荀伯玉曾把太子自負和任用親信的行為報告蕭道成，蕭道成因此責罰過蕭賾，還將他任用的親信斬首。蕭賾繼位後就殺了荀伯玉。五兵尚書垣崇祖和荀伯玉一向關係密切，且屢破魏兵，蕭賾覺得是個威脅，也將他殺死。車騎將軍張敬兒是蕭道成的老部下了，一路提著腦袋拼殺過來，才有了今天的地位。遺憾的是，張敬兒在政治上極端幼稚，像個孩子一樣向別人宣揚自己經常做夢，不是夢見自己全身發光發熱，就是夢見老家的樹長得同天一般高。這些夢境通常預示做夢的人「貴不可言」，傳到蕭賾耳朵中後，蕭賾認為張敬兒有野心，也把他殺了。

蕭賾一共在位十一年，年號永明，幾乎佔了南齊的一半時間。期間國泰民安，沒有出什麼亂子，被一些人豔稱為「永明治世」。所謂的治世，要看和什麼時段來比，如果和之前劉宋末年和之後的南齊末年來比，完全算得上，但是和之前東漢的「光武中興」、之後隋朝的「開皇盛世」來比，就完全不值一提了，就是劉宋前期的「元嘉之治」也比不上。

## 二

蕭賾一生最大的痛也許是品嘗到了白髮人送黑髮人之苦：太子蕭長懋死在了自己的前面。

蕭長懋是蕭賾的長子，遺傳了家族肥胖的體型，一直為過胖的身材所苦惱，體弱多病。他又是個「宅男」，喜歡待在宮中，不願意出去，加上沾染了酗酒的惡習，飲酒可至數斗，在三十六歲那年死了，追諡「文惠」。蕭長懋就是文惠太子。史書對蕭長懋的記載很少，卻很不客氣，說他「善製珍玩之物」，把孔雀毛織成裘，「器物服飾多有僭越」——看來蕭長懋是個喜歡做手工的「宅男」。蕭長懋還公然違背祖父的禁令兼併東田建造「小苑」——名字是小苑，估計是別墅群。蕭長懋生前和同母的二弟、竟陵王蕭子良關係親密。兄弟二人都是佛教信徒，一起切磋佛經，還建造了「六疾館」照顧窮人，大做慈善。他死後，兒子蕭昭業就由二弟蕭子良代為撫養。

蕭賾痛失長子後，開始思考將皇位傳給誰。主要候選人有兩個：次子蕭子良和文惠太子的長子蕭昭業。蕭昭業眉目如畫，容止優雅，寫得一手好隸書，很討蕭賾的喜歡，蕭賾於是決定傳位給孫子，立蕭昭業為皇太孫。

這裡有必要插敘介紹一下竟陵王蕭子良。蕭子良留給後人兩大鮮明的印象：他是永明文學的主持人，同時又是佛教傳入中國早期的虔誠信徒和慷慨支持者。

永明時期社會安定，文學出現了繁榮。蕭子良好結儒士，身邊聚集了一批文友，其中以范雲、蕭琛、任昉、王融、蕭衍、謝朓、沈約、陸倕等最知名，這些人號稱「竟陵八友」（請注意其中的王融、蕭衍、范雲、沈約等人）。蕭子良就組織文人抄寫五經和百家著述，還編成《四部要略》千卷。這些都是可圈可點的文壇盛事。此外，蕭子良崇尚佛學，召集僧人講佛論法，熱心操辦佛事，不惜屈尊親自在活動期間打雜。這事發生在南方佛教大興的背景之中，蕭子良的崇佛又助推了佛教的進一步興盛。

和後世許多權貴借信佛禮佛沽名釣譽不同，蕭子良是真心信佛，表裡如一。他居家修行，奉戒極嚴。有人提出「食蚶蠣不算食肉」的觀點，就遭到蕭子良的怒斥。對於當時宣揚無神論的范縝，蕭子良更是極為不滿，組織力量圍攻。王琰攻擊范縝說：「嗚呼范子！曾不知其先祖神靈所在！」范縝反擊道：「嗚呼王子！知其先祖神靈所在，而不能殺身以從之！」蕭子良見駁不倒范縝，派王融勸他不要再講《神滅論》了，以免妨礙「前途」，還許諾只要范縝放棄無神論，就讓他做中書侍郎。范縝笑道：「我如果肯賣論求官，早已做到尚書令、左右僕射了，何止中書侍郎呢！」值得肯定的是，儘管在思想上蕭子良和范縝勢如水火，但在現實生活中范縝依然是竟陵王府的座上客，范縝依然有宣傳、辯論的自由，他在朝廷的官位也一直保留著。蕭子良的心胸可見一斑，同時也可見南朝思想還算活躍，社會相當寬容。

蕭子良還可貴在他將佛教的慈悲和善念展現在了為官行政上。他體恤百姓，遇有災荒帶頭上奏朝廷寬減役稅、開倉賑濟，深受百姓擁護。朝野存在一股擁護蕭子良繼位的力量。

以上是蕭子良作為文壇領袖和佛教信徒的一面，他還有圖謀皇位、爭權奪利的一面。

永明十一年（四九三年），齊武帝蕭賾漸漸病重，命蕭子良進殿服侍醫藥。蕭子良不分日夜，留在殿內服侍父皇，還將王融、蕭衍、范雲等黨羽帶進了宮中。一時間，蕭子良一派的人圍繞在蕭賾的身邊，佔據了最高權力交接之時的便利條件。外界也在揣測齊武帝有沒有要廢皇太孫蕭昭業改立蕭子良的意思。

蕭賾喜歡蕭子良，但最終沒想把皇位傳給他。蕭賾草擬的遺詔是將皇位傳給皇太孫蕭昭業，讓竟陵王蕭子良和西昌侯蕭鸞一同輔政。蕭鸞是齊高帝蕭道成的侄子、蕭賾的堂弟。他少年喪父，由叔叔蕭道成一手撫養，蕭道成對他視同己出。蕭鸞在二十歲時就去外地擔任縣令，之後摸爬滾打幾十年，閱歷豐富，以嚴格果敢聞名，和蕭賾頗為相似。叔叔齊高帝蕭道成當皇帝後，任命蕭鸞為侍中，封西昌侯。堂哥蕭賾繼位後，蕭鸞先後任尚書僕射、尚書令，是個實權人物。

遺詔寫得明明白白，蕭子良呆若木雞，一旁的王融卻不甘心，假造了一份傳位蕭子良的「遺詔」。他用竟陵王府的衛士換下了病房內外的侍衛，親自戎裝上陣，守著彌留之際的蕭賾，不讓他人靠近，就等蕭賾駕崩後拿出篡改的「遺詔」。

皇太孫蕭昭業聽說祖父蕭賾病危，匆匆趕來。王融率衛士凶神惡煞般宣布：皇上有旨，無論何人，不得擅入宮門一步。蕭昭業辯解說自己是皇太孫，身分特殊，要求入宮服侍祖父。王融任憑他百般辯解，就是不放行。無奈，蕭昭業只好怏怏而歸。

朝堂上，百官都預備好了喪服，就等王融宣布「遺詔」了。蕭子良繼位的事情似乎板上釘釘了。就在這個關鍵時刻，彌留之際的蕭賾迴光返照，突然甦醒過來，神志清醒地發號施令起來。他見皇太孫不在身邊，知道情況有變，急忙叫來親信的近侍太監，讓他去召蕭昭業率甲士入宮。傳完這個命令，蕭賾就死了。王融還想掙扎，命令竟陵王府的衛士把守宮門，和蕭子良商議對策。事到如今，蕭子良一派還有成功的機會。他們可以一不做二不休，提前發布假遺詔，推出蕭子良，鹿死誰手尚未可知。可是蕭子良、王融等人談文寫字是好手，做陰謀詭計卻不在行，商量來商量去不知如何是好，只是捂著蕭賾的死訊祕不發喪。

在外頭，大臣們都知道皇上突然召皇太孫進宮，而且是帶甲士進宮，議論紛紛。高度的政治敏銳感讓蕭鸞意識到宮中情況有變。他匆忙就向堂兄的寢宮趕去。門口衛士不讓他進宮，蕭鸞假傳聖旨：「皇上召我入宮，我看誰敢攔我！」衛士頓時被蒙住了，蕭鸞於是硬闖了進去，發現堂兄蕭賾已經死了。他馬上跑出寢宮，公開宣布皇上駕崩，然後率人擁戴蕭昭業登殿接受群臣跪拜，同時派人將蕭子良攙扶出宮。至此，大局已定。在整個過程中，蕭子良消極猶豫，沒有和王融配合，沒有發揮什麼作用，最終被排擠出局。

王融則被逮捕。幾天後，蕭昭業以「險躁輕狡、招納不逞、誹謗朝政」的罪名將他誅殺，絲毫不提偽造遺詔、謀立他人的問題。王融出身著名的琅琊王氏，死時二十七歲。

竟陵王蕭子良表面上仍受尊重，是兩位輔政大臣之一。但蕭昭業也好，蕭鸞也好，都對他不放心，聯合起來排擠他，將他晉為太傅，剝奪了實權。蕭子良也怕被追究，積鬱在胸，第二年（四九四年）四月便鬱鬱而死，享年三十五歲。書呆子畢竟鬥不過實幹家。

# 十七、蕭鸞篡位：爺爺奪了孫子的皇位

## 一

蕭賾之所以經過艱苦的權衡，捨棄蕭子良，傳位蕭昭業，是因為他認為這個孫子聰慧勤勉、品行優良，對他寄寓厚望。事實證明，蕭賾完全看走了眼。

這也不能怪蕭賾。中國社會盛產兩面派、偽君子，權力場上這類人就更多了。而蕭昭業是其中的高手。齊武帝發喪的那一天，蕭昭業把葬車送出皇宮的大門後就推說自己有病不去墓地了。一轉身回宮，他就迫不及待地召集樂工大奏胡曲、大演歌舞，樂聲響徹宮廷內外。宮外的送葬隊伍聽得一清二楚，躺在靈柩中的齊武帝蕭賾想必也聽到了。

送葬的三朝老臣王敬則問身邊的將軍蕭坦之：「現在就高歌快舞，是不是太早了點？」

蕭坦之幽默地回答：「這聲音正是宮中的哭聲啊！」

繼位之前，蕭昭業接待賓客誠懇周到，舉止談吐為時人稱讚。父親文惠太子逝世的時候，蕭昭業號啕大哭，難以自已，等到回到房中就歡笑如常，尋歡作樂。做了皇太孫後，蕭昭業表面上對祖父恭敬孝順，暗地裡安排女巫詛咒祖父快死。祖父病重，蕭昭業給妃子何氏傳了張紙條，紙上寫一個很大的「喜」字，周圍繞上三十六個小的「喜」字。可見，他所有的誠懇、謙恭和孝順都是矯飾，即位之後便本性畢露。

父親文惠太子在世的時候，對蕭昭業的起居用度都有嚴格規定，蕭昭業的日子過得儉樸有序。即位後，蕭昭業任意揮霍國庫積蓄，肆意賞賜，動不動就數十上百萬錢。他每次見到錢都說：「我往日要用你的時候，連一文錢都得不到，今日還不能好好用用你嗎？」一年之後，南齊國庫積蓄的數億錢幣就被他揮霍一空了。蕭昭業又打開皇宮的倉庫，和皇后寵姬等人參觀，任由宦官和親信隨心所欲地領取物品，還將珍藏的寶器擊破打碎，以此取樂。蕭昭業又喜歡鬥雞，不惜用數千錢買一隻雞。他還和祖父、父親的寵姬私通（她們名義上是蕭昭業的祖母和母親），很有劉宋末期皇帝亂倫的遺風。總之，蕭昭業毫無一國之君的姿態。

蕭昭業忙於親近小人，沉湎遊樂，朝政都交給叔祖蕭鸞打理。荒唐君主一般還多疑猜忌，蕭昭業就疑心蕭鸞有異志，找中書令何胤密謀誅殺蕭鸞。何胤一介文臣，不敢參與。蕭昭業見外臣沒有人支持，也就把這件事情放下了。

蕭昭業放下了屠刀，蕭鸞的一顆心卻提到嗓子眼了。伴君如伴虎，時刻都有危險，陪伴一隻瘋瘋癲癲的老虎就更危險了。蕭鸞決定先下手為強，幹掉蕭昭業，自己取而代之。

蕭鸞要推翻蕭昭業，先環顧四方看還有沒有擁護蕭昭業的力量。他覺得荊州刺史、隨王蕭子隆和豫州刺史、齊高帝與武帝的舊將崔慧景二人既效忠皇室，又有能力起兵與自己對抗，所以要先除掉這兩個人。鎮西諮議參軍蕭衍就給蕭鸞出主意，將隨王蕭子隆免職召還京師，明升暗降為侍中、撫軍將軍，剝奪他的實權。接著，蕭衍又自告奮勇，要求率兵戍守壽陽，奪取了崔慧景的兵權。蕭鸞也照辦了，任命蕭衍為寧朔將軍，領兵北上。如此一來，蕭鸞就去除了地方上可能反對自己的勢力——而蕭衍也狡猾地獲得了實權。

在中央，有能力阻擋蕭鸞的關鍵人物是衛尉蕭諶和征南諮議參軍蕭坦之。蕭諶、蕭坦之都和皇室有親緣關係，都被齊武帝蕭賾所信任。蕭諶長期負責皇宮的宿衛，朝廷機密無不預聞。蕭坦之曾任東宮的直閣將軍，是蕭昭業的親信。要想推翻蕭昭業，必須要對付這兩個人。蕭鸞正在謀劃對付他們的方法，蕭諶、蕭坦之二人主動投靠了過來。原來，他二人見蕭昭業狂縱猜忌，無藥可救，為了避免惹禍上身，便主動向掌權的蕭鸞靠攏。蕭鸞將推翻蕭昭業的計畫一說，二人馬上應允參與。

於是，在蕭昭業沒有覺察的狀態下，朝野祕密結成了推翻他的陰謀集團。

蕭鸞開始剪除蕭昭業親近的小人。他先後列舉了蕭昭業多名親信的罪狀，奏請將他們處死。事情進展得很順利，只有在清除直閣將軍周奉叔的時候遇到一點困難。周奉叔領兵護衛蕭昭業，很有勇力，常常帶領二十人，身佩單刀，出入宮禁。他刀不離身，常常威脅他人：「周郎刀不識君。」不過周奉叔有勇無謀，既然難以直接剷除，蕭鸞就繞了道彎子。他指使蕭諶、蕭坦之奏請蕭昭業，提升周奉叔為青州刺史。周奉叔高高興興帶著隊伍赴任去了。蕭鸞馬上用假聖旨召他回尚書省。周奉叔剛一邁進尚書省，就被埋伏的武士毆殺。然後，蕭鸞啟奏蕭昭業，說周奉叔侮慢朝廷，罪該當死。蕭昭業不知就裡，也就批准了。如此反覆，蕭昭業身邊的親信越來越少。

時機成熟了！蕭鸞開始行動了，他派使蕭諶、蕭坦之等人誅殺了蕭昭業最後的幾個親信，親自披掛上戎裝，率兵從尚書省攻入皇宮。蕭鸞畢竟第一次發動政變，難免緊張，途中鞋子掉了三次。蕭諶帶一支隊伍直奔蕭昭業所在的宮殿。宮殿的宿衛將士張弓持盾，要上前廝殺。蕭諶高喊：「我所取自有人，你們不需動！」衛士們見負責宮廷宿衛的最高長官這麼說，有的被震懾住了，有的以為他是奉命入宮抓人，都閃到一旁，看著政變隊伍衝入宮殿。殿中的蕭昭業遠遠看見蕭諶領兵持劍奔來，知道大臣反叛。他自知逃跑無望，又不願受辱，爆發出一股血性來，拔出佩刀就向脖子抹去。求生的本能加上緊張讓蕭昭業的手哆嗦得厲害，他自刎未成，鮮血流滿身子，倒地哀號。蕭諶派人用帛給蕭昭業粗粗包紮了一下，把他抬出殿外。蕭鸞知道後，覺得留著蕭昭業無用，殺了反而乾淨。於是，武士們在宮中找了個僻靜的地方將蕭昭業亂刀砍死了。蕭昭業死時二十一歲，在位僅一年。事後，蕭鸞以皇太后的名義廢蕭昭業為鬱林王，歷史上也就將蕭昭業稱為鬱林王。追認政變合法性的皇太后令中痛斥蕭昭業：「居喪無一日之哀，縗絰為歡宴之服。……恣情肆意，罔顧天顯，二帝姬嬪，並充寵御，二宮遺服，皆納玩府。內外混漫，男女無別。……放肆醜言，將行屠膾，社稷危殆，有過綴旒。」因為蕭昭業是個不折不扣的昏君，所以蕭鸞等人的弒君行為是「合法」的。這是隆昌元年（四九四年）的事情。

## 二

蕭鸞推翻蕭昭業後，完全可以自己當皇帝，但他沒有這麼做。他立文惠太子蕭長懋的次子、蕭昭業的弟弟、新安王蕭昭文為帝。蕭昭文十四歲，被蕭鸞扶上皇位後，大小事都不能作主，完全仰仗蕭鸞。他封蕭鸞為宣城王，起居飲食都徵求蕭鸞同意後才做。蕭鸞對蕭昭文控制得也很嚴。一次，蕭昭文想吃蒸魚，掌管宮廷膳食的太官令竟然回答沒有蕭鸞的命令不能給。

蕭鸞為什麼不自己當皇帝呢？他做什麼事情都求穩，沒有絕對的勝算不出手。儘管把皇帝緊緊地捏在手裡，蕭鸞依然對自身實力不自信。齊高帝、齊武帝子孫眾多，而蕭鸞近親稀疏，且在位的很少。所以，蕭鸞一方面大力扶持近親，一方面開始迫害齊高帝、齊武帝的子孫——蕭道成臨終前最擔心的骨肉相殘的悲劇要開始了。

被蕭鸞以蕭昭文的名義誅殺的宗室親王有：南兗州刺史、安陸王蕭子敬，南平王蕭銳，晉熙王蕭銶，南豫州刺史、宜都王蕭鏗，桂陽王蕭鑠，衡陽王蕭鈞，江夏王蕭鋒，建安王蕭子真，巴陵王蕭子倫等。南齊曾在宗室諸王身邊設置典簽的官職，本意是監督諸王，防止他們謀反或者禍害百姓。如今，典簽官被賦予實權，禁錮諸王，充當了蕭鸞誅殺宗室的工具。

殺了一圈之後，蕭鸞覺得天底下應該沒有人有能力阻擋自己稱帝了。

於是在當年十一月，即位才四個月的蕭昭文被蕭鸞廢黜為海陵王。蕭鸞又宣布蕭昭文身體有病，多次派御醫給他看病，「看」了幾次後蕭昭文就一命嗚呼了。蕭鸞依然用皇太后的詔書來追認自己行動的合法性。不過實在是找不出蕭昭文的過錯來，詔書只能籠統地批評他「嗣主幼沖，庶政多昧」。接著詔書宣布皇太后主動讓步，請蕭鸞繼位。蕭鸞即位，史稱齊明帝。從輩分上說，蕭鸞是蕭昭文的爺爺，蕭鸞此舉等於奪了孫子輩的天下。

蕭鸞也是個偽情矯飾的兩面派。他即位後，大張旗鼓地崇尚節儉，停止邊地向中央的進獻，將皇家園林新林苑、文惠太子的東田都歸還百姓，又將齊武帝的輿輦舟乘上的金銀都剔取下來充實庫房，就連生日時大臣敬獻的金銀禮物都被他讓人打碎。但內宮的私宴卻是金玉滿堂，華麗非常。遠房宗親蕭穎胄就批評他說：「陛下要是還想砸東西，就砸你宮裡的寶貝吧。」

除了表面文章，蕭鸞的主要精力放在鞏固政權上。他得位不正，老覺得有人要推翻自己——這似乎是一切篡位者的通病。而最大的嫌疑就是那些齊高帝、齊武帝的子孫了。於是，蕭鸞進一步猜忌宗室，任用典籤官監視諸王。當時，齊高帝、齊武帝的子孫還有十人封王。每次諸王入朝參拜完畢，蕭鸞回到後宮都歎息道：「我兒子、侄子們的年紀都不大，蕭道成他們家的子孫卻日益長大！」於是，他有殺光齊高帝、武帝子孫的想法。蕭鸞找侄子、揚州刺史、始安王蕭遙光商議如何行事。蕭遙光認為這事不能急，應當有步驟、有計劃地實施。

蕭遙光有足疾，蕭鸞恩准他可以坐車進出皇宮。每次蕭遙光入宮，蕭鸞都摒退旁人，和他密謀很久；等蕭遙光走後，蕭鸞都要讓人擺上香火，嗚咽流涕。第二天，必定有一位宗室親王被誅殺。骨肉相殘的名單越來越長，增加了河東王蕭鉉、臨賀王蕭子岳、西陽王蕭子文、永陽王蕭子峻、南康王蕭子琳、衡陽王蕭子珉、湘東王蕭子建、南郡王蕭子夏、桂陽王蕭昭粲、巴陵王蕭昭秀等人。未封王的齊高帝、武帝子孫也遭到迫害。他們這一支血脈幾乎被屠殺殆盡。蕭鉉等人死後，蕭鸞再指使公卿彈劾他們的罪狀，奏請誅殺；蕭鸞下詔不許；公卿們再奏，蕭鸞這才答應，擺出一副迫不得已大義滅親的姿態來。大家都知道真相如何，就像舉朝在做遊戲。蕭鸞日益倚重蕭遙光，誅賞諸事都和他商議。蕭遙光的行政能力很強，將屠殺行動安排得井井有條。蕭鸞的身體很不好，常常突然病倒。在蕭鸞不能主事的時候，蕭遙光就替他發布殺人命令。整個南朝時期，蕭鸞在短短幾年中創造了殺戮宗室親王最多的紀錄，卻沒有引發大規模的動蕩，連小規模的兵變都沒有發生。這和蕭鸞、蕭遙光的「措施得當」不無關係。

之前，蕭鸞派茹法亮持毒酒去「賜死」齊武帝第十三子、巴陵王蕭子倫的時候，蕭子倫端正衣冠接受詔書，對茹法亮說：「鳥之將死，其鳴也哀；人之將死，其言也善。積不善之家，必有餘殃。從前高皇帝（蕭道成）殘滅劉氏（屠殺劉宋宗室子弟），今日之事，理固宜然。」他坦然飲下毒酒而死。當年，蕭道成將劉宋宗室不論長幼一律幽殺，肯定想不到十幾年後自己的子孫也會面臨同樣的噩運。蕭子倫將此解釋為因果報應。

蕭鸞也怕因果報應，加上身體不好，登基後就躲入深宮，長期深居簡出。越是這樣，他的身體就越不好。蕭鸞還不願讓他人知道病情，封鎖消息，堅持正常處理政務。他相當崇信道教與神仙方術，先是希望能藉助法術治癒病情，失敗後不得不求助於醫術。一次，蕭鸞特地下詔向各地官府徵求銀魚作為藥劑，外界這才知道蕭鸞患病。

在生命的最後時光，蕭鸞猜忌多疑到了極點，對大臣們多有誅戮。比如他往南走就派人說皇帝要西行，往東走就對外宣布要去北邊。誰惹他多疑，往往有性命之憂。又比如大司馬、會稽太守王敬則是蕭道成的老部下，五朝老臣，盛名在外。蕭鸞就懷疑他要趁自己病重造反，派人去東方鎮壓反叛。王敬則大怒，說：「東方各郡縣有誰在反叛，這明顯是衝著我來的！」他被逼起兵造反。東方百姓檐篙荷鍤相隨，王敬則很快擁有十餘萬人的大軍，向建康殺去。蕭鸞殺死王敬則在建康和外地的所有兒子，派兵平叛。王敬則悲痛不已，坐著肩輿上一邊慟哭一邊指揮軍隊前進。大軍進展順利，都能遙望到建康城了。在和官兵的決戰中，王敬則大軍起初大勝。蕭鸞的太子蕭寶卷派人爬上屋頂瞭望軍情，見城郊征虜亭失火，以為王敬則大軍將至，都準備好行裝要逃亡了。不想，蕭鸞官兵在敗退回營的時候，因為營門未開，前無退路，只好返身死戰。恰好王敬則大軍後方又遭到騎兵的突襲，佔部隊很大比例的百姓們沒有訓練，也沒有正常的兵器，打不了硬仗，紛紛逃散。王敬則大敗，逃跑不及，被官兵所殺，時年七十多歲。這是永泰元年（四九八年）的事情。

王敬則敗亡之時，蕭鸞已經到了彌留之際，不久便死了，時年四十七歲，在位五年。蕭鸞的長子蕭寶義有殘疾，難當大任，所以蕭鸞冊立次子蕭寶卷為太子。蕭鸞死後，蕭寶卷繼位，時年十六歲。

蕭鸞遺命由始安王蕭遙光、尚書令徐孝嗣、尚書左僕射沈文季、右僕射江祏、右將軍蕭坦之、侍中江祀、衛尉劉暄、太尉陳顯達等人輔佐蕭寶卷。八個輔政大臣中，尚書左僕射沈文季不久退休，淡出政壇；太尉陳顯達外任江州刺史，剩下的六人輪流入朝值班，掌握實權，被稱為「六貴」。時任雍州刺史的蕭衍不無憂慮地說：「一國三公尚且國家不穩，如今朝廷有六貴同時當權，如何才能避免動亂呢？」

# 十八、變態皇帝代代有，南朝特別多

## 一

齊明帝蕭鸞將殺戮宗室推向了一個前所未有的高峰，繼位的兒子蕭寶卷則將荒淫變態推到了一個後人難以企及的高度。

蕭寶卷生母早亡，由其他嬪妃撫養長大。他從小孤僻任性，且有口吃的毛病，與他人的交流溝通存在障礙。這樣的孩子如果埋頭讀書，沒準還能在學問上有所專長。但是蕭寶卷極不愛讀書，加上無人管教，整天就是玩鬧。即位前，他最喜歡做的事情就是在東宮和侍衛們一起挖洞捉老鼠，為此通宵達旦樂在其中。

當了皇帝後，蕭寶卷被帶去主持父皇的葬禮。他一眼看到大殿上擺放的烏黑鋥亮的大棺材，很不高興，大喊：「這東西太討厭了，快快把它埋掉！」這可是他父親的靈柩，而且天子葬禮是很嚴肅，有一整套煩瑣的流程的。見小皇帝要破壞禮制，以輔政大臣、尚書令徐孝嗣為首的大臣們據理力爭，蕭寶卷這才快快不樂地收回成命。緊接著問題又產生了，蕭寶卷在葬禮上東張西望左顧右盼，就是不哭。他還覺得滿堂哭得死去活來的大臣們非常好笑。其中太中大夫羊闡號慟大哭，不斷叩首，不小心把帽子碰掉了。羊闡禿頭，帽子一掉，露出了光頭。蕭寶卷見狀捧腹大笑，一邊笑一邊說：「這個大禿鷲也來這裡亂叫。」

正式上任後，蕭寶卷保持著特有的作息習慣：抓老鼠抓到清晨五更才就寢，午後三時起床。可皇帝是要上朝的，是要處理政務的，蕭寶卷根本沒放在心上。這可苦了那些大臣。因為不知道皇帝什麼時候會出來接見和處理公務，大臣們只能等在大殿上不敢走，一個個餓得前胸貼後背，眼冒金星。後來，大臣們直接上奏。一批批奏章送入宮中，如同石沉大海，根本沒有回音。

除了晝夜顛倒抓老鼠，蕭寶卷又發展出了新愛好：出宮遊玩。他不分晝夜，什麼時候想到要出宮就出去遊玩，一個月中有二十多天在建康城內外遊蕩。蕭寶卷的遊玩不是一般人的走馬觀花遊山玩水，而是看到什麼好東西就拿，大到參天大樹、妙齡女郎，小到錢幣、玉佩，一律納入囊中。他常常帶人闖入某一戶富裕人家，將家產搶劫蕩盡。或許是覺得自己的行為不妥，也可能是小時候的交流障礙讓他不願意見人，蕭寶卷出宮時不願意被人看見，也不願意看到別人。他看到誰就要上去殺掉他滅口。於是，建康的「有關部門」就想出了一個辦法：每當蕭寶卷要出門的時候，有關人員就在他要去的方向事先擊鼓，警告人們：「皇帝要來了，大家快跑啊！」人們聽到鼓聲，能跑多快就跑多快，能跑多遠就跑多遠，根本顧不上家產。蕭寶卷出宮的時間不定、遊蹤不明，波及的百姓可就遭殃了。他們輕易不敢回家，常常在夜裡露宿野外，或者穿著單衣在寒冬中流落江邊，甚至有人幾天幾夜不敢回家，凍死、餓死在外面。妻離子散、家破人亡更是常事。

有一次，一個婦女臨產，無法走開。蕭寶卷對腹中胎兒的性別很感興趣，等不及孕婦生產完畢，命人剖腹查看是男胎還是女胎。又有一次，有個和尚生了病，跑不動了，就躲在草叢之中希望能逃過蕭寶卷的眼睛。蕭寶卷發現後，命令隨行的所有人向和尚射箭，將他亂箭射死。還有一次，幾個人抬著一個病人去求醫，突然聽到警示蕭寶卷出遊的鼓聲。那幾個人嚇得魂飛魄散，扔下病人一哄而散。負責清道的官吏看到那個病人匍匐在地上走不了路，怕蕭寶卷看到，竟把他推入水中活活淹死。

這些還算是個別現象。更壞的情況是，蕭寶卷喜怒無常、行蹤無定，常常毫無預兆地突然出宮遊玩，或者先出東門突然又轉向了南門，驚得大半個城的百姓逃得一乾二淨。蕭寶卷身邊的侍衛、太監們往往藉陪伴蕭寶卷出遊，入室搜索財物。等好不容易蕭寶卷回宮了，老百姓回來看到的是被搶劫一空的房產。沒折騰多久，繁華一時的建康城工商歇業，鋪存空屋，道無行人，內外數十里杳無人跡。建康幾乎變成了一座空城、死城。

建康被蹧蹋得差不多了以後，蕭寶卷遊玩的興致大減。不過任何事情都不能阻止他熱中於玩耍和追求享樂的步伐，蕭寶卷很快就找到了新的興趣點：投身火熱的建築行業！巧合的是，建康後宮失火被焚，重建工作為蕭寶卷提供了施展才華的機會。他一口氣建造了仙華、神仙、玉壽三座豪華宮殿，用實際行動證明自己是多麼的奢侈腐靡。蕭寶卷造宮殿，貫徹兩個指導思想：第一是追求速度，什麼都要求快；第二是追求漂亮，裝飾要漂亮，庭院要漂亮，一切看起來都要賞心悅目。為了趕工期，官吏們不惜破門入戶，強行將百姓家的假山、樹木、花草移植到宮殿中；不惜直接拆卸豪門、寺廟上的裝飾物件移到宮廷中，甚至不惜刮下文物古玩上的金箔飾品來裝飾新宮殿的器皿。為了營造宮廷花草茂盛的景象，官吏們往往割下草皮和花卉的莖葉，直接鋪滿庭院。花草擱置一天就枯萎死亡了，官吏們不得不天天去割花草，夜夜重新鋪設。蕭寶卷對這種弄虛作假的行為非但不生氣，還指點下面的人乾脆用顏料將庭院潑灑得花花綠綠的，再點綴上花草。看來，蕭寶卷在造假方面也很有「天賦」。

庭院造好後，蕭寶卷將它們獻給了一個女人：潘妃。

潘妃名叫潘玉兒，出身市井，被蕭寶卷選入宮廷做了妃子。蕭寶卷專寵潘妃，到了令人瞠目結舌的程度。臣民們時常看到潘妃坐在豪華的車駕上，在皇家儀仗的引導下，耀武揚威地行進在建康城中。而蕭寶卷騎著馬，像個隨從似地跟在後頭，隨時聽從潘妃的吩咐。蕭寶卷還有受虐傾向。潘妃一生氣就用木棍劈頭蓋臉地打他，蕭寶卷身為皇帝，既不龍顏大怒，也不辯解，更不還手，乖乖地讓潘妃打。後來，蕭寶卷被潘妃打得次數多了，也有點吃不消了，就偷偷示意手下將潘妃身邊的粗木棍都換成光滑的細木棍。蕭寶卷為了讓潘妃重溫市井舊夢，又在宮苑之中仿造了市場一條街，讓太監們殺豬宰羊、宮女們沽酒賣肉，潘妃就當市場管理員。蕭寶卷擔任潘妃的副手，做她的小跟班。「市場」裡出現什麼爭執吵鬧，都由潘妃來裁決。蕭寶卷特別喜歡潘妃的一雙小腳，喜歡拿在手裡撫摸，還喜歡鑿金為蓮花，貼在地上，讓潘妃在上面行走，美其名曰「步步生蓮花」。

種種荒誕舉動，很快讓朝野失望。有些人還想勸諫一下蕭寶卷，一次蕭寶卷的坐騎受驚狂嘶，有人乘機進諫：「臣曾經見到先皇，先皇對皇帝終日出宮遊蕩不施戰備很不高興。」結果是連父親都責備不得蕭寶卷這個寶貝兒子，只見他憤怒地拔出佩刀要尋找父親的鬼魂算帳。先皇的靈魂自然不會與他糾纏，找不到撒氣對象的蕭寶卷就用草縛一個他父親的形象，斬首，把頭懸掛在宮門口，昭示全城。至此，再也沒有人敢進諫了，大家對蕭寶卷唯有搖頭歎息。

## 二

南朝之前的政治發展規律告訴我們，凡是荒唐昏庸的君主往往猜忌心很重，喜歡屠戮大臣；同樣，一旦出現這樣的暴君，總有大臣前赴後繼地搞政變，試圖推翻他。蕭寶卷時期的政局發展也遵循著這樣的規律。

蕭寶卷的老爸蕭鸞留給寶貝兒子的臨終遺言是：「做事不可在人後。」意思是做皇帝要果斷剛強，該出手時就出手，不能猶猶豫豫。不愛學習的蕭寶卷偏偏把這句話學到了心裡，而且學以致用、運用自如，看哪個大臣反感，或者捕風捉影，覺得哪個大臣有問題，就大刑伺候，大開殺戒。

輔政大臣始安王蕭遙光、尚書令徐孝嗣等「六貴」在齊明帝死後還把持著朝廷實權。他們六個人內部倒是相安無事，只是看著蕭寶卷行為不成體統，越來越出格，不禁恐懼起來。六貴中的江祏、江祀兩兄弟是蕭寶卷的表叔，深知蕭寶卷荒唐的本性，很擔心哪一天就成了蕭寶卷的刀下冤魂，所以動了推翻蕭寶卷、另立他人的念頭。

江氏兄弟找到其他「四貴」，把企圖廢立的意思一說，驚喜地發現大家都有推翻蕭寶卷的意思。但是，打倒蕭寶卷之後由誰來繼任皇帝？六貴的意見就不一致了。江祏中意齊明帝第三子、蕭寶卷的弟弟、江夏王蕭寶玄。尚書令徐孝嗣也很支持蕭寶玄，原因很簡單：蕭寶玄是自己的女婿。但是，六貴為首的始安王蕭遙光是蕭寶卷的堂兄，自恃血脈高貴，年紀又大，想自己當皇帝。他就暗示江氏兄弟和劉暄推舉自己。於是，到底是推舉蕭寶玄還是蕭遙光，政變集團內部出現了分歧。

蕭寶玄年輕不懂事，蕭遙光年長有經驗，江祀傾向推舉後者，也勸哥哥江祏擁立蕭遙光。六貴排名末尾的劉暄是齊明帝皇后的弟弟、蕭寶卷的舅舅，對廢黜政變這件事情不太熱心。他擔心如果擁立蕭遙光，自己的國舅身分不保，傾向推舉蕭寶玄，明確反對蕭遙光。蕭遙光對劉暄的態度很惱火。為了壓制內部反對自己的聲音，也為了消滅最堅定的反對者，蕭遙光暗中收買殺手去刺殺劉暄。劉暄府邸周圍開始出現一些可疑人物。他們身懷利刃、目光陰冷，嚇得劉暄心裡直發毛。怎麼辦？為了保命，劉暄索性跑入宮中，把「六貴」的政變陰謀向蕭寶卷和盤托出。

這就為蕭寶卷向「六貴」開刀提供了藉口。

蕭寶卷早就對「六貴」之中的江氏兄弟不滿了。江氏兄弟自恃是蕭寶卷的表叔，對蕭寶卷的不少荒唐行為多有勸諫，同時抑制蕭寶卷身邊佞臣違法亂紀的行徑，早就遭致了蕭寶卷和親信們的嫉恨。劉暄告密後，蕭寶卷得知江氏兄弟是廢立陰謀的主謀，馬上派人收捕了江祏兄弟。江氏兄弟被帶到中書省斬首。殺了兩位表叔後，蕭寶卷暫時放過了其他人，先大肆慶祝消滅了兩個礙眼的「老東西」。他和親信近侍們在殿堂內鼓叫歡呼，跑馬為戲，足足高興了幾天幾夜。突然有一天，蕭寶卷似乎想起了什麼，問近侍：「江祏常不讓我在宮內跑馬，如果他今天還活著，我怎能這樣快活？江祏親戚中還有誰活著？」嫉恨江氏兄弟的親信馬上回答：「江祏的弟弟江祥還關在牢裡。」蕭寶卷立即下聖旨，「賜死」江祥。

聞知江氏兄弟被殺，大臣們大驚失色。六貴中的其他人更是惶恐不安。劉暄雖然是告密者，得知後也撲倒在地，爬起來以後連問僕人：「逮捕我的人到了嗎？」他徘徊良久，回到屋內坐定，悲歎道：「倒不是我為江氏兄弟悲傷，我是在替自己悲傷啊！」和劉暄一樣，大臣們似乎都預感自己死期不遠了。

這麼多人中，有意取代蕭寶卷自立的蕭遙光心中最有鬼，也最害怕。江氏兄弟被殺了，蕭遙光開始「生病」，請了長期病假在府邸裡深居簡出，不上朝，也不工作了。他還進一步裝瘋賣傻，整日痛哭，給人一種痛不欲生或者方寸大亂的感覺。暗地裡，蕭遙光深知自己沒有任何回頭路可走，只能和蕭寶卷拼個魚死網破了。他把握組織力量，準備發動政變。

蕭遙光的弟弟蕭遙欣擔任荊州刺史，是他最大的後援。蕭遙光祕密派人去聯絡弟弟，讓蕭遙欣火速度軍順江而下，兄弟倆一起造反。蕭遙欣很贊同哥哥的主張，立即著手動員軍隊。也真是上天不保佑，就在一切準備工作就緒的時候，蕭遙欣突然暴病身亡了！運氣更差的是：蕭遙光另一個擔任豫州刺史的弟弟蕭遙昌也在政變前死了！豫州刺史的重要性雖然遠遜於荊州刺史，但畢竟可以引為外援。失去兩個弟弟後，蕭遙光只能依靠自身的力量造反了。好在，蕭遙欣死後，荊州的親信部下不辭勞苦，組織了送葬隊伍將靈柩運到了建康城，就停留在始安王府；蕭遙昌死後，豫州的部下也都聽命於蕭遙光。這兩批人，人數都不少。蕭遙光於是組織這些人參與政變。

計畫比不上變化快。蕭遙光之前為了避禍，想調任司徒的閒職。申請遞上去後，蕭寶卷突然同意了，召蕭遙光入宮進行「任前談話」。蕭遙光哪裡敢去，怕走著進去被人抬著出來，決定提前起事。永元元年（四九九年）八月十二日下午，蕭遙光召集兩個弟弟的部下來東府集合。蕭遙光的起事非常倉促。一方面府邸門口聚集了越來越多的黨羽，拿著刀槍，亂成一團，嚇得建康城裡的老百姓紛紛躲避。個別膽子大的人好奇地探聽消息，不知道始安王要幹什麼。另一方面，蕭遙光連造反的口號都沒想好，整個行動師出無名。本來「討伐暴君」是個不錯的口號，應該可以激起官民的回應。可惜，蕭遙光沒有採納這個口號，而是以「討伐劉暄」為名——他恨死了劉暄，宣布起事，並向朝臣、將領們發出號召。

天很快就暗了。除了派出數百人攻破監獄釋放囚犯外，蕭遙光沒有其他行動。驍騎將軍垣歷生接到他的起事號召，趕過來響應。他見狀勸蕭遙光把握時間，連夜進攻皇宮擒拿蕭寶卷。垣歷生主動請纓指揮作戰，對蕭遙光說：「您只要坐著車隨後跟進即可，攻破皇宮易如反掌。」現實情況的確如垣歷生所言，蕭遙光宣布起事後，蕭寶卷還在皇宮中醉生夢死，沒有任何平叛的舉措，建康城中也沒有任何一支部隊忠於蕭寶卷，更沒有官兵來鎮壓蕭遙光。如果蕭遙光能抓住時機，擒賊先擒王，政變勝算還是很大的。然而，蕭遙光猶豫了半天，始終下不了出擊的決心。一直猶豫到東方出現了魚肚白，早已全副戎裝的蕭遙光依舊是東看看西看看，準備車仗、登上城垣、賞賜親信而已。儘管垣歷生反覆勸他出兵，蕭遙光就是不肯。他寄希望於皇宮內發生內訌，幻想蕭寶卷會被他人殺掉。

蕭遙光起事後，派人去刺殺平常和自己關係不好的右將軍蕭坦之。蕭坦之聽說蕭遙光造反後，警惕性很高，來不及穿衣光著身子就跳牆逃走，奔赴皇宮向蕭寶卷報告去了。（蕭遙光心胸實在狹窄，又不懂輕重，老在關鍵時刻將可以團結的對象推向敵人的陣營，劉暄如此，蕭坦之也是如此。）次日黎明，蕭寶卷宣布建康戒嚴，命尚書令徐孝嗣防衛宮城，蕭坦之率軍討伐蕭遙光。蕭坦之成功組織起建康城沒有回應蕭遙光的官兵，很快將叛軍團團圍住，日夜攻打。

蕭遙光頓時陷入了困境。他平日不積德行善，人緣很差。人品的好壞在關鍵時刻能有巨大的作用。蕭遙光在齊明帝時期助紂為虐，主持屠戮齊高帝、武帝子孫，在親貴當中很不得人心。加上他對待部下嚴苛暴虐，黨羽的內部凝聚力也不強。在官兵的猛攻面前，叛軍漸漸潰散。垣歷生看蕭遙光大勢已去，也投降了官兵。四天後，造反被鎮壓。蕭遙光狼狽地在王府中找了間房子，關緊門窗，躲到床底下，希望以此能逃過官兵的搜查。這種小孩子過家家的把戲自然騙不過官兵，蕭遙光很快就被從床下拖出來砍掉了腦袋。

蕭遙光和蕭寶卷有過一段美好的共同記憶。蕭寶卷童年時期，經常和堂兄、少年蕭遙光廝混，兩個人吃住在一起，手拉手一起蹦蹦跳跳——說不定還一起通宵達旦抓過老鼠。兄弟倆感情很深，蕭寶卷暱稱蕭遙光為「安兄」。蕭遙光被滿門抄斬後，蕭寶卷一次登上童年時和蕭遙光一起玩耍的土山，美好記憶像洪水一般衝開了他情感的閘門。蕭寶卷遙望蕭遙光被殺之處，悲傷地連聲呼喚「安兄，安兄」，黯然淚下。

這偶然一次的真情流露並不能阻礙蕭寶卷繼續荒淫殘暴下去。在平定蕭遙光叛亂二十多天後，蕭寶卷就派人殺掉了平叛有功的蕭坦之。不久，蕭寶卷開始猶豫要不要殺掉劉暄。他問左右親信：「劉暄是我的親舅舅，總不至於謀反吧？」一個侍衛說：「先帝和武帝還是堂兄弟呢（蕭寶卷的父親齊明帝蕭鸞和齊武帝蕭賾是堂兄弟）。先帝受武帝厚恩，最後還不是奪了武帝的天下，滅了武帝的子孫？兄弟如此，舅舅又怎麼可以相信呢？」這個侍衛的回答袒露著赤裸裸的現實主義，讓蕭寶卷最終下令誅滅劉暄全族。之後，尚書令徐孝嗣、尚書左僕射沈文季也先後被殺。沈文季之前藉口年邁多病長期請假在家，已經不理朝政了。老先生本想藉此落個善終，到頭來不但自己身首異處，還連累家人血流成河。

至此，「六貴」全部被蕭寶卷清洗了。

這是南北朝歷史上，甚至是中國歷史上最殘酷、最血腥的一個時期。後人讀這一時期的史書，往往有「血跡斑斑」之感。我們將此歸咎為蕭寶卷的昏庸殘暴也好，指責「六貴」內部的爭權奪利也好，都逃不開一個幕後因素：權力鬥爭。正如沈文季在家養病避禍的時候，子侄們勸他說：「您既然做了尚書左僕射，就不可能全身而退！」一旦進入了權力場，殘酷的鬥爭是不可能避免的。它把人都異化成了冷酷、嗜血的惡魔。皇宮位於權力金字塔的頂端，是權力鬥爭的起始點和矛盾匯聚地，自然成為鬥爭最激烈、最殘酷的地方。越靠近它的人，受到的侵蝕和異化越嚴重。皇帝在權力漩渦的中心長大，受到的傷害也就最大、最重。而南朝又是政局不穩、矛盾激烈的亂世，綜合起來考慮，似乎就可以解釋為什麼南朝時期變態皇帝迭出了。

# 十九、蕭衍防衛過當，當上了皇帝

## 一

皇帝和大臣的理想關係應該是和睦相處，一起治理好國家。但是在皇權不穩的亂世，再遇到暴君或者昏君，君臣關係就惡化為你進我退、你死我活的鬥爭。如果雙方的實力都很強大，往往就會迎頭相撞；如果一方強一方弱，就會變成進攻和防守的遊戲，結果總是以血雨腥風、兩敗俱傷而收場。

蕭寶卷屠戮了父親宋明帝指定的八個輔政大臣中掌握實權的六個（也就是「六貴」），又殺害了早早退休想求得善終的輔政大臣沈文秀，在君臣鬥爭中取得了明顯優勢，顯示出強大的實力。蕭寶卷的另一大特點是喜怒無常，殘酷冷血，完全不能用正常人的思維去揣摩。於是，南齊的大臣們紛紛關心如何逃脫他的魔爪，尋找自衛的方法。

太尉、江州刺史陳顯達覺得自己是最迫切需要自衛的人。因為他是最後一個顧命大臣。看著老同僚、老夥計們一個個被推上了斷頭台，只剩下孤零零的自己，陳顯達有充分的理由相信自己將會是下一個冤魂。

陳顯達出身貧寒，從軍將近五十年，一路從士兵拼殺到將軍，當時已經年逾古稀了。戰爭奪去了陳顯達的左眼（一支飛矢射穿了他的眼睛），也教會他沉著冷靜、謙厚有智謀。和「六貴」比起來，陳顯達為人謙恭、厚道，注意和上上下下、方方面面做好關係；和同是輔政大臣的「老好人」沈文秀比起來，陳顯達深知仕途是一條不歸路，沒有辦法回頭，也不可能全身而退，所以他始終把持著部分實權，以防不測。齊明帝臨終，將他列名輔政大臣行列，陳顯達非但不高興，反而憂慮萬分──之前南朝的輔政大臣幾乎沒有善終的。和「六貴」的攬權和沈文秀的撒手不同，陳顯達主動要求離開建康外任，以退為進。不久，蕭寶卷讓陳顯達以太尉之尊兼任江州刺史，陳顯達高高興興地前去上任了。

在幾十年政治生涯中，陳顯達跟隨過張永、沈攸之、蕭道成、蕭鸞等諸多的「老闆」，幸運地在歷次政治鬥爭中「站對了隊」，踏著他人的肩膀甚至是鮮血不斷前進。每次升遷，陳顯達都有愧懼之色。他常常叮囑子孫：「我出身寒門，能有今天的榮華地位完全超乎意料，你們切勿以富貴凌人！」當時南朝人熱中於以牛拉車的比賽，貴族們以擁有炫耀快牛而驕傲。陳顯達的兒子就擁有天下四大快牛中的一頭，還在家裡召開快牛「聚會」。陳顯達見兒子這麼露富，大發雷霆。兒子陳休尚外出當官來向老父親告別，陳顯達見他手裡拿著根麈尾裝模作樣，一把奪下來燒掉，說：「奢侈的人最終沒有不破敗的，麈尾和蠅拂都是王謝那些世族豪門的家具，你不應該拿著這些東西。」按照陳顯達的級別，可以有盛大的車仗、眾多的隨扈，但他平時乘坐的車駕腐朽了也不修理，選用的隨從都是瘦小單薄的人。一次宮廷侍宴，陳顯達酒後向齊明帝蕭鸞乞借枕頭一用。蕭鸞馬上命人給陳顯達拿來一個枕頭。陳顯達撫枕說道：「臣已經年老，富貴已足，就少個枕頭去死了，所以求陛下將枕頭賜予我。」這句話說得殺人無數的蕭鸞都心有不忍，忙說：「公醉矣。」

就這麼一個穩重精明的老將軍，面對蕭寶卷的荒唐變態也覺得難以適從了。很快江州就出現謠言，說朝廷要派兵襲擊江州。這個謠言可能是江州官員因為恐懼而產生的幻覺，也很可能是陳顯達製造的，因為他要為起兵造反預熱輿論。永元元年（四九九年）十一月，陳顯達正式在尋陽舉兵造反。

陳顯達有著遠比其他造反者豐富的軍事經驗，制定了正確的戰略：趁蕭寶卷準備不足，突襲建康！陳顯達順江而下，在采石打敗官兵，在十二月就兵臨建康城下。首都震恐。勝利在望，陳顯達產生了急躁思想，企圖率領精銳猛攻宮城，一戰定乾坤。他順利攻入外城，但在禁宮門口遭到了禁軍的頑強抵抗。戰鬥非常激烈，陳顯達身邊只帶著數百步兵，而禁軍越聚越多。陳顯達英雄不減當年，揮矛如飛，長矛斷了就拿著矛尖突刺殺敵，殺死十多人。無奈寡不敵眾，陳顯達突襲計畫失敗，撤逃到城外被殺，時年七十三歲。蕭寶卷將陳顯達滿門抄斬。

陳顯達死了，但恐懼情緒在地方藩鎮中進一步蔓延。領兵將領們人人自危。豫州刺史裴叔業在南北邊界領兵，想謀反自衛，又找不到有效的方法，就派人到襄陽找雍州刺史蕭衍串聯。裴叔業對蕭衍說，我們一道起兵造反，再向北魏稱臣，請北魏出兵相助，這樣成功了可以推翻蕭寶卷，失敗了還可以被北魏封個河南公。蕭衍不贊成。他覺得裴叔業想得太樂觀了，你投降北魏了就得做北魏的臣子，北魏不是傻子，不會被你牽著鼻子走。蕭衍主張萬不得已的時候發兵直取建康。裴叔業不聽蕭衍的勸告，於永元二年（五〇〇年）正月率部投降北魏。果然如蕭衍所說，北魏迅速收編了裴叔業的軍隊和地盤，卻不願為他去消滅蕭寶卷。

南北邊界又向南推移了幾個郡。

裴叔業的目的沒實現，戰戰兢兢繼續當著南齊官的同事們則在思索著其他自衛的方法。

## 二

裴叔業串聯的雍州刺史蕭衍是個需要大書特書的人物。

蕭衍，時年三十六歲。他是蕭順之的兒子，蕭道成的族侄，雖然和蕭寶卷的血緣疏遠，但論輩分是蕭寶卷的父輩。蕭衍年輕的時候文才出眾，與沈約、謝朓、王融、范雲等文士交遊，是著名的「竟陵八友」之一。入仕後，蕭衍從參軍做起，在對北方的戰爭中逐步升遷，在齊明帝蕭鸞末期成為雍州刺史，駐守襄陽。

蕭衍歷經劉宋、南齊的變故和南齊內部政治變遷，對所謂的君臣倫理看得很淡漠。蕭寶卷胡作非為，蕭衍就在襄陽積蓄力量，以備不測。他暗地招募驍勇之士，積儲軍事物資，積極做起兵的準備工作。蕭衍的哥哥蕭懿擔任益州刺史，被蕭寶卷解除職務召回建康，途經襄陽。蕭衍攔住哥哥，不讓他去建康。蕭懿不聽。蕭衍進一步對哥哥蕭懿說，南齊內有連年災亂，外有北方強敵虎視眈眈，已經是內憂外患；而小皇帝蕭寶卷只顧專權胡為，國家大亂將至。蕭衍勸哥哥蕭懿一起積蓄力量，尋找機會終結南齊取而代之。蕭懿大怒，將弟弟痛罵一頓，要蕭衍好好「反省」錯誤，自己毅然踏上了前往建康的道路。蕭衍只好眼睜睜看著哥哥踏上險途。但是他的野心不是哥哥的幾句責罵能夠打消的，相反蕭衍擔心哥哥此去會招來大禍，加快了備戰步伐。他以防備北魏為名，大造器械，暗中砍伐了許多竹木沉於檀溪中，以備造船用。

那一邊，豫州刺史裴叔業降魏後，蕭寶卷命令崔慧景率軍北上討伐。崔慧景是三朝老臣，是陳顯達的老部下兼戰友，之前在建康城中過著擔驚受怕的日子，如今受命領兵出城。他大喜過望，摸著脖子說：「此脖項終能免於被這群小輩所砍！」崔慧景虎躍山林，又領兵在手，馬上密謀造反。

離建康不遠處的京口，由蕭寶卷的三弟、江夏王蕭寶玄坐鎮把守。他是去年被蕭寶卷屠殺的尚書令徐孝嗣的女婿。徐孝嗣被族誅後，蕭寶玄的妻子也被株連殺害。蕭寶卷可能覺得對不起三弟，就送了自己的兩個嬪妃給他。如此一來，蕭寶玄更恨蕭寶卷了，一心密謀反叛。

蕭寶玄看崔慧景帶兵北伐，寫信勸他造反。兩人一拍即合。崔慧景領軍走到廣陵，就正式宣布造反，遣使奉蕭寶玄為主。全軍掉頭反攻，一路攻克石頭、白下、新亭諸城，包圍建康。蕭寶玄也派人率領軍隊隨後參戰，他自己乘八扛輿、手執絳麾幡，隨崔慧景來到建康。蕭寶玄入住東城，很多老百姓聽說江夏王來了，都來投靠他。局勢一時間對叛軍非常有利。崔慧景覺得勝利在望，於是產生了輕敵思想。部將建議發火箭燒掉城樓，等城崩後就可直入城裡。崔慧景擔心這樣入城後又要重新造樓，太浪費，拒絕採納。他又喜好佛理，醉心清淡，戰鬥間隙竟然還去寺廟和賓客高談玄言。主帥如此，將士們的攻勢大為減弱，遲遲不能攻佔全城。

蕭衍的哥哥蕭懿在趕赴建康途中，聽到戰亂的消息。他不像絕大多數官員那樣觀望，而是立刻組織軍隊，帶兵馳援建康。他在一個黎明時分攻入建康，崔慧景談了一夜玄學，毫無準備，結果被殺得一敗塗地。崔慧景被殺，蕭寶玄藏匿了起來。

官兵蒐集了朝野官員投靠蕭寶玄、崔慧景的信件，蕭寶卷下令全部燒掉，還說：「江夏王尚且如此，怎麼能罪及他人呢？」蕭寶玄誤以為蕭寶卷要寬大處理，躲藏了幾天後就出來自首了。蕭寶卷召他入後堂，用步鄣裹著他，命令隨從、侍衛數十人敲鼓吹號馳繞其外，衝著蕭寶玄喊：「前幾天你圍城的時候，我就像這樣。」沒幾天，蕭寶卷也把蕭寶玄殺了。

這一次拯救蕭寶卷，完全是蕭懿的功勞。蕭懿是亂世中少有的忠臣。在平滅崔慧景之亂後，他獲封尚書令，掌握朝政。蕭衍得到兄長入援建康的消息後，立即派人勸他，得勝之後要麼隨即廢黜昏君，要麼率兵出屯外地避禍，千萬不可以留在建康。但蕭懿忠於齊室，斷然拒絕了弟弟的好意。

蕭衍的預感很準確，很快蕭寶卷就對蕭懿動了殺心。宮廷中的一些小人也一再慫恿蕭寶卷不要把朝政委託給蕭懿。蕭懿事先知道危險的來臨。有好心人在長江邊準備小船，勸他逃往襄陽蕭衍處。蕭懿卻大義凜然地說：「哪有尚書令逃離朝廷的？人生誰能無死，我不走。」結果，他在宮中從容接過蕭寶卷賜的毒藥自殺。自殺前，蕭懿還對蕭寶卷說：「我弟弟蕭衍現在駐兵襄陽。他聽到我的死訊，可能做出對朝廷不利的舉動來。我替朝廷擔憂啊。」蕭寶卷覺得有道理，斬草要除根，不能留下蕭懿的兄弟，於是下令將蕭懿族誅。好在蕭家兄弟們不都像蕭懿一樣愚忠，預感到危險後早早躲藏起來。除一人被捕遇害外，蕭懿其餘的兄弟子侄都避匿在百姓家裡。老百姓們恨死了蕭寶卷，不僅沒有人告發，還給予蕭家子弟很好的保護。這也可見人心向背。

對於雍州刺史蕭衍，蕭寶卷認定他手握重兵，是個禍害，就派前將軍鄭植去襄陽行刺蕭衍。鄭植的弟弟鄭紹叔正好擔任蕭衍的部屬。鄭植便快馬加鞭以探親的名義前往雍州。當時蕭懿的死訊還沒有傳到襄陽，加上鄭植官職很高，蕭衍按慣例要宴請鄭植。席前，鄭植懷抱利刃，決定在宴席上殺掉蕭衍。鄭紹叔覺察到了哥哥的陰謀，在宴會舉行前將鄭植的來意告訴了蕭衍。蕭衍得知後，還是照常舉行宴會，還親自款待鄭植。

宴席開始後，蕭衍突然問鄭植：「鄭將軍受皇命來殺我，今天的這酒席可是下手的好機會啊！」

鄭植也不是普通人物，心中雖然大驚，但面不改色，矢口否認。蕭衍哈哈一笑，又像沒事一樣繼續觥籌交錯起來。鄭植懷裡的利刃一直沒有派上用場。

宴會散後，蕭衍邀請鄭植參觀襄陽城的軍備。鄭植同是行伍中人，發現整座城池固若金湯，糧草充足，士氣高昂。他對蕭衍的治軍能力大為嘆服，同時也折服於蕭衍坦蕩的器度，便放棄了行刺的念頭，並把蕭懿的死訊和蕭寶卷的陰謀和盤托出。

擺在蕭衍面前的情況是：哥哥蕭懿被殺，皇帝又派刺客來刺殺自己，除了起兵造反別無選擇。永元二年（五〇〇年）十一月，蕭衍在襄陽正式起兵討伐蕭寶卷。

他與荊州刺史蕭穎胄聯合，以擁立南康王蕭寶融（東昏侯的兄弟）為名，立即起兵。由於早有儲備，蕭衍用藏在檀溪的竹木在十幾天內就建造了有三千艘戰艦的水師，又在百姓中招募甲士三萬人，裝備駿馬五千匹，迅速組建了規模可觀的軍隊。大軍迅速沿漢江南下，進入長江後順江直取建康。蕭寶卷早就失去人心，蕭衍一路勢如破竹，沿途官吏非走即降。

蕭寶卷命令緊鄰雍州的行荊州府事、右軍將軍蕭穎胄率軍迎戰蕭衍。蕭穎胄和蕭衍一樣，年紀相仿，也和南齊皇室有著很疏遠的血緣關係，還一起喜好文學，更重要的是，他也對蕭寶卷的胡作非為感到恐懼。蕭穎胄一看蕭衍大軍的勢力，非但不抵抗，而宣布和蕭衍一起討伐蕭寶卷。為了增加正義性，蕭衍在蕭穎胄等人的支持下，奉南康王蕭寶融為名義上的主帥。蕭寶融是齊明帝蕭鸞第八子、蕭寶卷的弟弟，當時擔任荊州刺史。永元三年（五〇一年）三月，蕭衍、蕭穎胄等人擁立蕭寶融即位，與蕭寶卷分庭抗禮。蕭寶融就是齊和帝。

## 三

蕭衍大軍很快就包圍了建康城，建康城中的蕭寶卷依然若無其事，繼續著他的荒誕生活。之前，蕭寶卷經歷了三次兵變，都化險為夷，所以對這第四次兵變也沒有放在心上。蕭衍率軍攻入了建康外城，蕭寶卷就退到宮城裡躲起來。此時，宮城中還有七萬軍隊，堅守待變也不是不可能。可蕭寶卷並不坐鎮指揮謀劃，繼續保持晝伏夜出的作息習慣，白天睡大覺，晚上爬起來，有時興致來了就穿著大紅袍登上城樓眺望觀賞城外的敵兵。為了體驗一回「御駕親征」的感覺，蕭寶卷開始熱中在宮中玩打仗遊戲。他身著戎服，以金銀做鎧甲，遍插羽毛、寶石裝飾，給騎的馬也穿上了銀製的鎧甲，還插滿了孔雀毛，然後「閃亮登場」。宮廷衛士、太監們則拿著金玉做的兵器，在蕭寶卷的指揮下互相亂打——不用說，每一回蕭寶卷都能「高奏凱歌」。

儘管對打仗遊戲一擲千金，蕭寶卷對將士們卻極其吝嗇錢財。蕭衍大軍已攻打到城外，太監跪在地上請求他賞賜將士激勵士氣，蕭寶卷則說：「難道反賊就只捉我一個人嗎？為什麼偏偏向我要賞賜？」宮廷後堂放著數百張大木片，將士們想拿去加固城防，蕭寶卷卻捨不得，想留著做宮殿的大門，竟下令不給。正經事上捨不得花錢，擺花架子他倒有閒情逸致。他催促御府趕製三百人精仗，準備在蕭衍退兵後給慶功的儀仗隊用，又拿出大量的金銀寶物裝飾儀仗鎧甲。

皇帝身邊的寵臣近侍們在生死關頭還不忘進讒言，他們將接連戰敗的責任推卸給前線作戰的將領們。蕭寶卷一想：「原來打敗仗都是將領們不用心造成的，我說我最近怎麼會這麼倒楣呢？」於是，他準備拿負責建康城防的征虜將軍王珍國開刀，以儆效尤。王珍國害怕了，趕緊派人送給蕭衍一個明鏡，表示歸順心跡。他又密謀串通了宮內的宦官和侍衛，打算先下手為強。準備齊全後，王珍國在一天深夜率領士兵衝入蕭寶卷寢宮。這一夜，蕭寶卷在含德殿吹笙歌作《女兒子》，享樂到了深夜剛剛睡下，還沒有睡熟。蕭寶卷被軍隊喧譁的聲音驚醒，連忙從北門溜出。太監黃泰平追上他，舉刀砍傷了蕭寶卷的膝蓋。蕭寶卷摔倒在地，罵道：「奴才要造反嗎？」另一名太監張齊不由分說一刀砍下他的頭。蕭寶卷時年十九歲。王珍國提上蕭寶卷的首級，大開城門，迎蕭衍大軍入城。

唐代詩人李商隱專門有《齊宮詞》一詩慨歎這一幕：「永壽兵來夜不扃，金蓮無復印中庭。梁台歌管三更罷，猶自風搖九子鈴」。這裡「永壽」宮是蕭寶卷興修的一大宮殿，此處代指齊宮；「金蓮」指的是潘妃，「夜不扃」是夜裡未關宮門，說的是宮中有內應。「九子鈴」原是建康莊嚴寺的鈴，之前被蕭寶卷剝取下來裝飾新宮了。蕭寶卷死後，蕭衍以皇太后命追廢他為東昏侯。歷史上就稱他為東昏侯。寵妃潘玉兒則被蕭衍賜給部將田安。潘玉兒堅絕不肯「下匹非類」，自縊而亡。

蕭衍此次起兵，可以說是自衛，但殺死蕭寶卷後蕭衍就開始獨攬大權，讓齊和帝封自己為大司馬、中書監、錄尚書事，開始篡位，因此可以批判他是「自衛過當」。蕭衍堅決不讓還在江陵的齊和帝進建康。第二年，他升遷為相國，晉封梁王。為了徹底擱置齊和帝蕭寶融，蕭衍捧出了宣德太后王寶明，讓宣德太后臨朝，使很多事情可以繞開合法的齊和帝直接處理。

王寶明是文惠太子蕭長懋之妻、蕭昭業之母。她並不得蕭長懋的寵愛，蕭長懋為其他宮人做華麗衣裳和首飾的時候，王寶明用的卻是舊的帷帳與舊釵。蕭昭業即位後，王寶明被尊為皇太后。蕭鸞篡位後，將王寶明逐出宮居住。蕭衍就把她迎回宮來做了個不倫不類的「稱制」，便於自己篡位。

親信們給蕭衍組織了一批祥瑞，包括南兗州隊主陳文興在桓城內鑿井的時候挖到玉鏤騏驎、金鏤玉璧、水精環各二枚；建康令羊瞻解報告說在縣城的桐下里出現了鳳凰。宣德太后下詔說符瑞的出現都是相國蕭衍的功勞，將所有祥瑞都送到相國府去。荊州地區則出現了「行中水，為天子」的傳言，為新朝新君大造輿論。

之前中國歷史都是異姓篡位，蕭衍和南齊皇室同姓，還有血緣關係，對於篡奪同胞的江山心存疑惑。最後是親信沈約的勸說堅定了蕭衍篡位的決心。沈約勸進說：「現代與古代不同了，不可以用淳樸的古風來要求當今社會了。士大夫們攀龍附鳳，都有建功立業的心思。現在連兒童牧豎都知道齊朝國祚已終。明公您正應當承其運。天文讖記都證明天心不可違，人情不可失，即使出現一些劫數，也是不得已的事情。」沈約這段冠冕堂皇的說辭，徹底打消了蕭衍的君臣大義和忠孝禮儀。蕭衍最終下定了篡位的決心。

沈約於是寫信給遠在江陵的中領軍夏侯祥，要他逼齊和帝寫禪讓詔書。齊和帝的禪讓詔書被送到建康後，蕭衍迅速表示謙讓。另一個親信范雲帶領一百一十七個大臣上書稱臣，恭請蕭衍登基稱帝。太史令再三陳述天文符讖證明篡位是合乎天意的。蕭衍「勉強」接受眾人的請求，於中興二年（五〇二年）四月正式在建康稱帝，改國號為梁，史稱南梁。

蕭衍的受禪是非常奇怪的。當時合法的皇帝不在建康，所以蕭梁受禪的時候齊和帝蕭寶融並沒有在場。為了使改朝換代合法化，蕭衍讓宣德太后下詔說：「西詔至，帝憲章前代，敬禪神器於梁，明可臨軒，遣使恭授璽紱，未亡人歸於別宮。」太后的意思是，南齊知道自己國運已經終了，現在要效法前代將天下禪讓給梁王，但是皇帝不在建康，而在長江中流，所以太后作主，請梁王派特使來接受傳國玉璽。

蕭衍即位後，封蕭寶融為巴陵王，遷居姑孰，全食一郡。依照慣例，蕭寶融享有天子儀仗和全套待遇，在封國內奉行南齊正朔，郊祀天地，禮樂制度都用南齊故典。梁朝規定巴陵王排位在宋朝禪位的汝陰王之上，南齊宗室諸王都降爵為公爵。幾天後，蕭衍派親信鄭伯禽到姑孰，送給蕭寶融一大塊生金，讓他吞金自殺。蕭寶融大笑說：「我死不需金，醇酒足矣。」鄭伯禽就弄來一大罈美酒，讓蕭寶融暢飲。蕭寶融狂飲後醉得不省人事。鄭伯禽於是輕鬆地掐死了他。蕭寶融時年十五歲。

最初，蕭衍計畫以南海郡建立巴陵國，讓蕭寶融在巴陵自生自滅，又擔心蕭寶融在巴陵成為反對勢力的旗幟，想殺他。於是他假惺惺地以將蕭寶融送往南海的計畫詢問范雲的意見，范雲低頭不語。蕭衍於是問沈約，沈約說：「魏武帝曹操說，『不可慕虛名而受實禍』。」沈約的意思是不能為了虛名，而心存「婦人之仁」，而應該當機立斷，了結了遜帝。從四月辛酉日蕭寶融被去掉帝號到被鄭伯禽掐死前後不過七天。蕭寶融是遜位後存活時間最短的皇帝。

蕭寶融的遭遇令人同情，但對整個南齊皇室來說，蕭衍篡位反倒不是什麼壞事。因為在蕭鸞、蕭寶卷時代，宗室諸王在皇室內亂和戰亂中被屠殺殆盡。蕭衍只是在篡位前殺害湘東王蕭寶晊兄弟，後來又殺掉齊明帝其他的兒子，即位後並沒有對他們進行大殺戮。相反，齊高帝、齊武帝子弟可以在南梁堂堂正正地做人，不用整天擔驚受怕了。

蕭鸞的大兒子、蕭寶卷的大哥蕭寶義年幼就有殘疾，不能說話，不能見人，因此沒有被立為太子，沒有參與政治。他因禍得福，在之後的歷次殺戮中倖存了下來，並在蕭寶融遇害後繼承巴陵王爵位，奉南齊正朔。巴陵國傳國至南陳。

# 二〇、盛極而衰，北魏也不能倖免

## 一

南方齊梁兩朝交替的時候，北方是北魏宣武帝在位之時。

宣武帝名叫元恪，是孝文帝的次子。元恪的即位，帶有很大的偶然性，首先是大哥因為反對父親的漢化政策被誅殺；其次是孝文帝在南征的途中突然死亡。元恪是在一片混亂中被群臣擁立為新皇帝的。

擁戴元恪的大功臣就是彭城王元勰。彭城王元勰和任城王元澄是孝文帝晚年最信任的兩個宗室。任城王元澄是孝文帝的叔叔，堅定支持漢化政策。元勰是孝文帝的弟弟，是孝文帝南征時的得力助手。太和二十二年（四九八年），孝文帝在南征途中病重，元勰內侍醫藥，外總軍國之務，掌握了實權。第二年，孝文帝在彌留之際，想將政權託付給元勰。他對元勰說：「嗣子幼弱，社稷就只能倚重你了。」元勰卻是個謹小慎微的人，不願意在政治上涉入太深。他苦苦推辭，說自古以來托孤的重臣也好，大權在握的權臣也好，幾乎都沒有好下場。元勰更不想以皇叔身分輔助幼主了，認為這是「取罪必矣」。他舉例說：「昔周公大聖，成上至明，猶不免疑，而況臣乎！」孝文帝說服不了弟弟，歎息幾聲，不再勉強他了。元勰還主動求退，孝文帝就任命他為驃騎大將軍、定州刺史。

孝文帝隨即駕崩，元勰主持了南征軍隊的撤回，還堅定地擁戴侄子元恪登基繼位。之後，他主動處於退休狀態，都沒去定州辦過公。

元勰辭讓後，孝文帝指定了六個顧命大臣。他們分別是：廣陽王元嘉、任城王元澄、咸陽王元禧、北海王元詳和兩個漢族大臣王肅、宋弁。其中，元嘉是太武帝的孫子，是皇室中的老長輩、老好人，他在顧命大臣班子裡的象徵作用遠遠大於實際作用。宋弁進入班子沒幾天就去世了。所以，真正主事的是任城王元澄、咸陽王元禧、北海王元詳和王肅。

這四個人之間，矛盾重重。元禧和元詳是親兄弟，都是孝文帝的弟弟，自然抱成了一團。王肅是歸降的南齊大臣，在孝文帝時期深受信任，提出了不少漢化主張。但他在北魏朝野的根基很淺。孝文帝死後，王肅失去了最大的政治靠山，立刻受到了鮮卑貴族們的排擠。任城王元澄是個忠厚長者，但他對只動動嘴皮子、沒幾年就和自己並列為顧命大臣的王肅很不服氣。恰好此時有一個投降的南齊人誣告王肅是南方的奸細，一直和南方暗通情報。元澄不核實情況，就草率地上表稱王肅謀反，並且不等皇帝詔令就軟禁了王肅。這一下，事情鬧大了！咸陽王元禧等人很快查明王肅並未謀反。元禧對功勳卓著、資歷深厚的堂叔原本就心存畏忌，如今迅速抓住元澄陷害王肅的機會，以「擅禁宰輔」的罪狀讓宣武帝元恪罷了元澄的官，外貶為雍州刺史，趕出了京城。事件的另一主角王肅也被外貶為揚州刺史，鎮守壽陽。王肅在壽陽鬱鬱寡歡，於景明二年（五〇一年）去世。

至此，元禧和元詳兩兄弟掌握了北魏的實權。這二人才能平庸，對國家大事沒有什麼貢獻，卻熱中於享受。景明二年初，元禧派家奴找到領軍將軍（負責捍衛皇宮的羽林軍）于烈，要調羽林軍官兵充當自己的儀仗隊。于烈直搖頭，說這是「違制」的行為。皇帝的侍衛官兵怎麼能去給一個王爺當儀仗隊呢？元禧不甘心，第二次派人找到于烈，態度強硬地說：「我是天子的叔父，我的話同詔書沒有什麼區別。」于烈倔強得很，就是不同意。元禧大怒，調于烈當恆州刺史。于烈乾脆請了長期病假，閉門不出。

表面上看，元禧贏了。殊不知，于烈雖然官職低小，卻在羽林軍系統有不小的勢力。他早早安排兒子于忠掌握宣武帝的宿衛親兵，長期跟隨宣武帝左右。被元禧「修理」了以後，于烈授意兒子勸宣武帝「親政」。皇帝一旦親政，就不需要顧命大臣了。元禧自然就失權了。

宣武帝元恪已滿十八歲了，正是血氣方剛，期盼大展拳腳的年齡。他也覺得顧命大臣礙手礙腳，想要親政。北海王元詳和元禧意見不合。他看到皇帝有親政的念頭，選擇跳出來揭發元禧「專橫不法」，希望給侄子留個好印象，爭取親政後自己能「失權」不「失勢」。

於是，請了長期病假的于烈突然有一天全副武裝起來，帶上宮中衛士六十多人，「宣召」在京城的元勰、元禧、元詳三位王爺進宮。元禧措手不及，只得乖乖被押解入宮。宣武帝元恪宣布親政，調整三位叔叔的官職。元勰被客客氣氣地解除職務，反正他也一心求退，所以叔侄雙方都沒有意見；元禧「升任」太保，明升暗降，被剝奪了實權，元禧敢怒不敢言；元詳擔任大將軍、錄尚書事。元恪對他的主動揭發很滿意，重用了他。一場權力之爭，和平地謝幕了。

## 二

我們來看看親政的元恪的個人素質。元恪大體上還過得去，算是一個認真工作（沒發現他荒廢朝政的記錄）、關心百姓疾苦（正史上有不少他賑災救民、警誡貪腐的詔書）的正常皇帝。《魏書》還記載了元恪射箭能射一里五十步，可見他的身體素質也不差。

元恪親政後，做了一些好事。比如他拒絕鮮卑遺老們返回平城故里的建議，擴建新都洛陽，繼續父親孝文帝的漢化政策。在對外政策上，元恪趁南齊末帝蕭寶卷統治荒唐造成國家動亂，頻繁南伐。北魏陸續佔領了揚州、荊州等地的重要城鎮，疆域進一步擴大，拉開對南方的軍事優勢。但是，元恪也遭遇了兩次對梁朝作戰的慘敗，導致北魏軍隊元氣大傷。（詳情見下一節「南北方又打起來了！」）

《魏書》稱讚元恪「幼有大度，喜怒不形於色。臨朝淵默，端嚴若神，有人君之量」。喜怒不形於色、在朝堂上沉默不語，這些特點說好可好，說壞可壞。皇帝的確要端著架子，不能想說什麼就說什麼。但是有很多皇帝沉默不語是因為他們不知道該說什麼，對大臣們的爭論沒有準確的判斷。元恪就屬於這類皇帝。他對軍事、歷史、政治都能說上話，但對人心善惡、對政治的微觀操作了解甚少，感覺很遲鈍。這就造成元恪雖然能留下不少冠冕堂皇的詔書，卻很少有切實的政績。相反，北魏在他統治時期走上了下坡路。

卻說元恪親政後，讓北海王元詳做了大將軍、錄尚書事，主持朝政，又信任左右親隨茹皓、趙修等人。這幾個人都不是好東西：元詳能力平庸，整天不幹正事，就知道貪污受賄，聚斂錢財；茹皓、趙修等人暴得富貴，頭腦發熱，仗著元恪的寵信在外面弄權用事。他們一起將北魏的政治越弄越糟。

咸陽王元禧失勢後，也不消停。自古權臣失勢，免不了要抄家滅族。元禧很擔心自己的命運。原來聚集在他身邊的一些人，本想仗著元禧謀取榮華富貴，如今看主子失勢了，就慫恿主子孤注一擲地造反。元禧的親信常常向他傳遞一些「宮中的消息」，今天說皇帝如何不喜歡元禧，明天說哪個大臣主張誅殺元禧。元禧為了自保，聯絡小舅子李伯尚、氐王楊集始等人商議造反。當年五月，宣武帝元恪到洛陽郊區的北邙打獵。元禧乘機緊閉城門，商議起兵，並派長子元通到河內起兵。在政變的節骨眼上，一些人卻在具體細節上爭論不休，意見不一。元禧當斷不斷，竟然決定暫不起事，讓大夥先散了，「從長計議」。參與謀反的楊集始見狀，覺得如此造反絕不可能成功，一出元禧的家門，就跑到北邙向元恪自首了。元恪聞訊，不打獵了，調動兵馬圍捕元禧去了。元禧身邊並無軍隊，被于烈派幾個衛士就輕易逮捕了。元恪親自審問後，責令元禧自殺，並誅殺參與謀反者十多人。咸陽王長子元通被河內地方官殺死。

元禧造反，對宣武帝元恪的刺激很大。「親叔叔都會謀反，我還能相信誰呢？」他親政前就對宗室諸王沒有好感，如今更加疑忌宗室，進一步依靠身邊親信趙修等人，同時提拔母系外戚作為新的依靠力量——父親的親屬不能相信了，就只能信任母親的親屬了。

宣武帝的生母高氏，原籍渤海蓨縣（今河北景縣），遵照鮮卑族「子貴母死」的傳統，在兒子被立為太子的時候就被迫自殺了。她的兄弟親屬散落民間，沒沒無聞。元恪即位前從來沒有與高家的人見過面。現在，元恪在民間找到了母親的兩個兄弟高肇、高顯和一個侄兒高猛，都封為公爵。

其中高肇被封為渤海郡公，最受元恪倚重。

高肇兄弟子侄三人，之前都是帝國底層的小百姓，如今突然被召入連想都不敢想的皇宮大內，一則驚恐萬狀，二則不知禮節，鬧出了不少笑話。可在元恪看來，這卻是母系外戚純樸敦厚的優點。這又是小皇帝想當然的地方。土得掉渣的人不一定就純真老實。高肇「數日之間，富貴赫弈」，變成朝廷大紅人後，心理也變了。一個人從底層突然躍升為頂端權貴，往往帶有自卑感和不安全感。他要掩飾自己的自卑，同時要把握享受，並且聚斂更大的權力、更多的財富，來緩解內心的不安。高肇知道高家在北魏朝廷沒有根底，本家又人丁稀少，就選擇勾結朋黨、招降納叛來壯大實力。對於主動依附投靠的人，高肇竭力拉攏、保舉，讓他們幾十天內就升官；和高家過不去的人，高肇就百般陷害，必欲除之而後快。他把社會底層那一套鉤心鬥角、爾虞我詐的流氓伎倆都搬到了帝國朝堂上來，朝野群臣們還真不是對手。在財富上，高肇進一步敗壞風氣，大把大把抓錢。咸陽王元禧伏誅後，王府的財物、珍寶、奴婢、田宅大多入了高氏的私囊。

宣武帝越來越倚重高肇。高肇的勢力膨脹得很快。當時，宣武帝的頭號親信是散騎常侍趙修；朝廷的實際主政者是北海王元詳。高肇決心扳倒二人，取而代之，讓勢力更加壯大。

趙修出身卑微，是元恪當太子時期的侍衛。元恪非常信任趙修，登基後一路將他提拔到散騎常侍的高位。趙修在家中設宴，元恪都會親自參加，還招呼許多王公貴族官僚一同前往。趙修小人得志，頓時忘乎所以。他仗著皇帝寵信，在外面胡作非為，欺負同僚。父親落葬時，趙修毫不悲痛，賓客在送葬路上竟然擄掠姦淫民間婦女，甚至把人家的衣服剝光取樂。對於這樣一個名聲狼藉的角色，高肇對付起來不費吹灰之力。他大義凜然地揭發趙修的罪行。趙修早已犯了眾怒，大家見高肇挑頭，紛紛跟進，爭先恐後地控訴趙修的罪狀。宣武帝就是想袒護趙修都不行了。景明四年（五〇三年），宣武帝元恪不得不把趙修公開審問，判決鞭打一百下，發配敦煌充軍。高肇是要取趙修性命的，所以安排了五個五大三粗的壯漢輪流鞭打趙修，實際打了三百鞭。不想，趙修出身侍衛，身體素質過硬，吃了三百鞭竟然沒有死。雖然沒死，趙修也傷痕累累了。高肇緊跟著讓人把趙修綁在馬後，趕馬飛跑。可憐趙修重傷得不到休息，又被馬拖著跑，跑了幾十里地就血肉模糊，死了。

幾個月後，高肇又告發北海王元詳與茹皓、劉胄、常季賢、陳掃靜四人謀反。元恪已經不信任宗室親王了，而茹皓等四人都是元詳推薦到元恪身邊的。他把兩者聯繫起來一想，越來越覺得高肇的告發有道理。元恪迅速抓捕茹皓等四人，第二天就處死；派羽林軍將元詳押往華林園軟禁。宣武帝召集高陽王元雍（元詳之兄）等幾個宗室商議如何處置。大家的處理意見是將北海王元詳廢為庶人，嚴加圈禁。元恪很可能是想留元詳一條性命。不想，北海王府的幾個家奴策劃劫獄，非但沒有成功，反而連累元詳被殺了。

元詳「謀反」事件，讓宣武帝元恪進一步猜忌宗室諸王。高肇猜透元恪的心理，勸他加強防範宗室諸王。元恪派出禁軍駐守各王府邸，名為保護，實際上將各位王爺當作囚犯看守了起來。彭城王元勰勸諫元恪，說國家分封諸王就是為了讓諸王拱衛皇室，如今形同囚禁，怎麼讓諸王發揮作用？萬一皇上出事，誰來保護？可惜，元恪不聽。元勰心中苦悶，乾脆自我封閉起來，不與人來往了。

宗室諸王集體失勢後，元恪自然更加倚重外戚高氏。高肇的氣焰日漸囂張。他出任了尚書令，主持朝政，又娶了宣武帝的姑姑高平公主做妻子，還送侄女進宮做了貴人。不久，于皇后暴亡（很多人懷疑是高肇下的毒手），高貴人就升格為皇后。高家的權勢多了一層保障。至此，高肇陰謀得逞，成了北魏一人之下萬人之上的實權人物。

## 三

元恪暗於識人，不擅微觀實踐，卻有很高的佛學修養。他喜歡在宮中召集名僧，親自講經論道，帶動佛法在北方的報復性發展。

皇帝醉心佛法，方便了高肇在外面任意胡為。史書很不客氣地說他「每事任己，本無學識，動違禮度」。為了顯示才能，高肇特別喜歡「改革創新」。他修改了大多數的先朝舊制，又不能制定成功的新制度，造成了政務的混亂。其中，改革涉及現任官僚、貴戚們的動位、封秩，高肇都進行了削減，造成官場上民怨沸騰。他將自己置於非常重要危險的地位了。

永平元年（五〇八年）八月，冀州刺史、京兆王元愉（宣武帝的叔叔、彭城王元勰的弟弟）在信都稱帝，公開造反了。促使元愉造反的原因很強大：他和侄子宣武帝有矛盾，宣武帝曾經逼死他所愛的女子，逼他迎娶高氏女子；他對高肇的大權獨攬很不滿，又擔心朝政被高氏敗壞；他自己也想過過當皇帝的癮，等等。可惜，元愉造反的實力卻很弱小。朝廷鎮壓的大軍很快就到達冀州。元愉只抵抗了一個月，就在逃亡途中被擒。在元愉被押解往洛陽的半路上，高肇派人把他殺害了。（元愉生前沒當成皇帝，日後次子元寶炬成了西魏皇帝，他在九泉之下被追尊為皇帝。）

元愉造反事件，被高肇利用來向彭城王元勰開刀。元勰才華出眾，聲譽很好，被北魏軍民公認為「賢王」。之前，孝文帝有意讓他主政，元勰主動推辭的事情，被傳為美談。高肇就覺得元勰對自己構成潛在威脅。他之前多次誣告元勰，元恪都不相信——畢竟，元勰對元恪有擁立的大功。這一次，元勰推薦的長樂太守潘僧固被裹挾參加了元愉造反。高肇又一次誣告元勰，說元勰不僅暗通元愉，還聯絡南邊少數民族，參與謀反。高肇還收買元勰舊部魏偃、高祖珍做證人，一起誣告元勰。在種種似是而非的證據面前，宣武帝元恪又一次做出了錯誤判斷，無奈地接受「又一個叔叔謀反」的事實。

於是，元恪設下酒席，召高陽王元雍、彭城王元勰、清河王元懌、廣平王元懷四位皇叔，以及廣陽王元嘉和高肇赴宴。散席之後，元恪安排各位王爺分別擇地休息，然後派人帶著武士給元勰送去毒酒，逼他自殺。元勰不肯喝，力辯清白，大喊有人誣告，再三要求和告發者對質。來人不肯傳達，拔刀相威脅。元勰大呼：「冤哉皇天！忠而見殺！」最後飲毒酒自殺。來人擔心元勰不死，又命武士補上了一刀。天亮以後，元勰的屍體被一床被子包裹著，送回彭城王府。宣武帝對外宣布彭城王「醉酒而亡」，還假惺惺地痛哭流涕，賜彭城王謚號「武宣」，企圖掩人耳目。（元勰的兒子元子攸後來當了北魏皇帝，追尊他為文穆皇帝。）

高肇又一次陰謀得逞，又一次升官，當了車騎大將軍、司徒。如果按照這個狀況發展下去，高肇會加速蠶食北魏的實權，說不定還會成為第二個王莽。不過，朝野百官暗中早已對他心懷怨恨，恨他為人歹毒。特別是元勰遇害後，軍民們普遍同情元勰，認為高肇「屈殺賢王」，是幕後黑手。鮮卑貴戚們更是對高肇恨之入骨。

延昌四年（五一五年）正月，宣武帝元恪突然病故，享年三十三歲。太子元詡即位，年僅六歲。

元恪一死，宗室諸王和不滿高肇的大臣們立即策劃反擊。依附高肇的官吏也紛紛「倒戈」。前一年的十月，高肇以司徒出任大將軍、平蜀大都督，領兵進攻益州，剛好不在洛陽。于忠當時擔任領軍將軍。之前他被高肇「修理」過，處於受壓制狀態。如今，他調動羽林軍，控制局勢，又與侍中崔光等人商議，請出高陽王元雍、任城王元澄主持朝政。

新領導班子用新皇帝的名義，召高肇回京。高肇得知洛陽的變故，知道不妙。這時候，不學無術的缺點就暴露了出來。他竟然想不出擺脫危局的方法，只得乖乖回京。高肇進宮對著元恪靈柩痛苦哀號。高陽王元雍和于忠早已埋伏了十多個武士，等高肇哭完先帝，就把他拉出去殺了。高肇專權之禍，終於解除。

高肇對北魏命運起了惡劣的作用。原本平庸的元恪帶著北魏緩慢前行，高肇就像是一股催化劑，引著大家走上了下坡路。他的攬權胡為，加劇了北魏朝野的貪腐之風；他的改制亂為，惡化了北魏帝國的政治運作；他的誣告陷害，打開了北魏內部傾軋的大門。這些加上同期北魏對南梁作戰的兩次大敗，使得整個帝國由盛而衰，不復孝文帝時期的強盛。

# 二一、南北方又打起來了！

## 一

南北方邊界大致上一直向南移動，從劉宋王朝初期的以黃河為界，南移到南梁前期的以淮河為界。雙方主要圍繞淮河一線的軍事重鎮展開混戰。這些重鎮從東往西分別是淮陰、鍾離（今安徽鳳陽東北）、壽陽（今安徽壽縣）和義陽（今河南信陽）四處。此外，西邊的南鄭（今陝西漢中）是南方保護巴蜀大地的屏障，南北方在此也展開拉鋸。

南方的淮河防線在南齊末期遭到了動搖。北魏宣武帝景明元年（五〇〇年），駐紮壽陽的南齊豫州刺史裴叔業怕遭荒唐皇帝蕭寶卷殺害，率軍割地，向北魏上表歸降。天下掉下一個碩大無比的餡餅，北魏朝野欣喜若狂。為防夜長夢多，彭城王元勰和重臣王肅親自領了十萬大軍去接收壽陽。途中，他們嫌步兵前進速度太慢，派出一千羽林騎兵火速趕往壽陽。果然，南齊已經派出崔慧景、蕭懿、陳伯之等軍前往收復壽陽。不想，大將崔慧景收復壽陽是假，藉機脫離蕭寶卷是真。他帶著部隊出了建康就宣布造反。結果，北魏順利接收壽陽，還打敗陳伯之等軍，進而攻佔了合肥。南方的淮河防線被撕開了一個口子。北魏軍隊依託壽陽，不時對南方發動打擊，讓新建立的南梁頭痛得很。

梁朝建立後，北魏興起了一股討伐南方的聲音，其中叫得最響亮的是兩個投降的南方人。

第一個人是蕭寶夤。這是個值得大書特書的人物。

蕭寶夤出身高貴，是齊明帝蕭鸞的第六子。蕭寶夤是南齊宗室中少數幾個才能卓越的王爺。他哥哥蕭寶卷在位，荒唐胡為，底下就有人幾次謀立蕭寶夤取代蕭寶卷。計畫沒有成功，蕭寶卷對弟弟蕭寶夤網開一面，不予追究。

蕭衍攻佔建康後，起初並沒有為難蕭寶夤，還封他為鄱陽王。不久，蕭衍陸續誅殺南齊諸王。蕭寶夤被蕭衍的軍士監守，隨時可能遇害。一天半夜，蕭寶夤帶這幾個親隨偷偷挖開院牆逃跑了。蕭寶夤換上底層百姓的衣服，穿著草鞋，徒步趕往長江邊。他們在江邊準備好小船。蕭寶夤爬到船上時，雙腳已經磨得沒有一塊完整的皮膚了。天明以後，蕭衍發覺蕭寶夤逃跑，派出官兵在江邊四處搜索。蕭寶夤裝作釣魚的人，任憑小船隨波逐流，在江面上漂了十餘里，騙過了追兵。之後，蕭寶夤冒著生命危險，走小路、躲山澗、騎毛驢，晝伏夜行，終於到達北魏控制下的壽陽。

鎮守壽陽的北魏任城王元澄知道蕭寶夤是塊寶，忙以禮相待。蕭寶夤因為亡國，不飲酒，不吃肉，寡言少笑，十分悲痛，還身著喪服。元澄就率領北魏官僚前往赴弔——之前北魏都稱南齊為「島夷」或者「齊逆」，如今覺得齊國有利用價值了，又佯裝悲痛前來弔唁了。第二年，蕭寶夤來到京城洛陽。宣武帝對他很禮遇。蕭寶夤上朝時伏地痛哭，訴說南齊亡國之痛，請求北魏出兵討伐蕭衍。北魏內部對南征有分歧，沒有當面答應。蕭寶夤就再三苦求，即使遇有狂風暴雨也不中斷上朝請求。

第二個堅定要求南伐的人是陳伯之。此人的經歷也相當傳奇。

如果說蕭寶夤是出於亡國之恨要求南征的話，那麼陳伯之就想藉南征來向北魏王朝表忠心。因為他是個投降的南梁將領。

陳伯之本是南齊的豫州刺史，被蕭寶卷派去鎮守尋陽，抵抗蕭衍。蕭衍派人勸他投降。陳伯之在蕭寶卷和蕭衍之間觀望，首鼠兩端。直到建康大勢已去，陳伯之才正式向蕭衍投降。蕭衍對他委以重任，封他做征南將軍、江州刺史。

陳伯之出身貧寒，大字不識一個，處理公文都需要幕僚為他念字、講解，養著一群親信幫助處理政務。這些人中難免有人會藉機假公濟私、損人利己。蕭衍知道後，很擔心。一來，陳伯之不是嫡系，君臣之間終究隔著一層東西；二來，江州官吏壞事做得太多了，激起民怨，就不妙了。所以，蕭衍派人去取代陳伯之自己任命的江州別駕鄧繕，算是「敲打」一下陳伯之。

陳伯之及其親信卻將此事看得很重，認定蕭衍要動手了。於是，陳伯之召集文武官員，拿出事先偽造的蕭寶夤的書信，說要和蕭寶夤一起「反梁復齊」。他築起祭壇，歃血為盟，並號令州內各郡起兵。江州所屬的豫章郡（今江西南昌）太守不願跟從陳伯之造反，率本郡軍民抗命。陳伯之決定先出兵攻下豫章，以絕後顧之憂，再順江而下進攻建康。不想，陳伯之一時間攻打不下豫章，蕭衍卻已經派出大軍逆江而上，逼近陳伯之老巢尋陽了。陳伯之腹背受敵，無心戀戰，帶著親信和部隊一萬多人北上投降北魏了。

陳伯之堅決主張南征。他有軍隊，有實力，又了解南方軍政實情。宣武帝元恪也為蕭寶夤的愛國熱忱所感動，於是下令南征。他封蕭寶夤為齊王，任命為鎮東將軍、揚州刺史，率領一萬兵馬進駐壽陽，又任命陳伯之為平南將軍、江州刺史，屯兵陽石（今安徽霍丘東南），做好南征的準備。景明四年（五〇三年）秋，北魏大舉南征，其中東路以任城王元澄為主帥，率領蕭寶夤、陳伯之等部進攻鍾離；西路以鎮南將軍元英為主帥，進攻義陽。這個元英是太武帝太子拓跋晃的孫子。父親南安王元楨因為參與了穆泰謀反，被削奪了王爵。作為謀反宗室的後代，元英頂著巨大的壓力，一心想在戰場上建功立業，光耀門楣。他在孝文帝時期就東征西討，勇冠三軍，累積了豐富的經驗。這次，宣武帝將西線託付給他。

北魏進軍順利，東路的元澄分兵出擊，成功佔領東關（今安徽含山西南）、潁川（今安徽壽縣西）、大峴（今安徽含山東北）、焦城（今河南中牟西南）、淮陵（今江蘇盱眙西）等八座城池，以主力圍攻重鎮鍾離；西路的元英則將義陽團團圍住。

南梁將軍姜慶此時成功施展了一招「圍魏救趙」，差點扭轉了戰局。

東線魏軍分兵出擊，導致後方壽陽兵力空虛。姜慶率領偏師，深入敵後，一舉攻克壽陽外城。元澄老巢有被端的危險，如果真是那樣，東路魏軍可能被梁軍南北包抄，陷入大包圍之中。可是，姜慶的兵力有限，無力再進攻內城，在外城停頓了下來。而魏軍留在壽陽內城還有相當一部分軍隊，主要是裴叔業投降時的南齊部隊和北魏接收的部隊。這些部隊內部矛盾重重，不能組織有效的反擊。緊要關頭，元澄的母親孟太妃毅然站了出來主持大局。她臨危不懼，指派將領嚴守內城，並對全城官兵不分新舊、民族一視同仁，賞罰分明，激勵大家共同守城。孟太妃還親自登城檢視，冒著矢石指揮作戰。北魏官兵士氣大振。附近的蕭寶夤的軍隊也及時趕來增援。攻入壽陽的姜慶部隊反而陷入了包圍圈，激戰一日，落荒而逃。

梁軍分兵禦敵。在東路，蕭衍派冠軍將軍張惠紹救援鍾離。張惠紹在邵陽洲（今安徽鳳陽東北淮河中的一個沙洲）一帶遭到北魏平遠將軍劉思祖的攔截，一敗塗地。張惠紹等十餘名將領被擒。到了第二年春夏之交，淮河流域降雨增加，水位暴漲，攻打鍾離的魏軍無法駐紮，只好撤還壽陽。東路梁軍僥倖擺脫了危局。

在西路，蕭衍派平西將軍曹景宗、後將軍王僧炳率兵三萬救援義陽。元英獲知梁軍行蹤後，派將軍元逞等人在樊城（今湖北襄樊一帶）阻擊王僧炳的梁軍前鋒。兩軍交戰，梁軍大敗，戰死、被俘的有四千多人，其餘人作鳥獸散。曹景宗聽說前鋒挫敗，裹足不前，只在外線遊弋，不敢靠近義陽。義陽城內，梁朝的司州刺史蔡道恭率領不滿五千守城官兵，已經堅持了大半年時間，打退了魏軍一次又一次的進攻。魏軍死傷不計其數，元英開始打退堂鼓了。誰知，蔡道恭突然病逝。元英下令猛攻義陽。南梁守軍彈盡糧絕，把所有希望都寄託在建康方面的援軍身上了。這個援軍自然不是曹景宗的部隊，而是蕭衍新派出的寧朔將軍馬仙琕。

馬仙琕是南方名將，被世人看做三國時期的關羽、張飛。可惜的是，馬仙琕勇猛有餘，謀略不足，一味貪功冒進。元英在義陽城東埋伏主力，再派小股軍隊出陣向馬仙琕示弱。馬仙琕以為魏軍不堪一擊，直撲元英。元英佯敗，率部北退，引誘梁軍鑽入包圍圈後忽然掉轉馬頭，發出信號。只見漫山遍野的魏軍同時殺出，向梁軍湧來。馬仙琕雖然拼死抵抗，無奈準備不足、軍心渙散，大敗而逃。內外交困的義陽守軍見狀，失去了抵抗的意志，開城投降。周邊梁朝關隘的守軍，聞訊紛紛棄地而逃。梁朝在淮河防線的西段完全崩潰，失去了所有現在河南地區的領土，不得不在湖北地區組織第二道防線。

義陽大捷，宣武帝元恪大喜過望，封元英為中山王，並在義陽設立郢州，與東面的壽陽呼應，在淮南地區形成一對鉗子。淮河防線的重鎮就只剩東面的鍾離還在南梁控制之下了。這是五〇四年的事情。一年後，本是裴叔業舊部、鎮守漢中的夏侯道遷向北魏投降。北魏邁過秦嶺，攻佔了梁州十四郡（今陝南地區）。梁朝統治下的四川（當時稱益州）也岌岌可危了。

## 二

梁武帝蕭衍剛當上皇帝兩三年，就遭遇一連串的敗仗，領土接連喪失。他自然是不甘心。天監四年（五〇五年）十月，蕭衍任命六弟、臨川王蕭宏為主帥，尚書右僕射柳惔為副手，統領大軍進駐洛口（今安徽淮南東北），大舉北伐。這是自劉宋元嘉北伐之後的又一次強勢北伐，蕭衍幾乎動員了南方所有的精兵強將，總兵力達數十萬之多，旌旗招展，氣勢恢弘。北魏方面壓力很大，不得不承認這是「百數十年所未之有」。

蕭衍的北伐計畫也氣勢宏大：第一步，攻克重鎮壽陽；第二步，兵分兩路，一路出徐州，平定中原，一路出義陽，奪取關中；第三步，各路大軍會師洛陽，生擒元恪；第四步，掃蕩河北，統一天下！

但是戰鬥現實總比軍事計畫要複雜、要困難。戰士們再怎麼流血流汗，也跟不上帝王在沙盤上的推演。梁軍此次北伐，開局就相當不利。前鋒、徐州刺史昌義之攻打壽陽周邊的梁城（今安徽壽縣東），就被陳伯之打敗。

陳伯之是投降北魏的南方人，估計留在南方的同僚、熟人比較多。這些人了解陳伯之的性格，就建議蕭宏招降陳伯之。蕭宏讓記室（機要秘書）丘遲給陳伯之修書一封，展開勸降。丘遲是南齊、南梁時期的一個「筆桿子」，投入蕭衍的幕府，南齊末年朝野臣工一應勸進文書均為丘遲所作。他寫給陳伯之的勸降書信，聲情並茂、入情入理，堪稱美文，後人取名為《與陳伯之書》列入文學史冊。

此信寫於天監五年（五〇六年）三月，開頭先大誇陳伯之：「將軍勇冠三軍，才為世出。棄燕雀之小志，慕鴻鵠以高翔。昔因機變化，遭逢明主，立功立事，開國承家，朱輪華轂，擁旄萬里，何其壯也！」幾乎將陳伯之捧上天了。接著，丘遲筆鋒一轉，將軍如此神武，為什麼「為奔亡之虜，聞鳴鏑而股戰，對穹廬以屈膝」，為什麼要當北方蠻夷的走狗呢？估計陳伯之軍人的榮譽感一下子被刺激了起來。

緊接著，丘遲主動為陳伯之之前的投降行為辯護，說陳伯之降魏是受小人的蠱惑，將他的責任推卸掉了。丘遲說「聖朝赦罪論功，棄瑕錄用，收赤心於天下，安反側於萬物」，梁武帝蕭衍寬厚大度，既往不咎，只要陳伯之迷途知返，皇上「重恩不重刑」，不會怪罪的。為了防止陳伯之猶豫，丘遲還舉了前人朱鮪、張繡迷途知返修成善果的例子。

再接著，丘遲展開了親情攻勢，告訴陳伯之：將軍祖墳、住宅都完好無損，留在南梁的親戚安居、愛妾尚在，「悠悠爾心，亦何可述」。陳伯之在南方生活了幾十年，根基在南方，不可能對此不留戀。丘遲又把握時機大談南方的和諧局面和光明前景，「今功臣名將，雁行有序。懷黃佩紫，贊帷幄之謀；乘軺建節，奉疆場之任」，暗示陳伯之要建功立業、揚名立萬，還是要回到南方來。

最後，丘遲動情地寫道：「暮春三月，江南草長，雜花生樹，群鶯亂飛。見故國之旗鼓，感平生於疇日，撫弦登陣，豈不愴悢。」這幾句話著實煽情，「將軍獨無情哉！」總之一句話，丘遲建議陳伯之「早勵良圖，自求多福」。

陳伯之接到書信，讓手下念給他聽。他和他周圍那些南方投降的官兵，不可能不為信中內容所感動。後人不知道陳伯之的具體感受，反正他一聽完書信，就率領能夠控制的八千軍隊向梁軍投降了。（陳伯之投降後，蕭衍果然既往不咎，還封他為侯，不過剝奪了他的軍隊，再也不讓他帶兵了。）

梁軍輕鬆扳回一局，乘勝在五月到七月間兩線並進，先後拿下宿預（今江蘇宿遷南）、梁城、合肥、霍丘、朐山（今江蘇連雲港西）等十幾座城池。梁軍士氣高漲。在這一系列勝利中，值得一提的是豫州刺史韋叡率軍攻克了淮河防線東段重鎮合肥。

韋叡參戰時已經六十歲了。他之前宦海沉浮幾十年，一直沒有得到施展拳腳的機會。官場上有許多人將年華都耗費在繁冗的行政事務中，韋叡畢竟幸運地在晚年得到了奔赴沙場的機會。據說，他當時的身體已經很差了，不但不能騎馬橫搶，還只能由兵士抬著上陣指揮。在攻打合肥周邊的軍鎮小峴時，韋叡帶著一支軍隊偵查敵軍的圍柵。敵營中忽然殺出數百人。部下都建議撤回去披掛整齊，再來迎敵。韋叡卻下令立刻迎戰。他解釋說：「小峴城池小，城中只有兩千多守兵。按理說，他們應該閉門堅守，如今卻主動衝出幾百人，必然是城中的精銳。如果我們能夠打敗這支精兵，小峴就會不戰自敗了。」部下們半信半疑，韋叡正色說：「朝廷符節在我手中，絕非擺設，眾軍不得違命！大家力戰，必能克敵！」在韋叡的指揮下，梁軍官兵奮勇爭先，果然把出城的魏軍殺得一場糊塗。韋叡率部隊乘勢猛攻城池，不到半天就攻克了小峴。

北魏派將軍楊靈胤領軍五萬趕赴合肥增援。韋叡部下認為敵我兵力相差懸殊，建議韋叡向朝廷請求增兵。韋叡笑道：「敵我已經刀兵相見，現在我們再求增兵，於事無補。就算援兵從後方趕到，敵人的援兵也會源源不斷而來，我們還是得不到優勢。」他主動進攻，打敗魏兵，又在合肥城外的淝水上修建高堰大壩，積蓄河水，不斷抬高水位，準備水灌合肥。韋叡還在岸邊築新城守衛堰壩。魏軍也不示弱，乘梁軍立足不穩攻陷了新城，殺到堰壩前要將其鑿毀。情況危急，韋叡親自上陣，帶領守堰官兵擊退魏兵，然後指揮大型戰船駛入淝水，居高臨下圍攻合肥。當時水位已經和城牆一般高了，梁軍在船上萬弩齊發，將督戰的北魏守將杜元倫射死。魏軍心理崩潰，棄城而逃。韋叡順利佔領合肥。

到此為止，梁軍捷報頻傳，看似掌握了戰場主動權。南梁此次北伐能夠大功告成嗎？

# 二二、戰場無贏家，大家都歇了吧

## 一

北魏對南梁的大舉北伐不敢怠慢。宣武帝元恪任命在西線有突出表現的中山王元英為征南將軍，負責東線軍事。元英點起十多萬軍馬，浩浩蕩蕩地來增援壽陽了。

南北方主力匯聚壽陽附近，決戰在即。狹路相逢勇者勝，決定惡戰勝負的往往是參戰者的勇氣。遺憾的是，南方的主帥、臨川王蕭宏是個繡花枕頭，膽小得很。他能當主帥，完全是因為哥哥梁武帝蕭衍最信任他。其實，蕭宏並無軍事經驗，他的特長在於貪污斂財，即便是在北伐途中也不忘克扣軍款、販運私貨。當他聽說對手是身經百戰、取得義陽大捷的元英時，蕭宏寢食難安。他根本就沒有獲勝的信心。

思前想後，蕭宏覺得最保險的做法就是撤軍。他召開軍事會議，公開提議撤退。來參加的將領們面對一片大好的形勢，滿心以為主帥是叫大家來商量作戰計畫的，不想會議只有一項議題：如何撤退！柳惔、裴邃、馬仙琕等人不同意。他們七嘴八舌地說：「我軍旗開得勝，攻守態勢有利於我方。我們為什麼要在這個時候撤退？」「魏軍連敗，又遠道而來，攻破他們並不困難。」一些將領甚至以死相要脅，堅絕不同意退兵。軍事會議最終不歡而散。眾怒難違，蕭宏不再提撤軍了，可也不許軍隊進攻壽陽。他還是明令：「人馬有前行者，斬！」

官兵士氣旺盛，不想統帥潑來一大盆冷水，梁軍上下頓時氣洩。

北魏主帥元英則顧忌梁軍數量眾多、挾新勝之威，且有韋叡、馬仙琕等名將指揮，也不敢輕舉妄動，下令全軍靜觀其變。南北兩軍在洛口附近對峙了起來。

半個月後，九月底的一天夜晚，洛口地區突降暴雨，水位暴漲。洪水漫進了梁軍的部分營房。駐紮的梁軍騷動起來。本就畏敵如虎、整天膽戰心驚的蕭宏以為魏軍趁著夜幕和洪水突襲來了，魂飛魄散，只帶了幾個貼身侍從，跳上馬就往南逃。他這是棄軍而逃，部將們都不知道主帥已經逃跑了。等將領們四處尋找不到蕭宏蹤跡的時候，大為震驚。消息一傳十，十傳百，各部官兵四散奔逃。由洪水引發的一場騷動作為源頭，以蕭宏逃跑為導火索，梁軍上演了一場混亂的大逃亡。途中，光是自相踐踏就死了將近五萬人。元英得知梁軍自動崩潰，起初還不相信，核實消息後喜出望外，立刻向梁軍發起全面反攻。梁軍被殺得落花流水，戰死和被俘的又有幾萬人。

魏軍輕鬆獲勝，要感謝蕭宏。因為蕭宏貌美而柔懦，北魏此後「親切」地稱呼他為「蕭娘」。蕭娘逃回後方後，竟然陸續升遷太尉、驃騎大將軍等職，領揚州刺史二十餘年。他在任期間極盡搜括聚斂之能，斂得贓物存了上百間庫房。其所作所為連侄子、豫章王蕭綜都看不下去了，寫了一篇《錢愚論》嘲諷他。不過，梁武帝蕭衍見這個弟弟雖然無能，卻沒有政治野心，亦不加罪。

梁朝的北伐，就這麼稀裡糊塗地潰敗了。正在淮陽、義陽等地奮力攻城的偏師聞訊，被迫後撤，先前佔領的宿預、梁城等軍鎮也紛紛棄守。梁軍主力沿著淮水向東南方向撤退，淮河防線幾乎形同虛設。好在在大混亂中，還有一些南梁將軍保持了相對冷靜。鎮守梁城的將軍昌義之聽說主力潰退後，判斷魏軍會乘勝進攻重鎮鍾離。於是，昌義之主動放棄梁城，帶領三千守軍進駐鍾離。果然，元英隨即指揮北魏大軍兵臨城下，將鍾離圍了個水洩不通。

鍾離成了南梁淮河防線上的最後一個據點。為了保衛淮南、保衛江南、保衛南朝的社稷，鍾離絕不能丟！梁武帝蕭衍深知鍾離保衛戰的重要性。考慮到前線梁軍處於絕對劣勢，蕭衍派將軍曹景宗率領二十萬援軍從建康救援鍾離，又下令駐守合肥的韋叡前往增援。南北方的主力決戰不經意間轉移到了鍾離。

天監六年（五〇七年）二月，韋曹二部在鍾離城下會師。此時，魏軍已經圍攻鍾離城四個多月了。昌義之以三千士兵拼死抵擋百倍於己的敵人，成功地守住了鍾離城。這一方面要歸功於梁軍將士的英勇，殺得魏軍的屍體堆得差不多和城牆一般高；另一方面要歸功於這段時間淮河流域斷斷續續在下雨，淮河和雨水將鍾離城罩上了一道天然的屏障。期間，洛陽的宣武帝元恪一度擔心師久兵疲，下詔元英退兵。元英反覆上表，堅決要求攻克鍾離。元恪就不再勉強，督促元英早日凱旋。

梁軍老將韋叡來到鍾離城下後，指揮部隊迅速登陸邵陽洲，逼近魏軍營壘，連夜挖長溝、搭鹿角，造了一座甲明槍亮的梁軍大營。第二天，元英醒來，愕然發現眼前出現了一座敵軍營壘。他改變計畫，決定先消滅梁朝援軍，再攻鍾離城。元英派出猛將楊大眼，率領鐵騎，氣勢洶洶地殺向韋叡的部隊。楊大眼是出了名的氐族勇將，在戰場上以視死如歸的衝鋒而聞名。韋叡則不慌不忙地將兩千輛戰車結集在周邊，排成車陣。每輛戰車上都安排了一隻強弩。等楊大眼的騎兵靠近，梁軍強弩一齊連發，殺得魏軍人仰馬翻。楊大眼的騎兵傷亡慘重，敗下陣來。幾天後，淮水因連天降水暴漲。梁軍出動水師沿淮而上。梁軍在水戰方面是內行，他們的大船體積巨大，和營壘一般高，裡面載滿武士，同時又有許多小船，裡面裝滿乾草澆油，準備火攻。魏軍在淮河兩岸都紮下營壘，以淮河中的邵陽洲為支點，南北各搭建橋樑相連接。梁軍放火燒橋，火藉風勢，迅速蔓延到邵陽洲和兩岸的魏軍營壘。被分割為幾段的魏軍陷入火海之中，梁軍士兵又下船登陸，猛殺狂砍。魏軍亂成一團，橋樑和營壘塌毀，官兵四散而逃。燒死、淹死、踩死、砍死的魏軍超過了二十萬人，淮河兩岸沿途一百多里到處可見魏軍的屍體。主帥元英單騎逃往梁城。

鍾離保衛戰以梁朝完勝告終。這是繼劉裕北伐告捷之後，南朝又一場輝煌的勝利。戰後，曹景宗因功受封公爵，韋叡因功進爵為侯。

同時，鍾離之敗是北魏對南朝作戰以來前所未來的慘敗。雖然沒有像淝水之戰一樣引發北魏的崩潰，卻也造成魏軍精銳損失大半。帝國元氣大傷，朝野譁然。元英因為損兵折將，蕭寶夤因為支援不力，按律當斬。考慮到二人之前的軍功，赦免死罪，雙雙削爵罷官為民。

## 二

慘敗後，北魏沒有能力對南方發動全面進攻了，於是尋找「局部突破」。

永平四年（五一一年），海邊發生了有利於北方的突發性事件。邊界軍鎮、南梁的朐山城（今江蘇連雲港西南）發生內亂，守將被民眾王萬壽所殺。後者向北魏稱臣，並向北魏的徐州刺史盧昶求援。盧昶想都沒想，派兵佔領了朐山。梁朝聞訊，迅速反攻朐山。

此時，北魏方面對朐山的重要性判斷失誤。徐州刺史盧昶出身著名世族范陽盧氏，在寫文章方面很有一套，但在軍事戰略上很沒有一套。朐山緊挨著鬱洲（在今連雲港，當時只是海上一座島嶼）。南朝失去了對今河北、山東地區的控制後，在鬱洲僑置了青、冀兩州，在名義上保留對北方的統治。盧昶過分看重鬱洲的重要性，進而高估朐山的重要性，認為鞏固了朐山，可以攻克鬱洲，進而徹底消除南朝對北方的統治——其實，南朝只是在一座海島上虛搭了兩個州政府的架子而已，他自己都不重視，盧昶反而異常重視。盧昶上奏宣武帝，要求重兵爭奪朐山。宣武帝聽從了盧昶的意見，陸續派出多支軍隊，總兵力累計超過十萬，力圖守住朐山。

魏軍統帥盧昶在作戰方面一竅不通，手握重兵，既不能突破梁軍對朐山的包圍，甚至連糧草也運送不入朐山。結果，梁軍在馬仙琕的指揮下，從容不迫地圍攻朐山城。十二月天降大雪，雪花漫天飛舞，困守朐山的魏軍彈盡糧絕，主動投降。盧昶見朐山丟失，扭頭就跑，帶動十萬魏軍跟著潰散。當時大雪封路、天寒地凍，北魏士兵沿途因傷凍減員很多，馬仙琕指揮梁軍隨後追殺，最終只有一萬多魏軍逃回後方。朐山之敗是鍾離之後北魏又一大慘敗，所剩不多的精銳又一次橫屍海濱。（盧昶逃回後，和蕭宏一樣繼續當官，繼續寫文章。）

不知道是受兩次大捷的鼓舞，還是雄心尚在，蕭衍在三年後（天監十三年，五一四年）決定反攻。有個投降的魏人（王足）向蕭衍獻策，說淮河下游的浮山（今安徽五河一帶）地勢很適合修築大壩，以此抬高淮水來水灌壽陽。蕭衍欣然採納，決定攔淮修築「浮山堰」，除掉壽陽這個心頭之患。「浮山堰國家工程」正式上馬。在此後近兩年時間裡，梁朝從徐、揚二州大肆徵發民工，每四戶出一人參加工程。施工環境惡劣，監工催促又急，民工們不斷因為勞累、饑餓、疾病而死。工地上隨處可見屍體和奄奄一息的百姓。此段淮河泥土鬆軟，堵塞河道很不容易，經常是砂石填下去就被水流沖走了。官府就想用鐵器堵塞河道，從後方徵用了上千萬斤的鐵器，效果也不理想，又想到伐樹做木籠，裝上石頭填埋河道，為此幾乎砍光了淮南的樹木。

浮山堰做得北魏很緊張，派遣李平到壽陽負責迎戰，又起用蕭寶夤專門破壞浮山堰。蕭寶夤想到的方法就是去進攻工地，結果被重兵以待的梁軍擊退。眼看堰壩將淮水抬得越來越高，北魏有意派遣大軍增援。前線統帥李平不以為然，上奏說：「所謂的浮山堰就是一個異想天開的工程，終究要垮掉。我們根本不用派兵，就看著南朝出洋相就可以了。」北魏朝廷採納了李平的建議，只是在壽陽城附近的八公山上建築城池，防備壽陽一旦被淹後可以轉移軍民，並不做其他準備。

天監十五年（五一六年）夏，被寄予厚望的浮山堰終於建成。堰壩總長九里，高二十丈（三十多米），是當時世界上最高的土石大壩。大壩抬高了上游水位，形成了一個方圓幾百里的人工湖，相當壯觀。壽陽城果然被水圍困，北魏軍民被迫棄城上了八公山躲避。

梁武帝蕭衍的計畫看似成功了。不過，其中有一個小小的問題：梁軍如何去佔領汪洋之中的壽陽城呢？佔領後，又有何用呢？更糟糕的是，浮山堰腰斬了奔流的淮河，上游一片汪洋，人工湖的面積不斷擴大，水位持續上漲，很快就和堰頂相平了——蕭衍造大壩的時候，忘記還有洩洪這碼事了！

眼看著大壩要決堤了，駐守的梁軍慌成一團。有人看到八公山上的水位也在不斷上漲，利用魏軍怕淹的心理四處散布說：「梁軍不怕打仗，就怕有人把水洩掉。」魏軍一聽，果然開始在人工湖邊上挖渠洩水。可是，魏軍洩洪的速度遠遠趕不上淮河上流來水的速度，浮山堰的險情日益嚴重。

四個月以後，五一六年的秋天，人工湖洪水氾濫，史上最大大壩——浮山堰轟然坍塌。堰垮之時，聲響如雷，三百里內都可以聽到。壽陽被洪水淹沒，此段淮河及其下游的城鎮、村落幾乎無一倖免，全部沒入水底，數以十萬計的百姓被奔騰的洪水沖入大海。

壯志滿懷的浮山堰工程以一幕幕人間悲劇收場。

洪水退後，在八公山上躲避的魏軍不慌不忙地回到壽陽城。對他們而言，只是出去躲了四個月洪水而已。但是梁朝軍民損失慘重。蕭衍為北伐徵發的將士、軍需全部付諸洪水，頃刻間輸得一塌糊塗。從此，他再也不輕言北伐，也北伐不起了。

在南梁專注浮山堰期間，孝武帝元恪在西邊也有大動作。他利用梁軍主力集中東線，巴蜀地區守備空虛之機，於延昌三年（五一四年）底任命高肇為大將軍、平蜀大都督，率軍十五萬攻打巴蜀。元恪本有把握在四川有所斬獲，不想大軍還在路上，他自己就在延昌四年（五一五年）的正月病逝了。之後，北魏統治層忙於誅殺高肇，西征一事不了了之。其實，經過之前兩次慘敗的北魏確實也沒有力量發動大規模的戰爭。

戰場無贏家。無論勝負，各方都要付出沉重的人力和物質損失。互有勝負、持續拉鋸的北魏和南梁更是如此。五世紀末和六世紀初的連年鏖戰，消耗了南北方巨大的實力，加上各自內部爭鬥接踵而來，雙方把注意力都收回朝堂之上。直至北魏滅亡，南北方沿著淮河一線保持了十多年的短暫和平。客觀上，當時的南北方誰都不具備統一的實力。均勢的天平，以淮河為支點，基本保持著平衡。

於是，雙方任由淮河南北上百里的拉鋸地帶荒蕪著，雜草叢生，虎狼出沒……

# 三

這一次休戰，似乎也象徵著猛將輩出的南北爭雄階段的結束。元英、韋叡、馬仙琕、曹景宗等人沒有等到下一次戰鬥的開始，就陸續逝世了。之後的南北戰爭，再也沒有出現五世紀那樣在戰場上猛將一抓一大把的盛況。

蕭寶夤在北魏的表現，則要長得多。他年少亡國寓居他人屋簷之下，個性低調穩重。其日常生活稱得上簡單枯躁：不食酒肉，絕不嬉笑，不事華服，慘澹見人。蕭寶夤對故國南齊念念不忘，志在復國，得到了一部分人的敬重。梁武帝蕭衍曾手詔勸降蕭寶夤，他不為所動。北魏朝廷對蕭寶夤也相當不錯。蕭寶夤屢次請求邊任，北魏就任命他為徐州刺史，將東線託付給他。蕭寶夤在任上，勤於政事，官聲不錯。北魏還將公主下嫁給蕭寶夤。

北魏末年，起義頻繁，局勢動蕩。羌族人莫折大提在關中地區自稱秦王，屢敗官軍。莫折大提死去，第四子莫折念生自稱天子，繼續擴張勢力，滲透到隴東、雍州等地。蕭寶夤是北魏朝廷當時少數可用的將才之一。朝廷任命蕭寶夤為大都督，率軍西征。蕭寶夤在關中與起義軍英勇作戰多年，遏制了莫折念生勢力的壯大。北魏能夠保全關中，主要賴蕭寶夤之力。

孝昌二年（五二六年），北魏加封蕭寶夤為假大將軍、尚書令，將軍政兩方面的頂端職位都給他了，以示籠絡。不想，蕭寶夤看到北魏境內烽煙四起，動亂日益蔓延，朝廷衰落不堪，對北魏的前途喪失了信心，同時內心萌生了割據自立的想法。北魏朝廷對他也不是真正信任，加派御史中尉酈道元（就是寫《水經注》的那位）為關中大使，監視蕭寶夤。蕭寶夤感到既委屈不滿又恐懼，認定酈道元是來暗算自己的。一些部下也慫恿他在亂世中割據。有人說：「大王本是皇室貴冑（南齊的皇室），天下所歸，割據稱帝也是合理合情的事情。」有人編造民謠說：「鸞生十子九子殂，一子不殂關中亂。」（蕭寶夤是蕭鸞之子。）於是，蕭寶夤聽信勸告，準備造反。他祕密派部將攻殺酈道元。酈道元剛走到今陝西臨潼附近的驛站，遭到圍攻後，率小部隊力戰而死。之後，蕭寶夤正式稱帝，設立百官，遣將四出攻城掠地，意圖割據關中。一時間，南齊政權似乎要在遙遠的長安復活了。可惜，蕭寶夤的實力太弱，外有北魏朝廷派軍自東向西進剿，內有起義軍和陝西郡縣抗命。蕭寶夤派部將侯終德攻打陝北，侯終德戰鬥失利後投降北魏，回師反攻蕭寶夤。蕭寶夤慌亂中迎戰，被侯終德打敗，只好帶著妻子和部下百餘騎逃跑，投奔起義軍萬俟醜奴部。醜奴任命他為太傅。

永安三年（五三〇年），萬俟醜奴部起義軍被魏軍剿滅。醜奴和蕭寶夤都成了階下囚，被押送京城洛陽。北魏莊帝下詔將蕭寶夤在京城大街上示眾，任由軍民人等圍觀三天後賜死。

# 二三、亡也太后：胡作非為胡太后

## 一

延昌四年（五一五年），只有六歲的北魏孝明帝元詡登基。顯然，朝廷又要出現一個皇權旁落、內訌不斷的局面。

北魏版的故事一開頭比較特殊。之前，外戚高肇擅權，搞得朝野天怒人怨，成了眾矢之的。皇位更替之時，高肇偏偏不在洛陽，被派去攻打四川了。大臣們很快結成了「反高同盟」。朝中作主的是中書監崔光和領軍將軍于忠。他們請出被高肇監視居住的宗室們，壯大力量。任城王元澄、高陽王元雍、清河王元懌、廣平王元懷等人都參與決策。大家很快就將高肇送上了西天，開始撥亂反正。

元詡的生母胡氏在元恪期間遭到高肇的無情打壓。高肇的女兒高皇后不能生育，在後宮一直想置胡氏於死地。「敵人的敵人就是朋友」，群臣當然認為胡氏「政治可靠」，先是尊她為皇太妃，很快升為皇太后，請她臨朝聽政。

胡太后是隴西安定人，祖輩曾在後秦、大夏當官，到父親胡國珍時，胡家只是普通人家。胡氏年輕時一度入佛寺為尼，後因為美貌之名傳至宮廷，被召入後宮封為低級嬪妃。鮮卑民族入主中原後學習漢族的政治制度，對漢武帝預防後宮專權而賜死太子生母的殘酷做法非常欣賞，並且明訂為宮廷制度。此後，北魏的妃子們都生活在矛盾之中。她們既希望生育兒子，因為那是她們將來地位的基礎；同時她們又擔心生出的孩子日後被選立為太子。那樣年輕母親就要被迫服毒，也就永遠享受不到榮華富貴了。胡氏卻非常希望生育皇子，沒有表現出一絲對死亡的恐懼。也許是她這種「冒死生子」的氣魄得到了宣武帝元恪的好感，元恪在高皇后的高壓下親近胡氏。二人生下了元詡。元詡是元恪唯一的兒子，元恪計畫立他為太子。按律，胡氏應該先被處死。但元恪非常喜愛胡氏，赦免了她。從此以後，中國宮廷「子貴母亡」的做法就走入了歷史。

當時有傳言說元恪的前皇后于氏和其他皇子都被高皇后謀害了，元恪雖半信半疑，但為了留下血脈，對元詡格外愛護。他親自照料兒子的生活，既不讓高皇后過問，也不讓胡氏插手，挑選外面忠實可靠又有經驗的保姆照顧元詡長大成人。

如今，元詡順利登基了。北魏帝國先輩擔心的太后掌權的局面不幸終於出現了。胡太后的胡作非為，很快將北魏帝國推向了墳墓。由此可見古代歷史上一些看似殘酷無理的制度是有其合理性在裡面的。以宮廷婦人的死來防止皇權的旁落和國家的動蕩，是以小代價防範未來的有效選擇。

朝臣們很快發現，剛剛拋頭露面的胡太后並非恪守婦道的一介女流，而是深諳政壇、手腕高超的權力玩家。推翻高肇的勢力，以崔光、于忠領頭。崔光是個明哲保身的老官僚，于忠則行為粗暴，掌握了實權。他把持政令，又負責宮廷宿衛，權力極大，重大決策幾乎由他一個人說了算。宗室王爺們被軟禁多年剛被放出來，即便對于忠不滿，也無力抗衡。結果，于忠表面上尊貴無比，人見人怕，實際上自我孤立了。胡太后瞅準機會，趁于忠疏於防範，當眾解除他的侍中和領軍將軍的職務，外放為冀州刺史。一鳴驚人後，胡太后不等朝臣們看明白她的招式，迅速任命妹夫元叉為侍中、領軍將軍，並提拔身邊宦官劉騰擔任衛將軍，掌握了實權。她又見清河王元懌英俊瀟灑，和元懌勾搭成奸，引元懌為外援控制朝政。元懌背上了「男寵」之名，卻不影響精明勤政的作風，很好地協助胡太后掌控了朝政。北魏進入了胡太后當權時代。

胡太后接手的是一個國勢不斷下滑、各種矛盾開始顯現的帝國。她對這一切視若無睹，對拯救頹勢沒有尺寸之功，卻一心享受。

胡太后佞佛。北魏後期歷代帝王都信佛，但胡太后將對佛教的推崇發揮到了極致。也許是早年做過尼姑的緣故，胡太后深信佛教可以贖罪。她大把大把地投資佛寺、助長寺院勢力的擴充，希望以此來贖罪孽、積功德。胡太后在洛陽主持興建了永寧寺、太上公寺等佛教工程。其中永寧寺規模宏大，寺中有一座佛塔，高九十丈，塔上立柱高十丈，離京城百里之遙都能看到；塔四面窗扉上綴滿金釘，有風的夜晚，鐘鈴和鳴，聲聞十餘里。又鑄丈八金佛像一尊，中等金佛像十尊，玉佛像兩尊。佛剎上有金寶瓶，瓶下有容露盤三十重，周圍皆垂以金鐸。該寺有僧房多達千間，僧人過萬。胡太后還熱衷參加佛教活動，大小佛事有空必到，每次都少不了施捨，錢數動輒數以萬計。上行下效，地方官府也紛紛興建佛寺，資助佛事。不用說，這些大小工程和活動，都是官府出錢買單。

官府因佛事而大興土木、徵發無度，百姓疲於徭役之苦，市場上金銀價格攀升，嚴重破壞了正常的經濟活動，影響了國庫和官府的行政能力。官民都不滿。任城王元澄看不下去，就勸侄孫媳婦胡太后說「章台麗而楚力衰（春秋時，楚靈王興建章華宮導致國力衰落），阿宮壯而秦財竭（秦朝亡於阿房宮）」，希望她以史為鑑。元澄輩分高、功勞大、資歷老，胡太后惹不起，對他優答禮遇，但就是不採納意見。時間長了，元澄也懶得說了，乾脆閉門不出，落得個眼不見心不煩。神龜二年（五一九年），元澄病逝。胡太后加以殊禮，備九錫，以帝王之禮安葬了這位經歷四朝的老王爺。她親自送靈柩到郊外，停輿悲哭，哀動左右。百官千餘人參加葬禮，莫不歔欷。這一系列哀榮過後，北魏帝國再也沒有出現像元澄那代人一樣忠勇能幹的人物，再也沒有人敢於直言勸諫了。

就在元澄病逝的這一年，朝廷採納征西將軍張彝之子張仲瑀的建議，宣布改革人事制度，武人不得擔任清要的官職。北魏以武力興國，之初文武官職劃分並不明確，官員在文武官職之間調動很自然。漢化之後，「文武分治」開始固定，文官序列開始壓過武將序列。官職開始分「清濁」，文官職位比較清要，發展前途廣闊；武將職位升轉調任不易。漸漸地，朝野出現重文輕武的趨勢，文官輕視武將。張仲瑀的建議，就是在制度上將對武將的歧視固定化了。消息傳出，洛陽城中駐紮的羽林、虎賁將士們（都屬於禁衛軍）一片譁然。他們在街上定期集會，張貼告示，宣稱要殺張氏全家。張彝父子認為是武士們虛聲恫嚇，不以為意。二月二十日，近千名羽林、虎賁在尚書省（最高行政機關）前大鬧大罵，指名要找張仲瑀之兄張始均。尚書省的大小官吏嚇得緊閉大門，不敢進出，同時也沒有其他官吏趕來處理這場群體性事件。事情越鬧越大，將士們開始用磚瓦石塊砸尚書省大門，砸了好一會後又向張家奔去。他們一路上拾取柴草，收集木棒石塊，衝到張家就四處打砸，好點燃火堆要燒房子。征西將軍張彝被拖到堂下，任意打罵；張始均已爬牆逃到外面，見狀返回向亂黨叩頭，哀求將士們饒父親性命，竟被抓起來丟到火裡活活燒死。始作俑者張仲瑀被打得身受重傷，僥倖逃脫。張彝被打得奄奄一息，兩天後不治身亡。事後，胡太后只將為首的八人斬首了事，其餘人等一概不問，充分暴露出姑息裱糊的作風。更惡劣的是，胡太后取消了已經頒布的禁止武人到任清要官職的制度，下詔大赦，宣布准許武官參選。

這次禁衛軍鬧事，朝廷有關部門毫無作為，事後胡太后輕描淡寫，實際上屈從了鬧事者。朝廷的威信蕩然無存。不僅洛陽的禁衛軍不念胡太后的好，還讓有識之士捕捉到了天下將亂的徵兆。

事件發生時，一個叫做高歡的北方軍鎮信使，因傳遞文件恰好滯留洛陽，目睹了整場事件。他斷定天下將亂，返回軍鎮後散盡錢財結交朋友。親朋好友好奇地問他，高歡回答：「我在洛陽看到禁衛官兵焚燒將軍宅邸，朝廷怕出事而不聞不問。為政如此，政府的前途可想而知。天下都要亂了，財物還有什麼可留戀的？」在高歡結交的朋友中，多數是和他一樣的低級軍官，比如司馬子如、孫騰、侯景等人。這些人將在此後掀起驚濤駭浪。

## 二

事變的第二年（神龜三年，五二〇年），洛陽就爆發了內訌。掌權的元叉、劉騰發動政變，殺死清河王元懌，幽禁了胡太后。

昔日的親密夥伴和親戚，怎麼就刀兵相見了呢？原來，胡太后越來越喜歡元懌這個美男子，日益倚重，用他輔政。元叉、劉騰的權力受到了限制。而元懌很有才能，平日常常批評元叉、劉騰違法亂紀的行為。元叉、劉騰二人對元懌恨之入骨，必欲去之而後快。他們先是指使他人告發有人要擁立清河王元懌做皇帝，可是胡太后壓根就不信這樣的誣告。元叉、劉騰知道只要胡太后在就扳不倒元懌，於是他們決定利用十一歲的小皇帝元詡，將胡太后和元懌一塊扳倒。

二人先買通主食中黃門（管皇帝食物的宦官），由他向元詡「自首」：「清河王收買小人，要毒死陛下。」元詡信以為真。他慢慢長大，開始對元懌和母親的「醜事」看不下去了，知道元懌要害自己後更是氣憤。元叉、劉騰乘機靠近小皇帝，為他出謀劃策，教他如何這般這般。七月的一天，元叉突然請出孝明帝元詡升殿召見群臣，劉騰關上後宮大門把胡太后軟禁起來。清河王元懌隨著大臣們進宮，立即被抓起來。劉騰宣布詔書，宣布元懌謀反。當晚，元懌即被殺害。元叉、劉騰又假造胡太后詔書，說她因病不能理事，還政給皇帝。群臣在錯愕之餘，都不敢反對。元叉、劉騰戲劇性登台掌權了。

此後幾年，大小政事都由元叉與劉騰二人決定。元叉及其父親、京兆王元繼貪財好貨，一味斂財。刺史、太守到縣令、縣長，絕大部分官職都可以用錢購買。北魏吏治敗壞到了極點，對老百姓的壓迫也到了極點。而劉騰想幹事，有權謀，就以太監之身出任司空，每天對中央各部門發號施令。整個朝廷唯他馬首是瞻。在宮廷內，劉騰十分注意囚禁胡太后。內宮宮門緊閉，鑰匙由劉騰親自掌握，即便是皇帝元詡也不能進去看母親。胡太后終日幽居深宮，很少有人過問，甚至有時缺衣少食，生活在饑寒之中。

正光四年（五二三年），劉騰死了。劉騰死後，對胡太后的囚禁開始鬆弛。小皇帝元詡可以去探望胡太后了。也就是在這一年，北方六鎮起義開始爆發，天下局勢開始動蕩。朝野對元叉等人的專權、貪腐紛紛表示不滿。這些因素都便於胡太后東山再起。正光五年（五二四年）秋天，胡太后趁著兒子和群臣來探望自己，發脾氣說：「你們不准我們母子往來，防我像防賊一樣，我待在這裡做什麼！我決意出家，去嵩山當尼姑。」說著，她就動手剪起頭髮。元詡和大臣們叩頭勸阻，胡太后反而鬧得更凶了。元叉見狀，居然不疑心，答應胡太后、元詡母子可以自由往來。胡太后因此留元詡在身邊住了好幾天，逐漸挽回了兒子的好感，把小皇帝在之後的爭鬥中拉到自己的一邊。

正光六年（五二五年）二月，胡太后和孝明帝元詡出遊洛水。途中，高陽王元雍邀請太后和皇上到他家中。三人祕密商定共同對付元叉。元叉兼任著領軍將軍一職，指揮著禁衛軍，讓政敵忌憚三分。好在元叉政治遲鈍又麻痺大意，胡太后選了個機會對元叉說：「你既然忠於朝廷，操心國事，為什麼不解除領軍一職，集中精力輔政？」元叉聽了這話，還是不起疑心，竟然乖乖請求卸任領軍將軍。胡太后求之不得，當然「恩准」。兵權一沒，胡太后馬上動手。四月初二，胡太后宣布重新臨朝攝政，下詔追削劉騰官爵，免掉元叉一切官職。有人隨即上書為清河王元懌申冤，又有人告發元叉勾結六鎮、陰謀造反，結果元叉被賜死，其父元繼被廢黜。

胡太后過了四五年苦日子後，重操權柄。她此時面臨的局面，比上一次掌權時更惡劣、更危急。北方六鎮起義導致的造反活動愈演愈烈，南方梁朝趁火打劫，連年騷擾邊界，攻克了北魏壽陽等數十座軍鎮。胡太后非但不奮發圖強、收拾殘局，依舊貪圖享受。她自欺欺人，在朝堂上聞喜不聽憂。上下官僚就都向胡太后彙報北魏境內一派安居樂業的景象；對日益壯大的造反隊伍，他們輕描淡寫地說是少數盜賊騷動，很快就會被地方官吏肅清。胡太后就生活在虛假的保溫箱、無菌室中，渾然不知所作所為助長了造反者的氣焰、惡化了局勢。

胡太后似乎要把「失去的時光」奪回來，愛上了化妝打扮，縱情聲色，蓄養男寵。她之前就與父親胡國珍的屬員鄭儼相好，再次臨朝後任命鄭儼為諫議大夫、中書舍人，又讓他兼任嘗食典御一職，經常留在宮裡淫亂。中書舍人徐紇是個善於察顏觀色的小人，看到鄭儼得勢，就委身投靠。鄭儼見他有才有謀，遇事可以商量，也真心與他結為一黨。鄭儼很快升到中書令、車騎將軍。而徐紇升為黃門侍郎，仍兼舍人，實際把持了帝國政令。

胡太后、鄭儼、徐紇等人對一些日常性的政務也沒有正確的理解，舉止失措。比如胡太后對「文武分治」趨勢無動於衷，對可能引發的嚴重後果沒有任何預期，自然談不上改正了。結果，作為王朝暴力支柱的軍隊，和胡太后離心離德。又比如，胡太后等人輕視世族大家，侵犯他們的既得利益，招致豪門大族的憤怒。胡太后為兒子元詡選妃。北方大家族，比如博陵崔孝芬、范陽盧道約、隴西李瓚等，都送女兒參選。這些大家閨秀都入選了，可是都只被封為低級嬪妃（世婦），讓各大豪門覺得顏面盡失。

正史記載胡太后掌權期間，「朝政疏緩，威恩不立，天下牧守，所在貪婪。鄭儼污亂宮掖，勢傾海內；李神軌、徐紇並見親侍。一二年中，位總禁要，手握王爵，輕重在心，宣淫於朝，為四方之所厭穢」。政治黑暗引起了朝野的普遍不滿。

# 二四、北魏社會分裂了

## 一

時隔一百多年後，洛陽城中又出現了「鬥富大賽」。這次的主角不是西晉的王公顯貴，換成了北魏的統治階層。

高陽王元雍是孝文帝的弟弟，長期位列宰輔，財富堪比皇帝。高陽王王府的園林和皇帝的宮殿差不多，「飛第簷反宇，轄輔周通」，擺設奢華，「林魚池侔於禁苑，芳草如積，珍木連陰」。元雍家中「僮僕六千，伎女五百。隋珠（傳說中的蛇珠，是稀世之物）照日，羅衣從風」。他身邊常隨虎賁甲士百人，打著用鳥羽裝飾的傘，「出則隨從唱道，儀仗成行，鐃歌響發，笳聲哀轉，入則歌姬舞女，擊築吹笙，絲管迭奏，連霄盡月」，稱得上「貴極人臣，富兼山海」，「從漢晉以來，諸王豪侈，未之有也」。做一個比較，元雍吃一頓飯，怎麼也得花數萬錢，相當於一般官宦家庭一年的伙食費。大臣李崇和元雍財富不相上下，但很吝嗇，估計家中伙食費很省。他對人說：「高陽王的一頓飯，要頂我一千天呢！」

問題是：高陽王這麼多錢，是哪來的？答案是：貪污腐敗，巧取豪奪而來。

元雍攬財的具體手段，後人不得而知。但與他同時期的河間王元琛的所作所為，足可以讓後人大開眼界。宣武帝時期，元琛擔任定州刺史，任上以貪婪而聞名，任滿回京時大車小車載著金銀珠寶往家裡拉，轟動一時。胡太后知道了，說他：「元琛在定州做官，就差沒把中山宮搬回來，其餘沒有不弄到手的。這樣的人怎麼能再用！」於是把他廢置在家。後來，元琛拿出一部分錢行賄劉騰，又做了秦州刺史。秦州近西域，元琛在任上政績全無，卻遣使向西域求名馬，遠至波斯國求得千里馬，號曰「追風赤驥」。此外，元琛還有能跑七百里的良馬十餘匹。他有工夫給每匹馬都取名字，就是沒時間操心政務。

元琛回到洛陽，看到大家都在羨慕元雍的富有，很不服氣，暗中與元雍比富。他高調地在家裡陳列藝伎、車駕和不可勝數的金銀珠寶，其中有金瓶、銀甕百餘口，以金為轡頭，用銀槽餵馬，總之是怎麼奢華就怎麼做。他還發揮自己在秦州做官的優勢，擺滿西域珍品，都是中原沒有的稀世之物。河間王府房屋的華美就更不用說了，窗戶上裝飾著用黃金做的飛龍、美玉做的鳳凰，房前遍栽各種果樹，條枝入簷，人們坐在樓上就能摘食。

元琛故意動不動就邀請宗室、貴族、大臣到家裡宴會，請客時專用從異域買來的水晶缽、瑪瑙杯、琉璃碗、赤玉卮，每一件都工藝精緻，出奇的華麗。他還喜歡請賓客參觀家裡堆滿金銀綢緞的府庫，炫耀令人眼花瞭亂的羊毛毯、蜀錦、珠璣、繡纈、綢絲彩、越葛等，四方珍品應有盡有。一次，章武王元融應邀到元琛府上作客。元琛對元融說：「我不恨沒看到石崇的富有，只恨石崇沒看到我的富有。」元融也是巨富，可依然在元琛家裡大受刺激，忌妒壞了。他把自己的動產、不動產算來算去，都比不上元琛的財產多。元融為此氣得臥床不起，三天三夜起不了床。京兆王元繼去探望他，安慰道：「章武王，你的財富並不比元琛少多少，就不要妒忌他了。」元融說：「我之前以為在『北魏富豪排行榜』上我能排第二名，僅次於元雍，沒想到元琛也在我上面，我只能居第三，真是氣死我了！」

一百多年前西晉富豪鬥富的時候，晉武帝司馬炎還插手相助。胡太后在這一點上不偏不倚，對所有「參賽選手」都公平對待。一次，胡太后領著群臣巡查後宮，看到後宮庫存的布帛太多，有的已經發生黴變，有的因無處堆放，只好在門廊邊堆著。她便對大臣們說要獎賞有功之臣，後宮的布帛誰能拿多少就能拿走多少。眾人一聽，爭先恐後地衝上去搶奪布帛。一百多人拚命地搬取，有人捲走一百多匹，而尚書令李崇和章武王元融乾脆背，每人都背了近二百匹，結果沒走多遠，元融就跌倒在地，扭傷了腳，李崇則扭傷了腰。

鬥富行為惡化了朝廷風氣。官吏們一心向「錢」看，變著法子斂財。正始三年（五〇六年），吏部尚書元暉公開標價賣官：太守大郡兩千匹絹，次郡一千匹絹，下郡五百匹絹；其他官職也按等級不同，售價不同。元修義做吏部尚書時，上黨太守出缺，中散大夫高居向皇帝請求補缺，皇帝答應了。但元修義已經把上黨太守「賣」給別人了，就是不讓高居去上任。高居急得在公堂上大喊：「有賊！」有人問他：「光天化日，哪來的賊？」高居指著元修義說：「就是坐在堂上的人。皇上已答應我擔任上黨太守，但因為他收受了別人的賄賂，就不聽皇帝命令，不讓我上任，這難道不是白日行劫嗎？」賣官鬻爵嚴重衝擊了官場的正常秩序，加上官多職少，大量人員升職無望，甚至有當官資格卻補不上缺。為解決矛盾，崔亮擔任吏部尚書時，奏請「停年格」，即不問官員才能，一律按照資歷來決定當官和升官的先後；凡有空缺職位，不問賢愚，擇資歷老的人優先敘用。這種機械又不負責任的人事改革，竟然得到了上下的一致稱讚——畢竟這是最客觀，也相對公平的方法。

貴族官僚在鬥富，北魏的普通百姓卻過著食不果腹、衣不蔽體的赤貧生活。此外，他們還要供官府驅使工作，妻離子散，終年得不到休息。憤怒在百姓心底堆積，一旦遇到合適的環境就會噴發出來！

## 二

北魏的外敵，除了南朝，還有北方的柔然。

柔然最強盛的時候，勢力東起大興安嶺，南到黃河河套和山西北部，與北魏相峙，西逾阿爾泰山，北至今貝加爾湖，大致上囊括了現在的蒙古高原、內蒙古和新疆地區。柔然擁有「風馳鳥赴，倏來忽往」的騎兵隊伍，威震漠北，幾乎年年侵擾北魏邊境。北魏偉大的皇帝、太武帝拓跋燾登基之初，柔然曾南下侵略，將太武帝包圍了五十多重。也就是在太武帝時期，北魏取得了對柔然戰爭的多次勝利，柔然元氣大傷，對北魏的威脅降低。太武帝拓跋燾將柔然稱為「蠕蠕」，嘲諷柔然智力低下，是不會思考的蟲子，他下令全國軍民都對柔然改稱「蠕蠕」。

此後，柔然雖然開始沒落，但還保留相當可觀的武裝力量，對北魏構成威脅。為防禦柔然、拱衛京都平城（平城離北方邊境不遠），北魏積極防禦，修築長城，在東起河北，西至黃河河套地區，延袤兩千餘里的邊境線上設置軍鎮，調兵遣將駐守。北魏設立了六大軍鎮，稱為「六鎮」：沃野（今內蒙古五原北）、懷朔（今內蒙古固陽北）、武川（今內蒙古武川西）、撫冥（今內蒙古四子王旗東南）、柔玄（今內蒙古興和西北）和懷荒（今河北張北）。

初期，北魏朝野非常重視六鎮。六鎮的將領都從北魏貴族豪強，甚至是宗室子弟中挑選；官兵也是鮮卑族的精壯。他們地位崇高，待遇優厚，經常能得到朝廷的封賞和恩賜。六鎮將領被視為「國之肺腑」，升遷的機會比內地的同僚要高，如果不願意繼續任職隨時可以返回首都當京官；士兵們被視為「國家精銳」，根本不用為生計發愁，在一片尚武的風氣中可以耀武揚威地馳騁四方。女子們都以能嫁給六鎮的邊將和士兵為榮。

孝文帝遷都洛陽並大規模漢化後，六鎮官兵的待遇完全逆轉。柔然對洛陽的威脅極少，且漢化後國家崇文輕武，政壇上遊戲規則也變了。過去在疆場上的英勇斬殺不再被人稱道，漢族的詩書禮樂和朝堂上的權力鬥爭變成了遊戲的核心規則。六鎮的政治、軍事地位不斷降低。邊將們在漢化改革過程中被「拋棄」了，同樣是拓跋族宗室和鮮卑貴族的他們逐漸被排擠出權力核心，一般軍官也被排斥在「清流」之外，他們的升遷和待遇遠遠落後於內地的同族、同僚們。大多數人一輩子也不用指望升遷到內地去了。當時只有六鎮還保留著「鎮」的特殊行政區劃，其他地區都奉行州縣制，六鎮被視為另類。洛陽的貴族們將邊將看作鄙夷的粗俗軍人，傲慢得很。一般人也將去六鎮視做畏途。

至於士兵們，特權沒有了，優厚待遇也沒有了，連吃穿都失去了保障，只好轉而聚斂錢財。精壯的士兵到境外去擄掠財物，老弱的則砍伐山林、耕種田地，辛辛苦苦一整年收入微不足道。更可悲的是，許多士兵拖家帶口，常年滯留邊鎮，生活困難且得不到改善，類似於流放。運氣好的士兵，從軍一輩子可以做到軍主，其他人就只能老死邊關了。鮮卑精壯和漢族地主子弟自然不願意再去邊鎮當兵，朝廷就把犯官、囚犯、流民等人發配到六鎮去補充缺額，後者最後成了六鎮軍官和士兵的主要成分。

值得欣慰的是，六鎮的軍隊因為戰鬥頻仍、行政特殊，漢化潮流並沒有湧動到這一區域。相反，六鎮的漢人反過來被鮮卑化、胡化了，不讀書不耕種，也跨馬橫刀，還改姓鮮卑姓氏。官兵們保留了草原民族驍勇善戰的作風，戰鬥力較強。

幾十年間，六鎮官兵從天堂跌入了地獄、從光榮的國家棟樑變為了羞恥的監獄苦役。被背叛、被忽視的情緒和怨恨、迫切希望改善處境的想法，充斥在六鎮之中。

北魏內部分裂成了兩個不同的區域：一個是以洛陽為中心的漢化區域，面積廣大，以農耕文化為主。統治的鮮卑人經過漢化提高了文明程度，可也沾染了漢族柔弱、內鬥和中庸等等特性；一個是以六鎮為核心的北方區域，面積狹長，籠罩在這一個區域的北方，以草原文化為主。兩個區域制度不同，文化不同，交流越來越少。可怕的是，雙方相互仇視，隔閡日益深重。這是非常危險的。（內地和六鎮的對立又和北魏內部早已有之的「文武分治」的矛盾糾纏在一起。洛陽的禁衛官兵雖然境遇比六鎮官兵要好許多，但也日益邊緣化，和文官集團及朝廷離心離德。他們在感情上傾向邊鎮官兵。）

任城王元澄就向胡太后指出：北方邊將的地位越來越輕，恐怕對禦敵固邊不利，進而危及社稷，請求朝廷嚴格挑選邊將，整頓六鎮軍隊。大臣李崇則進一步指出：取消六鎮軍民一體的特殊政區，像內地一樣劃分為州縣，同時進行漢化改革，與內地一視同仁。胡太后對這些意見一律束之高閣，不聞不問。

胡太后的精力正放在建造佛教石窟上。現存的洛陽龍門石窟，就是胡太后主導的傑作。石窟在洛陽南十二公里、洛水邊的龍門懸崖上，其中的佛像浮雕難以確數，有數萬個之多。這些鬼斧神工之作是胡太后傾全國之力的宏大工程，主要完成於五世紀九〇年代北魏遷都之後的三十年間。這三十年之後，北魏帝國迅速走上了衰亡之路……

# 二五、六鎮起義：大動亂中的小人物

## 一

北魏末期的一項人事任命，激發了一場掏空帝國的大起義。

在宣武朝有「突出表現」的將領于忠有個弟弟于景。于景在武衛將軍任上祕密籌劃推翻專權的元叉，事情敗露後元叉「客氣」地留了于景一條性命，只是將他調任懷荒鎮去守邊關。于景做鎮將，一肚子不滿意，將怨氣發洩到了官兵身上。我們知道，六鎮官兵的待遇每況愈下，已經怨聲載道了，于景一來，懷荒的「幹群關係」更是雪上加霜。正光四年（五二三年），柔然攻掠邊境，于景組織懷荒鎮軍民抵抗。官兵們一直吃不飽肚子，此時就請求于景發糧，讓大夥填飽肚子有力氣打仗。于景用一貫的粗暴態度斷然拒絕，憤恨的官兵們一哄而上，將于景殺死，然後乾脆宣布造反。

懷荒鎮的造反是一起突發性群體事件，事前缺乏嚴密的組織，事後沒有計劃，沒有什麼大動作。但是它激發了六鎮官兵埋藏已久的怒吼，在懷荒鎮造反以後，其他北方邊關紛紛揭竿而起。不僅沃野、高平、懷朔、柔玄各軍鎮造反了，秦州（今甘肅天水）、營州（今遼寧朝陽）等地方州縣也旗幟變換、人頭落地。就連在如今河南地區的北魏南方邊界北荊、西荊、西郢三個州也出現了內戰烽火。幾個月時間，懷荒的星星之火變成了燎原的熊熊烈焰。

這些造反組織首領不是稱帝就是稱王，著名的有：秦州的羌族兵士莫折大提起兵稱王，他死後兒子莫折念生進而稱帝，動搖了北魏在關中地區的統治；孝昌元年（五二五年），柔玄鎮士兵杜洛周在上谷（今北京延慶）起兵，隊伍發展迅速，很快擁兵近十萬，使得長城東段不再在北魏控制之下。其中實力最強、對北魏威脅最大的是匈奴人破六韓拔陵（破六韓是姓，拔陵是名）的隊伍。沃野鎮的官兵在破六韓拔陵的率領下殺死鎮將，起兵造反，年號真王，得到長城中西部各鎮軍民的回應。破六韓拔陵不滿足於在邊關割據，很快整軍向東、向南前進，擺出一副要與北魏爭奪天下的態勢。他的軍隊很快東進到懷朔、武川兩鎮。懷朔鎮很快被攻克，破六韓拔陵的部隊在武川鎮則受到了挫折。

武川鎮還有一些不願意附和造反的官兵。其中有的人是依然忠於北魏朝廷，有的人是不看好造反的前途，有的人是想過安穩的日子，只要日子還沒有到過不下去的地步，他們都不想動刀動槍，拿命去賭虛緲的藍圖。這樣的人在武川佔了很大的比例，所以當其他各鎮都起義後，武川卻沒有動靜。破六韓拔陵的部將衛可孤很快兵臨武川城下。城裡很多軍民逃跑了，剩下的軍民就商議抵抗，形成了以軍主（隊長）賀拔度拔和低級軍官（一說士兵）宇文肱兩個人為核心的骨幹力量。

賀拔度拔是敕勒族人，世代在武川鎮當兵。他有三個兒子，分別是賀拔允、賀拔勝和賀拔岳，都勇猛過人，能左右開弓。其中小兒子賀拔岳尤其出色，賀拔度拔早年曾勒緊褲腰帶支持小兒子去洛陽太學讀過書，稱得上文武雙全。

宇文肱是鮮卑族宇文部落人。宇文部落被拓拔部落打敗後，很多人被安置在北方邊鎮從軍。宇文肱家也是世代在武川鎮當兵，他有四個兒子，分別是宇文顥、宇文連、宇文洛生、宇文泰。巧的是，宇文家的四個兒子也是勇猛過人。宇文肱最喜歡的是小兒子宇文泰。宇文泰，小名黑獺，出生於五〇七年，當時只有十六七歲，也不得不和父兄們一道持刀搭弓，上陣迎敵。

敵我實力相差懸殊，賀拔度拔、宇文肱等人覺得困守武川鎮只會坐以待斃，只有出其不意對破六韓拔陵的部隊發動突襲才有可能僥倖取勝。於是，兩個人帶上兒子和少數人，埋伏在衛可孤必經的道路上。突襲開始了！賀拔家的小兒子賀拔岳一箭就射中衛可孤的肩膀，宇文肱帶著兒子衝殺過去，將衛可孤殺死。雖然旗開得勝，無奈敵軍人數實在太多，賀拔度拔、宇文肱等人很快就陷入了重圍。宇文顥看到父親宇文肱被敵兵層層圍困，奮勇殺入重圍，所向披靡，一連殺死了數十名敵兵，救出父親。不幸的是，宇文顥在撤退時，筋疲力竭，被敵人追上殺死。他們的突襲失敗了，武川還是被起義軍佔領了。

宇文肱、賀拔度拔擺脫敵人後，會合一處，商議出路。他們決定原地修整，同時派賀拔度拔的次子賀拔勝趕往五原（今內蒙古包頭西北），向駐紮在該處的北魏官軍通報襲殺衛可孤的消息，同時請示下一步的行動。賀拔勝剛走，一隊造反的敕勒族騎兵席捲而來。賀拔度拔、宇文肱這支殘軍猝不及防，賀拔度拔戰死，其餘人馬失散。賀拔度拔的另兩個兒子賀拔允、賀拔岳南下五原，追趕賀拔勝去了。宇文肱則帶著三個兒子向東逃，前往河北討生活……

## 二

北魏對破六韓拔陵的壯大憂心忡忡，調兵遣將要把他消滅掉。正光五年（五二四年），臨淮王元彧、安北將軍李叔仁先後被破六韓拔陵打敗。政府軍非但沒能消滅起義，反而給起義軍送去了大批軍械、兵源，把造反者「餵養」得越來越大。三朝老臣李崇之前提出過將六鎮改為州縣、未雨綢繆的建議，朝廷如今趕緊宣布將六鎮改為州縣，使軍民、將領待遇與內地相同。可起義已經發生，造反者不會因為這個遲到的改革而束手投降。朝廷又加派李崇去征討起義軍。可憐李崇已經七十歲了，雖然有心殺敵，可也無力上陣，所能做的就是勉強阻擋起義軍南下而已。不久，廣陽王元淵上表彈劾李崇軍中長史詐增功級、盜沒軍資，李崇因負有領導責任而被免去官爵。朝廷改派元淵率領主力，進駐五原。

在關中地區，北魏朝廷信任降將蕭寶夤，授權他征討四方。孝昌元年（五二五年），蕭寶夤在馬嵬（今陝西興平西）大破莫折念生。但是北魏軍隊軍紀太差，大肆擄掠城池，還抓民居來當奴婢，把老百姓都逼到造反者陣營去了。莫折念生戰場失利，在人心上卻大獲全勝。在安定，蕭寶夤和造反的萬俟醜奴的部隊又打了一仗。這一仗，魏軍已經打勝了，卻急於擄掠，自亂陣腳，遭到起義軍反撲，大敗而逃。魏軍勇將崔延伯在此戰中陣亡。崔延伯英勇無敵，蕭寶夤將他倚為左膀右臂。他死後，魏軍士氣大受打擊。

關中兩軍拉鋸時，接任魏軍主帥的廣陽王元淵取得了一場輝煌的勝利。他主動聯絡宿敵柔然，和柔然君主阿那瑰結成了鎮壓六鎮起義的聯盟。北魏設置六鎮，本為防範柔然，如今卻和柔然結盟來進攻六鎮，真是諷刺。柔然出兵十萬，在從武川到沃野的廣闊戰線上對起義軍發動進攻。破六韓拔陵面臨阿那瑰和元淵的南北夾擊，抵擋不住。起義軍二十多萬人遭到元淵包圍而投降。起義軍主力失敗，破六韓拔陵不知所蹤。

這場勝利大大緩解了北魏的危急境況。朝廷收復多處重鎮，為防止軍民降而復叛，將幾十萬人口遷徙到內地，安置在現在河北省中南部地區。這些百姓就被稱為「降戶」。他們都是六鎮貧苦的百姓和士兵，剛剛經歷了一場動亂的洗禮，如今又不得不背井離鄉，被逼迫到一個陌生的環境中生活。官府只負責遷徙降戶，卻不提供安置和幫助，造成降戶們在河北衣食無著，寄人籬下，陷入赤貧境地。原本起義只是在六鎮邊關暴發，範圍有限，北魏此舉無異於將六鎮的怒火引到了華北。降戶們走到哪裡，就迅速和當地的不滿勢力相融合，到處播撒反叛的種子。元淵眼睜睜看著朝廷移民，悲憤地感歎，幾年征戰的成果就要付之東流了！

果然，第二年（孝昌二年，五二六年）降戶鮮于修禮（丁零族人，原為懷朔鎮兵）率流民在定州左人城（今河北唐縣西北）起兵。河北各地的降戶馬上回應，在河北遊蕩多時的宇文肱父子四人也參加了起義；原本沒被徹底鎮壓的杜洛周在北方死灰復燃，和鮮于修禮南北呼應。

鮮于修禮率軍進攻定州。魏軍都督楊津聞訊，搶先進入定州抵抗。針對起義軍多是烏合之眾的特點，楊津等起義軍衝到城下後，突然大開城門，主動出擊。起義軍始料不及，被衝殺得七零八落，潰散而逃。宇文肱和次子宇文連不幸死在定州城下。宇文洛生、宇文泰兩兄弟則含悲隨大軍南撤到了呼沱河畔（今河北正定一帶）。北魏朝廷加派揚州刺史長孫稚和河間王元琛北上，想乘機徹底解決新敗的鮮于修禮。結果，鮮于修禮沒被剿滅，長孫稚和元琛卻被打得稀裡嘩啦。大隊魏軍成了起義軍的「運輸隊」，送來了大批軍械、糧草。起義軍敗中求勝，迅速壯大為十萬人的隊伍。

鮮于修禮隊伍起來後，內部矛盾也爆發了。部將元洪業想要降魏，殺死鮮于修禮。另一個部將葛榮原本是懷朔鎮的鎮將，出身鮮卑貴族，按說應該附和元洪業，卻不願意投降，殺了元洪業，被起義部眾推為新領袖。

葛榮的軍事能力遠在士兵出身的鮮于修禮等人之上。他繼任領袖後，整頓起義軍，提升戰鬥力，和政府軍展開了激戰，接連斬殺章武王元融、廣陽王元淵、河間王元琛，聲勢大漲。其中，元淵之前鎮壓了破六韓拔陵，在六鎮降戶中威望很高。他的死，大大激勵了降戶的士氣。葛榮乘勝稱帝，建立了齊國。六鎮餘眾、底層百姓不斷歸附，起義軍日益增多，號稱有百萬之眾。當時已經降附杜洛周的高歡，就南下投靠了葛榮。日後在政壇上叱咤一時的高歡集團、宇文集團的許多人，當時都匯聚在葛榮的隊伍中。不過，葛榮起義軍毫無紀律和長遠規劃可言，佔領一地後不從事建設，卻到處屠殺擄掠，甚至上演了屠城的慘劇。他們劫掠一地後，就裹脅著物資、糧食前往下一個地方，老是「在路上」，所以注定不能成長為一個成熟的固定的政權。

在關中，莫折念生被叛徒殺害，萬俟醜奴被各路起義軍推舉為新首領。萬俟醜奴的部隊氣勢高漲，將魏軍壓縮在少數據點。蕭寶夤迷茫無所出路，索性在長安稱帝，在北方復辟了南齊。關中的局勢急轉直下。

## 三

隱藏在六鎮大動蕩中的年輕人高歡，需要額外的關注。透過他的經歷，後人能更好地理解六鎮起義前後的歷史。

高歡於四九五年生於懷朔鎮。發跡後，他說懷朔高家出自渤海高氏，是北方漢族豪門之後，並攀附上西晉玄菟太守高隱為六世祖、北魏右將軍高湖為三世祖。這極可能是高歡自我貼金的謊話。魏晉南北朝時期，北方動蕩不安，世族大家們的譜牒管理不嚴，親屬遷徙頻繁，因此經常出現冒認現象。客觀上，各大家族為了在亂世立足，同姓之間特別團結。他們對家世血緣也不嚴格講求，甚至出現同姓之人萍水相逢就認親的舉動。渤海高氏應該很歡迎高歡這樣的風雲人物「認祖歸宗」。

可事實上，高歡只是一個怎麼看都像是個鮮卑人的懷朔鎮的草民，生活在帝國的最底層。在他使用「高歡」這個名字之前，人們都叫他鮮卑名字「賀六渾」。祖輩的福蔭一點都沒有惠及他。高歡日後解釋說，祖父、北魏侍御史高謐因犯法被遷居到懷朔鎮，所以高家長期居住邊陲，沾染了胡人聚居區的習俗，從語言到習俗逐漸與鮮卑人沒有什麼差別了。高謐生子高樹，高樹生下了高歡。

日後被追封為「文穆皇帝」的高樹其實是一個生活非常潦倒的父親（正史的說法是「不事生產」），除了似乎短暫當過底層士兵就沒有其他的經歷可查了。他連最基本的物質條件都提供不了給兒子。高歡年幼時，生母韓氏去世。高家的生活更加混亂。幸虧高歡的姐姐已經嫁給了鎮上的獄官尉景，高樹就把高歡送給女兒、女婿撫養。高歡就是在姐夫家長大的。擺在他面前最現實、最穩妥的職業就是當兵，扛槍吃糧。當時，六鎮士兵都被要求自備武裝。高歡想當騎兵，當騎兵就要自帶馬匹、裝甲。可是姐夫家很窮，除了一桿長矛其他都提供不起，高歡就只好扛著長矛入伍，當了一名看守城牆的無名小卒。

高歡長得一表人才，唇紅齒白，長頭高顴骨，尤其是一雙眼睛炯炯有神。這樣的帥哥杵在城牆上非常醒目。一天，懷朔富戶婁家的小姐婁昭君路過，看到在城牆之上的高歡，一見鍾情，情不自禁地叫出聲來：「這才是我要嫁的丈夫！」女有情男有意，兩人很快談婚論嫁起來。可惜，婁家的長輩實在看不出士兵高歡有什麼前途，就提出了非常苛刻的彩禮要求，想逼退高歡。婁昭君就暗地偷出家裡的金銀財物，搬到高歡家。高歡轉手送回婁家，當作彩禮。二人終結良緣，譜寫了一曲千古佳話。婁昭君是中國歷史上著名的賢內助。她顧全大局，為了丈夫的事業能夠委曲求全。婁昭君是高歡的髮妻，高歡日後發達後也應該立她為正室。但高歡為了與柔然緩和關係，需要娶柔然公主為妻。高歡覺得過意不去，猶豫著要不要這麼做。婁昭君知道後，以丈夫事業為重，主動勸高歡不要遲疑。高歡娶柔然公主為正妻後，婁昭君主動騰出正室，讓高歡合婚。

娶妻成家後，高歡在婁家的支持下置辦了馬匹、裝備，在懷朔鎮當上了一名隊主（小隊長），不久又升為函使，負責在懷朔和洛陽之間往來傳遞信函。也就是在這個職位上，高歡目睹了洛陽禁衛軍的騷亂事件，判定北魏將亂，早早做起了結交豪傑、迎接亂世的準備。在他結交的同鄉和底層官兵中，最有名的就是幾十年後把江南攪得一塌糊塗的侯景。侯景比高歡小八歲，是世居懷朔已經鮮卑化的羯族人，從小頑劣不羈，沒人敢惹，但是和高歡能對上脾氣。侯景身高不滿七尺，而且左腳生有肉瘤，連路都走不穩，但卻擅長騎射，膂力過人，因此被軍隊特召入伍，逐步提升為功曹史、外兵史等小官職，算是高歡的同事。高歡、侯景等人是六鎮中的不安定份子。和大多數為生活而掙扎又溫良內斂、排斥動亂的同胞不同，他們認為即將到來的大動蕩是巨大的機遇。

但是在風暴來臨之前，高歡只能繼續待在社會底層，做一名貧困低微的小軍官。一次，高歡去洛陽公幹。洛陽令史麻祥送給他一塊肉吃。高歡謝過之後，坐下就吃了起來。麻祥認為高歡膽敢坐在自己面前吃肉，而不是謙卑地站著吃，是輕慢自己，竟然把高歡捆綁起來，鞭笞了四十下（可見當時六鎮官兵地位之低）。高歡背無完膚，踉踉蹌蹌地回到懷朔，傷口都流膿腐爛了，婁昭君心疼地晝夜服侍。當然，並不是所有人都看低高歡，時任懷朔的鎮將段長對高歡說：「你有康濟時世的才能！我老了，活不到你發達的時候了。希望你日後富貴了，多多照顧我的兒孫啊。」段長的這般話可能對很多年輕軍官都說過，也可能是對高歡特別的欣賞，但是高歡將它看作對自己的高度評價和巨大鼓勵，一生不忘。高歡掌國後，追贈段長為司空，並提拔段長的兒子段寧為官。期間，高歡做了六年函使，常年奔忙在北方各地，進出洛陽，逐漸開闊了眼界。

六鎮起義爆發後，懷朔鎮沒有出現叱咤一時的領袖人物。當地的起義形勢不太火熱，高歡就和同伴尉景、段榮、孫騰、侯景等人在孝昌元年（五二五年）投到杜洛周麾下。他們不是討生活去的，而是尋找飛黃騰達的機會去的。可是，高歡發現杜洛周並不是一個能夠稱王稱霸的領導。既然領導沒能耐，高歡就琢磨著取而代之，奪權自己幹。杜洛周提前發覺奪權計畫了，派兵捕殺高歡等人。高歡只好拖家帶口地逃亡。他騎著家裡唯一的馬，婁昭君抱著兒子高澄和女兒騎在牛上，跟在後面。後有追兵，牛又跑不快，高歡心焦地騎一段路，就停馬等妻兒跟上來。小兒子高澄途中幾次落牛，高歡心急如焚，最後搭弓要射死兒子，嚇得婁昭君在牛上大喊大叫。高歡弓都拉開了，隨後逃亡的段榮及時趕到，將高澄救起，和高歡一家一同脫身。

離了杜洛周後，高歡等人投奔如日中天的葛榮。但是，高歡看到葛榮也不是能成大事的領袖，毅然脫離葛榮，帶著一些人西投爾朱榮。

爾朱榮是羯族人，和十六國後趙的石勒是同族。爾朱榮的部落投降拓拔鮮卑較早，被安置在秀容（今山西忻州），就在此繁衍生息。爾朱榮家族世代為酋長，穩步累積實力，到北魏末年已經發展在牛馬漫山遍野，依照毛色不同放牧在不同山區的地步了。六鎮起義帶動華北地方動亂不止，爾朱榮乘機散家財「招合義勇，給其衣馬」，組織起數千人的騎兵隊伍與起義軍為敵。短短幾年中，爾朱榮是北魏朝廷穩定山西地區的主要依靠力量。朝廷雖然對爾朱榮有戒心，但不得不任命他為大都督，負責山西事務。爾朱榮就以晉陽（山西太原）為老巢，建立了根據地。

高歡的舊相識劉貴早已投入爾朱榮麾下，竭力向他推薦高歡。不過爾朱榮看到高歡時，正是高歡兩經流亡、形容憔悴的時候。爾朱榮對高歡的「尊榮」大失所望，沒有重用他，只是安排他幹些雜事。一次，爾朱榮在馬廄裡看到一批暴烈的劣馬，想測測高歡的本事，就叫他去修理馬鬃。不想，高歡是馴馬高手，很快就把劣馬修理得煥然一新、容光煥發，完成任務後高歡還對爾朱榮說：「馭人同養馬是一樣的道理。」爾朱榮對他刮目相看，拉他談論時事。兩人越談越投機，從中午一直聊到半夜才歇。高歡建議爾朱榮：「方今天子愚弱，太后淫亂，寵臣專權，朝政不行。明公雄才武略，乘時清帝側，霸業舉鞭可成。」高歡建議爾朱榮乘朝政大亂的時候起兵，推翻北魏朝廷自立。這個建議正中爾朱榮下懷，令他重視起高歡來，讓高歡參與軍政大事。高歡這幫人，也就將前途綁到了爾朱榮的戰車上了。

# 二六、河陰之變Ⅰ：大屠殺是如何釀成的

## 一

胡太后第二次臨朝後，和兒子元詡的關係很快惡化。元詡年紀越來越大，不甘心做有名無實的君主，又對母親淫亂宮廷很厭惡。他想培養親信，可胡太后不希望兒子有所作為，找個機會將兒子的親信都殺死了。母子倆的關係越來越壞。

武泰元年（五二八年），元詡的妃子生下一個女兒。胡太后竟然宣稱生了一位皇子，還大赦天下——元詡沒有兒子，胡太后可能迫切想要一個皇孫。元詡那時已經十九歲了，對母后傷害帝國的種種行徑痛心疾首。現在，他再也不能忍受了。元詡計畫驅逐朝廷中的奸佞，限制母親。可是環顧朝廷，元詡都沒有可以信任的大臣。缺乏經驗的元詡竟然選擇引進外藩將領來清除母親的勢力。

被選中的外藩將領就是晉陽的大將爾朱榮。如前所述，爾朱榮是在鎮壓六鎮起義過程中崛起的地方實力派。經過兩三年的征戰，爾朱榮基本撲滅了今山西地區的起義烈焰，成為黃河以北最強大的，尚且忠於朝廷的地方勢力。爾朱榮的軍隊人數不滿一萬人，但能騎善射，又有高歡、賀拔兄弟等幹將指揮，真可謂是「精兵強將」。胡太后對他有所忌憚，雖然任命他為大都督，但把他的力量

局限在山西地區。爾朱榮上表，主動要求去河北鎮壓六鎮起義，胡太后就沒有答應——這一點可能讓元詡覺得爾朱榮會站在自己一邊。而接到元詡向洛陽進兵的密令後，爾朱榮馬上整軍南下。就在爾朱榮大軍到達上黨時，元詡卻猶豫起來，命令他就地駐紮。

元詡優柔寡斷之間，消息早已經洩露。胡太后聯合情夫，殘忍地將親生兒子元詡毒死。可是，胡太后他們事情幹得太不嚴密，皇帝暴亡，朝野都知道是誰幹的。胡太后此舉不僅殘忍，也給自己造成了巨大的麻煩。她執掌朝政的法律依據就是因為她是皇帝的生母。元詡死時尚未生育兒子。這就為胡太后繼續執掌朝政設置了障礙。按理，元詡死後，不久前向天下宣布是王子的女兒應該即位為新皇帝。事到如今，胡太后不得不宣布所謂皇子其實並不存在，而是女兒身。她選擇元詡的侄子、年僅三歲的元釗為新皇帝，想平息來自北方的進攻。胡太后將爾朱榮想得太簡單了。爾朱榮早在起兵之時，就想做第二個董卓了。皇帝的死只是給他提供了絕好的藉口而已。他根本就不承認洛陽的新政府，反而通告天下要追查元詡的死因。

爾朱榮的精兵很快逼近黃河北岸，洛陽掌權的徐紇等人並不以為意，認為：「爾朱榮是馬邑小胡，人才卑劣，自不量力來冒犯天顏，簡直是自取滅亡。我們只要發動禁衛將士，就足以一戰。爾朱榮不遠千里揮兵南下，兵老師弊，我們不用做什麼準備，以逸待勞就能打敗他們。」爾朱榮率領幾千人的部隊長途征戰，的確讓人覺得不太靠譜。胡太后採納了情夫的意見，派遣黃門侍郎李神軌為大都督；派遣鄭儼的族兄弟鄭季明、鄭先護二人駐守黃河河橋；派遣武衛將軍費穆駐守黃河渡口小平津，採取守勢。

爾朱榮想做董卓第二，卻比董卓有頭腦得多。他深知，要想在政壇上有大作為，政治永遠比軍事重要。四月十一日，爾朱榮在河陰（今河南洛陽東北）擁立元詡的叔叔、長樂王元子攸登基稱帝，和洛陽的元釗對峙。這是一招好棋，一下子讓爾朱榮從叛亂者躍升為「挾天子以令天下」的正義之師。

早在起兵之初，爾朱榮就開始物色政治上的盟友。他派侄子爾朱天光潛入洛陽。爾朱榮的堂弟爾朱世隆在朝中任直閣將軍。直閣將軍屬於近衛軍官。胡太后竟然讓爾朱榮的堂弟在朝堂之上，可見她政治上實在幼稚。爾朱世隆向爾朱天光推薦了一個人選：長樂王元子攸。元子攸是「賢王」彭城王元勰的第三子，受到胡太后一黨的排擠，和胡太后等人有矛盾。此外，元子攸長期擔任禁衛軍將領，在朝廷中有相當的根基。不僅有一些禁衛軍官兵支持他，清流世族和文官集團也擁戴他，元子攸是個不錯的人選。他既有當新皇帝的資格，又可以讓爾朱榮集團爭取到洛陽禁衛軍和世族大家們的支持。

爾朱天光祕密會見了元子攸，將爾朱榮的橄欖枝傳遞了過去。元子攸欣然應允，帶著家眷跟著爾朱天光逃出了洛陽。

爾朱榮有心改立新君，但人選還不確定。當時北方少數民族擇立君主有一個傳統：將所有的候選人鑄銅像，請示天意，如果銅像鑄成說明此人受命於天，可立為君；如果鑄像不成，則上天不認可此人。爾朱榮挑選了六位王爺作為候選人，一一鑄像，只有元子攸的銅像一舉成功。爾朱榮這才擁戴元子攸為皇帝。元子攸就是孝莊帝，封爾朱榮為都督中外諸軍事、大將軍、尚書令等，進爵太原王。

孝莊帝登基後，局勢就明朗了。胡太后立的小皇帝元釗原本就不為朝野所接受，人們普遍覺得他即位沒有合法性。聽說元子攸登基後，洛陽的禁衛軍官兵、清流文官和世族大家本來就和胡太后離心離德，現在紛紛爭相出迎，向新皇帝表示效忠。在他登基的當天，鎮守黃河的鄭先護、費穆等人就主動歸附，導致洛陽門戶大開，大都督李神軌不戰而退。消息傳到洛陽，禁衛官兵四處潰散。戰爭不用打了，爾朱榮兵不血刃就提前鎖定勝局了。

爾朱榮大獲全勝，洛陽禁衛軍的倒戈起了決定性作用。在洛陽的族弟爾朱世隆等人就不用說了。領軍將軍元鷙是禁衛軍的最高長官，也暗中投靠了爾朱榮。爾朱榮起兵前後，密探細作頻繁往來於晉陽和洛陽之間，胡太后等人都被蒙在鼓裡。

勝負已定後，鄭儼和徐紇兩個男寵跑得比誰都快。鄭儼逃歸鄉里，想在地方起兵，結果被部下所殺；徐紇逃到江南歸降蕭衍，因為好慕權利、奴顏媚骨，為時人所斥。眾叛親離的胡太后在絕望中要重新出家為尼，還強迫宮中所有的嬪妃隨自己一起削髮出家。她逃入佛寺出家，寄希望於佛祖。洛陽的皇室貴族和文武百官群龍無首，第二天就拿著皇帝璽紱、擺出皇帝法駕，公開出城去迎接新皇帝元子攸了。北魏朝野承認了元子攸，也就承認了爾朱榮造反的勝利果實。到此為止，爾朱榮起兵可以勝利、平靜地收場了。但是，平靜之中醞釀著波瀾。

## 二

爾朱榮年輕時，在洛陽作為人質待過一段時間。武衛將軍費穆當時就和爾朱榮認識，如今歸降爾朱榮，兩人久別重逢，都很高興。

費穆不知是為了表忠心，還是發洩因為「文武分治」導致的對文官集團的不滿，給爾朱榮出了一個殘忍的主意：「您的兵馬不到萬人，如今輕易長驅直入洛陽，既然沒有戰勝之威，恐怕不能長久服眾。京師之眾，百官之盛，一旦知道您的虛實，必然會產生輕侮之心。如果不『大行誅罰』，樹立親信，恐怕等您北歸之後洛陽就會發生變故。到時候，您就前功盡棄了。」費穆所說的百官「輕侮之心」指的是文官集團對軍官們的輕視，爾朱榮久居軍陣，自然感同身受。他對費穆的意見很認同。客觀上，爾朱榮面對不費吹灰之力得來的勝利老覺得不踏實，對自身實力不自信。

於是，爾朱榮私下對部將說：「洛陽人物繁盛，驕侈成性，不除掉他們恐怕難以控制。我想趁著百官出迎新皇帝之時，『悉誅之』，如何？」爾朱榮已經把費穆的「大行誅罰」發展為「悉誅百官」了。部將慕容紹宗反對說：「我們之所以取勝，是因為太后無道，失去了民心。主公以正義之師入洛陽，突然要誅殺百官，不是良策。」爾朱榮沒有採納慕容紹宗的意見，還是決心大開殺戒來立威。

元子攸登基的第三天，爾朱榮以「祭天」為名，命令洛陽的百官到河陰行宮的西北集合參加。文武官員們陸續趕到河陰。當時的場面非常混亂，大臣們越聚越多，既沒有人出面組織，也談不上任何祭天的準備工作，反而有騎兵橫刀立馬、氣勢洶洶地圍繞著群臣。

宣稱已經出家的胡太后被從寺廟中搜了出來，連同她立的幼帝元釗一道被爾朱榮的騎兵押送到了河陰。胡太后看到殺氣騰騰的爾朱榮，「多所陳說」，試圖為自己的為所欲為辯解。爾朱榮沒聽幾句就拂袖而去，下令把帝后扔到黃河裡去。於是，士兵們把胡太后和元釗裝入竹籠，溺死在黃河裡了。

接著，爾朱榮把宗室諸王集合起來，開始訓話。他大聲追問王爺們「天下喪亂」、「明帝卒崩」的原因，諸位王爺無言以對。爾朱榮直言：「這都是你們貪腐暴虐，不相匡弼導致的惡果！」隨即，他揮手示意屠殺在場的所有王公。高陽王兼丞相元雍（炫富的那位）、司空元欽、儀同三司元恆芝、東平王元略、廣平王元悌、常山王元邵、北平王元超、任城王元彝、趙郡王元毓、中山王元叔仁、齊郡王元溫等人遇害。其中，遇害的東平王元略是爾朱榮的內侄。元略平日自詡為皇親國戚，又是清流大臣，對赳赳武夫的姑父爾朱榮很輕慢，所以雖然是爾朱榮的近親，也遭到無情殺戮。

宗室王公被殺，引起了雲集的大臣們的恐慌。場面出現了騷動。爾朱榮又指揮外圍的騎兵，對手無寸鐵的文武百官展開了屠殺。頓時，河陰的土地上屍體相陳，血流成河。遇害的官員人數在兩千人左右，超過京官人數的一半，且都是有資格參與迎駕和祭天儀式的高級官員。被亂兵殺害的大臣不僅包括了素來為武人厭惡的眾多世族大家子弟和奉行「文武分治」、鄙視虐待武人的文官（難怪士兵們殺起來那麼起勁，一點都不含糊），也包括了很多追隨元子攸、對爾朱榮有功的大臣，比如獻出黃河投降的鄭季明、李遐等人。

有一百多位「祭天」遲到的大臣，被騎兵包圍在起來。士兵們舉刀正要殺戮、大臣們伏地求饒的時候，有將領高喊：「你們誰能寫禪文，可以饒他一命。」所謂的禪文，自然是讓北魏皇帝禪讓天下給他人。當時在包圍圈中的隴西李神俊、頓丘李諧、太原溫子升等人都寫得一手好文章、名聲在外，但不願當亂臣賊子、恥於從命，趴在地上不吭聲。御史趙元則很怕死，連忙爬出來說自己能寫禪文。於是，爾朱榮的將士授意他寫了一篇北魏國運已絕、爾朱榮堪當大任的文章。

在屠殺之前，爾朱榮有選擇地保留了一批大臣，並不是對所有人都大開殺戒。元順是個耿直忠心的大臣，在萬馬齊喑的大環境中多次不合時宜地死諫。爾朱榮很讚賞元順的品格，事先派人傳話給元順：「大人留在洛陽辦公，不必去祭天。」一些曾經對外地官兵有恩或者為武人鳴不平的官員，事先也得到了關照。比如江陽王元繼對爾朱榮之前多方照顧和提攜，被告知留在洛陽；大臣山偉曾經建議提高北方將士的待遇，被爾朱榮的士兵們認為是「好人」，屠殺當天特意被安排在洛陽值班。

還有一點容易被遺漏的史實是：部分大臣參與了對同僚的屠殺。這些人主要是不掌權的疏遠宗室和洛陽的禁衛軍將領。由於宗室繁衍以及朝廷對宗室成員的恩賞隨著血緣的疏遠而遞交，越來越多的「皇親貴冑」被排除出權貴行列。那些血脈疏遠的元氏宗室生活並不如意，充滿失落和嫉妒。最終，他們加入爾朱氏的陣營，參與骨肉殘殺。比如宗室元禹早在爾朱榮起兵前就投入麾下，參與了大屠殺的醞釀和實施；并州刺史元天穆也是宗室，老早就和爾朱榮結為異姓兄弟，元天穆年紀大，爾朱榮稱他為兄，但在政治上元天穆緊跟爾朱榮。爾朱榮起兵後，并州的政務就全權委託給了元天穆。此外，領軍將軍元鷙也是宗室，投靠爾朱榮後，在大屠殺當天還和爾朱榮一同登上高塚俯看血淋淋的屠殺現場。

在不遠處行宮中的孝莊帝元子攸在屠殺中又如何表現呢？

元子攸對爾朱榮殺戮大臣的計畫是知情的。（爾朱榮以元子攸的名義召集群臣，事前動靜鬧得很大，說元子攸不知情說不過去。）而且，元子攸甚至可能參與了謀劃。和爾朱榮一樣，元子攸也是輕而易舉獲得勝利，當上了皇帝。他同樣對自己不自信，害怕日後被人推翻，所以贊同用殺戮來立威——他也有仇家，也有殺心。然而，元子攸萬萬沒想到，爾朱榮的動作這麼大、這麼殘忍。原本是一場有限的誅罰，卻惡化成了一場慘烈的大屠殺，而且連忠於自己的大臣也被爾朱榮殺了，元子攸始料莫及、追悔莫及。元子攸知道：千萬不要用血腥屠殺來立威，那樣做非但對帝王的威望不利，反而會動搖人心、危及政治根本。

當聲聲慘叫傳來時，元子攸和哥哥、彭城王元劭及弟弟、霸城王元子正一起走出帳外，正要看個究竟。迎面走來二三十個持刀武士。元子攸強裝鎮定，喝問來者。衝過來的武士藉口護駕，幾個人抱起元子攸就往帳裡走。剩下的人亂刀齊下，將彭城王、霸城王殺死。這些武士也是爾朱榮派遣的，將元子攸緊緊看管起來。至此，元子攸命懸一線，就看爾朱榮的意思了。

眼看著王朝很可能要滅亡在自己手中，元子攸恨自己助紂為虐，又很擔心自身安危。他不是一個懦弱無能、束手等死的人，寫了一道詔書，買通武士傳遞給爾朱榮。詔書說：「帝王迭襲，盛衰無常，既屬屯運，四方瓦解。將軍仗義而起，前無橫陳，此乃天意，非人力也。我本相投，規存性命，帝王重位，豈敢妄希？直是將軍見逼，權順所請耳。今璽運已移，天命有在，宜時即尊號。將軍必若推而不居，存魏社稷，亦任更擇親賢，共相輔戴。」元子攸屈身說自己對帝位無所留戀，如果爾朱榮再緊緊相逼就將帝位傳給爾朱榮，如果爾朱榮想保存北魏社稷就聽任爾朱榮掌權。同時，元子攸又搬出「天意」、「天命」來，提醒爾朱榮之所以能大獲全勝，是天意使然，不要逆天而為。這番話柔中帶剛，以退為進，把球踢給了爾朱榮。

清洗了大臣、草擬了禪讓詔書，皇帝元子攸也服軟了，爾朱榮接下來怎麼做呢？他會不會滅亡北魏呢？

# 二七、河陰之變II：大屠殺如何善後

## 一

爾朱榮屠戮群臣的本意是要立威，要殺死一批老人換上親信，可隨著鮮血越流越多，他的野心也在不斷膨脹。

北魏的中央政府在河陰基本上被全部摧毀了。面對唾手而得的洛陽，暢想搭建一個新王朝的美好前景，爾朱榮心想：為什麼我不自己當皇帝呢？他的部下已經在高呼：「元氏既滅，爾朱氏興！」都督高歡公開勸爾朱榮稱帝。

爾朱榮決定為自己鑄銅像，看看「天意」如何。第一次，沒成功；爾朱榮又鑄了一次，還是沒成功；爾朱榮寄希望於第三次，依然沒成功；爾朱榮還是想當皇帝，就鑄了第四尊銅像，還是失敗了。「難道天意不讓我當皇帝？」爾朱榮不甘心，又讓平日最信任的陰陽術士占卜吉凶。結果，占辭說：「今時人事未可。」鑄銅像不成，占卜又不吉，爾朱榮灰心喪氣了。部將賀拔岳於是從容勸諫說，天不亡魏，主公登基還為時尚早，不如先尊立元子攸。

在爾朱榮稱帝問題上，以高歡為首的懷朔集團和以賀拔岳為首的武川集團的態度截然不同。他們雖然都棲身爾朱榮麾下，但都想獨霸一方，追逐更大的利益。高歡等人一直唯恐天下不亂，慫恿爾朱榮登基是想把已經夠亂的局勢攪和得更亂，方便自己渾水摸魚。賀拔岳等人走的是中規中矩的路子，希望爾朱榮能平穩發展壯大，自己隨著爾朱榮的發達而發達，然後再想獨立或者稱霸的事情。這兩撥人此時就已經暴露出了性格和戰略的差異，也埋下了矛盾的種子。

爾朱榮在賀拔岳等人的勸說下，決心退回來，繼續當北魏的「忠臣」。賀拔岳趁熱打鐵，馬上指出高歡勸爾朱榮當皇帝，居心叵測，應該殺高歡以謝天下。高歡那一些夥計和其他將領趕緊替高歡說話：「高歡是個粗人，言語難免不周全。如今四方多事，正是用人的時候，請主公放過高歡這一回，以觀後效。」爾朱榮順水推舟，放過了高歡。

打定主意後，爾朱榮來到元子攸的營帳，「叩首請死」。元子攸自然不會讓他死，相反熱淚盈眶地扶起爾朱榮，說了很多安慰的話。爾朱榮就再一次自我批判，又說了許多效忠朝廷、死而後已的話。最後，君臣倆皆大歡喜，約定「起駕回宮」。但是，屠殺給元子攸的心理造成了巨大創傷，難以撫平。在思想上，他和爾朱榮的政治同盟已經終結了。

走到洛陽背面的邙山，爾朱榮看著洛陽城闕，心虛起來。城中家家戶戶幾乎都有人被殺，籠罩在一片愁雲淒雨之中。悲痛的氣場讓爾朱榮心懷畏懼，不敢上前。武衛將軍泛禮（又一個投靠的禁衛軍將領）苦苦相勸，爾朱榮這才答應入城。入城後，爾朱榮及其部隊人不卸甲、馬不歇腳，連進入宮殿都全副武裝、騎馬進出——可見他們緊張到了何種程度。

爾朱榮部隊怕洛陽官民，洛陽百姓更怕湧進來的胡騎，爆發了大規模的恐慌。大屠殺的消息傳來，人們驚駭萬分。等到鐵騎入城，謠言四起，有的說爾朱榮要遷都晉陽，有的說胡騎要大掠洛陽城，還有的說要強迫洛陽百姓遷往北方，官民人等少數閉門不出，多數人離城而逃。僥倖躲過大屠殺的文武官員更是驚弓之鳥，攜家帶口地逃亡。那個受到爾朱榮尊重的元順，事先得到通知留在洛陽，但聽說大屠殺後還是嚇得離城而逃，在途中被亂軍所殺。「洛中草草，猶自不安，死生相怨，人懷異慮。貴室豪家，並宅競竄。貧夫賤士，繈負爭逃。」洛陽城中人口很快只剩下一二成。

元子攸回宮，發現「直衛空虛，官守廢曠」，官衙和宮殿裡空空如也。皇帝進宮時，只有「值班」的散騎常侍山偉一個人跪拜迎接。

河陰之變的消息傳到外地，郢州刺史元顯、汝南王元悅、臨淮王元彧、北青州刺史元世俊、南荊州刺史元志等宗室嚇得魂飛魄散，一溜煙地都向南方的梁朝投降。他們不是攜家帶口逃往南方，就是割據轄區、率領軍隊集體倒戈。梁武帝蕭衍一下子賺大發了，笑得合不攏嘴。而北魏對南朝的防線全線崩潰，沒有成形的防衛可言了。

爾朱榮急需恢復洛陽的秩序、維護國家機器的正常運轉，並鎮壓北方越燃越旺的起義烈火和南方的梁軍的侵擾。大屠殺的善後工作千頭萬緒，非常繁重！

## 二

既然要保存北魏王朝，就要聚集在元子攸的旗幟下，維護朝廷的權威。爾朱榮入洛陽後，在明光殿參拜元子攸，主動就河陰之變請罪，誓言對朝廷沒有二心。元子攸當然沒有治爾朱榮的罪，拉著他的手說自己從來不起疑心。

接著，爾朱榮調整了中央官員。江陽王元繼升為太師、司州牧，居百僚之首；實際負責行政的是爾朱榮的死黨元天穆，元天穆還受封上黨王。爾朱榮還拉了李延實、楊椿則進入中樞要津，這兩人都是元子攸的親信。此外，北海王元顥之前領兵在河北鎮壓起義，爾朱榮想繼續重用他。不想，元顥已成驚弓之鳥，沒幾天就棄軍南逃，投降蕭衍去了。（此後，爾朱榮只好無奈地親自領兵去鎮壓河北起義了。）將軍長孫稚在南方邊界領軍，爾朱榮就將南方事務繼續委託給他了。

骨幹確定後，具體辦事的中下級官員比較難找。大屠殺之後，官員缺額實在太多，而大多數倖存者對爾朱榮政權避猶不及，寧願隱居、出家也不願出來當官。爾朱榮找不到足夠的人選，只好將秀容部落的大批軍官任命為京官，填補了河陰屠殺留下的官缺。跟從他起兵的官兵們，無不加官晉爵。爾朱榮又讓元子攸下詔，讓地方官員訪求人才，凡有在德行、文藝、政事任何一方面有所長者都可推薦為官。推薦三人以上的縣令、太守、刺史可得獎賞，無法完成任務的要降官。如此一來，不少行伍士卒和鄉間豪強都被拉上朝堂，暴得高位。「起家為公卿牧守者，不可勝數。」正常的人事制度和升遷、先前的門第才學等等都被拋棄了，世族大家和門閥清流們更加恥於和爾朱榮等人為伍。

元子攸對狗尾續貂、拉人當官的行為很厭惡。一次，爾朱榮舉薦了一大批武士擔任河南諸州的地方官，元子攸沒有批准，鬧得雙方不太愉快。元天穆勸他說：「大將軍有大功，就是將全天下的官屬都替換一遍，恐怕陛下也無法違抗。如今，大將軍只是推薦數人而已，陛下何必生氣？」元子攸想想也對，誰讓自己是無權無勢的傀儡皇帝呢！

對於河陰的遇害者，爾朱榮大肆追贈死者，對官僚家庭進行安撫。爾朱榮上疏，將無上王追尊帝號，遇害的諸王、刺史都贈三司，其餘三品以上官員都追贈尚書令或者尚書僕射，五品以上官員都追贈地方刺史，六品及其以下（包括少數遇難的百姓、僕人）都追贈太守。死者無後的，都允許家族過繼，由過繼之人襲封官爵。

經過這一方大刀闊斧的整頓，洛陽秩序逐漸恢復正常，北魏國家機器逐漸恢復運轉。洛陽穩定後，爾朱榮返回晉陽，遙控北魏朝政。一方面，他在洛陽還是感到心虛，有危機感；另一方面，河北的葛榮勢力迅速膨大，需要爾朱榮傾注全副心力去鎮壓。

一年前（孝昌三年，五二七年），葛榮率軍攻破信都，圍攻鄴城。元子攸繼位後，葛榮又一次圍攻鄴城（今河北臨漳）。這一次，起義軍號稱百萬，刨除掉其中不少隨軍移動的流民，有戰鬥力的將士也有幾十萬人。

爾朱榮能調動的，只有侯景等部的七千騎兵。他毅然率領這支小部隊東進救鄴。為了趕速度，爾朱榮下令每人都備副馬，兩匹馬輪著騎，急速向起義軍殺去。葛榮偵察到爾朱榮的兵力後，自認為勝券在握，對部下說：「多帶長繩，等爾朱榮到了把他們綁起來就行了。」他將百萬大軍在鄴城城下列陣數十里，企圖仗著數量上的絕對優勢，將爾朱榮的部隊圍殲。可惜，起義軍人數太多，列陣範圍過大，葛榮事實上並不能指揮全部部隊，只能調動少數親信部隊。而起義軍缺乏訓練，鬆鬆垮垮，大敵當前還是亂糟糟的。爾朱榮殺近後，把部隊分成若干股，每股幾百名騎兵，在山谷間到處揚塵鼓譟，產生馬蹄陣陣、塵土飛揚的效果，使起義軍弄不清楚敵人到底有多少、將從何處進攻。在氣勢上，爾朱榮就先勝一籌。他又下令本次作戰不以斬殺的敵人首級的多少來計功，只以最後結果論功。秀容騎兵每人帶一根棒，見人就打，不准下馬斬級，以衝垮起義軍為目的，避免起義軍發揮出數量優勢來。

決戰開始了，爾朱榮身先士卒，帶頭衝入敵陣。侯景領著數千鐵騎緊隨其後，左衝右突，來往猛擊，竟將幾十萬起義軍沖散。起義軍亂不成形，葛榮緊急聚攏親信部隊，試圖扭轉敗局。可惜，爾朱榮搶先集中所有騎兵，向葛榮圍攻過來。葛榮力不能敵，被侯景生擒。（侯景因此嶄露頭角，戰後被封濮陽郡公，出任定州刺史。）主帥被擒，起義軍全線崩潰，全部投降。葛榮被押到洛陽，舉行過「獻俘儀式」後被斬首。他的死，標誌著六鎮起義最大的一股烈火被撲滅。元子攸為此改年號為「永安」。

爾朱榮大勝後，又面臨著如何處理俘虜的問題。投降的起義軍將近一百萬人，而爾朱榮的部隊只有七千人，不可能看守、不可能殺戮，連押送遣散都成問題。弄不好，俘虜們會再次起義。爾朱榮的高明之處就在於他先高調下令將起義軍就地遣散，任由他們攜帶親屬、財物四散回家，去處一概不問。於是，百萬俘虜們大喜，一朝散盡。他們離鄴城越來越遠，散得越來越開。暗地裡，爾朱榮在百里之外埋伏了官兵，堵住了各條路口。俘虜們絡繹不絕而來，來一群被爾朱榮的官兵截一群，集中起來安置。爾朱榮挑選其中的精壯，對原來的首領量才錄用，把降兵編入自己軍隊。爾朱榮成功地解決了俘虜難題，還幾何倍數地壯大了部隊。

浩浩蕩蕩的降兵隊伍中，就有宇文泰。宇文泰正好二十出頭，身材健壯，屬於優質兵源。爾朱榮將他們帶回老巢晉陽，編入骨幹隊伍。巧合的是，宇文泰被編入賀拔岳的麾下。宇文、賀拔兩戶武川的舊交，經過幾年的顛沛流離，又奇蹟般地會合在一起了。

北方剛安定了一些，南方又裂開了一個大窟窿。北魏宗室汝南王元悅、北海王元顥、臨淮王元或和部分大臣投降梁朝後，梁朝決定以敵制敵，扶植這些人回北方「復國」——當然是梁朝的藩屬國。鄴城大戰後的第二個月，梁武帝蕭衍以北海王元顥為魏王，派將軍陳慶之護送他北伐爭奪北方。第二年（五二九年），梁朝軍隊在中原腹地連戰連捷，四月元顥在睢陽城南稱帝，五月梁軍攻克洛陽東部重鎮滎陽，元子攸慌忙渡過黃河逃到上黨，洛陽隨即被元顥佔領。元顥進入洛陽，改元建武。（將軍費穆投降元顥。元顥等人對河陰之變耿耿於懷，認定費穆是始作俑者，難辭其咎，派人詰問後將他殺死。）局勢萬分危急了，爾朱榮果斷到上黨勤王，勸說元子攸擺出返往洛陽的姿態。爾朱榮在十幾天時間裡聚集軍隊，在黃河北岸對梁軍構成巨大壓力。黃河決戰，爾朱榮戰勝梁朝軍隊。元顥被迫逃亡，在臨潁被縣卒江豐斬首。元子攸重新回到洛陽。爾朱榮又樹立了「再造朝廷」的大功。

關東基本安定後，爾朱榮著眼尚在沸騰的關中。爾朱榮任命侄子爾朱天光為統帥，以賀拔岳為左大都督，侯莫陳悅為右大都督西進討伐萬俟醜奴。時任步兵校尉的宇文泰跟隨賀拔岳進入關中。爾朱天光等人很快清剿了萬俟醜奴起義。爾朱天光留鎮關中，賀拔岳和侯莫陳悅則分別做了涇州刺史和渭州刺史。宇文泰因為奮勇殺敵軍功不小，升為征西將軍，代理原州事務。

隨著一連串的勝利接踵而來，爾朱榮牢固控制了北魏政權。鎮壓了葛榮起義後，元子攸封爾朱榮為大丞相、太師、太原王，封邑由二萬戶增加到十萬戶。打退梁軍後，元子攸加封他為天柱大將軍，封邑又增至二十萬戶。爾朱榮依舊盤踞在晉陽，不時派人往來洛陽聯絡。每次爾朱榮的使節到洛陽，不論身分貴賤，朝廷權貴見之莫不傾靡。爾朱榮的權勢達到頂峰。

爾朱榮篡國稱帝的心思又萌芽了。但北魏內亂不斷，民怨沸騰，限制了爾朱榮篡位野心的實現。爾朱榮在戰場上連戰連捷，在內政和經濟建設上卻罕有建樹。北魏經受多年戰亂，急需休養生息。但爾朱榮一味窮兵黷武，不事生產，弄得民不聊生，人心惶惶。他又專橫跋扈，任人唯親。其弟爾朱仲遠坐鎮徐州，在東南一帶作惡多端，殺人如麻。為了撈取不義之財，爾朱仲遠常常誣陷達官顯貴和豪門大族謀反，橫加殘害。他抄沒他人府邸，將男子殺害後投入河流，將家產佔為己有。因此家破人亡的人家，不可勝數。徐州百姓和地方官恨他入骨，將他比做豺狼。爾朱家的其他人也好不到哪裡去，橫行不法，魚肉百姓，干擾朝政。久經動亂的北方大地，黑暗非但沒有散去，反而更重更深了。軍事上的輝煌並沒有轉化為崇高的聲望，爾朱榮權勢是穩固了，聲望卻依舊在低位徘徊。

想必爾朱榮自己也明白實情，所以遲遲沒有篡位。

# 二八、戰神傳說：陳慶之

## 一

南北朝中期，南方的梁朝出了一位不得不說的「百戰戰神」。他身經百戰，以少勝多，從來都是以絕對劣勢兵力取得輝煌的勝利，以一敵十、以一敵百，甚至是以一敵千。這位戰神貫穿了梁朝和北魏的恩怨戰和，影響了北魏末期的歷史。在他死後，對他戰績的稱頌和追思伴隨著質疑的聲音，延續了上千年的歷史。

他，就是陳慶之。

陳慶之，義興國山（今江蘇宜興市）人，出生於普通人家，屬於庶族子弟。南朝極端講求門第，一個庶族子弟要想在政治上飛黃騰達難於上青天，就是想進入仕途也是困難重重。陳慶之就面臨著入仕無門的困境。好在他有一樣吃飯的手藝：下圍棋。巧的是，大臣蕭衍是鐵桿圍棋粉絲，於是陳慶之就在蕭衍身邊找到了一份工作：陪下棋。更巧的是，蕭衍後來奪權當了皇帝，建立了梁朝，陳慶之順帶著進了皇宮成了皇帝身邊的人。蕭衍任命他做了宮中的主書（管理文書的小官）。陳慶之總算是實現了自己入仕的夢想，不過他的工作內容不變，還是陪蕭衍下棋。

蕭衍很喜歡陳慶之。倒不是因為他發現了陳慶之有什麼傑出的才能，而是陳慶之是蕭衍眾多「棋友」中最能熬夜的人。蕭衍這個人嗜棋到了通宵達旦的程度。陪他下棋的人必須要隨叫隨到、一天二十四小時不能休息，而且還要裝做很投入、很認真地輸棋。一般人做不到這一點，不是時間久了昏昏欲睡，是一不小心讓蕭衍給下輸了。只有陳慶之例外，他可以做到幾天幾夜不睡覺，只要蕭衍還要下棋，就能隨時「投入戰鬥」。所以，蕭衍很親信陳慶之。

可惜的是，皇帝的欣賞和信任並沒有給陳慶之帶來任何實質性的好處。陳慶之的出身基本決定了他的前途。即便是蕭衍褒獎他的詔書，開頭也寫道：「（陳慶之）本非將種，又非豪家。」蕭衍還只是把他當作身邊可以說上話、可以相信的陪客而已。

陳慶之個人素質似乎也有問題。他身體文弱，力氣很小，拉弓射出去的箭連紙張都穿不透，騎馬也很困難。這樣的身材放在世族子弟身上，可能不會影響仕途，該統兵的繼續統兵，該當將軍的還是當將軍。但對要真刀真槍殺出政績來的庶族寒門來說，陳慶之這樣的就慘了，連上戰場殺敵立功升遷的可能性都沒了。他似乎要在宮中陪蕭衍下棋，了此一生了。事實上，陳慶之從青年陪到中年，從滿頭黑髮陪到頭髮花白，一晃就二十年過去了。

不過，關注陳慶之的人往往忽視了圍棋的重要作用。下棋和辦事，甚至和做人的道理是相通的。棋下好了，很多道理也就明白了。陳慶之的二十年陪棋經歷，其實也是個人的修練過程。機遇只光顧有準備的頭腦，與其埋怨社會的不公和下棋的無聊，還不如將它當作一種磨難。陳慶之就一邊潛心修練，一邊等待機會的到來。

西元五二五年，陳慶之終於得到了一次表現的機會。已經四十二歲的他生平第一次要領兵打仗去了。

這一年，北魏的徐州刺史元法僧納土歸降，請南朝前來接收。能夠不戰而得人之地，蕭衍很高興，決定派官兵去接收。他要在派遣的將領中摻入自己信任的人，於是就任命陳慶之為武威將軍，隨同大部隊去接收徐州。這個「武威將軍」屬於雜號將軍，是南北朝時期眾多濫封的將軍名號之一，在軍隊序列中只算是中等偏上的軍銜。儘管地位不高，不過對陳慶之來說，卻是質的改變——他終於獲得了施展真正才華的舞台！

## 二

遺憾的是，接收徐州的行動很順利，沒有遇到任何抵抗。陳慶之的第一次帶兵行動和平凱旋，並沒有打成仗。自然，陳慶之也沒有任何可以發揮才能的機會。

很快，陳慶之就得到了第二次機會。

蕭衍派兒子豫章王蕭綜接管徐州。考慮到陳慶之有接收徐州的經驗，就任命他為宣猛將軍，領兵兩千護送兒子去上任。蕭衍以為這是一個簡單的任務，所以沒有配備更多的軍隊和將領，讓陳慶之一個人挑大樑。他可能想：不就是赴任嗎，又安全又輕鬆，讓小陳去綽綽有餘！

蕭衍看錯了。北魏對徐州這塊戰略要地叛降南朝非常在意，不能坐視南朝派王子和部隊接管。北魏宗師元延明、元彧奉命領兵兩萬，前來「迎接」蕭綜赴任。他們搶先在陟口一帶紮下營寨，以逸待勞，準備痛擊梁軍。兩千人對兩萬人，而且是毫無經驗、看似文弱的陳慶之對北魏鐵騎，梁朝還能接管徐州嗎？

蕭衍更看錯了，看低了陳慶之的能力。陳慶之「棋」開得勝，以少勝多，將兩萬魏軍殺得潰不成軍。他是怎麼做到的呢？就簡單的一個字：打！正面進攻。

關於戰鬥，人們往往附加了許多累贅的東西，比如各種戰略戰術、各種策略和小動作，卻忘記了決定戰鬥勝負最原始的要素：勇敢。正面的、勇猛的、漠視死亡的廝殺永遠是影響戰鬥結果的關鍵因素，其他的都是浮雲。對於勇猛的軍隊來說，各種計策都能夠錦上添花；對於懦弱的軍隊來說，再多的策略和伎倆也不能給他們帶來勝利。去繁就簡，最簡單的往往是最有用的。陳慶之深諳此理，得知前方有敵人後，督促軍隊逼近敵人，發動正面猛攻。在一通鼓之間，陳慶之的兩千人馬竟然擊潰了兩萬魏軍，取得了難得的勝利——南朝軍隊在南北交戰中勝少敗多。

勝負已定，梁軍順利接管徐州。不想，陳慶之護送的豫章王蕭綜卻叛變了！原來，蕭綜的母親吳氏原是南齊末代皇帝蕭寶卷的嬪妃，蕭衍篡位後才跟了蕭衍。和蕭衍在一起七個月後，吳氏就生了蕭綜。蕭綜和其他人一樣，懷疑自己是蕭寶卷的孩子。據說，蕭綜曾經悄悄挖開蕭寶卷的墳墓，把自己的血滴在蕭寶卷的骨頭上。血滲了進去。蕭綜確信自己就是蕭寶卷的骨肉，覺得自己現在是認賊作父，連夜就帶了幾個人投奔魏軍大帳裡去了。主帥臨陣投敵，梁軍陣腳大亂。陳慶之只好斬關後退。

雖說接管徐州行動失敗，陳慶之卻一戰成名，讓南北雙方都刮目相看。

兩年後（五二七年），陳慶之參加了梁軍的一次大行動：進攻南北方拉鋸的據點渦陽。他依然當不了主帥，而是眾多跟隨主帥曹仲宗出征的部將之一。蕭衍發現了陳慶之的軍事才能，放他去前線歷練。出於信任，蕭衍給了陳慶之象徵皇帝親臨的「節」，可以假節代行部分皇帝職權。所以陳慶之的角色類似於部將兼監軍。

北魏很重視這場戰鬥，派遣宗室元昭等人領軍數萬迎戰（梁朝說是十五萬），先頭部隊趕到駝澗。兩軍相遇了，如何對戰？陳慶之建議正面猛攻，同事韋放認為敵人的先頭部隊都是精銳，不易取勝，反對正面進攻。陳慶之堅持自己的風格，寧願帶本部人馬進攻。他率領的人馬有多少呢？兩百人。陳慶之帶領部屬兩百人，連夜奔襲駝澗，在夜幕中一舉擊敗北魏的先頭部隊。正面交鋒似乎是北朝鐵騎的專利，當北魏主力聽到先頭部隊被夜襲的梁軍正面擊潰後，全軍震動，士氣跌落。

南北兩軍在渦陽附近打了近一年，戰鬥上百次，未分勝負。魏軍做好了持久戰的準備，執行「堡壘戰術」，一座一座地建築堡壘，步步逼近。他們一共造了十三座堡壘，成半圓形，對梁軍形成了夾擊之勢。主帥曹仲宗、將領韋放二人見狀，沒有信心了，準備撤退。部隊都做好撤退準備了，只見陳慶之持節堵在大營門口，說：「全軍官兵再次鏖戰一年，耗費了無數糧草軍需。諸軍並無鬥志，都想要退縮，難道是要建功立業的樣子，簡直是為了聚集搶掠。我聽說置之於死地而後生，等敵人部隊會合了我們再和他們大戰。我有密敕在此，如果誰要班師，就請他來以身試法吧。」陳慶之想置之於死地而後生是真，所謂的密敕很可能是假的，嚇唬眾人而已。但是曹仲宗、韋放等人被嚇住了，不敢撤退，還聽陳慶之指揮。陳慶之當即組織精兵強將，突襲北魏的營壘。他的打法一如既往的簡單，就是一座接著一座地去進攻堡壘。陳慶之領兵一連攻破了四座保壘，雖然沒有技術含量，但殺得魏軍心驚膽寒。渦陽城的守軍見狀投降。梁軍乘勝發動全面強攻，魏軍其餘九個堡壘也紛紛潰敗，魏軍的屍首淤塞了淮水的支流。梁軍大獲全勝，陳慶之聲譽日隆。

## 三

陳慶之最輝煌燦爛的時刻，發生在又一個兩年之後（五二九年）。那一年，蕭衍不經意地發動了一次潦草的北伐，陳慶之幸運抓住了機遇，登上了戰神的巔峰。

事情的起因是在大通二年（五二八年）北魏發生了內亂。這一年，北魏宗室在河陰之變中遭到爾朱榮大肆屠殺。一些僥倖脫逃的宗室成員倉皇逃奔梁朝，其中就包括北海王元顥。他們向蕭衍稱臣，乞求梁朝出兵平定北魏內亂。天上掉下個大餡餅，蕭衍大喜過望，封元顥為魏王，計畫派兵助他收復領土，建造一個南朝的藩屬。

派誰去呢？陳慶之。派多少人去呢？七千人。

蕭衍派陳慶之帶著七千人護送元顥北伐，是怎麼想的呢？只能說蕭衍沒有對元顥一行抱有多大的信心，反正是天上掉下來的橫財，能收多少就是多少，所以他沒有認真準備北伐。派出了陳慶之的七千人隊伍後，蕭衍就算是把元顥給敷衍過去了。不想，他又一次小看了陳慶之。

陳慶之把這支小小的隊伍指揮得出神入化、屢戰屢捷。

河陰之亂後，北魏內訌不斷，邊境守衛力量削弱。中大通元年（五二九年）四月，陳慶之乘虛攻佔河南滎城，進軍重鎮睢陽（今河南商丘）。睢陽有北魏的上萬守軍（梁朝說是七萬守軍），以逸待勞，還修築了九座營壘滯緩梁軍的進攻。陳慶之發揮敢闖敢幹的精神，指揮部隊毫不畏懼地猛攻營壘。戰鬥從清晨開始，到中午的時候，梁軍攻陷了三座魏軍營壘，殺得其他北魏守軍喪失鬥志、舉眾投降。陳慶之成功佔領睢陽。元顥旋即在睢陽登基稱帝，史稱北魏建武帝。

北魏的元暉業率領兩萬軍隊佔據考城（在今河南蘭考），阻擋陳慶之繼續前進。考城四面環水，易守難攻。陳慶之就指揮官兵強渡護城河，逼近城牆修築土壘，躍上城池殺敗守軍。此戰，陳慶之生擒元暉業，還繳獲大批糧草車架。勝利之後，陳慶之揮師西進洛陽，沿途不少州縣聞風歸降。北魏在黃河中游的統治根基鬆動了。這都是四月份一個月之內發生的事情。

北魏孝莊帝元子攸蒐集軍隊保衛首都洛陽。北魏左僕射楊昱、西阿王元慶、撫軍將軍元顯恭等率羽林軍數萬守滎陽（在今鄭州西部）、虎牢等地。這支軍隊是河南魏軍的精銳，正面阻擋著陳慶之前進的步伐。陳慶之督促部隊猛攻，無奈北魏羽林軍裝備精良，滎陽城的城牆又很堅固，梁軍攻之不克。

北魏上黨王元天穆統率著鮮卑主力，正在北方鎮壓內亂，聞訊河南危急，派將軍爾朱吐沒兒領騎兵五千、魯安率步騎九千馳援滎陽，又派出爾朱世隆、王羆率騎兵一萬進據虎牢。元天穆自己督率十數萬鮮卑主力隨後南返，計畫合圍陳慶之這支小部隊，將其消滅在滎陽附近。

一旦合圍成功，陳慶之將陷入數十倍於己的敵人的重重包圍中。梁軍將士都很害怕。陳慶之眼看陷入了一盤死棋。破解困局的唯一辦法，就是攻陷滎陽城！陳慶之解鞍秣馬，向大家發表了一番戰前動員：「我們北伐以來屠城掠地，實為不少；你們殺人父兄，掠人子女，和北魏軍隊結下了深仇大恨。現在魏軍氣勢洶洶地來報仇了。我們才七千人，敵人超過三十萬。我們不能有僥倖圖存之心，只能奮力死戰。我們步兵在大平原上無法和鮮卑騎兵對抗，只有在他們到來之前踏平滎陽！」梁軍將士們都激起了死裡求生的心來，於是陳慶之親自擂鼓，全軍吶喊著殺向滎陽。勇士宋景休、魚天湣首先登上城牆，梁軍相繼而入，只一通鼓梁軍便悉數登城。北魏主帥楊昱被俘，三十多名將領被殺，北魏在滎陽儲備的牛馬穀帛數量眾多，都成了陳慶之的戰利品。

滎陽失陷，魏軍失去了合圍梁軍的支撐點。元天穆不甘心失敗，帶著數萬大軍兵臨滎陽城下。他沒想到，滎陽城城門大開！陳慶之壓根就沒想守城，挑選三千名精騎出城背水一戰。此戰，三千梁軍以必死之心奮勇殺敵，殺得魏軍節節敗退。魏將魯安在陣前投降，元天穆等人只帶少數殘兵敗將逃生。陳慶之乘勝追擊，帶著這三千人馬進軍虎牢關。虎牢關自古便是天下雄關，有一夫當關，萬夫莫開之險。守將爾朱世隆有數千守軍，竟不敢迎戰，棄城而逃。

自此，洛陽門戶洞開，無險可守。元子攸為避梁軍鋒芒，被迫撤至山西長子。洛陽守將元彧、元延明等人向陳慶之投降。梁軍護衛著元顥進入洛陽，受到北魏降將們的歡迎。周邊的元天穆等人怯反撲，先後攻克大梁、睢陽，魏將費穆圍攻虎牢關。洛陽告急。陳慶之回師迎戰，元天穆等人戰，率軍北渡黃河；費穆則在虎牢關投降。陳慶之順利收復大梁、睢陽，洛陽之危盡解。元顥就在洛陽改元大赦，建立了稱藩梁朝的傀儡政權。他封陳慶之為侍中、車騎大將軍、左光祿大夫，增邑萬戶。

至此，陳慶之在短短的三個月時間裡，以區區七千之眾從長江邊上打到黃河邊上，一路所向披靡，歷經四十餘戰，攻破城池三十多座，殺死、俘虜或迫降敵將數百人，擊潰或殲滅敵人數以十萬計，創造了前所未有的輝煌勝利！因為陳慶之和部下皆穿白袍，所以洛陽城中童謠曰：「名師大將莫自牢，千兵萬馬避白袍。」陳慶之由此被豔稱為「白袍將軍」。

# 四

戰爭是一項綜合事業，英雄個人離開了背後的支持就維持不了不敗紀錄。如果陳慶之效力於蒸蒸日上的政權，他可能還會是「常勝將軍」；遺憾的是，他效忠的梁朝是一個隱患重重、軍事薄弱的政權，這就注定了他的北伐更多的是「一個人的戰鬥」。

更糟糕的是，陳慶之護送的北魏建武帝元顥是個典型的昏君。元顥先是懦弱怯戰，讓陳慶之在前面北伐，自己躲在後面觀望；佔領洛陽後，他一頭紮入後宮，醉心享樂，荒廢政務。陳慶之是元顥傀儡政權的頂樑柱，但元顥君臣卻嫉妒他的輝煌戰績。那些降將們老在元顥耳朵邊說陳慶之的壞話。陳慶之眼看北方魏軍不斷雲集黃河北岸伺機反撲，便讓元顥向南梁請求援兵。元顥怕陳慶之勢力繼續成長，又怕永遠當南朝的傀儡，竟然向蕭衍上奏說北方局勢穩定，不需增兵。結果，梁朝沒有派一兵一卒增援洛陽。實際上，元顥的小朝廷雖然佔據了洛陽，政令卻只能到達洛陽周邊的少數地方，多數地區依然在元子攸的統治之下。洛陽城內人心不穩，暗流湧動。

在北魏那邊，接連的失敗讓他們痛下決心，由爾朱榮傾全國之兵，號稱百萬，大舉向洛陽撲來。洛陽周邊州縣在重兵威脅下，紛紛反叛。陳慶之毅然率領孤軍，主動要求到黃河以北去防守洛陽的門戶北中郎城。北中郎城成了洛陽在黃河北岸的唯一據點，承受了爾朱榮大軍的輪番進攻。三天中，魏軍進攻這座小城十一次，都被陳慶之擊退。

爾朱榮心生退意。有個叫劉靈助者的部下，擅長天文，對爾朱榮說：「不出十日，河南大定。」爾朱榮知道這個「天意」後信心大增，調整思路，決定繞過北中郎城直接攻打洛陽。魏軍伐木造筏，主力渡過黃河去洛陽擒拿元顥。元顥哪裡是打仗的料，拔腿就棄城而逃。爾朱榮攻陷洛陽。元顥逃到臨潁（今河南漯河市北）後，被縣卒江豐斬殺。依然堅守北中郎城的陳慶之就變成了滯留敵後的孤軍，處境危險。沒有了後方、沒有了主帥，陳慶之的部隊便東撤準備返回建康。魏軍尾隨追擊。撤退途中，山水洪溢，梁軍前有洪水，後有追兵，將士死散，全軍覆滅。陳慶之化裝成和尚，孤身潛回建康。

南歸後，陳慶之雖敗猶榮。鑑於北伐的輝煌戰績，蕭衍任命陳慶之為右衛將軍，封永興縣侯，邑一千五百戶。

成就名將之譽的陳慶之此後不用再陪蕭衍下棋了。蕭衍真正認識到了陳慶之的能力，好鋼用在刀刃上，將他配置在南北征戰的前線。回歸南方的當年年底，陳慶之就北上淮河流域，都督沿淮諸州梁軍。他在任上消滅了自稱天子作亂的妖僧僧強和土豪蔡伯龍等人，平定了徐州的叛亂。中大通二年（五三〇年），陳慶之圍攻中原懸瓠（今河南汝南），大破魏軍。大同二年（五三六年）十月，東魏定州刺史侯景率七萬人南侵。陳慶之率領部下不足萬人抵擋。蕭衍聞訊，急調援軍馳援。援軍出發不久，前線傳來消息：魏軍已經被殲滅，侯景隻身逃跑。除了打仗，陳慶之還在任上展開屯田，取得很好的效果，幾年時間讓前線梁軍糧食充實；精簡機構，將虛置的州簡化為郡。

大同五年（五三九年）十月，陳慶之去世，時年五十六歲。因其忠於職守，戰功卓著，政績斐然，梁朝追贈陳慶之為散騎常侍、左衛將軍。

關於陳慶之，最可琢磨的就是他北伐的赫赫戰功。《梁書》記載陳慶之自述「我輩眾才七千，虜眾三十餘萬」。《南史》則升格為陳慶之破「賊眾四十餘萬」。如果記載屬實，陳慶之能夠取得如此懸殊的勝利，令人驚歎。後人多有懷疑陳慶之的戰績，認為陳慶之和南方的史書虛誇了戰功。實際情況如何呢？

縱觀陳慶之北伐時的南北格局，南方梁軍固然虛弱，但北魏也內外交困，變亂四起。剛剛發生的河陰之變讓洛陽方圓百里內兵力空虛、士氣低落。這給陳慶之的北伐創造了良機。梁軍北伐後，魏軍主力並未在前線。比如爾朱榮所部在鎮壓葛榮起義，之後囤兵河北；元天穆所部在濟南鎮壓邢杲起義。陳慶之消滅的敵人都是河南的小股魏軍，北魏主力並未受損。既然是小股魏軍，人數就不可能動輒數萬甚至十幾萬了。梁軍對戰果的彙報多少存在虛誇，陳慶之消滅的魏軍可能包括裹脅的北魏百姓。據今人考證，北魏總兵力在二十萬左右。那麼陳慶之北伐擊潰、殲滅的魏軍數目在幾萬左右，比較可信。

不管陳慶之的「戰神」傳說是否存在虛誇、虛誇了多少，這都無損於陳慶之勇敢善戰的精神。對於他英勇奮戰、一掃南朝柔弱氣息的壯舉，當時的人和後人都是應該稱許的。

# 二九、小皇帝手刃大權臣

## 一

爾朱榮對著皇位猶猶豫豫，下不了手，結果看似文弱的元子攸搶先下手了。

元子攸被迫賦予爾朱榮全權，但早已看出爾朱榮取代北魏自己登基的野心。「河陰之變」血流遍野的慘象和爾朱家族飛揚跋扈的言行，更是堅定了元子攸殺爾朱榮自保的決心。

元子攸的皇后是爾朱榮的女兒。這不是一段美好的婚姻。爾朱皇后性情剛硬，且喜歡爭風吃醋。元子攸被皇后鬧得沒辦法了，就讓在洛陽的爾朱榮的堂弟爾朱世隆開導侄女。堂叔沒說幾句，爾朱皇后就說：「皇帝寶座是我們家給他的。今天他卻這樣子對我！我父親如果做了皇帝，現在就由不得他來教訓我了。」爾朱世隆聽了這話先是沉默不語，之後嘆氣說：「大哥本來自己想做皇帝的，本來我也可以是親王了。」爾朱世隆和爾朱皇后的對話傳到元子攸耳朵裡，自然是更加堅定了元子攸誅滅爾朱家族自保的決心。

但元子攸畢竟只是個傀儡。北魏的皇室貴族和大臣們在河陰之變中幾乎被屠殺殆盡，洛陽周圍被爾朱榮的人看得緊緊的。元子攸尋找不到勤王的力量，所以只能親自動手刺殺爾朱榮了。君王刺殺臣子自保，也算是無奈之舉了。站在元子攸一邊的大臣有城陽王元徽和大臣楊侃、李彧、元羅等少數幾人。中書舍人溫子升參與密謀，向元子攸分析了歷史上殺權臣的成敗得失，包括王允殺董卓、高貴鄉公殺司馬昭等案例，告誡元子攸不要操之過急。但是元子攸心硬如鐵，感歎：「我即便和爾朱榮同歸於盡也願意，更何況未必就死！我寧可像高貴鄉公（曹髦）那樣死，也不要像常道鄉公（曹奐）那樣生！」

永安三年（五三〇年），爾朱皇后即將生育。遠在晉陽的爾朱榮前來洛陽朝見，主要是照顧女兒的生產。元子攸與親信大臣緊張密謀，準備刺殺爾朱榮。但是大家又擔心爾朱榮在洛陽的勢力太強，刺殺不易，遲疑未決。久在洛陽的爾朱世隆感覺到了正在醞釀的刺殺密謀。他自己寫了一張「天子與楊侃等人密謀謀殺天柱大將軍」的紙條貼在自家門口。紙條迅速發酵為一起轟動事件，並被傳遞到了爾朱榮手裡。被實力迷惑了雙眼的爾朱榮完全不把皇帝的陰謀放在心裡，哈哈大笑說：「世隆真是膽小如鼠。誰敢殺我？」他笑著將紙條撕掉。

在心底，爾朱榮對元子攸也充滿疑慮。一次，爾朱榮逕直問皇帝：「外面傳言陛下想謀害我！」元子攸平靜地回答：「也有人告發你準備殺我，我該不該相信呢？」爾朱榮被元子攸這麼一反問，反而放心了。

元子攸害怕計畫敗露，決定提前動手。九月十八日，元子攸邀請爾朱榮及其心腹元天穆入宮吃飯，同時命楊侃等十幾個人埋伏在明光殿東。不知道什麼原因，爾朱榮和元天穆在宴會中途就起身告辭。待楊侃等人從宮外趕上殿來的時候，爾朱榮、元天穆已經走出大殿了，失去了動手的寶貴時機。二十一日，爾朱榮又進宮，但只稍作停留，元子攸又沒有找到下手的機會。當天爾朱榮出宮後到陳留王家飲酒大醉。之後連續多日，他都稱病不出。

元子攸越來越著急了，於是在二十五日那天決心孤注一擲。他先在明光殿東廂設下伏兵，然後聲稱皇后生下皇子。宮中鼓樂齊鳴，開始慶祝皇子誕生。元徽受命飛馬到爾朱榮處報告喜訊。這時爾朱榮正在和元天穆賭博。因為女兒懷孕並沒有滿月，爾朱榮對女兒的提前生產心存疑惑。元徽搬出鮮卑族豪放恣縱的習俗，假裝得意忘形地摘下爾朱榮的帽子，又是歡呼又是舞蹈，鬧得王府裡一片歡笑聲。同時元子攸大規模派出文武百官，向爾朱榮道賀，並催促爾朱榮進宮。

爾朱榮於是放鬆戒備，跟著大家一起興奮起來，叫上元天穆一起進宮。兩人進宮時正遇到負責起草詔令的溫子升拿著剛寫好的大赦令往外走。這些大赦令是元子攸准備殺死爾朱榮後對天下公布的。爾朱榮高興之餘和溫子升擦肩而過。如果他當時查看一下溫子升手裡拿著的大赦令，結果就截然相反了。

元子攸端坐在龍椅上，等待爾朱榮和元天穆的到來。他緊張得臉色都變了，近侍忙提醒說：「陛下臉色不對！」元子攸趕緊喝了幾口酒，才算鎮靜下來。元徽先進殿，向大家行禮。以此為信號，光祿卿魯安等人手持佩刀，從東廂門闖入，向隨後的爾朱榮撲去。爾朱榮也是一代梟雄，迅速反應過來，快步向文弱的元子攸撲過去。他試圖劫持皇帝，扭轉形勢。元子攸早有預料，在膝上橫著一把刀。他等爾朱榮近前，飛快地抽出利刃，一刀就刺入爾朱榮的腹部。爾朱榮痛叫倒地，魯安等人一擁而上將爾朱榮與元天穆亂刀砍死。這是中國歷史上第一起，也是唯一一起皇帝手刃權臣的流血事件。跟隨入宮的爾朱榮長子爾朱菩提、爾朱陽者等三十人也被伏兵殺死。《北史》卷五對這場政變的描寫只有短短的一句：「戊戌，帝殺榮、天穆於明光殿，及榮子菩提。」爾朱榮時年三十八歲。

從河陰之變後掌權，到被萬刀砍死，爾朱榮在權力巔峰停留了兩年多的時間。爾朱氏生前，在他的高壓下，朝野百官對河陰慘劇諱莫如深、噤若寒蟬。河陰死難者的墓誌都諱言其事，只稱墓主人「暴薨」、「暴卒」、「薨於位」、「終於其第」，最為激烈者也不過說是「橫罹亂兵」。爾朱榮被殺的消息傳出後，洛陽城頓時沉浸在一片喜慶之中，「內外喜叫，聲滿京城」。河陰死難者家族相互弔賀。人們對爾朱榮蓄積已久的憤怒都被發洩出來了。

爾朱榮固然有殘酷的一面，但他的軍事才能和政治貢獻也不能抹殺。對他的評價很複雜，元子攸在詔告天下的詔書中，雖指斥爾朱榮「河陰之役，安忍無親」、「王公卿士，一朝塗地」的罪行，但也肯定了他匡扶帝室的功業：「頃孝昌之末，天步孔艱，女主亂政，監國無主。爾朱榮爰自晉陽，同憂王室，義旗之建，大會盟津，與世樂推，共成鴻業。論其始圖，非無勞效。」爾朱榮不僅誅滅了禍國的胡太后集團，也指揮平定了華北各地的起義火焰，對維持北魏末期的統治，功勞甚大。但是後世幾乎都將爾朱榮定性為禍國權奸，就連脫身爾朱榮集團的高歡、宇文泰等人也忙不迭地和他劃清界限。「委身爾朱」、「爾朱餘孽」等成了攻擊政敵的彈藥。

## 二

元子攸對刺殺事件做了周密的部署。為了消除政治動蕩，他事先準備了大赦令和免死鐵券，計畫寬恕爾朱榮的餘黨。作為常年居於宮殿的皇帝，元子攸以為憑著這些契約和憑證就能穩定政局，實現親政。然而，他想得太簡單了。

宮中噩耗傳出的時候，爾朱榮的妻子和警惕性很高的爾朱世隆趁亂逃出了洛陽，在郊區召集爾朱家族的武裝力量，準備攻城。元子攸發出大赦令和免死鐵券，想制止爾朱氏的反抗，但效果極小。爾朱世隆等人就對朝廷的大赦令和鐵券嗤之以鼻。他們對使節說：「天柱大將軍對皇帝有擁戴之功，對天下有再造功勳，卻無故遇害。這些白紙和鐵字又有什麼用處呢？」

爾朱榮死後，留守晉陽的侄子爾朱兆聞訊立即率軍南下洛陽。徐州方面的爾朱仲遠也點起兵馬，殺向洛陽興師問罪。他們和爾朱世隆合軍後，一起猛攻洛陽。洛陽外城很快被攻破，元子攸跑上內城城牆向爾朱勢力的官兵們喊話，重申罪在爾朱榮一人、其餘人一律寬大處理。但是，叛軍們對此壓根不信。權力鬥爭從來是一榮俱榮，一損俱損。爾朱兆等人起兵已經不僅僅是為了替爾朱榮報仇，還有爭奪爾朱榮權力遺產的目的。很快，洛陽被攻陷，元子攸被劫持到晉陽。

爾朱兆絞死元子攸。元子攸死前，被允許到三級寺的佛殿去最後禮拜一下佛祖。跪在三寶佛前，元子攸再三祈禱：「下次再投生為人，絕不要再當帝王了！」他又隨口作了一首五言詩：「權去生道促，憂來死路長。懷恨出國門，含悲入鬼鄉！隧門一時閉，幽庭豈後光？思鳥吟青松，哀風吹白楊。昔來聞死苦，何言身自當！」此舉開了一個惡劣的先例，前任皇帝或者礙眼的皇帝往往都被殺死在寺廟之中。寺廟本應該是修道養德、供人避難的場所，卻成為了北朝時期的皇帝屠殺場。元子攸遇害距離他刺殺爾朱榮只隔了三個月。元子攸的左右大臣也都被爾朱兆殺死。

之前，爾朱世隆、爾朱兆等人在洛陽郊區會師，為了與洛陽朝廷相抗拒，也為了取得政治優勢，他們臨時拉上長廣王元曄，推舉他為新皇帝取代元子攸。元曄大赦所部，定年號為建明。事後，因為元曄是北魏皇室的疏遠宗室，缺乏名望，爾朱家族決定扶立新君。他們選擇了元恭。

元恭在前朝長期處於政治邊緣，託病居於龍花佛寺，很少與外人交遊通信。有人向元子攸打小報告說元恭城府很深，「將有異圖」。元恭的聲望很高，民間又傳說龍花佛寺有天子氣。元子攸猜忌害怕起來。元恭聞訊逃匿到上洛地區。朝廷還是找到了元恭，押送他到洛陽。元恭就裝聾作啞，佯裝智商有問題，想逃過一劫。有人說元恭是裝啞，元子攸有所懷疑，派人深夜搶劫元恭，並拔刀佯裝要殺他。元恭仍然不出一聲。元子攸這才相信，放過了元恭。元恭被拘禁多日後，因查無實據而被釋放。元子攸死後，爾朱家族認為元恭有過人器量，試圖扶立他為新帝。他們派人試探元恭的意思，同時也看看他是不是真的啞巴。裝啞八年之久的元恭聽說要讓自己當皇帝，大喜過望，大喊一聲：「天何言哉！」

於是北魏的第一場禪讓大禮開始了。「元曄至邙南，世隆等奉帝東郭外，行禪讓禮。太尉爾朱度律奉路車，進璽紱。服袞冕，百官侍衛，入自建春、雲龍門。」在位僅四個月的元曄乖乖地將皇位禪讓給了並不那麼願意接受的元恭。元恭就是節閔帝。

這雖然是皇室內部的權力轉移，但主導它的卻是爾朱家族。只要爾朱家族願意，他們完全可以實現異姓之間的權力轉移。元恭登基後，爾朱兆為天柱大將軍、潁川王、并州刺史；爾朱仲遠為大將軍、彭城王、徐州刺史；爾朱天光為大將軍、隴西王、雍州刺史。三個人各霸一方：爾朱兆在北，兼有并州、汾州；爾朱仲遠在東南，據守徐、兗二州；爾朱天光在西，專制關中。爾朱世隆為太保、尚書令、樂平王，居中把持朝政。爾朱家族的權勢依然一時無二。

# 三〇、高歡「歡」起來

## 一

盛極必衰。爾朱家族的強盛並沒有維持多長時間。埋葬爾朱家族、推翻北魏的人物早已經穩步壯大起來了。這個人就是高歡，他已經在爾朱陣營內部摩拳擦掌多時了。

一次，爾朱榮忽然問左右：「哪天我死了，誰能夠做軍中統帥呢？」左右都回答說：「爾朱兆將軍可以做統帥。」爾朱榮不以為然地說：「爾朱兆雖然勇猛善鬥，但只能做統領幾千兵馬的部將，不適合做統帥。我死後，能代我統軍的，只有賀六渾（高歡的鮮卑名）這個小子。」話雖這麼說，爾朱榮卻不願意將大權轉移到外姓手中。他雖然欣賞高歡的才能，但也提防著高歡奪權。爾朱榮將高歡遠調為晉州刺史。他還告誡負責山西地區的爾朱兆不可輕視高歡：「將來奪權者必是賀六渾這小子。」

元子攸誅殺爾朱榮，爾朱兆發兵洛陽報仇，並沒有讓高歡參與。爾朱兆擒拿皇帝並不費力，但當黃河河套以西一帶的「賊帥」紇豆陵步蕃偷襲秀容時，卻抵敵不過，不得不向高歡求救。幕僚都勸高歡別搭理爾朱兆，高歡卻認為此時爾朱兆頭腦簡單，不會有別的想法，坦然出兵相救。高歡與爾朱兆合作迎敵，殺死步蕃。爾朱兆很感激，與高歡起誓，結為兄弟。

爾朱兆負責現在山西地區各州，又繼承了爾朱榮的地位，實力遠在高歡之上。他正為流入并州的葛榮起義軍餘部大傷腦筋。數十萬葛榮起義軍戰敗投降後，繼續遊蕩在華北各地。其中有二十多萬人被爾朱榮遷徙到并州。這些人出身六鎮官兵，反抗性和組織性都很強，兩三年間發生過幾十次大小不等的造反。爾朱兆疲於鎮壓起義，就向高歡請教如何處置。高歡乘機建議，對六鎮流民不能靠殺，應該挑選可靠的將領統領他們，這樣就容易管理。爾朱兆讚道：「好主意！那派誰去管理六鎮流民呢？」在座的賀拔允插話說：「高歡最合適了！」這個賀拔允出身武川鎮，是賀拔岳的哥哥。武川鎮的賀拔、宇文家族和懷朔鎮的高歡、侯景等人關係緊張。奇怪的是，賀拔允和高歡二人卻保持了不錯的私交。聽到賀拔允推薦自己，高歡心中暗喜，卻佯裝發火，對著賀拔允的嘴巴就是一拳，打斷了他的一顆牙齒。高歡罵道：「天柱大將軍在的時候，我們這些人都是鷹犬；現在天柱大將軍不在了，天下事都由大王作主，賀拔允膽敢胡說，該殺！」爾朱兆聽了這話滿心舒服，也很感動，當場拍板由高歡統率六鎮流民。幾個人抱頭痛飲，一副情深意重的樣子。

等爾朱兆喝醉了，高歡尋機跑到帳外，立即宣布：「我受命統領六鎮鎮兵。凡是原六鎮官兵，一律到汾水東岸集中聽令。」六鎮流民多年來群龍無首，四處飄零，又受爾朱勢力的欺負，普遍生活不如意，和爾朱兆離心離德。他們知道高歡當過懷朔的鎮兵，有勇有謀，都願意逃離爾朱兆追隨高歡。於是，一批批人呼啦啦地跑去集合了。高歡很快組織起了一支不小的隊伍。

山西此前連年受災、饑饉遍地，六鎮流民更是只能抓田鼠吃，餓得個個面黃肌瘦。高歡覺得在山西沒有前途，希望到太行山以東糧食豐富的地方去。他指使劉貴向爾朱兆提出「就食山東」的要求。愚蠢的爾朱兆又一次爽快地答應了。長史慕容紹宗看出高歡有野心，勸爾朱兆說：「如今天下大亂，高歡雄才蓋世，讓他率領重兵在外，無異於將猛虎放歸山林。一旦高歡心懷異志，就無法制服了！」爾朱兆天真地說：「我和高歡昨天剛結為弟兄，他不會有異心的。」慕容紹宗冷冷地說：「親兄弟尚且骨肉相殘，何況是結義弟兄！」可爾朱兆還是不聽，目送高歡帶著六鎮力量緩緩東進。

途中，高歡殺死了部隊中親爾朱氏的軍官，又搶劫了爾朱兆採購的馬匹。同時，他嚴肅軍紀，約束六鎮官兵像之前那樣殺人搶劫，做到與百姓秋毫不犯。過麥地時，高歡帶頭下馬穿行。河北百姓見此，傾向支持高歡。普泰元年（五三一年）二月，高歡到達信都（今河北冀州）附近。當地豪強高乾兄弟、封隆之等人乘北魏朝廷力量衰微，驅逐朝廷命官，佔據州縣當起了地頭蛇。他們支持高歡入主河北。高歡就在信都駐軍下來，將勢力向河北各地擴散。

給高歡送上第一塊地盤的高乾是貨真價實的渤海高氏子弟，與高歡「同宗」。高家是冀州大戶，勢力廣博。高乾兄弟四人，其中三弟高敖曹武功極佳，最為人稱道。北魏以來，人們普遍認為漢族人文弱，不堪作戰，所以北方武裝以少數民族為主。漢族人即便有當兵的，也不佔軍隊的多數。但是高敖曹挑選冀州的漢人，編練了一支三千人的純漢族武裝。人們將他和他的部隊比做項羽和江東子弟兵。高歡接收了這支部隊，但是對它的戰鬥力半信半疑。

經過一番準備，高歡覺得羽翼豐滿，可以開闢自己的一片天了。為了調動部隊情緒，高歡先造謠說爾朱兆要把六鎮遺民分配給契胡做部曲，引起部下們的騷動。接著，高歡又假造爾朱兆發來的兵符，要徵發一萬名士兵去山西作戰。他執行「命令」，按部就班地編組隊伍，規定了出征日期，然後讓孫騰、尉景出面請求遲五天再走。五天滿期後，孫騰等再一次請求延期五天，讓冀州的官兵醞釀足了情緒。又過了五天，高歡大張旗鼓地集中部隊，準備開拔了。官兵們無不淚流滿面，哭聲驚天動地。高歡也流著眼淚和大家告別，同時不忘進一步挑撥官兵的情緒。他說：「我和大家一樣都是失鄉客，我們都是一家人。我沒想到爾朱氏要徵發我們去打仗，去給爾朱氏當炮灰是死路一條，被分配給契胡當奴僕也是死路一條，可誤了軍期也沒有生路，如何是好呢？」官兵的情緒激憤起來，有人高喊：「反了，反了，造反吧！」高歡便道：「看來只能反了，但必須推一個人作主。」底下都回答願意擁高歡為主。高歡卻滿口推辭道：「我可不行。你們中很多人都跟隨過葛榮，葛榮儘管有百萬之眾，終究還是失敗了。為什麼？因為他沒有法度，軍隊強橫殘暴。這樣造反是不行的。如果你們一定要以我為主，必須改正之前的錯誤。第一，不能欺負漢人；第二，不能違背軍令，一切聽我號令。如果大家做不到，我就不幹，否則又免不了失敗的結局。」現場造反的情緒很高，官兵既有造反的決心，又覺得高歡說的很有道理，齊聲說願意聽命。於是，高歡殺牛煮飯，犒賞三軍，正式宣布討伐爾朱氏。這是當年六月的事情。

高歡上書元恭，痛陳爾朱氏屠害天下、殺戮先帝、挾天子以令天下的大罪——其實，脫身爾朱陣營的高歡也是「共犯」。坐鎮朝廷的爾朱世隆封鎖了高歡的上書和起兵的消息。於是，高歡就以朝廷為奸臣把持、不知真偽為藉口，在信都擁立章武王元融的兒子、渤海太守元朗為新皇帝，年號中興。

# 二

爾朱家族對高歡的造反深惡痛絕，迅速決定聯手將他扼殺掉。

爾朱氏的實力遠在高歡之上，除了爾朱世隆控制朝廷，力量稍弱外，爾朱兆佔據晉陽和秀容，獨霸山西；爾朱天光佔有關中和隴西，也就是現在的陝西、甘肅；爾朱仲遠駐軍東南，有徐兗二州地盤。他們四人商定到鄴城附近集合，號稱有二十萬之眾。高歡率軍迎敵，部下戰馬不滿二千，步兵不滿三萬。雙方軍隊相差懸殊，如果不發生奇蹟，高歡絕不是爾朱家族的對手。

所有的奇蹟都是人創造的，關鍵在於主人翁會不會創造。高歡準確判斷爾朱家族在爾朱榮死後，並沒有一個公認的領袖，各部之間並不團結。於是，他決定先離間爾朱仲遠和爾朱兆。高歡派人到處散布流言，說「世隆、仲遠兄弟要謀害爾朱兆」、「爾朱兆和高歡同謀，要殺仲遠」等，弄得他們互相猜疑，不能協同前進。其中，爾朱兆的軍隊推進最快，在韓陵（今河南安陽東北）與高歡的部隊首先接觸。高歡列陣迎戰，把牛驢聯結起來堵塞歸路，向全軍傳達背水一戰、非勝即死的決心。戰前，高敖曹慷慨請纓，高歡就將他的純漢族軍隊安排在側翼。

戰鬥開始了。爾朱兆仗著人多勢眾，首先進攻高歡的中軍。爾朱兆一心要抓住高歡這個叛徒，督促部下發動一波波猛攻。高歡抵擋不住，大部隊開始出現潰敗跡象。就在這時，側翼的高敖曹帶著三千漢族步兵攔腰對爾朱兆發動猛烈的突襲。爾朱兆沒料到幾千步兵會主動進攻騎兵，毫無防備。他一心督促軍隊前進，導致隊伍拉得很長、首尾難以呼應。高敖曹攔腰一擊，將爾朱榮主力殺得猝不及防，混亂不堪。高歡的中軍回過頭來反攻。爾朱兆大敗，帶著殘兵敗將逃往晉陽。高歡取得了決定性的勝利。

爾朱仲遠聽說爾朱兆戰敗後，竟然引兵而逃。高歡從容指揮軍隊，於次年（五三二年）正月攻克河北重鎮鄴城。

決戰之前，逗留在爾朱陣營中的大將斛斯椿和賀拔勝就議論：「天下皆怨毒爾朱，而吾等為之用，亡無日矣。」他們都希望爾朱兆戰敗。一看爾朱兆出現失敗的跡象，賀拔勝就在陣前向高歡投降。斛斯椿做得更絕，他帶領本部兵馬，快馬加鞭趕回洛陽。四月，斛斯椿殺爾朱世隆，生擒爾朱天光，作為見面禮送給高歡，向高歡投降。爾朱仲遠聞訊，繼續發揮逃跑的特長，一路逃到江南向蕭衍投降了。

四月，高歡帶著自己立的皇帝元朗到達洛陽城郊的邙山，爾朱氏所立的皇帝元恭派人慰勞。高歡一下子面臨手頭有兩個皇帝的問題。

高歡這時也覺得自己所立為帝的安定王支屬疏遠，有意重新迎立元恭。他派魏蘭根去招降洛陽，同時觀察皇帝元恭的為人。魏蘭根觀察後覺得元恭智商高、聲望好，恐怕日後難以挾制，就向高歡詆謗元恭。左右將領也勸高歡說元恭是爾朱氏所立，勸高歡廢掉他。高歡於是將元恭廢掉，幽禁在崇訓佛寺中。元恭僥倖做了一年多皇帝後，又重新回到了寺廟中。失位後，元恭賦詩一首：「朱門久可患，紫極非情玩。顛覆立可待，一年三易換。時運正如此，唯有修真觀。」這樣的詩句只能讓我們後人感歎落魄皇子皇孫的荒涼悽慘的心情，感歎「可憐生在帝王家」的無奈。

高歡與左右親信商議，挑選新的皇帝。最初大家青睞的人選是汝南王元悅。元悅被召來開始準備登基的時候，高歡又在登基的前一天晚上改變了主意，不立元悅了。當時北魏的皇室成員四散逃避，各個王爺難見影蹤，尋找新皇帝竟然成為了非常困難的事情。

當時有個宗室王爺元修正躲藏在洛陽城西、和他關係不錯的散騎侍郎王思政的家裡。元修是廣平王元懷的第三個兒子，能力尚可，歷封汝陽縣公、平陽王，是朝廷的侍中、尚書左僕射。也許他躲藏的地方被人告發了，高歡決定立元修為新皇帝。元修在王家躲藏了五十天左右，突然見到王思政引著斛斯椿等人，帶著四百兵馬來找他，嚇得面如死灰。他問王思政：「你把我出賣了嗎？」王思政搖頭說沒有。元修又顫巍巍地問他：「能保我性命嗎？」王思政無奈地回答：「世事變化無常，王爺，我也不知道啊。」元修就這樣被凶神惡煞般的騎兵擁夾在中間，來到高歡的氈帳中。

高歡見了元修淚下沾襟，下拜陳述事由。元修這才知道原來是拉自己來做皇帝的。他趕緊跪下回拜高歡，連說自己德才淺薄，不敢稱帝。高歡也不多說話，隨即出去了。陸續有人將服飾呈送進來，並請元修沐浴更衣。為了防止元修逃跑，高歡全軍夜裡嚴密警備。天亮的時候，文武百官都前來朝見。廢帝元朗早按照高歡的意思寫了禪位詔書。高歡讓斛斯椿捧著勸進表前來勸進。斛斯椿進入帷門後，不敢向前。元修就讓王思政取來表，說：「看吧，我現在不得不登基稱帝了。」於是在洛陽東郭之外，北魏王朝又進行了一場禪讓典禮。沒做幾天皇帝的元朗將皇位禪讓給了元修。元修就這樣成為了北魏的末代皇帝，史稱魏孝武帝。

五月，避居佛寺的元恭被高歡毒死，年僅三十五歲。高歡又殺死曾經為帝的安定王元朗、東海王元曄。連曾經作為過人選的汝南王元悅也被高歡下令殺死。在這點上，高歡比爾朱氏做得更過。

之前，爾朱天光要帶兵去剿滅高歡。賀拔岳勸他固守關中，爾朱天光不聽，留下弟弟爾朱顯壽鎮守長安，自己領軍東出和爾朱兆合兵。他一走，賀拔岳料定爾朱氏必敗，找來宇文泰商量對策。

宇文泰建議：「爾朱氏必敗，我們乾脆也造反吧！」他說服關中三巨頭之一的侯莫陳悅出兵。侯莫陳悅和賀拔岳一同攻下長安，捉了爾朱顯壽。賀拔岳輕而易舉得了關中，表面上向高歡歸順，實際上割據關中自守。他對宇文泰倍加器重，事無巨細都交由宇文泰處理。

又過了一年（永熙二年、五三三年）的正月，高歡領兵襲破秀容，爾朱兆逃到荒山上自縊而死。爾朱兆的長史慕容紹宗攜餘眾歸降，高歡認為他忠義，非但沒有因為他從前向爾朱兆進言要殺自己而計前嫌，對他優禮有加。爾朱勢力徹底滅亡，高歡在形式上統一了北魏，繼承了爾朱氏的地位。他逼元修迎娶了自己的女兒作為皇后，升格成了國丈。高歡城府很深，言行嚴肅，對於軍國大略獨斷專行。無論是元修，還是一般大臣，都猜不透高歡的決策和悲歡。北魏朝廷才出狼窩，又入虎口。

# 三一、一次逃亡導致的帝國分裂

北魏孝武帝元修與前幾任傀儡皇帝不同，有想法，有能力。他不願意重蹈前幾任的覆轍，一開始就有除去高歡的決心。

高歡剷除爾朱勢力後，覺得爾朱榮的根據地晉陽城不錯，就留在了晉陽，將它作為大本營來經營，客觀上放鬆了對洛陽的控制。當時洛陽城裡的一批大臣、降將並不是真心降服高歡，很快聚集在元修周圍。南陽王元寶炬和將軍元毗、王思政、斛斯椿等人紛紛勸說孝武帝除掉高歡。其中斛斯椿本是爾朱榮的部將，率部投降高歡後誅殺爾朱家族有功，保留了相當一部分兵權。元修就以斛斯椿為領軍將軍，與王思政共同統率近衛軍，作為心腹，還調整了督將及河南、關西諸刺史的人事。這樣，軍謀朝政都掌握在斛斯椿的手裡。他重新安排了宮內侍衛，挑選數百名驍勇武士擔任孝武帝的近衛軍。元修還多次以出獵為名，與斛斯椿排兵布陣，互相密謀。

僅僅依靠洛陽的這些人還不足以推翻高歡。元修繼續尋找同盟者。他主攻兩個方向，一個是尋找地方實力派軍閥作為外援，一個是從高歡陣營的內部拉攏人手。

元修準確判斷出武川的賀拔家族可以和高歡一決高低，就想倚靠賀拔兄弟。賀拔勝投降高歡後留在洛陽，元修就任命他為荊州刺史，把他作為南方的依靠。元修還暗中派人與擁兵關中的賀拔岳聯絡，準備引關中的軍隊夾擊高歡。

司空高乾是高歡起兵之初的主要盟友，他們兄弟幾個是高歡的重要依靠力量。元修就想籠絡他為己用。一次元修在華林園賜宴，散席後單獨留下高乾，大誇高乾「奕世忠良」，要與高乾結拜為兄弟。因為事出倉促，皇帝又殷勤相勸，高乾只好和元修結為異姓兄弟，事後也沒有告訴高歡。慢慢地，高乾看到元修和斛斯椿、王思政等人常常密謀，又派人聯繫賀拔岳，任命賀拔勝為荊州刺史，明顯是在樹黨自強。他擔心元修要對高歡不利，洛陽城「禍難將作，必及於我」，逃到晉陽向高歡報警。

高乾不談洛陽的時事，而是勸高歡乾脆逼元修禪位，奪取北魏的天下。高歡覺得時機還不成熟，趕緊用袖子掩住高乾的口說：「不要亂說！我還需要仰仗司空大人在洛陽幫我多留意時局。」高歡這麼說，反而讓高乾心中有愧，更加不安起來。接著，高歡屢次向元修推薦高乾擔任侍中，主持朝政。元修恨高乾站在高歡一邊，將高歡的奏摺置之不理。高乾夾在兩人中間，雙方都惹不起，乾脆就自求外任徐州刺史，想躲到外地去。元修見狀，既怕高乾洩漏自己的祕密，又恨高乾不為自己所用，就明白地告訴高歡：「朕曾經和高乾立下盟約，進退與共。如今高乾反覆兩端，實屬可惡。」高歡對高乾背著自己和元修勾勾搭搭也很厭惡，乾脆將高乾祕密勸自己篡位的事情轉告了元修。自此，高乾被雙方都拋棄了，只有死亡一條路可走。元修將他囚禁起來，派人痛責他前後反覆無常。高乾申辯道：「臣以身奉國，義盡忠貞，是陛下要對付高歡，卻藉口我反覆無常。欲加之罪，其無辭乎？」結果，高乾被賜死，時年三十七歲。

在洛陽的高敖曹看到哥哥被殺，逃往晉陽向高歡哭訴。高歡裝出驚愕的樣子，將責任全都推到元修身上，好好撫慰了高敖曹一番。高敖曹更加死心塌地地站在高歡一邊。其他部將也因為元修枉殺高乾，而對他更加疏遠乃至仇視。元修想從高歡身邊挖牆腳的企圖落空了。

卻說關中的賀拔岳接到元修遞出的橄欖枝後，猶豫不定。他決定不了到底是選擇元修還是高歡，於是派宇文泰去晉陽見高歡，查看虛實。

宇文泰和高歡的見面，是一次英雄與英雄惺惺相惜的會面。宇文泰看到了一個有志於天下的英雄。高歡則看到一個相貌非凡，精神抖擻的年輕將領（身長八尺，垂手過膝）。高歡想留下宇文泰為自己效力，不想宇文泰走向自己的對立面。但是宇文泰也是有志於天下的英雄，他不想離開事業已有起色的關中，更不想只做高歡的部將。因此宇文泰堅持要返回關中。高歡猶豫再三，最後鬆了口，允許宇文泰返回關中。宇文泰剛走，高歡就後悔了，想要殺掉宇文泰以絕後患。可是宇文泰已經抓住機會，快馬加鞭返回關中了。高歡的追兵一路趕到關口也未追上宇文泰。高歡的直覺是對的，最後消滅高歡後代的就是宇文家族。

返回關中後，宇文泰告訴賀拔岳，高歡是有心蕩平天下的梟雄，站在他的一邊無異於與虎謀皮，不如藉助元修的力量與高歡抗衡。於是，賀拔岳選擇了元修。

高歡自然要對付賀拔岳。永熙二年（五三三年），高歡要調賀拔岳做冀州刺史。賀拔岳不願離開關中老窩，謝絕了任命。一計不成，高歡又生一計。賀拔岳這個「關中王」是形式上的，關中和隴西還有一些地頭蛇不服從他的指揮，尤其是地位僅次於賀拔岳的侯莫陳悅是個有勇無謀的赳赳武夫，見利忘義。高歡誘惑侯莫陳悅，答應只要他殺害賀拔岳，就讓他取而代之。侯莫陳悅欣然答應。

靈州（今寧夏靈武）刺史曹泥不服從賀拔岳。永熙三年（五三四年），賀拔岳招呼侯莫陳悅會師高平（今寧夏固原），計畫一起討伐曹泥。侯莫陳悅就趁賀拔岳來找自己商討軍機的時候下手。他誘賀拔岳進入營帳，坐論兵事，途中藉口腹痛，起身退出。馬上，侯莫陳悅的女婿元洪景就帶人衝入營帳，將賀拔岳砍死。

賀拔岳死後，他的部隊異常震驚，開始出現四處奔散的跡象。侯莫陳悅派人安慰說：「我只殺賀拔岳一人，其他人不用怕。」可是除了這唯一的措施，侯莫陳悅沒有採取其他的措施，既沒有收編賀拔岳的軍隊，也沒有動員自己的軍隊戒備。相反，侯莫陳悅帶上部隊離開高平，向隴西行進。

許多忠誠於賀拔岳的將領，率部聚集在平涼，謀劃向侯莫陳悅復仇。將軍趙貴提議大家推舉宇文泰為新統帥，得到了一致贊成。當時宇文泰擔任夏州刺史，鎮撫赫連勃勃大夏國的故地。將軍杜朔周星夜奔往夏州，轉告急情。宇文泰聞訊，點起帳下輕騎，連夜馳赴平涼。宇文泰走到安定（今甘肅涇川北），遇到了高歡派來招撫賀拔岳部眾的侯景。宇文泰用嚴辭厲語叱問侯景為何而來，申明關中之事內部解決，不需要外人插手。侯景也是一代梟雄，竟然被宇文泰的強硬態勢所震懾，不敢繼續前進，中途返回晉陽。宇文泰順利排除干擾，和賀拔岳餘部會合。他率領部眾進入高平城，進行短期整頓，穩定下來，然後迅速揮師進攻侯莫陳悅。

侯莫陳悅不敢應戰，逃到秦州（今甘肅天水），企圖佔據山水之險頑抗。他自從殺害賀拔岳以後，神情恍惚，常常夢見賀拔岳來找自己。在睡夢中，賀拔岳問他：「我的兄弟，你要到哪裡去，讓我找得好苦啊！」被鬼魂這麼一攪，侯莫陳悅哪還有心思迎戰，早就內心恐懼，鬥志全無了。部下官兵也紛紛叛降宇文泰。宇文泰統帥復仇之師，一舉擊敗侯莫陳悅。侯莫陳悅棄軍而逃，後為追兵所迫，在野外自縊而死。

宇文泰隨後揮師東進，佔領長安，以此為大本營著力經營西部。他和高歡一樣，也主要依靠六鎮餘眾，尤其是依靠武川鎮的力量。宇文泰原來就反對高歡，經過賀拔岳遇刺事件後，他和關中的將領更加旗幟鮮明地反對高歡了。孝武帝元修就任命宇文泰做關西大都督，把他作為新的倚靠對象。

## 二

永熙三年（五三四年），就在關中、隴西大亂之時，孝武帝元修對高歡忍無可忍，決心兵戎相見了。

元修決定御駕親征，討伐晉陽的高歡。為了殺高歡一個措手不及，他先下詔洛陽戒嚴，抽調河南諸州兵馬，在洛陽近郊進行大閱兵，聲稱要南伐梁國，實際上是北伐高歡。為了麻痺高歡，他還密詔給高歡說要帶兵攻打關西的宇文泰和荊州的賀拔勝。

高歡是什麼人，能看不透元修的把戲？他馬上回覆朝廷說，這些小事無須皇上御駕親征，讓我高歡來代勞就可以了。高歡調集五路兵馬共計二十二萬人出發南下，「助援」皇帝征討。同時高歡還上表極言斛斯椿等人的罪惡，祭起了「清君側」的大旗。狼煙滾滾，高歡大軍奔向洛陽而來！

元修在洛陽搜羅的那些兵馬，肯定不是高歡二十二萬鐵騎的對手。中軍將軍王思政勸元修避開高歡兵鋒，前往關中依附宇文泰。東郡太守裴俠是個明白人，對王思政說：「宇文泰為三軍信服，位處關中形勝之地，已握權柄，怎會輕易讓權於我們？如果去投靠他，無異於避湯而入火！」王思政覺得很有道理，但南去荊州又離敵國宋朝太近，就問該怎麼辦。裴俠說：「與高歡相戰有立至之憂，西奔到宇文泰處有將來之慮，先往關右一帶駐軍觀察一下再做決定。」元修覺得有理，決定對高歡採取防禦，觀察形勢再決定進退。

元修下詔宣示高歡的罪惡，公開與他決裂。在詔書中，元修高呼：「王若舉旗南指，縱無匹馬隻輪，猶欲奮空拳而爭死。」意思是即便赤手空拳，也要和高歡拼個魚死網破。實際上，元修早已經鋪設好了逃跑的後路：他提升宇文泰為關西大行台、尚書左僕射，將妹妹、馮翊公主許配給宇文泰為妻。

高歡大軍很快兵臨黃河北岸。兩軍隔著黃河相持。斛斯椿請求率領兩千兵馬連夜渡過黃河，趁高歡大軍遠道而來，立腳未穩進行偷襲。元修覺得這是個好主意，準備批准。但是黃門侍郎楊寬勸諫說：「皇上在緊急關頭將兵權給別人，恐生他變。萬一斛斯椿渡河偷襲成功，那可是滅掉一個高歡又生出第二個高歡啊。」元修覺得這話更有道理，馬上下令斛斯椿停止發兵。斛斯椿歎息道：「皇上不用我計，真是天意不興魏室！」

宇文泰聽到兩軍隔黃河對峙的消息，對左右講：「高歡數日內急行軍八九百里，疲軍迎敵，是兵家大忌，正好乘其疲憊奇襲。當今皇上以萬乘之尊御駕親征，不主動出擊渡河決戰，反而沿河據守，很是失策。而且長河萬里，只要一個地方被突破，必敗無疑。」他判斷元修必敗，下令部隊做好迎接皇帝西遷的準備。

客觀地說，元修在實力上處於絕對劣勢，當面對陣取勝希望不大，只能出奇計。高歡大軍急行軍八九百里迎戰，早成了一支疲軍。元修乘其疲憊奇襲，還是有可能扭轉戰局的。但是元修從防止權臣出現的角度出發，拒絕搶先發動決戰，反而沿河據守，造成了最大的戰略失誤。

元修見取勝艱難，就帶著南陽王元寶炬、清河王元亶、廣陽王元湛、斛斯椿和五千騎兵宿於瀍西楊王別舍。他和王思政的想法一樣，決心投靠關中宇文勢力。在當地，元修發現了上百頭牛，命令全殺了來犒賞軍士。士兵從元修的舉動中發覺皇帝有逃亡的心思，紛紛開始逃散。一夜間，元修周圍的軍隊逃亡了超過一半人。就連清河王和廣陽王兩位王爺也都逃回洛陽去了。元修更是失去了抵抗的勇氣，第二天便棄軍西逃。除了少數親隨，大臣中只有武衛將軍獨狐信追隨元修左右。這位獨孤信的忠誠日後得到了歷史的回報，他的女兒成為了隋文帝楊堅的獨孤皇后。宇文泰已經派遣都督駱超、李賢和各帶領數百騎兵東進接納元修等人。李賢和這支部隊在崤中遇到了落荒而來的元修等人，元修在他的保護下最終抵達了長安。

高歡自晉陽發兵後給元修上了四十多封奏表，都沒有得到答覆。他判斷元修極可能逃入關中依靠宇文泰。這是他最不願看到的結果。畢竟元修代表著北魏的法統所在，一旦皇帝逃亡，高歡就免不了在歷史上落下逐君出逃的過錯，同時把「挾天子以令天下」的政治優勢白白奉送給敵人。情急之下，高歡親自挑選一支輕騎西進追趕元修。沿途，陝州守將見高歡親自前來，望風而逃；高歡繼續追到潼關，痛苦地發現元修已經被宇文泰接走了，只好先東還洛陽。洛陽周邊那些群龍無首的軍隊紛紛敗降。

南邊的荊州刺史賀拔勝之前也動員軍隊，想到洛陽「勤王」。中途聽說元修已經失敗了，賀拔勝就想帶兵西入關中，和宇文泰合兵一處。高歡派兵佔領華陰，堵住了賀拔勝西進的道路。賀拔勝只好退回荊州，又為侯景打敗，無奈之下南逃，投降梁朝去了。梁武帝蕭衍對北方降將不分陣營，一律以禮相待，非常客氣。賀拔勝在南梁生活優越，卻日夜思念北方，遇到南飛的秋雁都不捨發弓。兩年後（五三六年），賀拔勝得梁武帝許可，輾轉奔赴長安。他加入宇文泰陣營，要向高歡討還弟弟賀拔岳的血債。

不久，高歡第二次親自率軍進攻潼關，斬宇文部的行台華長瑜，進而佔領華州。但還是沒能奪回元修。元修在長安站穩腳跟後，向天下宣示高歡的罪惡，號召天下勤王殺賊。高歡當然不會束手就擒。冬十月，他在洛陽推清河王元亶的兒子、年僅十一歲的元善見為新皇帝。高歡換上一個新皇帝，否定了原來皇帝的合法性。如此一來，他就可以冠冕堂皇地推卸元修的一切指責，無視長安的一切命令了。同時，高歡還可以繼續挾天子以令諸侯。唯一不妥的是：北魏出現了兩個皇帝！

高歡沒覺得兩個皇帝有什麼不妥，反正在他統治的關東和河北地區還是只有一個皇帝。逃亡的元修既不被他承認，又處在本就不聽自己號令的長安，高歡眼不見心不煩。唯一讓高歡覺得不妥的是：洛陽原本鄰近梁國，如今又在關中宇文泰軍隊的威脅之下，很不安全。高歡就帶著元善見遷都鄴城。從此，北魏分為東西兩部：關中以長安為首都的政權被稱為西魏，關東以鄴城為首都的政權被稱為東魏。雙方大致以南北走向的中段黃河為界，在現在的山西南部和河南西部地區展開廝殺。

# 三二、兩魏爭鋒：一年一小打，三年一大打

## 一

北魏分裂後，東強西弱。東魏面積廣大，人口眾多，且經濟基礎好過千瘡百孔的西魏，自然國力要強一些。更重要的原因是，高歡繼承了六鎮起義的多數餘眾，而宇文泰周圍只聚集了少數六鎮官兵。這是東強西弱的軍事原因——當時，六鎮官兵戰鬥力最強。

高歡的部隊以鮮卑人為主，漢族人很少。內部存在嚴重的民族矛盾，鮮卑官兵普遍歧視漢族人。東魏大將高敖曹是漢族人，英勇善戰。高歡發號施令的時候，一般用鮮卑語，但只要高敖曹在場就改用漢話。主公如此敬重高敖曹，底下官兵也很忌憚他。一次議事，有人報告說治河的漢族民工淹死了不少。在坐的鮮卑族將領劉貴隨口就說：「漢人的性命不值一文，隨他死！」高敖曹聞言大怒，拔刀就向劉貴砍過去。劉貴落荒而逃。高敖曹還不甘休，隨之鳴鼓起兵，集合部隊要進攻劉貴。同僚們好生相勸，高敖曹才罷手。

高歡深知屬下鮮卑與漢族之間的矛盾。他兩方面都不得罪，將民族矛盾壓制得很好。他對鮮卑人講：「漢人是你們的奴僕，男人為你們耕作，女人為你們紡織，上交粟帛賦稅讓你們衣食無

憂，你們為什麼還要欺凌他們呢？」遇到漢人，高歡又說：「鮮卑人是你們雇傭的兵客。你們給他們衣服穿，給他們東西吃，他們替你們防盜擊賊，保你們安寧度日。你們為什麼還要恨他們呢？」一次，漢族大臣杜弼請求高歡消除內賊。高歡就問內賊是什麼人。杜弼直言是那些掠奪百姓的鮮卑貴族。高歡默不作聲，而是下令營中將士搭弓上箭、高舉大刀、夾道而立，形成一片刀山箭林。然後，他命令杜弼到裡面來回走動一回。杜弼一介書生，哪裡見過此等場面，嚇得渾身哆嗦、汗流浹背，不敢往前走。於是，高歡就對杜弼說：「現在他們只是搭箭不射、舉刀不砍，你就被嚇得失魂落魄了。諸位鮮卑將士在戰場上衝鋒陷陣，百死一生，又怎麼說？他們之中雖然有人或許有貪污冒搶的過錯，但與他們平時的戰功相比，怎能相提並論！」杜弼跪地頓首，為自己冒失謝罪。可見，在高歡看來，漢族人和鮮卑人各有所長，自己的統治離不開任何一方。可他對雙方矛盾採取的「遮蓋子」的做法，對問題的解決沒有絲毫幫助。

高歡擁有實力優勢，很想平定關中，結束北方的統一。機會很快就來了。五三六年（東魏天平三年，西魏大統二年）年末，關中大饑，民不聊生，甚至出現了人吃人的慘劇。高歡抓住機會，於十二月出兵進攻西魏，挑起了兩魏之間的第一次決戰。

高歡派遣高敖曹攻上洛（今陝西商州）、竇泰攻潼關，親自領兵於次年（五三七年）正月在蒲阪（今山西永濟縣西南）造三座浮橋，準備搶渡黃河。宇文泰的部隊人少，不足以分兵抵抗，部將們就建議集中主力先進攻北邊的高歡大軍。但是，宇文泰判斷高歡搭建浮橋是佯攻，是想掩護南邊竇泰這支偏師。（冬天北方天寒地凍，黃河多處冰凍，高歡如果真想進攻，直接涉冰渡河就行了，沒有必要大張旗鼓地搭建浮橋。）宇文泰決定先集中兵力擊退竇泰。部將們都不以為然，認為高歡近在眼前，不做防備反而掉頭進攻竇泰，很可能遭到高歡和竇泰兩面夾擊。宇文泰力排眾議，堅持先打竇泰。果然，竇泰沒有料到西魏大軍如此重視自己，竟然集合大軍掩殺過來。他猝不急防，倉促列陣迎戰，被宇文泰打得大敗。部下死傷殆盡，竇泰自殺身亡。高歡聽到竇泰兵敗後，失去信心，下令毀浮橋撤軍。西魏軍就勢追擊，東魏軍連戰連敗。戰事異常慘烈，東魏大將薛孤延負責殿後，一連砍壞了十五把鋼刀，才保護高歡一行人安全脫險。高敖曹聞訊，也主動撤兵。這一戰，以高歡失敗告終。

勝利的宇文泰，日子也不好過。大饑荒造成軍隊都吃不上飯。同年八月，宇文泰為了搶奪糧食，主動出兵河南。兩魏之間爆發了第二次決戰。

宇文泰順利攻克了恆農（即弘農，今河南靈寶），得到了此處了糧倉。高歡點起二十萬大軍，親自來會宇文泰。宇文泰趕緊帶上糧食，退回關中。閏九月，高歡領兵從山西渡過黃河，進入關中北部。在南邊，東魏大將高敖曹率兵三萬把恆農團團圍住。宇文泰手頭只有不到一萬的軍馬，又面臨南北夾擊的困境。

高歡志在必得，督率大軍迅速向關中腹地進軍。宇文泰駐紮在渭水南岸，用搶來的糧食讓手下官兵恢復體力，同時徵召諸州兵馬。高歡的軍隊行進很快。西魏諸將認為實力懸殊，建議宇文泰按兵不動，等兵馬陸續會合、大家休過勁後再迎戰。宇文泰認為：「如果高歡逼近長安附近，民心必定降服於他。到時候，我們再想打敗他就難了。現在高歡新到關中，我們還有機會擊敗他。」於是，宇文泰硬著頭皮帶領又餓又少的軍隊渡過渭河，向東北方向進軍迎敵。兩軍在沙苑（今山西大荔南）相遇。

戰前，宇文泰派手下將領達奚武帶兵化裝成東魏軍士，傍晚混入高歡營內，將東魏軍中一切部署都查明了。東魏方面對宇文泰的實力也看得一清二楚。大將侯景建議高歡不必與宇文泰交戰，只要僵持著，等到敵方軍民餓死大半，宇文泰不死也要投降。侯景進而建議高歡趁宇文泰主力都在沙苑，分兵多處，佔領關中其他地區。當時宇文泰的軍隊只有三天的軍糧，迫切需要速戰速決。侯景的建議不失為明智之舉，但是高歡沒有採納。高歡寄希望於在沙苑徹底消滅宇文泰，輕鬆收復整個關中。等敵人餓死的主意，在高歡看來太費時了。

宇文泰在沙苑以東十里長滿蘆葦的沼澤地埋伏精兵，然後背水列陣，等著高歡主動進攻。東魏將軍斛律羌舉再次建議高歡分出一支精兵偷襲長安，給宇文泰來個釜底抽薪。當時高歡完全具有這樣的實力，也有機會，但他過於自信，還是嫌此舉多餘，將所有希望都寄託在即將開始的沙苑之戰上。不過，高歡看到渭河邊上那一大片密密麻麻的蘆葦叢，心生疑慮，下令放火燒掉渭曲蘆葦。關鍵時刻，侯景站出來說：「我們應該生擒宇文泰宣示百姓。如果他躲在蘆葦叢中，就會被燒成焦炭，那麼我們勝利之後，宇文泰活不見人死不見屍，就會有人不相信我們大勝了。」高歡躊躇之間，大將彭樂大聲叫嚷道：「我軍人多勢眾，以百敵一，還怕打不贏嗎？」這句話讓高歡信心滿滿，下令全線進攻。

東魏官兵看到渭河邊只有屈指可數的西魏軍隊，個個貪功冒進，都不排列隊形就爭相進攻，鬆鬆垮垮地散成一片。西軍相交，宇文泰親自擂鼓，埋伏在蘆葦叢中的官兵奮起而出。大將李弼率領鐵騎橫擊東魏主力，將高歡大軍截成兩段。西魏將軍李標、耿貴技高膽大，殺得鎧甲袍裳全被敵人鮮血染得透紅。東魏將領也不甘落後，大將彭樂殺入西魏陣中，腸子都被敵人的長矛扎得流出來了，他就用手把腸子塞回肚子，掄槍再戰。無奈東魏大軍隊伍散亂，各自為戰，逐漸遭到了西魏軍隊有組織的圍剿。在遠處觀戰的高歡看到自家軍隊漸漸處於下風，想集結兵力後再戰。派出去召集軍隊的軍官很快回來稟報，找不到成建制的軍隊，將不知兵，兵不見將，沒人應答。高歡知道大勢已去，又不甘心二十萬大軍就如此潰敗，是戰是退猶豫不決。大將斛律金勸他：「眾心離散，不可復用，不如立即退回黃河以東，整軍再戰。」他怕再打下去，東魏軍隊會全軍覆沒。高歡緊緊握住馬鞍，連聲歎息，就是不說話。斛律金情急之下，狠狠鞭打高歡的坐騎。坐騎驚起，馱著高歡往回就跑。東魏官兵見狀，紛紛向東逃去。

高歡之前壓根沒做撤退準備，到了黃河邊上，既沒有船，又沒有橋。隨從找了一匹高大的駱駝讓高歡騎到黃河之中，再換乘大船狼狽渡過河去。回到山西一統計，東魏此戰喪失官兵超過八萬人，丟棄鎧仗十八萬，元氣大傷。沙苑之戰中，高歡離長安是那麼近；沙苑之戰後，高歡離長安越來越遠，東西爭鋒的主戰場從河西和關中轉移到了河東（山西南部）和河南。東魏也不再能隨意侵入關中。

沙苑之戰的勝利輝煌得出乎宇文泰的意料。他俘虜了數以萬計的東魏官兵，只挑選了其中的兩萬名精壯，補充西魏軍隊，其餘數萬人都趕回東邊去。這一方面是因為關中糧食奇缺，宇文泰養不起那麼多人，另一方面是因為宇文泰原本兵微將寡，收編、消化兩萬人已經是他的極限了。作為西魏軍隊核心的武川鎮兵不過數千人；宇文泰擊敗侯莫陳悅後，敵將李弼率眾萬人投降；跟隨孝武帝元修入關的河南軍隊也有近萬人，三股力量合起來不到三萬人。之後因為連年征戰和饑荒，到沙苑大戰前宇文泰能集合的軍隊不過一萬人。戰後，透過收編俘虜、召募漢族百姓等措施，西魏軍隊人數開始增多。到大統八年（五四二年）年初，宇文泰正式建立六軍，才有了大約十萬人——這個數額依然遠遠低於東魏的高歡軍。

沙苑敗績傳到河南，高敖曹主動撤去恆農之圍，退軍洛陽。宇文泰乘勝追擊，高敖曹又放棄洛陽，撤到黃河之北。西魏收復洛陽，河南大部分郡縣紛紛改易旗幟，歸降西魏。這些都算是沙苑之戰的衍生戰果。宇文泰興奮地帶著西魏新皇帝元寶炬回洛陽祭掃先帝陵廟。因為這場大勝，偏居一隅的西魏政權大大鞏固，宇文泰也鞏固了在朝中的主宰地位。

## 二

高歡並不服輸。大敗後的第二年（五三八年），他任命老夥計侯景為河南方面的主將，集結軍隊，著手收復河南州郡。侯景順利奪回洛陽，燒毀洛陽大部分民居官寺。洛陽在東魏遷都之時，絕大多數百姓連同宮殿廟宇都被高歡遷徙到鄴城去了，如今又在熊熊火焰中成為一片廢墟瓦礫。宇文泰聞訊，親自領兵來戰侯景。東西之間的第三次決戰，就在洛陽郊區展開了。

聽說宇文泰親自前來，侯景乘夜從洛陽後撤。宇文泰因為之前兩戰皆勝，滋生了驕傲輕敵心理，以為侯景是怯戰逃跑，輕率地帶領部下輕騎追到黃河邊上。此時，侯景的軍隊已經佔據了優勢地形，只見東魏軍隊北據河橋、南依邙山，甲冑鮮明，就等宇文泰前來廝殺了。混戰開始後，宇文泰戰馬中流矢驚起，把宇文泰摔到地上。東魏士兵圍殺上來，宇文泰的大多數隨從都嚇得逃跑了。情況緊急！將軍李穆連忙下馬，用馬鞭抽打趴在地上的宇文泰，假裝叫罵：「你這個糊塗兵，你們主帥跑到哪裡去了，怎麼就你趴在這裡？」圍上來的東魏士兵聽李穆的口氣，就以為宇文泰不是什麼重要角色，紛紛扭頭散去追殺更重要的目標。李穆扶宇文泰上馬，雙雙西逃。侯景沒有抓住良機擴大戰果，西魏大軍陸續趕到，加入了混戰。兩軍在黃河岸邊直殺得硝煙四起，戰區越來越大，從河橋蔓延到邙山，又燃燒到洛陽城下。此戰因此被稱為「河橋—邙山之戰」或者「河陰之戰」。雙方官兵殺得興起，逐漸失去了聯絡，各自為戰。

東魏大將高敖曹一向輕視宇文泰，又自視甚高，樹起碩大無比的旌旗，上面寫著自己的官職和姓名，又擺出貴重的傘蓋，耀武揚威地殺到陣前。如此高調，豈能不招人矚目？西魏官兵認定這是個大角色，一窩蜂地圍攻高敖曹而來。越是西魏的精兵悍將，越不放棄這等立功良機，殺得就越英勇。可憐的高敖曹成了活靶子，很快就全軍覆沒，自己又遭西魏精銳追擊，孤身一騎跑往河陽城。駐守河陽的是高歡的侄子高永樂，一向和高敖曹不和，下令關閉城門不讓高敖曹進城。高敖曹向城上大聲呼救，央求守軍放下繩來，沒人搭理。他只好揮刀猛砍城門，想劈個洞出來鑽入城中。他無奈城門太厚，砍了很久也砍不開。眼看大隊追兵殺到，高敖曹知道性命不保，反而鎮定下來。他轉身昂首向追兵衝殺而去，一邊跑一邊大叫：「來！與汝開國公！」（意思是殺了高敖曹，就能從宇文泰那裡獲封開國公作為賞賜。）據說殺死高敖曹的是一名普通西魏士兵。宇文泰並沒有封他為公爵，而是賞他布帛一萬匹。估計西魏財政拮据，一時半會拿不出那麼多布帛，就來了個「分期付款」，每年賞給這名士兵若干匹布。直到南北朝結束，這名士兵及其後代都還沒領完賞賜。

戰鬥持續了整整一天。兩軍從早到晚鏖戰，團團廝殺在一起。傍晚時分，戰場上氣霧四塞，一片陰暗。各自為政的將領們都不知道誰勝誰負。西魏大將獨狐信、趙貴等人感覺東魏的官兵越來越多，壓力越來越大，混亂之中又不知宇文泰和皇帝的消息（當時來洛陽掃墓的皇帝元寶炬還沒撤回），以為本方已經落敗。於是，兩人率部撤退，西魏其他將領見狀，紛紛指揮部隊邊戰邊退。在後方觀戰的宇文泰見本方官兵後撤，也燒營逃走。東魏軍隊在後面掩殺。如此一來，戰局真的對西魏不利了。

西魏大臣王思政出身文人，當時也在洛陽前線。眾人無組織撤退之時，王思政卻帶領身邊的人主動阻擊東魏追兵。他跳下馬來，手持長矛，左挑右刺，連殺數人。敵軍越聚越多，王思政等人陷入重圍。左右之人無一倖免，王思政也重傷昏厥，被埋在屍體堆中。當時因為天黑，敵軍又急著追擊，所以沒有仔細打掃戰場。加上王思政當時破衣爛甲，躺在那裡一點都不像將帥，所以首級沒被敵人割去領賞。後來，下屬在屍體堆中好不容易把王思政扒了出來，拉回營帳救了回來。

西魏軍隊陸續撤退到恆農，才緩過勁來，站穩了腳跟。宇文泰損失兵馬過萬人，決心退兵回長安休整。王思政的表現給宇文泰留下了深刻的印象，讓他刮目相看。所以，宇文泰留王思政守恆農，負責河南事宜。

恆農以東的河南郡縣又紛紛投降東魏。東魏重新佔領洛陽，高歡索性將這片廢墟夷為平地。洛陽自此在很長一段時間內徹底成了一個歷史地名，一個政治標記。此戰，東魏雖然奪回了大片土地，可也傷亡慘重。高歡痛失一代名將高敖曹。高敖曹雖然在東魏人緣極差，對高歡卻是忠心耿耿，鞍前馬後，出力不小。他死後，高歡肝膽俱裂，追贈高敖曹為太師、大司馬、太尉。見死不救的高永樂，被打了二百軍棍。此後，東魏大軍也開始休整。

此後四五年時間，河南地區安靜多了，除了小規模戰鬥外沒有爆發決戰。在河陰之戰的當年冬天，西魏發動突襲，再佔洛陽。這個「戰果」僅僅具有宣傳意義，連勝利都算不上。東魏都懶得出兵「收復」。真正有影響的行為是王思政修築了玉壁城（在今山西稷山）。此城地處黃河北岸，周邊地勢險要、深谷縱橫，易守難攻。西魏以此作為據點，控制河東地區，間接威脅高歡的大本營晉陽。之後，玉壁成了西魏前進的重鎮、東魏必須除之而後快的眼中釘。

# 三三、戰爭是發展最大的動力

## 一

頻繁的戰爭讓宇文泰頭痛死了。

每一次大戰都是對宇文泰統治地位的挑戰。不僅戰場的勝負關係他的生死，戰場之外的因素也決定他的成敗。沙苑之戰是在彈盡糧絕之前的僥倖取勝。河橋—邙山之戰更是差點要了自己的命。河南前線的敗報傳到關中，關中不服宇文泰統治的官民和之前收編安置的俘虜揭竿而起，要推翻宇文泰。有一支叛軍甚至攻佔了長安的子城。幸虧宇文泰大軍及時趕了回來，將各地火苗一一撲滅。

宇文泰深深認識到：打仗就是打錢糧，就是拼後方！無奈的是，關中原本就落後於東方，宇文泰控制的人口少、領土小，經濟基礎更比不上高歡。怎麼辦？硬體比不過，只能拼軟體，爭取向管理要生產力、向改革要勝利。可是，一場成功的改革談何容易？

一天，宇文泰和公卿大臣去昆明池觀魚，途中經過城郊一處西漢時的倉地。宇文泰就詢問此地的來歷，左右大臣沒有一個人說得上來。宇文泰正唉聲嘆氣的時候，有人推薦了一個小官——著作郎蘇綽。宇文泰把蘇綽召來一問，蘇綽將倉地的來歷講得頭頭是道，順帶著涉及西漢的歷史、經濟管理等方面的內容。宇文泰越聽越有興趣，就進一步向蘇綽請教天文地理、天下興亡，蘇綽都一一道來，其中不時閃現出真知灼見。宇文泰乾脆和蘇綽並馬而行，邊走邊談。到了昆明池，宇文泰根本無心釣魚，馬上帶著蘇綽返回城中。兩人徹夜長談，宇文泰向蘇綽諮詢治國之道。

蘇綽是關中武功人，出身豪門世家，祖先從三國時代起歷任高官顯貴。他從小繼承家學淵源，博古通今，名聲在外，可惜在鮮卑族的統治下一直沒沒無聞。鎮兵出身的宇文泰沒讀過書，之前並不重視蘇綽這樣的漢族知識份子。經過這次長談，宇文泰完全折服了：知識就是力量！這力量讓宇文泰頓時發現了一座豐富的政治寶庫，開闊了眼界，隱約看到了光明的未來。蘇綽著作郎的官職，還是尚書僕射周惠達舉薦的。第二天，宇文泰遇到周惠達，大喊：「蘇綽真是奇士！我要把國政都交給他。」於是，蘇綽平地一聲雷，出任了宇文泰的左丞，掌管機密，實際主持西魏的改革。

大統七年（五四一年），蘇綽在宇文泰支持下起草六條詔書，以皇帝名義頒布施行。這六條分別從治心、教化、地利、賢良、獄訟、賦役六個方面，主張進行德治為主、法治為輔的改革。改革的措施可分為兩大方面。第一個方面是改革現存的弊病，改變之前西魏政壇近乎無法無天的原始狀態。在政治上，頒布《大統式》作為統一的法律，還規範官制，裁減冗員。宇文泰主張不苛不暴、法不阿貴，官吏犯法一視同仁。宇文泰的內兄王世超，任秦州刺史時，驕橫州縣，結果被賜死。在經濟上，之前慘遭破壞的均田制恢復了起來，那些因為土地兼併、天災人禍和連年戰亂而背井離鄉的流民重新與土地結合了起來。勸課農桑、發展經濟取代徵兵打仗成為地方官員的主要考核目標，因此地方官吏紛紛重視農桑生產。此外，西魏還大力發展屯田。關中經濟很快走出凋敝，穩步發展。

第二個方面是因時因地，建立新制度。宇文泰恢復鮮卑族的舊姓，讓改姓漢姓的少數民族改回原姓，希望以此擺脫漢人柔弱奢華的毛病，保持戰鬥力。宇文泰仿照鮮卑舊俗，將軍隊分為八部，各部設柱國大將軍統帥；士兵另編軍籍，作為專業軍人，不從事耕種，也不受地方政府管轄，稱為「府兵」。統帥府兵的八名柱國大將軍分別是：宇文泰、元欣、李虎、李弼、獨孤信、趙貴、于謹和侯莫陳崇。宇文泰地位最高，統率其他柱國大將軍；元欣是西魏宗室、孝文帝的侄子，基本上是個虛職，指揮不動軍隊。實際管事打仗的是剩下的六位柱國。每位柱國都督兩名大將軍，一共有達奚武、李遠、楊忠等十二人。府兵制的創立，表面上看是倒退到鮮卑族早期的組織結構。實際上，它僅僅是組織形式的「鮮卑化」而已，各柱國大將軍也好、底下各級軍官也好，都是中央直接任命，士兵對軍官也沒有依附關係。府兵完全是朝廷的軍隊。鑑於少數民族人數少，宇文泰大量吸引普通漢族百姓當兵。整編後的西魏軍隊超過一半人是漢族人。這些漢族人不是改姓鮮卑姓氏，就是冒充少數民族，用「胡俗」來培養戰鬥力。又比如宇文泰仿照周禮，革新官制，以周朝的繼承者自居。這項改革對漢族人的心理產生了微妙的影響。一個鮮卑族的政權以漢族盛世周期的繼承者自居，一下子拉近了自己和廣大漢族人口的距離。很多北方漢族地主和知識份子，逐漸擺脫對西魏的排斥，與它合作。西魏抬出周朝來，還使得自己在和東魏、南朝爭奪天下正統時佔據了歷史優勢。

宇文泰在改革中的表現也不錯。他雖然對制度革新缺乏必要的知識儲備，但放手讓人去做，同時唯賢是舉，只要認定德才兼備的人，哪怕出身微賤也大膽任用。西魏吏治較為清明，他的周圍也聚攏了不同背景的有用之才。比如西魏大將李弼原是侯莫陳悅的部下，後兵敗投降。宇文泰對他予以重用，提拔為八柱國大將軍之一。二人坦誠相見，毫無戒備。

主持這場改革的除了蘇綽，還有出身范陽盧氏的大臣盧辯。孝武帝元修西逃入關時，遠在鄴城任太學博士的盧辯聞訊，離家追隨，單人匹馬跟到關中。在西魏，他逐步升到尚書令。盧辯長於典章制度，這場改革的制度大多由他制定。

## 二

西魏內部改革之時，外部硝煙一直沒有消散。

五四三年（西魏大統九年、東魏武定元年），高敖曹的哥哥高仲密新任東魏的北豫州刺史，其地在河南。高歡的長子高澄是個專橫的色鬼，看到高仲密的妻子李氏貌美，一見面就想強姦，撲上去就亂扯衣帶。李氏寧死不從，拚命掙脫，衣不蔽體地跑去向高仲密哭訴。高仲密衝冠一怒為紅顏，向西魏獻地投降。宇文泰喜出望外，親自帶兵來接應高仲密。西魏順利接收了北豫州，佔領了虎牢關等戰略要地，包圍黃河南邊的河橋城。高歡也帶上十萬官兵，自黃河北岸渡河，搶佔邙山，擺出決戰的陣勢。

兩軍勢均力敵，誰都不敢搶先發動進攻，一連對峙了好幾天。

宇文泰想兵出奇招，就在一天深夜，指揮主力悄悄向邙山奔去，想突襲高歡。東魏的偵察兵發現了偷襲而來的敵人，火速告訴高歡。高歡整兵備戰。於是，西魏的偷襲變成了黎明時分的兩軍混戰。東魏大將彭樂帶領數千騎兵，突擊殺入西魏北軍，所向披靡，一直深入西魏腹心。彭樂最初追隨杜洛周起兵造反，後來投靠爾朱榮，中途突然投降葛榮，又轉過來歸附爾朱榮，之後才投靠的高歡，政治態度反覆無常。東魏這邊有人看不到彭樂的影子，就跑去對高歡說：「彭樂這小子又反水了！」高歡勃然大怒：「彭樂太反覆無常了！」正發怒間，彭樂遣使告捷。他一舉俘獲包括西魏臨洮王元柬等五個王爺在內的重要俘虜四十八人。高歡立即傳令鳴鼓進軍，東魏軍沿路掩殺，斬首三萬餘級。西魏大敗。彭樂追擊宇文泰，緊咬不放。宇文泰狼狽地策馬狂奔，還扭頭向彭樂哀求：「彭將軍，飛鳥盡，良弓藏，走狗烹。今天你殺了我，明天你還有用嗎？你不如馬上還營，把我丟棄的金銀寶物一併取走。」彭樂一介武夫，輕易信任了宇文泰的話，折回去撿拾戰利品，整理了一大袋金銀珠寶放在馬上向高歡覆命。高歡問他為什麼沒追殺到宇文泰。彭樂如實相告，最後還聲明：「我並不是因為他的話才放了他的。」高歡再一次震怒，當場勒令彭樂跪下，親手抓著他的頭往地上撞。高歡還不解恨，幾次舉刀要砍彭樂的腦袋，可最終沒砍下去。彭樂哀求給他五千人馬，再去追捕宇文泰。高歡長歎一聲：「晚了！」最後，他賞賜給彭樂三千匹絹。（彭樂此人傻得可愛，最後官至司徒。）

第二天，兩軍重整旗鼓，再次大戰。宇文泰兵分三軍，合擊東魏軍。剛好有一名東魏的小兵犯了軍法，為了避禍投降西魏。他向宇文泰指明了高歡的確切位置。宇文泰馬上集合精銳將士猛攻高歡所在的位置。很快，高歡身邊的將士幾乎悉數被殲滅。高歡帶上幾個親隨，策馬逃跑，沒跑幾步，高歡的坐騎就被射死了。部將赫連陽順下馬，把馬讓給高歡騎，自己殿後掩護。很快，西魏追兵又殺到高歡背後。部將尉興慶對高歡說：「大王快走，我腰間尚有百箭，足以射殺百人，保護您撤走。」高歡感動地說：「如果你能生還，我任命你為懷州刺史。如果你戰死，你的兒子就是刺史！」尉興慶說：「我兒子太小了，希望大王讓我兄長做刺史。」高歡一口答應下來。尉興慶殿後，最後因寡不敵眾被西魏亂刀砍殺。

有東魏降兵為了邀功，把高歡逃跑的方向報告了宇文泰。宇文泰組織一支敢死隊，人人輕裝快馬，一心追殺高歡。他任命大都督賀拔勝為隊長。這個賀拔勝，是賀拔岳的哥哥，當初被元修任命為荊州刺史。高歡唆使他人殺了賀拔岳，和賀拔勝有殺弟之仇；高歡派侯景進攻賀拔勝，又和他結下了戰場之仇。元修逃到關中後，高歡將留在東魏的賀拔家族的大哥賀拔允給殺了。賀拔允和高歡關係不錯，是支持高歡的，想不到也遭到不測。至此，賀拔勝和高歡又多了殺兄之仇。三仇合併，賀拔勝與高歡不共戴天，因此是追殺高歡的最佳人選。他很快就在混戰之中，發現了正倉皇逃命的高歡的影子，飛馬執槊，帶上十三騎追殺而去。賀拔勝一口氣追了數里，好幾次槊尖都要刺到高歡的後背了。他情緒激動，大喊：「賀六渾，我今天一定要宰了你！」高歡害怕得幾乎全身都趴在馬背上了。彷彿有上天保佑，危如累卵之際，高歡隨從扭身射了一箭，正好射斃賀拔勝的座騎。等賀拔勝起身，找到馬匹想再追，高歡已經跑得無影無蹤了。賀拔勝頓足痛惜：「我今天竟然忘了帶弓箭，真是天意啊！」

高歡所在的部分雖然失敗了，但東魏其他部隊並沒有戰敗。相反，西魏趙貴等部抵敵不住，開始退卻。戰場形勢發生了逆轉。東魏軍隊衝殺過來，宇文泰率軍逃跑。幸好有獨狐信等人收集潰散的官兵，從後面掩擊東魏追兵，西魏軍隊才得以脫險。此戰，西魏失敗，包括虎牢關在內的北豫州等地得而復失。宇文泰不得不退兵河南西部。

高歡率軍進入陝州，部下封子繪等勸高歡乘勝西進，徹底消滅宇文泰，一統兩魏。但多數將領戰鬥意志不強，反對繼續擁兵。事實上，東西兩魏實力相當，宇文泰軍隊的主力也相對完好，高歡權衡之下，下令撤軍。高歡率主力回晉陽，任命侯景為司空，全權負責河南軍政。侯景俘獲叛變的高仲密妻兒送至鄴城。由於高乾、高敖曹都是高歡的功臣，高仲密的弟弟高季式聽說兄長起兵後馬上自首，因此高歡並沒有將高家連坐族誅，只殺高仲密一家。臨刑前，色狼高澄去見將被處死的高仲密妻子李氏，問：「今日如何？」李氏默然，只好被高澄納為妾侍。高歡又殺掉了賀拔勝留在東魏的所有兒子，以報戰場上追擊之仇。賀拔勝在關中得知，吐血而亡。

邙山之戰後，宇文泰不得不擴大招兵範圍，補充戰場損耗。在北魏末年的關隴起義中，地方豪強紛紛組織鄉兵自保。宇文泰把這些鄉兵武裝都收編為正規軍，任命當地豪強或者有名望的人物統領。如此擴軍，遭遇到的阻力很少，不僅加強了西魏王朝的軍事力量，還削弱了地方勢力。擴充的新軍，主要是漢族人。宇文泰部隊中的漢族士兵的比例進一步提高。同樣，新任命的將領中，漢族人的比例也不斷提高。以武川鎮軍人為核心的六鎮武裝和關隴漢族地主勢力，因為歷次整編和擴充，日益聯合了起來。

## 三

高歡已經年過五旬，身體越來越不好。他決心在有生之年，再會會宇文泰——如果能殲滅宇文泰就更好了。

五四六年（東魏武定四年、西魏大統十二年）十月，高歡蒐集東魏十萬精兵，圍攻西魏位於汾河下游的重要據點玉壁城（今山西稷縣）。此城由大將王思政築造，但王思政已經調離，推薦韋孝寬守城。玉壁城中的西魏守軍不過數千人。高歡對攻下此城信心十足。他的目的是以玉璧為引子，吸引宇文泰出兵增援，然後在河東來次新的決戰。但是，玉璧城地勢險要、防守堅固，韋孝寬對守城信心滿滿，並沒有向關中請求增援；宇文泰也相當放心，不派一兵一卒。從一開始，高歡的戰爭目標就落空了。

這次一廂情願的決戰，變成了十萬大軍的攻城戰。高歡指揮官兵晝夜攻城，毫不懈怠；韋孝寬目不交睫，認真守城。一時硬攻不下，高歡轉而智取。第一招是「斷水」。玉璧守軍之前從汾河汲水飲用，高歡就派人改掘河道，斷了韋孝寬的取水之路。韋孝寬下令在城內鑿井取水，城中人馬安然無恙。第二招是「造山」。高歡在城南造起土山，山比城高，想居高臨下攻入城去。韋孝寬就在原先城牆的兩個城樓之間綁縛木柱，搭成木橋，高於土山。西魏守軍反過來居高臨下，向土山上的東魏士兵投石擲火。東魏官兵不能近前。高歡派人威脅韋孝寬：「即使韋孝寬搭橋上與天齊，我也會穿地入城取你人頭！」於是，高歡使出第三招：「鑽地」。東魏軍士挖掘地道，計畫挖入城中。韋孝寬就沿著城牆挖出一條深溝，一等挖地道的東魏士兵跌入長溝，就地擒殺。守軍還在長溝內堆滿木柴，只要有地道暴露洞口，就派人往洞裡填塞柴草，放入火把點燃，往地道內鼓氣。地道中的東魏士兵不是被燒焦就是被燻死。高歡還有第四招「燒牆」。高歡繼續派人挖掘地道二十條，不挖穿城牆了，而是挖到城牆下面就用木柱支撐住，再以猛火燃燒，等地道內的柱子崩塌，好多段城牆也隨之塌毀。這一招起初很奏效，玉璧城牆坍塌了多處。韋孝寬迅速在城崩處樹立起大木柵，用尖槊弓弩防守住，東魏官兵還是不能攻入。

高歡接連失敗，就開始用「心理戰」。東魏官兵對城中大喊：「城中有能斬韋孝寬者，拜太尉，封開國公，賞帛萬匹！」並向城內發射懸賞令。韋孝寬就在賞格背面親筆書寫「能斬高歡者也按此賞」，射回城外。高歡把韋孝寬留在東魏的侄子綁在城下，逼韋孝寬投降。韋孝寬看著侄子在面前被殺，也堅持不降。守軍大受感動，誓死和韋孝寬共生死。

十萬東魏大軍苦攻玉壁五十多天，傷亡及病倒超過三分之一。韋孝寬巋然不動。高歡筋疲力竭，一病不起。一天夜裡，有大星墜於營中。古人認為，天降隕石就是將星墜落。高歡害怕這個天象落實到自己身上，主動撤圍而走。

大軍困於小城之下，已經引起了東魏內部的種種猜測。軍中訛傳韋孝寬用大弩射殺了高丞相。韋孝寬聽說後，乘機派人四處高喊：「勁弩一發，凶身自殞。」撤退中的東魏大軍開始軍心不穩。高歡不顧病重，露天召集諸將宴飲。宴會上，大家情緒低落。大將斛律金唱起《敕勒歌》緩和氣氛：

> 敕勒川，陰山下，天似穹廬，籠蓋四野。
> 天蒼蒼，野茫茫，風吹草低見牛羊。

高歡觸景生情。他彷彿回到了壯闊蒼茫的懷朔鎮、回到了草長鶯飛的早年，一生的奮鬥歷程依次在面前閃過……高歡親自唱和，哀戚流淚。五四七年正月朔日，恰巧日蝕，高歡病死，時年五十二歲。

高歡死後，東西兩魏之間長期沒有爆發新的決戰。兩邊都把征戰的目標轉移到了南方的梁朝。東魏的目標是南北方傳統的戰場：淮南江北。因為南梁的內亂，東魏斬獲頗豐。不過，西魏在巴蜀地區的收穫更大。大統十八年（五五三年），宇文泰派遣尉遲迥進軍四川，佔領了現在的陝南、四川、重慶等地。一年前（大統十七年，五五二年），南梁大亂。梁武帝第七子蕭繹在江陵稱帝，是為梁元帝。蕭繹為了平定國內騷亂，稱臣於西魏。西魏與蕭繹訂立盟約割佔土地：西魏以竟陵（今湖北潛江西南），梁以安陸（今湖北安陸）為界。梁元帝蕭繹並送人質去長安。然而，等南梁內部安定後，蕭繹對屈辱性的盟約反悔了。他以稱帝後不便向西魏稱臣為理由，堅持南北方平等相待，並且要求西魏把之前侵佔的陝南、四川、重慶和湖北北部等地區歸還南梁。宇文泰大怒。恰巧蕭繹的侄子蕭詧向宇文泰借兵進攻蕭繹。於是，西魏恭帝元年（五五四年）年底，宇文泰派步騎五萬攻陷江陵。梁元帝蕭繹被處死，魏軍洗劫了江陵城，驅趕十餘萬百姓返回關中。蕭詧在空城中被扶持為傀儡。西魏進一步佔領湖北其他地區。至此，宇文泰勢力擴展到長江中游。

# 三四、癲狂高洋與傀儡羔羊

## 一

高歡新立的皇帝元善見是北魏孝文帝的曾孫。高歡和左右詳細商議立元善見為皇帝的時候，認為洛陽雖然有位置優勢，但是土地褊狹，久經喪亂，城池殘破，不適合作為首都，而且元修和宇文泰在長安居高臨下，對洛陽構成威脅。因此，高歡等人選擇鄴城為新的首都。元善見就在鄴城東北登基稱帝，改元天平，成為東魏的開國皇帝，也是唯一的皇帝。元善見年幼，高歡繼續主政，掌握軍國大權。

高歡的統治相對平穩，高氏家族繼續竊取權力。當時南梁雖然有北伐，但與東魏的關係仍以外交通使為主。高歡害怕北方士大夫望梁朝為正朔所在而投奔江南，也無意南向擴張疆土。為了抵抗柔然對分裂的魏國的侵略，高歡迎娶柔然公主，對柔然奉行結交和好政策。他把主要精力放在與關中宇文泰的作戰上。隨著連年戰爭和關中的恢復，東魏和西魏逐漸形成了均勢。高歡的平穩統治為兒子的篡位奠定了良好的基礎。

高歡死後，長子高澄繼承他的地位，受封渤海王、大將軍，把持朝政。

高澄的才能無法和父親高歡相比，而且他為人殘暴猜忌，嗜權如命，導致內部人際關係緊張。比如他任用親信崔季舒、崔暹監督百官，對父親留下來的老夥計、老大臣很不客氣。東魏內部怨氣重重。和高歡一道起兵的大將侯景乾脆就割據叛變，先後投降了西魏和南梁。

不過，高澄的運氣實在是好。底下雖然有怨氣，但都被他的專橫殘暴所壓制了。侯景叛變導致河南地區脫離東魏，卻因為侯景首鼠兩端、決策失算，東魏很輕鬆就收復了河南大部分地區。更輕鬆的是，高澄把「瘟神」侯景趕到南梁後，南梁內部大亂，梁朝淮南江北各州郡的刺史、太守紛紛向東魏獻城歸降。高澄派人南下納降，兵不血刃接收了淮水以南二十三州。這其中包括鍾離、壽陽、合肥、淮陰等重要軍鎮，南北方的國境幾乎推進到了長江北岸。高澄舉手之間就完成了之前北方歷代統治者花費千軍萬馬都沒有實現的目標。（此事在侯景之亂部分詳述。）

同時，高澄雖然沒有在對西魏的戰爭上有大的進展，卻攻佔了西魏在河南的重要據點潁州。潁州治所在長社（今河南長葛東），由西魏的大將軍王思政鎮守。王思政是孝武帝元修時的老臣，對西魏忠心耿耿，起初將城池守衛得很好。東魏大將慕容紹宗、劉豐生等都死於城下。高澄親自率領十萬大軍兵臨長社城下，採用水攻，將長社城淹成汪洋中的一座孤島。城牆多處崩陷，儲糧被淹，王思政不得已向高澄投降。高澄也不殺他，以禮相待。王思政幾年後病死在北齊。長社陷落後，宇文泰放棄了河南的其他各州。高澄又輕鬆撿了個大便宜。

高澄因「功」聲望達到頂峰。他被加封為齊王、相國，享受劍履上殿，入朝不趨，贊拜不名的殊禮，真可謂是「司馬昭之心，路人皆知」了。

元善見是個自幼聰明，文武雙全的君主。他「好文學，美容儀，力能挾石獅子以逾牆，射無不中」。意思是說這位皇帝長得很漂亮，喜歡文學，還能挾帶著石獅子翻牆，射箭百發百中。這在歷代皇帝中還真算得上才能出眾。朝廷宴會的時候，元善見老是命令群臣賦詩，自己從容沉雅，非常有北魏偉大的帝王孝文帝的遺風。但元善見始終是一個傀儡，未能親政。傑出的才能是多少代朝臣對君主的期望，但對於傀儡君主來說，它就變成負面因素了。渤海王高澄主事的時候就非常忌諱這位文武全才的皇帝。高澄將大將軍中兵參軍崔季舒調任中書、黃門侍郎，監察皇宮的動靜。因此元善見的大小舉動都被崔季舒偵知，再告訴主子高澄。

元善見一次在鄴城東部打獵，驅馬馳騁如飛。監衛都督烏那羅等人在後面緊緊追趕，高呼：「天子莫走馬，大將軍怒！」意思是說皇帝不能跑得太快了，大將軍知道了會發怒的。

高歡生前，雖然專權，但對皇帝的表面功夫做得非常到位。他對孝靜帝畢恭畢敬，君巨之間倒也相安無事。但高澄一點表面文章都不作，在皇帝面前毫不掩飾自己的專橫跋扈。一次，高澄和皇帝一起飲酒。高澄舉觴對元善見說：「高澄祝陛下長命百歲。」元善見聽了，可能比較感慨，就不高興地說：「自古沒有不亡之國，朕怎麼能受用這樣的話！」高澄發怒了：「朕，朕，狗腳朕！」高澄說完還不解氣，讓崔季舒上去打元善見三拳。當眾毆打了皇帝後，高澄這才奮衣而去。第二天，高澄讓崔季舒去慰勞皇帝。元善見也不得不表示辭謝，還賜給崔季舒絹。崔季舒哪裡敢接受，就先跑去報告高澄，問自己是否能夠接受。高澄讓崔季舒取其中的一段。元善見就束了百匹絹給崔季舒。

元善見不堪憂辱，常常在宮中詠同時代南方大詩人謝靈運的詩：「韓亡子房奮，秦帝魯連恥。本自江海人，志義動君子。」

這是南方謝靈運遭地方官員彈劾後借古諷今、立志雪恥的詩。大臣荀濟聞聽後，知道元善見的心意，就與華山王元大器和元瑾等大臣密謀於宮中。他們三個人想出了一個餿主意，偽裝在宮中造假山，實質上挖地道出宮。估計他們是想將皇帝弄到城外去，再集結天下兵馬做進一步打算。荀濟的地道一直向北城方向挖進。到千秋門的時候，守門者察覺到地下有響動，趕緊跑去報告高澄。高澄領兵入宮，責問元善見：「陛下為什麼要造反？我高家父子兩代功存社稷，有什麼地方辜負了陛下嗎？」高澄當即下令捕殺宮中的妃嬪。元善見正色說：「自古只聽說大臣反皇帝的，不曾聽說還有皇帝反大臣的。大臣們造反，關我何事？我不惜生命，何況妃嬪！你如果打定主意要造反弒君的話，你就動手吧！」高澄見皇帝來硬的了，下床叩頭謝罪。皇帝見高澄服軟了，就擺宴招待。高澄在宮中酣飲，到深夜才出去。三天後，高澄還是將元善見幽禁在含章堂，而元大器、元瑾等人都在鬧市中被當眾烹死。

高澄囚禁了皇帝，準備逼元善見禪讓，篡位建國。元善見在含章堂心驚膽戰地過日子。他不知道自己身死何時。一切似乎都明朗了，高澄馬上就要篡位稱帝了。

## 二

但是先傳來的卻是高澄的死訊。五四九年，高澄在家裡被廚師刺死。兇手廚師是一個叫做蘭京的南方人。東魏在與南梁的戰爭中，南梁將領蘭欽的兒子蘭京被北方俘虜，高澄讓蘭京在家中配廚。蘭欽請求贖回兒子，被高澄拒絕。蘭京本人也向高澄申訴。高澄讓監廚蒼頭薛豐洛杖責蘭京，警告說：「再申訴，就殺了你。」蘭京不是軟柿子，祕密聯結了六個人陰謀作亂。當時高澄正準備接受魏禪，與陳元康、崔季舒聚集在北城東柏堂裡密謀最後的步驟。太史向高澄警告說天象突變，一個月之內有變亂，提醒高澄注意。這天，蘭京進東柏堂端菜。高澄不讓蘭京進來，對旁人說：「昨天晚上，我夢見這個奴才要殺我。」過一會，高澄又說：「我要先殺了這個奴才。」蘭京聽了，把刀放在菜盤下，冒險進食。高澄見了，發怒說：「我並沒有叫吃的，你為什麼進來？」蘭京拔出刀，惡狠狠地說：「我來殺你！」高澄急忙逃跑，傷了腳，躲入床下。蘭京的同夥湧入堂裡，掀去床，亂刀砍死高澄。高澄時年二十九歲。

高澄遇刺身亡，事出倉促。高家親信連忙報告高澄的二弟高洋。高洋聞訊，神色不變，親自斬殺蘭京及其同黨，同時收殮哥哥，卻祕不發喪。高洋只是對外宣布家奴造反，大將軍高澄受了一些輕傷，並無大礙。當時洛陽周邊因為消息不明，出現騷動跡象，聽到高洋的處理稍微安定下來。高洋再以東魏立皇太子為理由，大赦天下。等待洛陽周邊安定後，高洋緊急奔赴晉陽，接收軍隊，掌握權力。這時，高洋才向天下宣布了哥哥的死訊。

聽到高洋接替哥哥的地位後，元善見天真地認為：「上天佑我，魏室可以復興了。」元善見輕視高洋是有原因的。高洋長得很猥瑣，皮膚黑黑、滿身魚鱗紋，平日窩在角落裡少言寡語，和儀表堂堂、風度翩翩的大哥高澄相比，一個地下，一個天上。不僅高澄以為他沒有什麼能力，連諸位大臣也看不起他。就連高洋的生母婁昭君也憂慮地對他說：「你爸爸是龍，你大哥是老虎，才有了我們家如今的地位。現在輪到你了，你行嗎？」

但事實隨即粉碎了元善見的天真與幻想。

高洋那是韜光養晦，城府深厚而已。在諸多的子女中，高歡最看好的，恰恰是二兒子高洋。一次，高歡拿出一團亂絲，叫幾個兒子解開。當兄弟們解得手忙腳亂時，高洋拔出刀就砍，還說：「亂的該斬！」高歡很欣賞高洋的作風。還有一次，高歡叫高澄、高洋各帶一隊士兵行軍，按照命令大將彭樂率領騎兵佯攻他們，想測算一下兄弟二人的膽略。高澄表現得驚慌失措，高洋卻不慌不忙指揮部下迎敵。彭樂連忙說明來意。高洋不相信，將彭樂捆綁起來，押到父親面前才把事情弄清楚。經過這些考驗後，高歡生前雖然以長子高澄為繼承人，但同時培養次子高洋。

高澄繼位後，高洋擔心遭兄長排擠陷害，刻意保持低調。他每次退朝回府就閉門靜坐，整天不開口。有時，高洋在家裡跑跑跳跳，夫人問他做什麼，他只說玩玩而已。其實，高洋是不想自己安逸下來，保持活躍的身體和精神。

在處理高澄被刺事件時，高洋從容自若、手段高超，開始讓旁人大吃一驚。在晉陽，高洋大會文武大臣，期間神采飛揚、言辭敏銳，與昔日木訥安靜的樣子判若兩人，更令人刮目相看。全場都被震懾了。掌權後，高洋清晰了大哥高澄的政令，幾乎全部修改或廢除。高隆之、司馬子如乘機彈劾高澄親信崔暹與崔季舒的過失，高洋將二人各打兩百鞭，發配邊疆。他很快就樹立了權威，原本對高澄有怨氣的大臣們，紛紛聚集到高洋的周圍。

但是，高洋隨著權勢迅速穩定，性情也迅速大變，很快墮落成一個癲狂病人。他的行為越來越放縱，有時整天整夜唱歌舞蹈；有時披頭散髮，穿著胡服；有時騎驢、騎牛、騎駱駝、騎象，從不加鞍繩，隨便走到哪裡就是哪裡。大臣的府第、貧民居住區，他自由出入，累了就在街上或坐或臥。高洋似乎寒暑不分，在炎炎烈日下赤膊光腳行路，在冬天的嚴寒中裸露身體狂奔。

更可怕的是，高洋開始嗜血，殺人成性。他製造了許多殺人工具，有大鍋子、長鋸、銼刀、碓等，一一陳列在殿庭之上。高洋喜歡喝酒，而且一喝醉就必要殺人取樂。他經常從早到晚地喝酒，也就從早到晚不停地殺人。宮女、宦官甚至親信每天都有人慘死在他盛怒之下。後來人們摸到主子的秉性，就從監獄中將判決死刑的囚犯提到高洋住處，供高洋不時的殺人之用。但是高洋殺的人太多了，政府的死囚不夠使用。親信們就把拘留所裡正在審訊中的犯人或者剛拘捕的嫌疑人拉來以備使用，史稱「供御囚」。高洋出巡時，這些可憐的供御囚也跟在後面備用。官府有個奇怪的規矩：一個人只要做供御囚三個月而不死，即判為無罪釋放。

高洋幼年時，丞相高隆之對這個癲狂孩子不太看好，也就不甚禮遇。高洋登基後記起前恨來，下令將高隆之殺掉。之後高洋還不解恨，就把高隆之二十多個兒子喚到面前表演集體屠殺。群刀齊下，人頭落地。高洋這才解恨。

丞相李暹病故後，高洋去李暹家祭弔。他問李暹妻子：「夫人是否思念丈夫？」李暹妻子肯定是回答：「結髮夫妻，怎麼能不想念啊？」誰知高洋說：「既然想他，就前去陪他吧！」說完，高洋抽出配刀，砍下她的頭扔進陰溝裡。

日後登基，高洋的行為更加癲狂。他寵愛的薛貴嬪是妓女出身。高洋有一天想起來薛貴嬪的過去不乾淨，就不顧夫妻情誼，將她殺掉。但是高洋在薛貴嬪死後，又想起她的美來。於是高洋把血淋淋的人頭藏到懷裡參加宴會，在宴會高潮時掏出來放在桌子欣賞。參加宴會的大臣貴族無不大驚失色。高洋思念更深，將把她的屍體肢解，用腿骨做了一個琵琶。他抱著琵琶一面彈一面唱：「佳人難再得。」高洋為薛貴嬪辦了一場隆重的葬禮，跟隨在棺材後面，蓬頭垢面，大聲號哭。

高洋還有兩個弟弟——高浚和高渙，經常勸說哥哥注意自己的行為。高洋煩了，就將這兩個弟弟關到地窖的鐵籠裡。高洋還去看他們，縱聲高歌，命二人相和。高浚和高渙既悲傷又害怕，顫抖著唱出歌來。高洋聽著淚流滿面，突然拿起長矛向籠中猛刺，還命令衛士們一起刺殺。兩個弟弟用手抓住鐵矛掙扎，號哭震天，被刺成一團肉醬。高洋在執政的後期，老擔心自己死後政權不穩，於是就把魏國元姓皇族全部屠殺。其中嬰兒們則拋向空中，用鐵矛承接，一一刺穿。但是在他死後，政權果然不穩，高氏親屬爭權奪利，骨肉相殘。

## 三

這是這麼一個癲狂病人，以異乎尋常的速度完成了逼宮禪讓的過程。

武定八年（五五〇年），元善見晉升太原公高洋為丞相、齊王，都督中外各軍事。這時，徐之才、宋景業等人紛紛勸高洋稱帝，宣稱應該在五月受禪即帝位。高洋早有此意，於是從晉陽來到鄴城，進行最後的準備。文武百官見局勢如此，沒有敢反對的。五月，元善見再任命高洋為相國，總百揆，備九錫之禮，又以齊國太妃為王太后，王妃為王后。

五月初八，襄城王元昶、司空潘樂、侍中張亮、黃門侍郎趙彥深等人要求入朝奏事。元善見在昭陽殿召見他們。君臣間進行了東魏朝廷最後一場辯論。張亮說：「五行遞運，有始有終。齊王聖明仁德，深受老百姓愛戴，請陛下效法堯、舜，將帝位禪讓給他。」元善見一點辦法都沒有，只好想在程序問題上拖延時間：「既然這樣，那我就先準備制書吧。」中書郎崔劼、裴讓之說道：「不勞陛下，我們已經寫好了。」侍中楊愔即獻上制書，讓皇帝按照內容抄寫一份。元善見只得照辦。

元善見抄完後問：「你們將如何安排我呢？我應該去什麼地方？」楊愔回答說：「在鄴城北城有所別館，你會搬到那裡去。我們已經準備好了車駕，平時的侍衛會帶你去那的。」元善見慢慢地走下御座，走出東廊。這位文才出眾的皇帝邊走邊詠范蔚宗的《後漢書贊》：「獻生不辰，身播國屯。終我四百，永作虞賓。」

元善見走到宮門處，相關官員請他上車出發。元善見留戀地說：「古人想念遺簪敝履。我想和六宮告別，可以嗎？」尚書令高隆之說：「現在的天下還是你的天下，況且後宮呢！」元善見就與夫人貴嬪訣別，大家無不欷歔流淚。趙國李嬪吟詠陳思王曹植的詩：「王其愛玉體，俱享黃髮期。」皇后等人哭聲震天。

直長趙德準備了一輛老牛車，等候在東上閣。元善見上車後，趙德竟然也趕上車來，坐在皇帝旁邊（像趙德這樣的低級別的官員，按禮是根本沒有資格與皇帝同車的）。元善見用手肘碰碰趙德，說：「我畏天順人，授位給相國。你是什麼奴才啊，竟然也敢逼我！」趙德堅持不下去。元善見只得與他同車走出雲龍門，王公百僚整理衣冠跪在路邊給皇帝送行。元善見極其感慨，曰：「今天的我還比不上常道鄉公、漢獻帝呢。」大臣們也都覺得悲涼得很，很多人都流下淚來。

五月初十，齊王高洋在鄴城南郊舉行受禪典禮。當天，鄴城出現赤雀，人們將赤雀獻到郊所。高洋升壇，柴燎告天，正式接受皇位。事畢後，高洋進入皇宮太極前殿，宣布大赦天下，改元天保，國號齊，史稱北齊。新皇帝大賞天下之民，百官進兩大階，六州緣邊職人進三大階。北魏孝莊帝以後，百官都不領俸祿，現在高洋又重新給百官發薪資了。東魏只經歷元善見一個皇帝，享國十六年。東魏全境進入北齊的統治。高洋終於成功篡權奪位。

高洋給遜帝規定了相當可以的優待條件。北齊封元善見為中山王，食邑一萬戶；上書不稱臣，答不稱詔；出行可以使用天子旌旗，乘五時副車；奉絹三萬匹，錢一千萬，粟二萬石，奴婢三百人，水碾一具，田百頃，園一所。元善見繼續延續魏室正朔，在中山國立魏國宗廟。元善見皇后被封為太原公主；各個兒子被封為縣公，食邑各一千戶。高洋出巡的時候，常常讓元善見伴隨左右，以示恩寵。但是元善見一家依然生活在恐懼之中。北魏的各位皇帝即使禪讓退位了，都沒有得到善終。這些皇帝通常是被新皇帝毒死。妻子為了防止毒物，每次吃飯前都為元善見吃東西試毒，盡力保護著丈夫。但是高洋還是找到機會，五五一年下毒毒死了元善見。元善見年僅二十八歲。元善見被追謚為孝靜皇帝，葬在鄴西漳北。

現在邯鄲西南六十五公里處的磁縣還保留著元善見的陵墓——天子塚。天子塚並不豪華，墳墓為封土形式，高五十米，直徑一百二十米。墓頂建有玉皇大殿和娘娘廟、觀音廟。前後有台階可登至。至今，天子塚還是旅遊景點。但是奇怪的是這一百零九階台階。台階與地面成五十度角，遊人登台階的時候，會發出叮咚響的水聲。有的當地人說這是天子塚下的元善見千年後不甘冤死的哀號之聲。其實這何嘗只是元善見一個人的冤號。魏國末期的元子攸、元曄、元恭、元朗哪個皇帝不是冤死的？

# 三五、傀儡皇帝不是好當的

## 一

說完東魏，我們來看看西魏。西魏的國運在宇文家族的羽翼庇護下又延續了二十四年。

落荒而逃的元修在宇文泰派出的軍隊護衛下輕騎向長安而來。宇文泰禮數非常周到，備齊儀衛出城迎接。君臣在東陽驛相見。宇文泰免冠，哭泣著向元修謝罪：「臣不能遏制奸臣欺凌皇上，導致皇上開車西行，是我的罪過。請皇上將我交給有關部門懲處。」這一刻，厭惡了高歡的專權和蠻橫的元修感覺一定非常好。他回答說：「你的忠節，整個朝野都知道。我因為德行不夠，所以才被奸臣所乘。今天我們君臣相見，我非常欣慰。你不用謝罪。」宇文泰於是陪護元修進入長安。

北魏朝廷西逃到關中後，百業待興。宇文泰建立了西魏朝廷的雛形，還抵禦住了高歡軍隊對皇帝的爭奪。特殊的形勢導致初期軍國大政都由宇文泰專斷。宇文泰以大將軍、雍州刺史的職務兼尚書令，並進封略陽郡公。朝廷還解除了尚書僕射的官制，加強專權。元修在洛陽的時候曾將馮翊長公主許配給宇文泰。婚事還沒舉辦，元修就西逃了。現在在長安，元修為宇文泰舉行了皇室婚禮，正式拜他做駙馬都尉。一個月後，高歡親自領兵來爭奪皇帝元修。高歡軍突襲攻陷了潼關，進軍到華陰地區。宇文泰整軍駐紮在霸上迎敵，迫使高歡留下薛瑾守潼關後撤回東方。宇文泰進軍討伐薛瑾，俘虜七千人回到長安。元修晉升宇文泰為丞相。

當年十月，元善見即位，徙都鄴城。北魏正式分裂。宇文泰度過了與高歡戰爭的最初困難時期，西魏朝廷得以初建。元修也給予了宇文泰充分的信任。

隆重的場面，恢宏的長安和重建的朝廷，這一切使元修以為他成了一位真正的皇帝，可以擁有無限的權力了。但他忽視了自從胡太后之亂後，北魏朝廷已經旁落了數十年。他怎麼能夠就憑簡單的西逃重新樹立皇權呢？皇權的喪失也存在慣性。最高權力一旦喪失超過一定的時候，就不可能再次復興。它就像過時的衣物，只有等待被新潮流取代的命運了。

元修對宇文泰的期待也是錯誤的。他最愚蠢的地方就是將北魏的復興和奪回皇權完全寄託在宇文泰的身上。宇文泰憑什麼一心一意做北魏中興的功臣呢？更何況宇文泰本身就是有志於天下的軍閥，他與高歡是一丘之貉。宇文泰比高歡年輕，不像高歡那樣寬厚。高歡雖然專權，但起碼不干涉元修的私生活。元修的私生活混亂，長期與幾位姐妹同居。宇文泰非常厭惡元修這一點，將他的幾個姐妹全部驅逐出宮，並殺掉了其中的明月公主。元修暴跳如雷，要麼彎弓搭箭，要麼頓足捶案，大罵宇文泰。宇文泰就加強對皇宮的監視，防止元修再幹蠢事。

滿懷希望的元修一下子又陷入了絕望之中。他終於有了才出狼穴，又入虎口的感覺。

元修用事實證明自己不是一個合格的政治家。他做事從不分析前因後果，不僅過分誇大自身的實力，而且以一時的好惡為出發點。即使處於被監視中，元修也一再揚言要除去宇文泰。結果幾天後，元修就要為自己的性命擔憂了。他能夠感覺到黑暗中有陰謀的矛頭正指向自己的心臟。這回，元修的感覺是正確的。

元修從洛陽西逃後的第五個月，閏十二月癸巳，大臣潘彌向元修上奏說：「皇上在今天要小心有急兵。」這天晚上，元修在逍遙園舉行宴會。他觸景生情，對侍臣們說：「此處彷彿是洛陽的華林園，我不禁滿懷淒怨。」元修命令牽來自己的坐騎波斯騮馬，讓南陽王駕馬。南陽王就要攀上馬鞍的時候，掉在地上摔死了。元修受到極大的驚嚇。

天色已晚，元修起駕回宮。到了宮殿後門，那匹馬波斯騮馬硬是不向前走了。元修用力地鞭打坐騎，波斯騮馬才步入宮中。元修看看天色，對潘彌說：「今天不會有其他事情了吧？」潘彌說：「到下半夜，如果沒有事情，那就大吉了。」回到宮中，元修喝了一點酒。正是酒要了元修的命，宇文泰讓人在酒中下了毒藥。元修當即死去，年僅二十五歲。

元修不是個討人喜歡的皇帝。死後，元修被草殯於草堂佛寺。十多年後，元修才被葬入雲陵。西魏給元修定的諡號是「孝武」。但東魏不予承認，堅持將元修稱為「出帝」，意思是出逃的皇帝。

## 二

繼位的皇帝是元寶炬。有人說元寶炬參與了對元修的謀殺，但是沒有確切的證據證明。

元寶炬是孝文帝第三子、京兆王元愉的兒子。因為父親造反失敗自縊，母親受株連被殺，元寶炬的早年生活非常悲慘。他與兄弟、妹妹被囚禁在宗正寺長達七年，沒有自由，更沒有皇室身分。

北魏末年皇室成員凋零，元寶炬開始異軍突起。他對高歡及其手下的驕橫跋扈十分厭惡，公開揚言：「這些鎮兵，怎麼敢如此大膽！」因此，孝武帝元修很器重元寶炬，任命他為太尉，並帶他一起入關。

元修死後，多數大臣推舉孝武帝的侄子、廣平王元贊為新皇帝。濮陽王元順勸宇文泰不要效仿高歡立幼主攬權，不如反其道而行之，擁立一個平和老實的長君，以此把高歡給比下去。宇文泰於是推舉元寶炬為新皇帝。元寶炬再三退讓，實在沒辦法才不得不即位，改元大統。

元寶炬可謂是古代歷史上的「模範傀儡」。他非常清楚宇文家族取代魏室的趨勢，在他統治時期，朝廷大權進一步落入宇文家族手中。元寶炬採取了無條件合作，以求自保的態度。

歷史上的政治傀儡很多。傀儡的對策無非三種：激烈反抗，比如曹髦、元修那樣；消極罷工，對操縱者不理不睬，不配合，也是反抗。這兩種態度常常使幕前和幕後之間爆發矛盾衝突，結果往往是兩敗俱傷。當然更受傷的還是傀儡一方。元寶炬採取的是第三條道路，積極、全面地配合操縱者的政治運作，忠實地做個好傀儡。這樣做的目的其實特別現實：保存性命。實權操縱者也最喜歡這樣的傀儡，往往不威脅他們的性命。這樣的結果其實是「雙贏」。

元寶炬有一次登逍遙宮遠望嵯峨山，感慨地對左右說：「望到這山，不禁讓人有脫屣歸隱的意思。如果我滿五十歲了，我就將政權交給太子，自己在山中採摘餌藥，不再像現在這樣一日萬機了。」雖然元寶炬最後沒有活到五十歲，但畢竟是正常死亡，基本實現了目的。他的結局遠比元子攸、元曄、元恭、元朗、元善見等親戚好得多。

元寶炬的命運和忍耐可以從他的婚姻中窺見一斑。

東西魏對立的時候，中原地區面臨著北方強大的柔然的威脅。東西魏都對柔然曲意逢迎以求自保。東魏把公主嫁給柔然統治者進行和親；西魏宇文泰便要元寶炬娶柔然長公主作為皇后。當時元寶炬已經有了乙弗氏皇后，兩人非常恩愛。乙弗皇后生性節儉，平日穿舊衣、吃蔬菜，從不配飾珠玉羅綺，為人仁恕且沒有嫉妒心，深得元寶炬之心。但是宇文泰的命令又是不能拒絕的，元寶炬只好迎娶了柔然的長公主，立為皇后。他廢掉了乙弗氏皇后，將她打入冷宮。元寶炬新婚後的家庭生活並不幸福，柔然公主非常不滿，她是個嫉妒心極強的女人，將自己婚姻的不幸歸結為乙弗氏的存在。為了保護自己心愛的女人，元寶炬再次做出犧牲，將乙弗氏貶到秦州（今天水）出家為尼。

元寶炬雖然將乙弗氏貶到邊遠的地方，但對她的愛意並沒有絲毫減弱，相反是更加思念起來。兩人還多次祕密通信傳情。柔然長公主很快知道了這個消息，並且向娘家哭訴自己的不幸。接下來的情節是柔然國出兵大舉進攻西魏，出兵的名義就是誅殺乙弗氏。元寶炬感歎，愛情遇到政治怎麼會如此艱難。但是一個女子和百萬大軍比起來，自然是後者更加重要。元寶炬於是忍痛派遣使者去秦州，敕令乙弗氏自盡。乙弗氏冷靜地對使者說：「願皇帝享千萬歲，天下百姓康寧，我死而無恨。」隨後走進臥室，「引被自覆而崩」，年僅三十一歲。

元寶炬與乙弗氏的愛情最終還是戰勝了政治風雲。元寶炬死後，人們將他和乙弗氏合葬在一起，成全了兩人的愛情傳奇。兩人的合葬墓就是現在的陝西永陵。

雖然元寶炬的個人生活是不幸的，但是西魏在他在位時期得到了恢復和發展。在東西方的國力競爭中，西魏由弱變強，取得了優勢。元寶炬配合宇文泰主導的政治和經濟改革。西魏國力蒸蒸日上，還開疆拓土，疆域擴大到四川和湖北一帶。宇文泰為西魏滅亡東魏，直至最後為隋朝統一開啟了大門。這其中，也應該有元寶炬的一份功勞。

五五二年春三月，四十五歲的元寶炬駕崩於乾安殿，沒有實現自己五十歲退隱的計畫。一個月後，元寶炬被葬在永陵，上諡號叫「文皇帝」。「文」是一個非常好的諡號，用以表彰元寶炬的文治成績。在他死前的兩年，東邊的元善見禪讓給了高洋。宇文泰並不急於登基，因此魏室得以在長安延續。

元寶炬的長子元欽在父親死後，繼承了皇位，但卻沒有繼承父親對傀儡角色的理解。元欽犯了一個傀儡最要命的錯誤：爭奪權力。當時大權操於宇文泰之手，元氏皇權名存實亡，不少皇室宗親對此憂憤不已。尚書元烈密謀殺宇文泰，事洩被殺。元欽對元烈之死憤憤不平，對宇文泰口出怨言，還密謀誅殺他。淮安王元育、廣平王元贊等人常常勸諫元欽，甚至哭著請元欽注意言行，以免給皇室帶來危害。血氣方剛的元欽哪裡肯聽。五五五年正月，對政敵毫不手軟的宇文泰斷然廢掉了元欽。元欽在歷史上被稱為「廢帝」。

元欽值得一說的是他的「一夫一妻制」。元欽即位後，立宇文泰的女兒為皇后。他雖然對宇文泰不滿，卻對權臣的女兒很喜歡。而宇文泰之女，「志操明秀」，品行端莊，和元欽十分相愛。為此，元欽不置嬪御，專寵宇文皇后一人。元欽被廢後僅兩個月，就被宇文泰毒殺。皇后宇文氏悲傷過度，很快也死了，被認為是「忠於魏室」。其實說她忠於愛情更加確切。

## 三

宇文泰挑選的新皇帝是元寶炬的第四個兒子、被封為齊王的元廓。

宇文泰顯然希望元廓能夠成為像他父親那樣合作的皇帝。在即位之初，兩人的合作相對融洽。第三年，宇文泰因為身體狀況開始惡化，意識到自己將不久於人世，於是在該年的春正月丁丑，讓元廓行《周禮》，建六官，封自己為太師、塚宰。西魏恭帝三年（五五六年）十月，宇文泰病逝。至此，西魏短暫歷史中的兩大主角元寶炬和宇文泰先後謝世。

宇文泰逝世後，十五歲的兒子宇文覺繼承政治遺產，由三十五歲的侄兒中山公宇文護輔政。

宇文覺是宇文泰的第三子，母親就是元修給宇文泰主婚的馮翊公主。宇文覺年幼的時候，有善於面相的史元華給他面相，對宇文家說：「貴公子有至貴之相，只可惜他不長命。」宇文泰在生命的最後一年，挑選宇文覺為世子，不久又拜為大將軍。宇文覺順理成章地接位。

宇文覺還是個小孩，對政治不一定明瞭。但是輔政的堂哥宇文護卻是野心勃勃的成年人。宇文護在輔政之初就極力推動取代西魏。宇文覺接位後的第三個月，宇文護強迫元廓將岐陽等地封給宇文覺，封宇文覺為周公。幾天後，元廓就接著下了禪位給宇文覺的詔書：「予聞皇天之命不於常，唯歸於德。故堯授舜，舜授禹，時宜也。天厭我魏邦，垂變以告，唯爾罔弗知。予雖不明，敢弗龔天命，格有德哉。今踵唐、虞舊典，禪位於周，庸布告爾焉。」又有一個皇帝承認自己德行不夠，要主動禪位給大臣。

元廓先是派大宗伯趙貴拿著詔書去拜會宇文覺，接著隆重召開朝會，正式派遣戶部中大夫、濟北西元迪捧著皇帝璽綬去宇文家。宇文覺按照親信們教導的那樣，先是堅持推辭不肯接受。聞訊而來的公卿百官連忙集體勸進，聲稱宇文家取代魏室是天命所歸，人心所向的事情，懇請十五歲的宇文覺接受帝位。在宇文護的監視下，百官們的勸進一個表現得比一個懇切感人。太史還信誓旦旦地說天下出現了祥瑞，正是改朝換代、新皇帝君臨天下的恰當時機。於是，宇文覺才接受了禪讓詔書。

元廓非常知趣，在頒布禪讓詔書後主動離開了皇宮。聽到宇文覺接受的消息後，元廓在大司馬府宣布遜位。

五五七年二月十五日，宇文覺登受禪台，舉行柴燎告天儀式；百官雲集，沿途接受新皇帝的接見。他們中的一些人經歷了不只一次這樣的儀式，對程序已經非常熟悉了。宇文家族二十四年的牢固統治幾乎讓所有的國民都預料到了這一天的到來。兩位主角宇文泰和元寶炬因為逝世缺席了禪讓儀式，而分別由他們年幼的兒子代表。宇文覺在這一天稱天王，定國號為周，史稱北周。北周追尊宇文泰為文王。

遜帝元廓被封為宋公。第二個月，元廓就被宇文護殺死，謚號「恭」。到了唐朝天寶七年（七四八年），唐玄宗有感於拓拔部縱橫中原的歷史，在民間找到了北魏孝文帝的第十代孫元伯明。元伯明被封為韓國公，世襲，延續魏室宗脈。韓國公一直傳國到唐末。在古代禪讓歷史上經常扮演弱勢一角的北魏拓拔家族至此退出了歷史舞台。

# 三六、「佛門天子」蕭衍

## 一

當北方血雨腥風、動蕩不寧的時候，南方保持著驚人的平靜。和北方皇帝走馬燈般更換不同，南方近半個世紀來一直處於同一個皇帝的統治之下：梁武帝蕭衍。

蕭衍在位四十八年，超過整個南朝歷史的四分之一，不僅是南朝在位時間最長的皇帝，就是放在整個中國歷史上也是少見的。他的皇帝是從同姓的南齊手中篡奪而來的。蕭衍前半生壓根沒想到自己能當皇帝，所以當紛擾初定之後的天下被傳遞到他手中後，蕭衍沒有心理準備。受禪當日，蕭衍坐上皇帝的輦車，便對陪乘的老夥計、侍中范雲說了一句語重心長的話：「朕之今日，所謂懍乎若朽索之馭六馬（我恐懼的心情就好比是用壞掉的繩索來駕馭六匹馬）。」范雲反應極快，當下回道：「願陛下日慎一日。」皇帝已經當上了，辭職是不行了，只能加倍小心，邊走邊看了。所以，蕭衍登基之後，保持了清醒的頭腦，勤於政務。他不分冬夏春秋，堅持五更天起床，批改公文奏章。南方的冬天有時極冷，蕭衍的手指都凍裂了，還手不釋卷，認真履行皇帝職責。

蕭衍為政，有兩大特點。一是寬。南梁改革刑律，強調「明慎用刑」，逐步將一些古老的肉刑，比如劓鼻、刺字等廢除，並改革各項濫刑和苛捐雜稅。南梁的刑法相比各朝而言，很寬恤。這對老百姓有好處，可也產生了各種弊端，主要是官僚貴族們犯罪後的懲罰過輕，在某種程度上縱容了官僚貴族。二是儉。蕭衍與蕭道成一樣，力行節儉。蕭衍是中國古代出了名的「節儉皇帝」。他一頂帽子戴三年，一床被蓋兩年，不講究吃，不講究穿，每天常常只吃一頓飯，有時候乾脆就喝點粥充饑，衣服就隨便拿件披在身上。南梁社會風氣在蕭衍的帶動下有了很大改善。

蕭衍最初的宰輔大臣是老夥計范雲和沈約。他們三人早年都是南齊竟陵王蕭子良的座上賓，是「竟陵八友」中的三位。范雲和沈約非常恪守朋友之義，盡心輔助蕭衍。蕭衍納東昏侯蕭寶卷的一個妃子為內室，寵愛有加，一度妨礙政務的處理。范雲就進諫說：「當年漢高祖是個貪財好色之徒，滅秦後入關中卻能做到不取秋毫、不幸婦女。如今明公剛平定天下，海內正對您翹首以待，您怎麼可以被女色所拖累呢？」范雲竟然自作主張，假傳聖旨，將那名妃子賜給了將軍王茂。事後，蕭衍默許了范雲的做法。

另一個老夥計沈約在南齊末年，積極參與蕭衍的篡位活動，即位詔書就出自他的手中。但蕭衍對他並不完全信任。一次，蕭衍因事嚴厲斥責了沈約，罵他：「你說說，你是忠臣嗎？」這句話勾起了沈約埋藏很深的神經。回到家裡，沈約大病一場。他經常夢見被蕭衍殺死的齊和帝來找他算帳。齊和帝揮舞著寶劍要割沈約的舌頭，責備沈約這些文人誤國誤民。沈約求助於巫師，問：「作祟的是何方鬼怪？」巫師說：「大人的夢是真的！並非鬼怪作祟。」沈約慌忙辦起法場，親自給玉皇大帝寫奏章。奏章大意說：禪代之事，沈約身不由己，請上天放過我！最後，沈約憂懼而卒，為後人留下一部《宋書》。

范雲和沈約兩位老人死後，繼起輔政的是徐勉和周捨二人。周捨是汝南安成（今河南汝南東南）人，生活儉約，執掌機密二十多年從來沒洩漏半點機密。徐勉是東海郯（今山東郯城北）人，公正無私，能力超群。他擔任吏部尚書時，一邊手不停筆地處理案上堆積的文書，一邊接待滿堂的賓客，應對如流。皇帝勤儉、用人得當，蕭衍統治的前半期（五〇二年到五二〇年），政治比較清明。

周徐二人死後，繼起執掌機密的是中領軍朱異。

朱異也很能幹，處理起政務來像流水一般，從不讓公文積壓在自己手裡。不論政務多麼繁重，朱異都能迅速作出判斷，在短時間內解決一切問題。但是，朱異有兩大缺陷。第一，他是個大貪官。他建造了規模宏偉的宅邸，台池園囿應有盡有，供家人和賓客遊覽。這就顯然超出了他的正常收入所能承受的範圍。朱異家裡堆滿了四方饋贈的財貨；每個月要倒掉十幾車吃不完的美味佳肴。朱異的第二個缺點更嚴重，就是揣摩上級心思、阿諛奉承，以獻媚得寵。歷朝歷代，阿諛奉承的小人不少。這種事，「上有所好，下必甚焉」，有人獻媚，上面還得有人「安心消受」。恰好，蕭衍因為二十年天下無事、經濟相對繁榮，對現實很滿足，自我感覺良好，開始志得意滿起來。朱異的出現，及時抓住了蕭衍的心理。對南梁的國政來說，這可不是好事。

## 二

梁武帝蕭衍在歷史上最大的名聲是「佞佛」。

蕭衍以佛教為南梁的「國教」，在南方大力推行「佛教化運動」。南方有佛寺近三千座，僧尼近百萬人。天監十八年（五一九年），他在華林園受戒，親自帶髮修行，法名「冠達」。幾年之前，蕭衍就已經一天只吃一頓飲，不吃魚和肉，只吃豆類的湯菜和糙飯，並且在五十歲（五一四年）後斷絕房事，再也沒有親近過任何一個女子。

後人應該相信，蕭衍是真正的佛教信徒。早年，他就參與了以信佛著稱的竟陵王蕭子良的圈子，與無神論做堅決的鬥爭。登基後，蕭衍以國家之力大造佛寺，所謂「南朝四百八十寺」就是他的傑作，這個數字大大低估了實際的寺廟數量。蕭衍還是佛教活動的慷慨贊助者。他多次舉行「四部無遮法會」。所謂「四部」，即僧、尼、男女居士；無遮就是沒有障礙，允許任何人自由參加。蕭衍親自上台講《涅槃經》和《三慧經》，面對數以萬計的百姓滔滔不絕。可見，蕭衍對佛經是有一定研究的。針對當時熱門的佛教、道教與儒家三者的關係問題，蕭衍發展出了自己的一套理論——「三教同源說」，認為佛、儒、道三教本源是相同的。蕭衍的「金口玉律」緩和了人們的思想衝突，對佛教的推廣大有幫助。從這點說，蕭衍算得上中國早期佛教史的重要理論家。

此外，蕭衍還為佛教制定了很多戒律，其中影響最深遠的就是吃素。蕭衍身體力行，不沾一絲葷腥，還規定和尚和信徒也必須吃素，下令祭祀不能使用牛羊。後來，有官民反映，認為祭祀不用牛羊，對祖先和神靈不敬。蕭衍就改為用麵粉捏成牛羊的樣子，作為替代品參加祭祀。

一個皇帝，如此不遺餘力地推廣佛教，自然有個人信仰之外的深層次意思。南方地區之前屢經動亂，人心不安，蕭衍登基後自然面臨如何安定國家的問題。蕭衍認為，安定國家就要禁絕殺戮、收拾人心，用共同的思想改造官民觀念、統一人心。恰好剛剛在中國興起的佛教，能否滿足這一系列要求。於是，蕭衍決心「以佛化治國」。

蕭衍的考慮不可謂不好，執行得也不可謂不真誠。但是，他很快就做過了頭，讓一樁本可利國利民的好事變成了禍國殃民的壞事。大規模的造寺和法會，都由國家買單，逐漸掏空了國庫。大批人口出家或者託庇在佛教勢力之下，又削弱了國家的稅賦能力。蕭衍不僅不反省和補救，而是一條道走到黑，越做越過頭，上演了多場「皇帝出家」的鬧劇。出家的地點，都是皇宮附近的同泰寺，第一次是普通八年（五二七年）三月八日，蕭衍捨身出家，三日後返回。第二次是大通三年（五二九年）九月十五日，蕭衍在同泰寺參加法會，興之所至，脫下龍袍換上僧衣，出家了。二十五日，群臣捐錢一億，向佛祖禱告，請求贖回皇帝，兩天後蕭衍還俗。第三次是大同十二年（五四六年）四月十日。這回，群臣花了兩億錢將其贖回。第四次是太清元年（五四七年）三月三日，蕭衍在同泰寺住了三十七天，四月十日朝廷出資一億錢贖回。這些巨款讓本就枯竭的國庫雪上加霜。而同泰寺則資金雄厚，樓閣台殿富麗堂皇，九級浮圖聳入雲表，更有多座黃金築造的大佛。（可惜，這寺廟花費了南梁無數錢財，卻沒有保佑南梁國運長久，最後隨著南梁覆滅，幾十年後即成一片廢墟。）

## 三

蕭衍如此佞佛，每次批准犯人重罪後都要為之愁眉不展一整天，在內政外交上更是變得柔弱異常。他怎麼來抵抗北方強大的敵人的侵擾呢？

蕭衍對付北方的方針是：少打仗，多招降。

打仗殺人不符合南梁「佛化治國」的基本國策。況且，蕭衍對佛光閃耀下的南梁的「軟實力」非常自信，相信北方的蠻夷之輩終將被佛法所吸引，從黑暗中投奔佛光普照的南方。果然，不斷地有北魏的官民投奔南梁而來，而且級別越來越高，最後連宗室親王和藩鎮大將都歸降來了——只不過，他們不是被佛法所吸引，而純粹是因為北魏大亂，到南梁逃命來了。蕭衍對南逃的北魏官民，以禮相待，優遇有加。對於其中的有用之人，蕭衍量才錄用，利用他們「反攻」北方，試圖讓降將叛兵們替他開疆拓土，做無本的買賣。

普通六年（五二五年）正月，北魏徐州刺史元法僧以彭城降梁。同時，南梁大將裴邃攻克河南新蔡、鄭城等城，河南百姓紛起回應。而北魏發生了胡太后誅殺元叉的政變，一時無暇應對。蕭衍大喜，派次子、豫章王蕭綜去接收彭城，督率前線各軍，希望能夠有所收穫。

蕭衍的計畫沒有問題，他的兒子蕭綜卻有大問題。蕭綜的母親吳淑媛原是南齊東昏侯的後宮女子，被蕭衍「接收」後七個月就生下了蕭綜。所以，蕭綜的父親極可能是東昏侯蕭寶卷。宮中一直傳說蕭綜的身世疑雲，可蕭衍並不介意，依然封蕭綜為豫章王。蕭綜長大後，知道自己的身世疑雲，極為震驚！為了做「親子鑑定」，他偷偷地掘開蕭寶卷的墳墓，割破手掌，滴血到蕭寶卷的枯骨上，發現血滲入了骨頭；他不放心，又殘忍地殺死了自己的一個兒子，滴血到兒子的骨頭上，血也滲入了骨頭。至此，蕭綜深信自己是東昏侯的兒子，而把蕭衍視為不共戴天的仇人。（古代人相信這種「割血瀝骨」的實驗能證明父子關係，實際上是沒有科學依據的。）他開始復仇計畫，勤習武藝，在庭院中鋪滿沙粒，整天赤足在上面奔跑，練得腳下生風，據說能日行三百里；又想伺機刺殺蕭衍，但始終沒有下手的機會。他還寫信給逃往北魏的南齊宗室蕭寶夤，稱他為「叔父」——這可是他唯一的「親人」了。蕭綜多次請求梁武帝准許他帶兵鎮守邊關，以便起兵造反，但一直沒得到允許。

如今，蕭綜終於得到了統率軍隊的機會。他到彭城不久，就派密使向北魏接洽投降。北魏方面對這塊「天上掉下來的餡餅」非常懷疑，遲遲不作回覆。六月初七，蕭綜等不及了，帶上兩個親隨連夜跑出彭城，徒步投奔敵營。魏軍這才相信是真的。第二天，梁軍官兵找不到主帥，上下驚慌。對面魏軍高喊：「豫章王已經歸降我軍，你們還待在那裡幹嗎？」梁軍群龍無首，自行潰散。魏軍兵不血刃收復彭城，還追擊到宿預（今江蘇宿遷東南）方才收兵。

蕭綜投降後，北魏任命他為侍中、太尉、丹陽王，將壽陽公主嫁給他。蕭綜為「父親」東昏侯蕭寶卷舉哀發喪，儀式相當隆重。南邊的蕭衍起初以為兒子是「畏戰投敵」，聽到喪禮消息後才知道兒子不認他這個爹了。他雷霆大怒，剝奪蕭綜的封爵，將吳淑媛毒死。蕭綜在北魏也得不到重用，加上妻子壽陽公主後來被爾朱世隆所害，他看破紅塵，棄官出家當了和尚——這點倒是得到了蕭衍的「遺傳」。蕭衍聽說蕭綜在北方混得不好，就派人給他送去小時候的衣服，招引他南逃。但蕭綜不願意回來。五二八年，蕭寶夤割據長安造反，在北方恢復了南齊的旗號。蕭綜聞訊，從洛陽逃往關中，想和「叔父」共圖復國大業，在黃河渡口被北魏官吏抓捕，遇害。蕭衍知道後，又動了惻隱之心，不僅恢復了蕭綜的封爵，還派人把他的靈柩偷到南方來，以禮安葬。

回到蕭衍對北方的戰略上來，他還真取得了若干重要成績。比如普通七年（五二六年）七月，浮山堰舊址發洪水，壽陽城被淹。蕭衍派兵乘機進攻壽陽。壽陽北魏守將投降，南梁成功收復淮河流域五十多座城池。南梁的邊界形勢大為改觀。又比如河陰之亂後，大批北魏宗室王爺歸降南梁。蕭衍立元顥為傀儡，派陳慶之護送他回洛陽。此戰一度讓陳慶之收復河南地區。從總體而言，蕭衍的收穫不大。六世紀的二十至四十年代，北魏屢次大亂，繼而分裂，南梁對北方優勢明顯。如果遇到雄才大略的君主，措施得當，南方極可能大有作為，甚至滅亡北魏都不一定。可惜，蕭衍白白葬送了歷史良機。

## 四

蕭衍的為政寬鬆和佞佛成性，導致南梁朝廷對官僚貴族非常寬容。蕭衍對統治階層收起了大棒，一味餵胡蘿蔔，對他們誤國害民的罪行也一味包庇放縱。

蕭衍的六弟、臨川王蕭宏棄軍而逃，導致北伐失敗，數以萬計的將士無謂犧牲。蕭衍卻對他不加罪責。後來，有人舉報蕭宏在府邸後院的大房子裡私藏軍械，蕭衍卻非去調查不可。他藉故到臨川王府歡宴，赴宴後又要拉著蕭宏去後院「走走」。後院有一百多間大庫房，蕭宏遮遮掩掩，不讓蕭衍打開看。蕭衍見此，更是堅持打開查看，結果發現裡面全部是金銀財寶，光是銅錢就裝了三十多間，共有錢三億餘。蕭衍見不是軍械，放心了，拍著蕭宏的肩膀說：「阿六，你很會生活啊！」他壓根就不問蕭宏的錢是怎麼來的。（蕭宏是出名的貪污犯和高利貸者，他的錢都是從民間搜刮來的。）蕭宏在皇兄的縱容下，越來越荒唐。他竟然和親侄女、蕭衍的長女永興公主亂倫。兩人怕醜事洩露，竟然計畫弒梁武帝自立。事情敗露後，永興公主羞愧自殺。蕭衍竟然還不追究蕭宏的罪過。蕭宏於普通七年（五二六年）正常死亡。蕭衍追贈他為大將軍，諡為靖惠王，安排厚葬。

蕭衍早年長期無子，過繼了蕭宏的兒子蕭正德為嗣子。結果，蕭衍在三十七歲時生下了長子蕭統，之後一發不可收拾，生下了蕭綜、蕭綱、蕭績、蕭續、蕭綸、蕭繹、蕭紀等。至此，蕭衍就沒有必要過繼蕭正德了，他立長子蕭統為太子，將蕭正德返回蕭宏名下。蕭正德心生怨恨，叛逃北魏，以「南梁前太子」自居。無奈，北魏對這樣的「花瓶」不感興趣，蕭正德不受重視，又逃回江南。蕭衍竟然不懲辦蕭正德的「叛國」，只是把他罵了一頓，而且一邊罵一邊抱著蕭正德痛哭，果真是「菩薩心腸」。蕭正德繼續當他的王爺，還被派到富庶的吳郡當太守。他招攬亡命之徒，公然搶劫，最後發展到光天化日之下行凶殺人，結果依然安然無恙。如此目無法紀卻照樣享受富貴，其他王公貴族看在眼裡喜在心裡，哪裡還會把國家法紀當真？

蕭衍的八個兒子都擅長文學，可惜多數人教育不當，品德堪憂。這和蕭衍這個父親的縱容有關。太子蕭統是兄弟中才學最出眾，人品也最好的，可惜早死；次子蕭綜叛逃北魏；四子蕭績和五子蕭續也都死在蕭衍的前面。因此，晚年蕭衍事實上只有四個兒子：三子蕭綱、六子蕭綸、七子蕭繹、八子蕭紀。他立三子蕭綱為新太子。

六子蕭綸曾經擔任徐州刺史、揚州刺史等要職，始終為非作歹，搜刮民脂民膏。下屬向梁武帝蕭衍揭發蕭綸的斑斑劣跡，蕭綸竟然殺死了下屬。蕭衍只是處死了殺人的直接凶手，多次對蕭綸網開一面。蕭綸貪慕皇位，最後謀劃弒父親。一次，他在父親蕭衍外出的路上埋伏兵士，準備發動政變，因洩露而失敗；又有一次，蕭綸給蕭衍獻上毒酒，結果蕭衍把酒轉賜給了他人。其他人被毒死了，蕭衍又逃過一劫。這兩次弒君行動，蕭綸都罪證確鑿，蕭衍依然不處罰蕭綸。蕭綸官照當，日子照樣逍遙。蕭衍如此過分縱容，就未免養虎為患了。七子蕭繹擔任荊州刺史的要職，和五哥蕭續關係緊張。聽說蕭續死訊後，蕭繹高興得手舞足蹈，把鞋子都給磕破了，一點都不念手足之情。蕭衍分封諸子到各地掌權，是想自己有難的時候，兒子們能夠出兵援助。但是，看蕭綸、蕭繹和蕭正德這些人的樣子，像是忠君愛國的人嗎？

皇帝一心佞佛，導致南梁國庫空虛，縱容犯罪又導致南梁官員腐化墮落、為所欲為。蕭衍統治後期，政治黑暗，國家迅速衰落。百姓負擔沉重，生活無以為繼；官府中政務堆積，冤案累累。真正為國著想、認真行政的官員少之又少。大同十一年（五四五年），散騎常侍賀琛上奏，指出了一些時弊。一是官員大肆榨取，民不堪命，只得逃亡，國家控制的戶口越來越少；二是風俗由儉入奢，官員貪污腐敗嚴重；三是官吏魚肉百姓，作威作福；四是國家連年浪費人力物力，財政拮據。賀琛指出的問題，都是事實，而且言語並不激烈。

但是蕭衍已經容忍不了正常的指責了，暴跳如雷。在他看來，自己是有道明君，國家在自己治理下盡善盡美，「大好局面」不容否定。於是，蕭衍立即頒下聖旨，痛罵賀琛。他先是列舉自己的種種「壯舉」，比如已有三十多年不近女色，平生不飲酒，不聽音樂，起居不用雕飾之物等等。又比如，蕭衍自述勤勉政務，每天三更天就起來工作，到日落西山的時候才吃東西，且一天只吃一餐。這都是為了什麼？還不是為了天下黎民嗎？蕭衍言下之意，自己是千古難找的聖君。至於賀琛指出的政治黑暗，蕭衍要求他指出具體是哪個官員貪腐、具體是哪件事情做得不好。如果賀琛不能一一指出來，就是欺君枉上！

賀琛接到詔書，驚出一身冷汗，趕緊上奏「深刻反省」、「認真檢討」，請求蕭衍原諒。

# 三七、昭明太子蕭統

## 一

南齊中興元年（五〇一年）九月，蕭衍正在京師建康城下鏖戰，準備最後的總攻。不久，建康東府城守將徐元瑜就投降了，荊州的敵人蕭穎胄暴病而亡。這時，襄陽城傳來了兒子蕭統誕生的消息。這是三十八歲的蕭衍的第一個兒子。蕭衍喜出望外，將長子的出世和前兩大勝利合稱為「三慶」。這個孩子就是蕭統。

蕭統不到一周歲，父親就逼南齊的末代君主東昏侯把皇位「禪讓」給了自己。蕭衍當了皇帝後，襁褓中的蕭統在天監元年（五〇二年）十一月被立為皇太子。

蕭衍對太子非常珍視，努力培養。蕭衍任命臨川王蕭宏為太子太傅，尚書令沈約為太子少傅。沈約是經歷了三個朝代的重要人物，耆年碩望，深於世故，政治地位很高。沈約還是《晉書》和《齊書》的作者，是公認的文壇領袖。他對蕭統產生了重要的影響。後來年邁的大文豪劉勰兼任東宮通事舍人，成為蕭統最為親近的文學侍從。蕭統和晚年劉勰結下了良好的友誼。蕭統在劉勰的影響下，對文學理論和作品批評產生了濃厚的興趣，開始從創作和討論轉向了作品收集和評論。蕭統日後走上文學之路，可能與沈約、劉勰兩位老師有密切關係。

天監五年（五〇六年）太子蕭統出宮獨處後，在道德和能力上都表現得無懈可擊。他日夜思念父母，每五日一朝。父子相見後，常常允許蕭統留住內省，住個三五天再回去。梁武帝晚年大興佛教，親自講經說法。太子蕭統也跟著崇信佛教，遍覽佛經。他的信佛並不是投父親所好的表面文章，而是實實在在的信佛學佛。蕭統在宮中招攬東南名僧，談論不絕，常常能挖掘出佛學中的新意。除了緊隨父皇信佛外，蕭統在朝廷上也不敢懈怠。他每天準時參加早朝。天還沒到五鼓，蕭統就守在宮外等待城門打開。有的時候，父皇要在晚上召見太子，蕭統就穿戴整齊、正襟危坐，隨時準備入見，甚至為此坐到天明。南朝的社會風氣講究奢華，一些世族大家競相評比。蕭統在物質方面卻以身作則，生活非常樸素，不穿華麗的服裝，膳食也不吃肉。

蕭統還聰明好學。天監八年（五〇九年）九月，他聽講《孝經》竟然就基本知道了經書的大義，聽講完畢還親臨國學進一步求知解惑。第二年，天監九年（五一〇年），九歲的蕭統正式入國子學就讀。梁武帝蕭衍車駕親臨國子學，走進課堂，賞賜國子祭酒以下的教職員工，並正式下詔：「皇太子及王侯之子，年在從師者，可令入學。」天監十四年（五一五年）正月，蕭衍親自在太極殿給太子行冠禮，對兒子寄予了厚望。

自從蕭統懂事開始，蕭衍就允許他參與一些朝政。內外臣工和奏事的人也將太子參與決策看作正常的事情。天監十一年（五一二）年，十一歲的蕭統在宮內看到一些獄官在忙碌，就問左右隨從：「那些穿著皂衣的是什麼人啊？」隨從回答說：「他們是廷尉的官屬。」蕭統就把這些官員叫過來問：「你們手中的這些案子，我能審判嗎？」這些官員看太子還只是十一歲的孩子，半開玩笑地回答：「可以。」結果蕭統拿過案卷真的判了起來，而且把所有的罪犯的懲罰都改為了署杖五十。這些官員這下子進退兩難了，不知所為，只好把情況彙報給蕭衍。蕭衍笑著追認了兒子的判決結果。從此，司法部門常常把案卷遞給蕭統。父皇蕭衍和司法系統凡是對某些案子或者罪犯想從輕處理，就都把案子交給太子審判。蕭統的判決都非常仁慈。直到有一次，建康縣有人誣告他人拐賣人口，真相大白後縣令將犯誣告罪的犯人從輕發落，只判決了杖責四十。然後，縣令將案卷交給蕭統，希望蕭統能夠確認縣裡的輕判。想不到這一次蕭統並沒有從輕發落，反而判了犯人十年勞役。人們這才知道太子雖然仁慈，但也並非無原則的寬縱。

史載「太子明於庶事，纖毫必曉」。每當他發現奏摺中有謬誤或者巧詞詭辯的地方，都一一指出，示其可否，讓有關人員慢慢改正，但太子並沒有因此彈糾任何一個人。普通年間，朝廷發動了對北魏的北討。戰爭導致京師建康的穀價飛漲。蕭統就下令東宮減膳，改常饌為小食，節約糧食。每當霖雨積雪天氣，蕭統就派遣心腹左右，周行閭巷，探視貧困家庭的生活，遇到有流落街頭的人，就暗地裡加以賑濟。蕭統還收集宮中多餘的衣物在寒冬臘月施捨給窮人。如果遇到沒錢收斂的屍體，太子就自己掏錢準備棺材和喪事。每當蕭統聽到百姓賦役勤苦的情況，都非常嚴肅地傾聽，他還常常告誡有關部門朝廷統計戶口未實，因此驚擾百姓。凡此種種為蕭統獲得了巨大的聲望，「天下皆稱仁」。

普通元年（五二〇年）四月，慧義殿出現甘露祥瑞，群臣一致認為這是太子至德感動上天的結果。蕭衍也肯定了這個解釋。可見朝野上下對太子蕭統都是滿意的。

普通七年（五二六年）十一月，太子生母丁貴嬪病重。蕭統趕往內省，朝夕服侍母親，衣不解帶。生母死後，蕭統「步從喪還宮，至殯，水漿不入口，每哭輒慟絕」。他簡直是痛不欲生，日漸消瘦。父皇蕭衍看不下去了，派中書舍人顧協宣旨說：「毀不滅性，聖人之制。因為喪事毀了自己的身體就是不孝。我還在，你怎麼能夠這樣自毀呢！你應該立即壓制悲痛，恢復飲食。」蕭統這才吃了點東西，從此直到母親入葬，都是麥粥為食。蕭衍又傳話來說：「聽說你吃得過少，身體非常虛弱。我本來並沒有什麼病，因為你這樣折磨自己，胸中也圮塞成疾。因此你應該強饘粥，不要讓我為你再擔心了。」這次，儘管父親苦口婆心地勸逼，蕭統還是每天只喝一碗粥，不嘗菜果。蕭統原本是個胖子，腰帶有十圍，等辦完丁貴嬪的喪事，他的腰帶就降到了五圍。喪事完後，蕭統入朝，群臣百姓看到他消瘦憔悴的樣子，紛紛感動得掉下了眼淚。

## 二

可歎的是，歷史並沒有讓蕭統沿著理想的軌道順利地繼位稱帝，沒有讓蕭統的光芒繼續增強。因為我們不能忽視蕭統的父親、梁武帝蕭衍對太子的期望和態度。

梁武帝蕭衍是個非常複雜的人物，做了許多驚天動地的事情，也有許多匪夷所思的舉動。如果僅僅從才能上來說，蕭衍無愧是南朝諸帝中的翹楚。他多才多藝、學識廣博、文武全才，史書稱他「六藝備閑，棋登逸品，陰陽緯候，卜筮占決，並悉稱善。……草隸尺牘，騎射弓馬，莫不奇妙」。即使是在繁忙的政治生涯中，蕭衍依然能夠「卷不輟手，燃燭側光，常至午夜」。但同時蕭衍也是一個「狠毒的角色」。開國皇帝可不是多愁善感、優柔寡斷的文人騷客可以勝任的。蕭衍就是靠赫赫戰功和凶狠的政治手腕逐步坐上皇位的，對待政敵從不留情。

登基後，蕭衍和多數皇帝一樣，疑心很重。他害怕他人染指手中的權杖，時刻緊盯著身邊重臣的言行舉止。長期居於相位的沈約是謀劃、輔佐蕭衍登上了皇帝寶座的大功臣，同時又是太子少傅。但是蕭衍並不完全信任沈約，始終架空沈約的權力。沈約的權力有名無實，處境既尷尬又危險，最後憂鬱得病。天監十二年（五一三年），病中的沈約不知道出於什麼考慮（有人說是前朝南齊的皇帝變成厲鬼來找他報仇），讓道士給上天寫了一封「奏摺」說自己推翻齊朝、參與禪代等事並不是出於本意——言下之意是說這一切都是蕭衍幹的，沈約自己只是個從犯。沈約想以此來緩解自己的病情，誰知他的所作所為早就被梁武帝蕭衍安插的密探給洩露了。蕭衍龍顏大怒，數次命人譴責沈約的所作所為。沈約重病加上害怕，沒幾天就死了。有關部門按照慣例給沈約上謚號為「文」，蕭衍親自改謚為「隱」。「隱」是個惡謚，是評價一個人道德低劣、言行不一的意思。

這件事情讓打小就在沈約督導下成長的蕭統很震驚。他猛然發現，自己和父親有著重要的差別。那就是父親堅決捍衛權力，不惜對任何潛在威脅採取強硬措施，其中包括血腥鎮壓。沒有經歷過權力爭奪和鐵血戰爭，一生下來就被立為太子的蕭統很難理解父親的做法。

目睹了越多政治變故，蕭統想不通的地方就越多。臨川王蕭宏曾經是蕭統的太子太傅。這位王爺打仗是個外行，損兵折將，喪權辱國；貪婪斂財卻是行家，把家中的房間都裝滿了金銀珠寶，而且吝嗇到不讓他人觀看的地步。蕭衍對兄弟的這些缺點都忍受了。蕭綜是蕭衍的次子、蕭統的弟弟。儘管蕭綜極可能是東昏侯的遺腹子，蕭衍卻依然封他為王，還授予軍權。蕭綜長大後老覺得自己不是蕭衍的兒子，不僅和蕭衍感情疏遠，還在前線領兵作戰的時候，公開投奔了北魏。蕭衍聞訊，剝奪了蕭綜的封號，還將吳淑媛廢成庶人。後來出於招降蕭綜的需要，蕭衍又恢復了他的封號。這些事情，在太子蕭統的世界觀中可能都是驚天動地、無法理解的。蕭統是發現飯菜裡有蠅蟲也不指出，以免廚師受罰的人。

蕭衍對太子的所作所為雖然找不到可以教訓或者警告的地方，但從心底是不認同的。蕭統和父親心目中的帝王形象有相當的距離。太子料理生母喪事的時候，孝行太過。蕭衍曾經委婉地給兒子點了一下，還要求兒子多看看自己的言行，可惜蕭統沒有讀懂父皇的話。這就為父子之間的分歧和決裂埋下了伏筆。

## 三

大通三年（五二九年），梁武帝蕭衍和太子蕭統之間的矛盾終於爆發了出來。

生母丁貴嬪死的時候，蕭統派人給母親找了一塊好墓地，當時都已經開始除草和平整土地了。有一個賣地的人想把自己的土地賣給朝廷作為丁貴嬪的墓地，可以從中獲利。因此他就去找了太監俞三副，說只要俞三副能把自己的土地「忽悠」給朝廷，就可以從地價中拿走三分之一的提成。賣地人的報價是三百萬。俞三副心動了，祕密啟奏蕭衍說太子找到的土地並不如自己知道的一塊土地風水好。他鄭重向皇帝介紹了那塊地是如何的有利於皇家的運氣。蕭衍的疑心本來就重，俞三副的話很自然牽動了他頭腦深處那根對太子不滿意的神經，馬上下令重新買地預備丁貴嬪的葬事。蕭統沒有辦法，只好買了俞三副推薦的土地安葬母親。俞三副也就輕易獲得了一百萬的好處。

葬事完畢後，有個真正懂風水的道士就對蕭統說，丁貴嬪的墓地風水其實並不好。蕭統忙問怎麼個不好法。那個道士說這塊地不利於長子，也就是不利於太子蕭統的運道，如果用東西厭伏也許可以克制。蕭統就按照道士的解釋，備齊蠟鵝等東西埋在墓側的長子位上。

東宮有兩個宮監鮑邈之、魏雅，都是蕭統的親信。慢慢地，魏雅在蕭統跟前更加得寵，鮑邈之則被疏遠了。鮑邈之心中憤恨，就向梁武帝誣告說魏雅勾結道士，以壓魔術詛咒蕭衍，盼著蕭衍早點死了好讓太子蕭統早登帝位。為了證明誣告的真實性，鮑邈之就說魏雅和太子在丁貴嬪的墓側埋下蠟鵝等物詛咒皇帝。在墓地一事上，蕭衍原本就對太子有所懷疑，接到舉報後忙祕密派人挖開墓地查看，果然發現了蠟鵝等東西。蕭衍瞬間就相信了鮑邈之的告發，之前兒子蕭統建立起來的美好形象頃刻倒塌。南北朝是一個政治道德敗壞的時代，父子兄弟相殘的事情頻頻發生，難道這樣的悲劇要發生在我蕭衍身上了嗎？即位前矯揉造作、沽名釣譽的太子很多，難道我的兒子蕭統也是那樣內外不一的人嗎？蕭衍震驚、憤怒，要深入追究這件事情。事情牽涉到太子，追究下去勢必動搖蕭統的政治地位。一些同情太子的大臣（徐勉等）慌忙堅決勸諫蕭衍，反對將此事發展成血腥大案。蕭衍不愧為開國君主，很快就平息了衝動，最後只殺掉了那個風水道士。

事情雖然化解了，但是蕭衍對蕭統累積的不滿第一次表現了出來，沖塌了父子信任的堤防。

蕭統在這個時候表現出了幼稚的政治素質。對整件事情，他選擇了沉默，沒有辯白，也沒有補救措施。蕭統就好像此事沒有發生過一樣，繼續過著先前仁孝文雅的生活，繼續和文人學士們選文。在內心，他知道自己的太子地位開始動搖了，但是他不知道該怎麼辦。憂鬱的蕭統對於「蠟鵝事件」終生「不能自明」。

就在蕭統終日惶恐的時候，長期出鎮外地的三弟晉安王蕭綱突然被父皇徵召入朝。這是一個危險的信號。一天，蕭統對左右人說：「昨天我夢見與晉安王對弈擾道，我把班劍送給了他。晉安王近日來到京師，難道是來接替我的地位的嗎？」班劍並不是普通的佩劍，而是有著嚴格標準規定，證明個人身分的寶劍。蕭統的夢境和擔憂說明他也意識到了自己的地位岌岌可危。

梁武帝蕭衍在對待父子親情的問題上並不能像處理政治鬥爭一樣快刀斬亂麻。他苦苦思索，如何重新處理與兒子蕭統的關係。蕭衍思考的結果是找不到結果，只好在當年九月，在同泰寺出家，要做和尚。群臣趕緊湊錢把這個「皇帝和尚」從寺廟中贖了回來。最終，蕭衍保留了蕭統的太子地位，在十一月任命南平王蕭偉為空缺很久的太子太傅。南平王蕭偉是蕭衍的弟弟，以本宮領太子太傅並加鎮軍大將軍、開府儀同三司銜。《南史》說他是「朝廷得失，時有匡正。子侄邪僻，義方訓誘」，是個很嚴厲的皇族。選他為太子太傅，蕭衍的用心很明顯了。他覺得太子需要加強管教了。

第二年，（中大通二年，五三〇年），蕭統的政治地位進一步下降。

這一年，吳興郡因為水災失收，所以詔發上東三郡民丁開渠洩水。蕭統上疏認為此舉弊多，請求暫停，得到了父皇的同意。這一事件表示，蕭統失去了幾年前已經具有的參與決策的地位。他只能像普通大臣一樣，事後對父皇的決策進行勸諫，而不是參與政策的制定了。是誰剝奪了蕭統參與政治的權力呢？只有蕭衍一個人能夠辦到。

這一年，蕭統越來越少地出現在政治場合。父親的猜忌和父子之間的巨大差異讓他憂鬱成疾，身體狀況惡化了。

大中通三年（五三一年）的一個春日，久病的蕭統乘舟採蓮，愉悅身心。糟糕的是，由於侍從的疏忽，船隻劇烈顛簸，將蕭統晃入了水中。病中的蕭統不僅溺水，而且傷到了髖骨。被人救起後，蕭統的傷勢日漸嚴重，最後發展到臥床不起的地步。三月，蕭統病重。太子果然仁孝。遇到蕭衍來信詢問什麼事情，蕭統為了怕父皇知道自己的真實病情而擔心，都掙扎著親手給父親回信。東宮左右看到太子病情惡化，計畫向蕭衍報告實際情況，遭到蕭統的堅決制止。蕭統說：「為什麼要讓父皇知道我的重病呢？」蕭統的言行其中有孝順的一面，同時難免夾雜著一絲無奈、幽怨。父皇已經不信任我了，我和父皇還是存在重大差別的。病榻上的蕭統常常為此低聲哭泣。

熬到四月，蕭統在宮中逝世，時年三十周歲。得到太子死訊後，蕭衍趕到東宮，放聲痛哭。蕭衍的哭聲中既有白髮人送黑髮人的悲傷，更有為自己先前對兒子的猜忌的懊悔。他的死使朝野一片驚愕惋惜的聲音。「京師男女，奔走宮門，號泣滿路。四方氓庶，及疆徼之民，聞喪皆慟哭。」蕭衍詔令用皇帝禮節將蕭統入殮，上諡號為「昭明」。蕭統因此被尊稱為「昭明太子」。

## 四

蕭統死後，蕭衍面臨著挑選新繼承人的問題。

蕭統是病死的，沒有被廢。因此按照封建宗法，第一順位的繼承人應該是蕭統的兒子。也就是說，蕭統的太子地位應該傳給他的兒子，皇位應該繼續保持在蕭統這一支血脈當中。蕭統八歲就結婚了，留下多位兒子。其中長子、出鎮南徐州的華容公蕭歡出任皇太孫，成為新的皇位繼承人的呼聲最高。蕭衍在確立新繼承人的問題上猶豫不決，拖延起來。他一度準備封蕭歡為皇太孫，但蠟鵝往事始終徘徊在腦海中，讓他難以釋懷。最後蕭衍選擇三子蕭綱為新太子。可能為了消除朝野對於為什麼捨蕭歡而立蕭綱的疑惑，蕭衍專門解釋說：如今天下未安，擇嗣須重賢德能力。身逢亂世，權力對人的要求是多方面的，最主要的就是政治能力，因此他挑選了年長並且政治經驗豐富的蕭綱。這從反面也透露出了蕭衍對昭明太子蕭統的委婉否定。

從履歷上來說，蕭統的一生平淡無奇，仁德有餘，強硬不足，缺乏剛硬的政治手腕和殘酷的政治實踐，並不符合父親對帝王的要求。蕭統死後，晚年的蕭衍和梁朝遇到了接二連三的挑戰，直到出現了幾乎血洗蕭氏皇族的侯景之亂。蕭統如果尚在，能應付這樣的挑戰嗎？

至今，蕭統還被人懷念。東南各省，昭明遺跡，處處有之。這主要得益於蕭統留下了一部《昭明文選》。

原來，蕭統「好士愛文」，當時負有盛名的劉孝綽、殷芸、陸倕、明山賓、王筠等人相繼進入了東宮的幕賓行列，得到禮遇。蕭統經常與這些天下名士討論文章詩詞，後來在東宮新置學士，負責選文，遴選、編輯浩如煙海的歷代作品，力圖以一種文章總匯的形式刊印出版。閱讀、核對、通稿和校對是既費時又費力的事情。期間，東宮的選文事業因為北伐和多位學士的逝世一度受挫，但蕭統始終在堅持高標準的同時保證進度。蠟鵝事件發生後，蕭統不想因為自己地位的動搖而影響到正在進展中的文化盛事。他更擔心因為自己的被廢而斷送選文大事，因此加快編輯工作，將文選殺青。一部被後人稱為《昭明文選》的宏偉大作正式成書了。《昭明文選》三十卷，是中國最早的一部詩文總集。

# 三八、侯景之亂I：八百殘兵攻梁

## 一

但凡志得意滿的皇帝，都好大喜功。梁武帝蕭衍自信已經將江南治理得「國泰民安」了，唯一的遺憾就是眼睜睜地看著中原的子民還生活在「水深火熱」之中。

太清元年（五四七年）正月，蕭衍做了一個夢，夢見中原州郡長官獻地投降，朝野稱賀。醒來後，他把夢告訴了大臣，說：「我難得做夢，做了夢必有事實。」善於奉承拍馬的朱異馬上說：「恭賀陛下，這是天下一統的預兆。」蕭衍覺得很有道理，更迫切地希望把中原納入梁朝的版圖。

巧了！第二個月，東魏的河南藩鎮將領侯景派人到建康，聲稱與高澄有怨，願獻出河南十三州降梁。侯景對蕭衍信誓旦旦地說：「黃河以南，皆臣所職，（納土歸降）易同反掌。」

侯景只說了部分事實，更深層的內容他沒有說明。他的確是和高澄不和，但君臣矛盾不至於讓他投身他人麾下。侯景歸降南梁只是一個幌子，掩蓋他試圖藉助外力與東魏抗衡、方便自己割據稱王的狼子野心。

侯景在之前的章節中頻繁出現過。他是懷朔鎮的羯族人，年輕時就和高歡混在了一起。六鎮起義時，侯景先投爾朱榮麾下，是爾朱榮的先鋒大將，曾經擒拿過葛榮。爾朱榮敗後，侯景投入高歡部下。在高歡陣營中，侯景始終是個另類。不單單因為他的民族（高歡陣營絕大多數人不是鮮卑人就是漢族人），更因為侯景平時總是離群獨處，喜歡用他那雙狡黠的、四處亂轉的小眼睛凶狠地打量同僚。加上侯景身材矮小、相貌醜陋，同僚們都不愛搭理他。在心底深處，侯景不甘屈居人下，自立為王。高歡是一代梟雄，能夠鎮住侯景，加上高歡的事業蒸蒸日上，給侯景提供了廣闊的發展空間，所以侯景在高歡時期規規矩矩，屢立戰功。

高歡末期，政務大多委託長子高澄處理。侯景對專權的高澄很輕視，直呼他「鮮卑小兒」。一次，他對司馬子如說：「高王在，我不敢有異心。高王一旦不在了，我不能和鮮卑小兒共事！」司馬子如也出身懷朔鎮，是和高歡、侯景交往幾十年的老夥計了。他連忙捂住侯景的嘴，不讓他繼續說下去。從河橋—邙山之戰開始，侯景就統率十萬大軍駐紮河南，控制著東到山東、西到河南西境、北到黃河、西到淮河的廣大區域，約佔東魏領土的三分之一，具備割據稱雄的實力。侯景難免蠢蠢欲動起來。而高澄的專橫、猜忌則加劇了侯景的叛離。

高澄上台後，為了打擊他人、樹立權威，重用崔季舒、崔暹監視皇帝和百官，彈劾對高澄不滿、不敬的人。高澄指使親信彈劾了司馬子如、咸陽王元坦、孫騰、高隆之等許多大臣，許多人被降職、罷官、削爵。司馬子如在高歡當權時顯赫一時，如今也被高澄關進監牢。他之前沒有經歷過這種陣勢，害怕性命不保，嚇得一夜白頭。高歡知道後，給高澄寫條子說：「司馬令，我之故舊，汝宜寬之。」高澄不得不遵照父親的命令放過司馬子如，可又不好好放。他在大街上陳列武士，擺出一副動大刑的陣勢，然後把司馬子如押到面前。司馬子如嚇得都要癱倒在地了，當武士脫下他的刑具時還以為要被殺頭了，結果高澄輕描淡寫地把他無罪釋放了。侯景也在高澄的「修理名單」裡面，也被人彈劾過。這就惡化了兩人的關係。

高澄整治侯景除了個性使然外，還有削弱地方勢力，鞏固對河南統治的考慮在內。高歡病危之時，高澄擔心父親死後無人可以鎮住侯景，就假冒父親的名義，寫信召侯景來晉陽殺掉。但是病重的高歡忘記告訴兒子，侯景曾經和自己有過約定，為了保密，兩人的書信都在信封背後塗上暗號。高澄不知道這個約定，侯景一接到書信，就知道就假的。聯想到高歡病重的消息，侯景斷定高澄是對自己動了殺心。他想不反都不行了！

侯景決心與高澄刀兵相向。他管轄的河南地區，處在高澄、西魏和南梁三方的包圍之中。為了保證自己在和高澄作戰時西魏和南梁不會乘機進攻自己，也為了多兩個同盟軍，侯景分別向南梁和西魏兩國稱臣，宣布「歸降」。

侯景帶著十萬大軍、數百里土地，宣布歸降南梁。這一大筆飛來橫財，把蕭衍的腦袋撞得雲裡霧裡的，都不敢相信是真的。冥冥之中，他懷疑侯景歸降的真實意圖。蕭衍召集大臣討論，說：「我國家金甌無缺，現在侯景獻地，到底是好是壞？萬一有點意外，悔之何及？」有一些大臣也反對貿然接納侯景，因為南梁和東魏保持了十多年的和平，如果接納侯景必將在兩國之間重開戰火，勝負難料。當時，高澄也派使者來到南梁都城建康，重申了「發展兩國友好關係」的願望，提醒南梁不要干涉東魏的「內政」。

朱異揣摩蕭衍貪心中原的土地和人口、內心傾向於受降，就順著蕭衍的意思說：「若拒絕侯景，恐怕之後再沒有人願意歸降了，願陛下無疑。」蕭衍於是驅逐東魏使者，封侯景為大將軍、河南王，接受侯景歸降。他派大將羊鴉仁領兵三萬運糧接濟侯景——南方安定了幾十年，糧草豐富，而河南當了幾十年戰場，侯景的後勤空虛。

## 二

西魏宇文泰也接到了侯景的降表，也召集大臣商議是否接納侯景投降。多數大臣和侯景打了幾十年交道，深知這個人毫無信義可言。大臣王悅說：「侯景志向遠大，不會甘為人下。況且他能夠背叛高氏，怎麼能保證他會效忠我朝呢！」他反對西魏出兵援助侯景。他的意見得到了大多數人的贊同。但是，西魏的河南主將王思政卻認為侯景歸降是天賜良機，值得冒險。將在外，君命有所不受，王思政不等宇文泰的命令，迅速帶領本部兵馬開始自西向東接收侯景的轄區。事已至此，宇文泰也不得不命令關中的西魏軍隊隨後跟進，進入河南地區。

這時，樹起叛旗的侯景事事不順，日子開始難過了。首先，轄區內的州郡並沒有都追隨侯景起兵。他雖然管轄十三州之多，但響應他起兵的只有潁州一地。侯景連蒙帶騙，四處出兵，才佔領了今天河南大部地區。而他管轄的東部各州，都沒有起兵響應，相反站在高澄一邊討伐他來了。第二，侯景和高澄的討伐大軍打了一仗，驚奇地發現「鮮卑小兒」還挺厲害。叛軍非但沒有打敗討伐軍，反而被圍困在了潁州。

宇文泰派出的李弼、趙貴大軍，就是在這個節骨眼兵臨潁州城下的。高澄軍隊看到西魏大軍趕到，擔心遭到兩面夾擊，主動撤往河北。潁州解圍。西魏也不願意與東魏發生惡戰，沒有追擊，而且刻意與東魏大軍拉開距離。侯景巴不得把西魏軍隊推到前台去和東魏軍隊惡戰，坐收漁翁之利，於是將穎州讓給西魏，主動撤往懸瓠（今河南汝南），與蕭衍派來接應他的羊鴉仁會師。李弼、趙貴看到侯景和南梁軍隊合兵一處，知道侯景「一女兩嫁」的陰謀，趕緊報告了宇文泰。宇文泰難能容許侯景耍弄自己。你侯景不是向西魏稱臣了嗎，我就召你到長安來面聖！侯景當然不會放棄軍隊地盤跑到長安去，回覆了一封措辭強硬的信，將宇文泰罵了一頓。於是，他和西魏的關係徹底完了。宇文泰也不虧，輕鬆佔領了河南西部四州。

侯景從西魏方面沒有撈到什麼好處，反倒賠上了大塊地盤，但他卻從南梁方面得到了補償。蕭衍比宇文泰容易騙得多。西魏軍隊進入河南後，侯景向蕭衍解釋說：「王師未到，形勢危急，我不得已才向關中求援。這是我捨棄一小塊地盤為誘餌的權宜之計。臣不安於東魏高氏之下，又豈能容於西魏宇文氏？」蕭衍還處在對美好前景的想像中，覺得侯景的解釋很有道理，回覆說：「將軍做得很對，我非常理解。」侯景騙倒蕭衍後，考慮到遭受高澄、宇文泰兩軍的壓迫，只好將希望都寄託在南梁身上了。

七月，梁軍羊鴉仁部進入懸瓠（今河南汝南）。飄飄然的蕭衍決心以侯景歸降為契機，在八月下詔北伐東魏。他任命貞陽侯蕭淵明（蕭衍哥哥蕭懿之子）為主帥，率領主力東進，計畫先攻下彭城，再西進與河南地區的侯景、羊鴉仁等會師，以後分頭北進，收復河北。這是個一廂情願的計畫，且不說侯景能否保住河南地區，單說計畫是需要人來執行的，南梁根本就派不出可堪使用的將帥來。蕭衍的侄子蕭淵明當了北伐的主帥，卻根本不懂軍事，就連正常的軍情好壞也判斷不出來。他參加軍事會議，不會下命令，只會說「臨時制宜」——意思是讓部將隨機而變，說了等於沒說。

而梁軍眾將，陳慶之已死，將才凋零，只有將軍羊侃一人深通軍事，且有實戰經驗，可以一戰。（而這羊侃恰恰又是北方投降的將領。其父隨薛安都投降北魏，他長大後留在北魏征戰多年，因心繫故國而叛逃南梁。）羊侃起兵之初，新鮮勁挺大，不是建議蕭淵明抓緊時間猛攻彭城，就是建議蕭淵明乘機襲擊遠道而來的魏軍援兵。蕭淵明一概不聽。漸漸地，羊侃清醒了過來，認定跟著蕭淵明混沒有前途。於是，他率領本部兵馬和大部隊拉開距離，單獨駐紮，以防萬一。

梁軍進攻彭城，高澄派遣將軍慕容紹宗救援。慕容紹宗是前燕皇室後裔，是爾朱榮的遠方親戚。他在爾朱榮時期擔任過并州刺史，投降高歡後擔任過徐州刺史、青州刺史，經驗很豐富，能力也強，但在高歡時期並沒有得到重用。不是高歡沒有發現慕容紹宗這塊寶，他是把慕容紹宗留著給兒子高澄。高歡病重時建議高澄掌權後對慕容紹宗加官晉爵，這樣他就會死心塌地地效忠高澄了。高歡還預測侯景極可能造反，建議高澄派慕容紹宗去鎮壓。於是，高澄任命慕容紹宗為東南道行台，封燕郡公，負責抵抗梁軍和鎮壓侯景。

高澄的對策是先擊退東邊的梁軍，再向西收拾侯景。慕容紹宗率軍在離彭城十八里的寒山與梁軍相遇。當時梁軍駐紮在寒山。慕容紹宗先發起進攻。梁軍將領們趕緊去找蕭淵明請示如何迎敵，不想蕭淵明醉得一塌糊塗，根本起不了身子，只是迷迷糊糊地說「救援救援」。眾將們面面相覷，誰都不敢動，只有胡貴孫奮勇出戰。胡部官兵作戰英勇，竟然擋住了魏軍的進攻，魏軍前鋒開始後撤。梁軍產生輕敵情緒，追擊了幾里地。不想，慕容紹宗突然回頭再戰，又有魏軍從兩側包抄過來，將梁軍殺得大敗，進而連累尚在大營中的梁軍主力。寒山一戰下來，梁軍損失數萬人，包括蕭淵明、胡貴孫等在內的將帥都成了俘虜。只有羊侃因為和主力拉開距離駐紮，得以全師而退。

寒山大敗的消息傳到建康，蕭衍正在睡午覺。朱异匆忙入宮，讓宦官叫醒蕭衍。蕭衍聽到噩耗，大吃一驚，險些從坐床上跌下來。宦官連忙扶住他。蕭衍愣了好一會兒，歎道：「難道我要蹈晉室的覆轍嗎？」

東線梁軍輕易就敗得一塌糊塗，讓侯景也看不下去。他沒想到梁軍如此不堪一擊，沒想到南梁統治層如此昏庸無用。侯景本想藉助南梁的力量與高澄抗衡，如今看來高澄難以取勝，但侯景萌生了攻取南梁的念頭。避難就易，原本就是人之常情。

但是侯景暫時還不能對南梁有實質的舉動，因為慕容紹宗率領得勝之師來進攻他了。梁軍大敗後，侯景率軍退守渦陽（今安徽蒙城）。他擁有士兵四萬人，戰馬數千匹，在兵力上對慕容紹宗保持優勢。侯景對高澄部下諸將都看不起，唯獨忌憚慕容紹宗，所以一開始他就在心理上輸了一截。兩軍對壘，魏軍中有將領想主動出擊的，都被慕容紹宗攔住。他判斷侯景後勤虛弱，力求速戰，所以就和侯景打起持久戰、消耗戰。侯景最怕這一招，才熬了兩個月就彈盡糧絕，堅持不下去了。到了太清三年（五四九年）正月，侯景撐不下去了，打算率領大軍南逃，去找蕭衍要飯吃。慕容紹宗馬上展開心理戰，對侯部官兵高喊：「你們的家屬都在河北得到了妥善安置，你們想背井離鄉、寄人籬下嗎？你們如果反正，照舊任用！」侯景部下一下子呼啦啦幾乎全走光了。侯景倉皇渡過淮河南逃。羊鴉仁聞訊，也放棄懸瓠南撤。

至此，侯景信誓旦旦許諾給蕭衍的河南十三州土地一分一毫都不見了蹤影，相反蕭衍還搭上了幾萬將士、將國家和東魏推上了戰場。

# 三

侯景逃到淮河南岸後，身邊只有八百名殘兵敗將，身無分文，後有追兵，前途茫然，可謂落魄至極，也危險至極。

就在侯景緊張徘徊之時，和南豫州（壽陽）監州事韋黯一向不和的馬頭（在壽陽西北）戍主劉神茂主動找上門來。他建議侯景襲取壽陽，作為立腳點。侯景明知這是借刀殺人的技法，可他是個冒險家，永遠相信風險與機遇並存。於是，侯景帶著殘部直奔壽陽城下，要求韋黯開門接待。韋黯開始不想接納侯景，侯景就拿蕭衍封給自己的一系列官爵嚇唬他，逼著韋黯打開城門。侯景一進城，立即反客為主，佔領了壽陽。

儘管有了立足點，侯景內心的恐慌卻絲毫沒有減少。他不知道東魏和南梁的最高統治層將會如何處置自己，自己會不會成為雙方幕後交易的一個棋子呢？雖然蕭衍看起來比較慈祥、比較好說話，但如今自己的勢力還會對他有吸引力嗎？擺在眼前的襲佔壽陽的舉動，又怎麼解釋呢？思前想後，侯景向蕭衍上了一封「請罪表」，說自己喪地敗師，請求處分。

表到朝廷，有大臣認為侯景已經露出跋扈的端倪，建議及早處理。但是蕭衍卻揮揮手，認為懲處侯景有違慈祥為懷的佛教教義，同時也會斷絕北方將領歸降的後路，因此非但沒有一點處罰的意思，還將侯景好好安慰了一番，並且任命侯景做南豫州牧，鎮守壽陽。

侯景心中一顆大石頭哐噹落地，在壽陽安心修整起來。他算是徹底看清蕭衍懦弱、愚蠢的本性了。侯景之前的人生都在刀尖上舔血，冒險因數始終流淌在他的血液中。既然難以攻破河北的高澄，是否可以將刀子轉向江南的蕭衍呢？

北方的高澄也還惦記著侯景。侯景雖然被趕到南方去了，可依然盤踞在邊界，是個潛在的威脅。好在經過之前的戰爭，南北形勢對高澄非常有利，他可以挾得勝之威，透過談判獲得更多的好處。高澄就讓被俘的蕭淵明寫信給叔叔蕭衍，建議雙方和談。蕭衍收到侄子來信，邊看邊哭，看完立即同意講和，回信送給東魏。信使是個糊塗人，竟然選擇從壽陽過界，被侯景抓了個正著。侯景很快盤問出了全部詳情，大驚，立刻上奏蕭衍，反對議和。侯景說：「高澄剛打了勝仗，就急於求和，背後肯定有隱情。他是擔心西魏乘虛進攻。現在，東魏力量在持續衰弱，我們沒必要與他通好。」蕭衍救侄子要緊，對侯景的奏摺沒有回覆。相反，他又派出正式使者去東魏弔唁高歡。侯景更急了，把底牌亮給了蕭衍看：「臣與高氏，勢不兩立。如今陛下與高氏通好，將置臣於何地？」侯景擔心自己被蕭衍給賣了。蕭衍給他回信說，我對你侯景不放棄、不拋棄，請侯景放心。侯景哪能就這麼放心了！他是在欺騙和廝殺中一路走過來的，怎麼會相信蕭衍的一句話？

侯景偽造了一封高澄的來信，要求用蕭淵明交換侯景，試探蕭衍。蕭衍不辨真假，欣然接受交換條件，還給高澄寫了一封回信，說「貞陽（蕭淵明封貞陽侯）旦至，侯景夕返」。侯景拿到了回信，惡狠狠地說：「我早就料到蕭老頭的心腸薄得很！」他下定決定要造蕭衍的反了。

壽陽城裡開始了大規模的擴軍。侯景僅有的八百人，顯然不夠造反使用。他就在城內外強拉青壯年來當兵，又強搶民間女子許配給將士。侯景敗退壽陽後，蕭衍就向他提供後勤補給。如今，侯景獅子大張口，向蕭衍要大量的軍需物資，以備擴軍備戰。比如侯景向朝廷申請一萬匹錦，說要做軍袍用。朱異如數發給，只是用青布代替錦而已。侯景又藉口武器粗劣且損壞嚴重，申請派遣建康城的能工巧匠到壽陽直接煅造，朝廷也不拒絕。其實，只要稍微想想，侯景部下的八百人，哪裡需要那麼多的布匹，哪裡需要專門設點造兵器啊？在政治上，侯景也開始尋找同盟者。他知道蕭正德對伯父不滿，一直對差點到手的太子寶座耿耿於懷。於是，侯景祕密與蕭正德聯繫，表示願意擁戴他做皇帝。蕭正德利令智昏，以為侯景當真擁戴他，高興地和侯景結盟，準備大幹一場。狂風暴雨即將席捲平靜了半個世紀的江南。

# 三九、侯景之亂II：不是侯景太厲害，而是南梁太窩囊

## 一

侯景大規模的擴軍備戰，引起了很多地方官員的警覺。警報接二連三地傳到建康。合州（今合肥）刺史、鄱陽王蕭範多次密報侯景將反，蕭衍不相信。

將軍羊鴉仁從懸瓠撤退後，受到朝廷訓斥（相反，一起敗退的侯景卻沒有受到斥責）。他不敢返回朝廷，帶兵留屯淮河一帶。侯景在南方舉目無親，曾和羊鴉仁一起在河南打過仗，還算是有交情，就約他一起造反。羊鴉仁立即把侯景派來的人和拿來的信押解到建康，向蕭衍告發。侯景謀反證據確鑿，朱異卻秉承蕭衍的意思，還說：「侯景只有區區幾百殘兵，能幹什麼！」蕭衍於是將侯景的使者送回壽陽，對此不聞不問。侯景反咬一口，說羊鴉仁誣告，要求殺羊鴉仁。同時，侯景要求擴大轄區，不然就要率兵臨江，自己找地盤去。侯景一個敗將，如此囂張，公然要脅朝廷，蕭衍卻還對侯景的使者說：「譬如尋常窮人家，有三個五個客人，還相處得好。朕只有一個客人，惹得他生氣，這是朕的過失。」他以一貫的慈悲胸懷，沒有殺羊鴉仁，沒有同意侯景移防的要求，當然也沒有斥責侯景，而是對他厚加賞賜。蕭衍希望這件事情能夠「和稀泥」，不了了之。可見我們的

「佛門天子」愚蠢到了可怕的程度。

八月初十，侯景準備就緒，正式在壽陽宣布造反。他打出了「清君側」的旗號，以討伐中領軍朱异、少府卿徐驎、太子右衛率陸驗、制局監周石珍為名，號召大家支持自己。侯景要討伐的這幾個人不是貪污成性，就是苛刻出名，民怨很大。侯景這麼做，還真能蒙蔽不少人。不過蕭衍知道侯景造反後，滿不在乎地說：「侯景有幾個兵，能成什麼事？我隨便拿根棍子就能揍他。」他任命六子、邵陵王蕭綸為大都督，率領四路大軍包抄壽陽，討伐侯景。

梁軍佔有絕對的兵力優勢，且是在內線作戰，只要蕭綸正常發揮，就應該能殲滅侯景。蕭綸也是這麼想的，所以他不慌不忙地集合軍隊、度過長江，慢慢向壽陽進軍，沒有採取其他任何措施。

侯景的謀士王偉替侯景分析道：敵強我弱，兵力過分懸殊，侯景不能和蕭綸正面作戰，固守壽陽也只有死路一條；要想獲勝，就要冒險，出奇招。王偉建議侯景放棄壽陽，傾盡全力，直取建康。放棄根據地，長途奔襲，其中只要出現任何一點差錯，全軍都可能變為任人宰割的散兵游勇，這是個正常人都要猶豫再三的險招。然而，侯景迅速採納，並在九月二十五日以打獵為名，率軍出了壽陽城。侯景進軍神速，八天後佔領譙州（今安徽滁州），再半個月後佔領歷陽（今和縣），很快飲馬長江北岸。而蕭綸還在慢騰騰地向壽陽進軍呢！

侯景之所以能夠如入無人之境，除了蕭綸的無能外，還有幾十年的和平幾乎消磨了南梁上自封疆大將，下到普通軍民的警惕性和戰鬥力。面對突如其來的戰爭，他們完全蒙住了。

歷陽失守傳到建康，蕭衍這才開始認真籌畫用兵方略。大將羊侃當時在建康擔任尚書。蕭衍向他諮詢，羊侃認為要立即派兵扼守長江南岸重要渡口采石，阻止侯景渡江，同時嚴令蕭綸迅速攻佔壽陽（其實，高澄已經乘虛而入佔領了壽陽），然後南北夾擊侯景，到時候侯景前有長江天險阻隔，後無退路，必敗無疑。朱異卻認為侯景絕對不會渡河。蕭衍再次調兵遣將，派侄子蕭正德負責前線軍事，又派名將陳慶之的兒子陳昕去鎮守采石。

現在該蕭正德這個內奸上場發揮了。他一上任就調集幾十隻大船，準備接應侯景渡江。緊要關頭，采石的調防又出現了紕漏。將軍王質原本率兵三千扼守采石，接到調令後不等陳昕到達就帶兵撤走了。在采石沒有軍隊防守，又有蕭正德派船前來接應的情況下，侯景的軍隊從容渡江，越過采石向江南深處發展。這時，侯景的部隊才發展到八千人，只有幾百匹馬。

叛軍兵臨城下，建康城中的多數軍民都沒有經歷過戰爭和動亂，人心惶惶。城外百姓紛紛逃進城內，秩序大亂。蕭衍授權太子蕭綱全權負責禦敵，同時依靠羊侃參謀軍事。

蕭綱和羊侃任用蕭正德、庾信等人參與城防，其中前者守衛建康南邊的正門宣陽門，後者守衛朱雀橋要害。結果，蕭正德看到侯景軍隊來到，打開城門，親自出城迎接。侯景和蕭正德兩人在馬上相互作揖寒暄，怎麼看都像是朋友重逢，不像是敵人。庾信是南北朝文學的集大成者，是當時的文壇宗師，率領三千從來沒有打過戰的軍隊阻擋在侯景面前。此外，還有一條秦淮河奔流在兩軍中間。大敵當前，庾信還在津津有味地啃甘蔗，突然對岸射來一陣亂箭，有一支正中庾信身旁的門柱，庾信驚得扔掉甘蔗，扭頭就逃。三千部下隨之一哄而散。侯景輕鬆邁過秦淮河，順利佔領了建康外城。（庾信後來逃到了北方，被北方捧為文學大師，從而官運亨通，還創作了《哀江南賦》等大批作品。）

經過幾代王朝的建設，當時的建康城規模宏大，城內有城，形成了臺城（官衙和皇宮所在地）、東宮（太子居所）和石頭城（要塞）三座內城。侯景大軍迅速佔領東宮，殺向臺城。防守石頭城的是蕭綱的兒子蕭大春。蕭大春見外城失陷、臺城危急，棄軍逃往京口去了。石頭城駐軍便投降了侯景。至此，臺城被包圍得嚴嚴實實的。好在羊侃臨危不懼，詐稱接到飛箭射來的信件，說蕭綸率領大軍回援，即將到達。臺城裡這才人心稍定。

這時距離侯景在壽陽起兵，只有兩個半月時間。

## 二

臺城攻防戰開始。白天，侯景指揮將士猛攻臺城。東宮緊挨臺城，叛軍爬上屋頂，朝城裡射箭。夜晚，侯景就在東宮裡飲酒作樂。他把東宮幾百名歌舞奏樂的女子都分給軍士姦淫取樂。叛軍還放火燒毀了建康的幾處宮署，東宮極為豐富的藏書也被付之一炬。很快，戰火就將建康城破壞得瓦礫累累。

叛軍火攻臺城大門。羊侃下令在大門上方鑿洞，從洞裡往外倒水滅火。叛軍又用大斧劈門，一扇門眼看就要被劈開了。羊侃就從門的裂縫中伸出長矛刺殺，連殺了兩名敵兵，逼得叛軍不敢再劈門。侯景造了幾百隻一丈多長、有六條腿的木頭架子，在上面蒙上浸濕的牛皮，下面藏六名軍士，稱之為「木驢」。叛軍在木驢的掩護下破壞城牆。羊侃下命向城牆根投擲石塊，把木驢砸得粉碎，殺傷裡面的士兵。侯景就改造了一些尖頂、石塊打不壞的木驢。羊侃就下令火攻，在火把、箭鏃上澆上油、塗上蠟，點火拋下去、射下來，將木驢燒毀。侯景又造了十多丈高的登城樓，推近城牆，以便叛軍在樓上向城內射箭。臺城守軍看見龐然大物般的車子逼近，不知如何是好，恐懼莫名。羊侃卻成竹在胸，說這些車子既高大又沉重，而臺城四周的壕溝土質疏鬆，車子到了城邊一定會倒。果然，臃腫的登城樓推到壕溝附近，紛紛因重心不穩就自己倒掉了。

十一月初，侯景改用原始的辦法，在臺城東西兩面堆土山，打算將土山堆得和臺城城牆一般高，從山上攻進城去。叛軍驅趕大批居民運土築山，誰手腳慢一點劈頭就打，誰跌倒了就被埋進土地，當作山體的一部分。建康城裡一片號哭之聲。城內唯一的辦法，就是迎著叛軍築山的方向，也築造土山，正面將叛軍壓制下去。城裡太子、親王以下的人都背土夯土，又在土山上築樓，又招募了兩千敢死勇士，披上鎧甲，登山作戰。不幸的是，突然天降大雨，臺城裡的土山坍了。叛軍乘機進逼，羊侃下令大家把任何可以燃燒的東西，木材、衣服等等，都點上火，拋擲出去，構成一陣火焰攻勢，硬生生地把叛軍打退了。同時，羊侃帶人在坍塌處趕築了一道城牆。臺城這才轉危為安。

侯景猛攻多日，沒有絲毫進展，反而死傷了不少將士。他改變戰術，改攻為困，在臺城四周築起營壘，隔斷內外聯絡，準備打持久戰。

同時，侯景也不放鬆心理戰、政治戰。他向城裡射賞格，宣稱只要殺了朱異等人他便退兵。臺城裡也射賞格出去，「有能獻侯景首級的，即授侯景所任官職，並賞錢一萬萬、布絹各一萬匹。」侯景把羊侃的兒子押到城下，逼羊侃投降。羊侃不為所動，說：「儘管把他殺掉好了！」侯景不放棄，幾天後又押羊侃的兒子到陣前。羊侃拿起弓就射兒子，還說：「我以為你早已死了，怎麼還在！」侯景知道感情要脅對羊侃沒用，之後不再用這招了，還把羊侃的兒子給放了。

在政治戰上，侯景卻有很大的收穫。十一月初一，他擁戴蕭正德即位做皇帝，自己做了丞相。

之前，江南的世族大家和達官顯貴奴役大批奴婢、下人。南梁社會長期穩定，主人和奴僕的關係也非常固定，奴僕們的待遇很低，普通怨恨主人。侯景就宣布，凡是家奴投降者，一律解除家奴的身分。於是，建康附近的奴僕們紛紛投靠侯景，加入叛軍，人數有數千之多。這批人超過了侯景最初的八百殘兵，成為叛軍的核心戰鬥力。侯景挑選了一名朱異的家奴，任命他為儀同三司，讓他跨駿馬、穿錦袍，到臺城下罵朱異：「你做了三十年官，才是個中領軍，我剛跟侯王，就已經做到儀同了。」這話對臺城內王公大臣們的家奴吸引力很大。有上千家奴逃出臺城，加入了叛軍。侯景對這些翻身奴僕都厚加賞賜和重用。

如此攻防了一個月，戰局停滯了下來。侯景擔心南梁援軍雲集，又因為軍需糧草告罄，不得不下令搶劫民間糧食和金帛、人口，做好持久戰的準備。叛軍公然搶劫，開始對江南富庶之地造成慘痛的破壞。

## 三

困守臺城的君臣官兵，把希望都寄託在「勤王」的援兵上了。

侯景的叛軍都集中在臺城附近，其他地區還在梁朝官府統治之下。只要有幾個人出兵救援臺城，就不怕侯景不滅。

最先到達建康的援軍是原本計畫進攻壽陽的邵陵王蕭綸的部隊。他慢騰騰地走到半途，後方傳來警報，說侯景已經渡過長江了。蕭綸慌起來，下令後隊改前隊、前隊改後隊，日夜趕奔建康而去。這支政府軍的軍事素質實在太差，不僅行軍速度太慢，而且中途迷了路，直到十一月底才趕到建康城東的蔣山。這時，臺城都已經被圍攻了一個月了。蕭綸的到來，讓侯景很害怕。蕭綸的部隊畢竟人多勢眾，而且是南梁的主力軍。侯景把搶來的婦女、珍寶都聚攏到石頭城，並備好船隻，做好戰敗逃跑的準備了。結果兩軍交鋒，侯景發現自己實在是太高估蕭綸軍隊的戰鬥力了。幾個回合打下來，蕭綸大敗，部隊只剩下一千多人。他只好東撤，遠遠看著建康，就是不敢近前。

比蕭綸晚幾天，宗室蕭嗣、西豫州刺史裴之高等人也率領援軍到達。他們不敢與侯景交戰，在長江江面上的蔡洲駐紮，等待更多的援軍到來。

臺城內的情況在惡化。羊侃、朱異相繼死去。朱異的死倒沒什麼，但是羊侃的去世，使得城內失去了抵抗的核心。城中瀰漫起緊張氣氛來。侯景則把握援軍雲集前的短暫平靜，日夜趕造攻城器械，企圖盡快攻下臺城。從十二月中旬開始，叛軍連續猛攻臺城十多天。幸運的是，城中一名下級軍官吳景精通城牆攻防之術，指揮軍民抵抗，保全了臺城。但是，城內有軍官叛逃侯景，教侯景引玄武湖水灌臺城（臺城在玄武湖南）。侯景照做，水漫臺城，積水逐漸加深，城內軍民的處境更加艱難了。

當時天下最有能力救援臺城的是鎮守重鎮荊州的蕭衍七子、湘東王蕭繹。蕭衍非常疼愛這個兒子。蕭繹小時患了眼病，蕭衍親自指揮治療，不慎治瞎了兒子的一隻眼睛。蕭衍愧疚在心，後來又做夢夢見一個獨眼菩薩說要投胎帝王之家，他就認為蕭繹是菩薩投胎，對他倍加疼愛。蕭衍將僅次於揚州的荊州託付給了蕭繹，讓蕭繹坐鎮建康的上游，是寄予厚望的。但是，蕭繹聽說建康失陷、臺城危急後，首先想到的是父皇和太子哥哥都危在旦夕。萬一他倆同時「歸天」了，蕭繹我不就能夠「高升」一步了嗎？所以，蕭繹對救援一事很不熱心。直到十二月中旬，臺城被圍將近兩個月後，才派兒子蕭方等從警察（今湖北警察北）出發，順江而下。他撥出來的援兵，只有一萬人。

儘管如此，外地勤王軍隊還是陸續到達秦淮河畔。分別有衡州刺史韋粲率領的本部五千兵馬；江州刺史蕭大心（蕭綱的兒子）派將軍柳昕率領的二千兵馬；司州刺史柳仲禮（韋粲的表弟）率領的步騎一萬多人；從淮河南下救援的羊鴉仁率領的三萬人。此外會合已經徘徊在建康周邊的蕭嗣、裴之高等人，到當年的除夕夜，各地勤王的軍隊已經超過了十萬人，遠遠勝過侯景的一萬叛軍。大家推舉柳仲禮做大都督，推進到秦淮河南岸。

太清三年（五四九年）正月初一，勤王軍隊和侯景叛軍在建康郊區的青塘激戰。

勤王軍隊中最積極的韋粲的部隊受大霧影響，在行軍途中迷路，在大霧中手忙腳亂地搭建營柵準備固守。侯景瞅準時機，率軍猛撲殺入韋粲大營。韋粲英勇迎戰，與兒子、三個兄弟、一個堂弟都力戰而死。柳仲禮得報，趕往增援，纏住侯景死戰。柳仲禮是員勇將，部隊又人多勢眾，斬殺了數百名叛軍。叛軍多數是強拉來的民伕和解放了的奴僕，缺乏訓練，稍遇挫折就向後逃竄，又被擠入秦淮河中淹死了一千多人。戰場形勢開始對侯景不利。柳仲禮和侯景單挑，長矛幾乎刺中侯景，不幸在大霧中缺乏防備，被敵將從背後偷襲，肩部中了一刀。他在部將的護送下，倉皇逃離戰場。這一戰，兩軍打了一個平手。侯景不敢再渡秦淮河，勤王援軍也不敢渡過河去，雙方就隔河對峙。

之前被侯景大敗東撤的邵陵王蕭綸收拾殘部，在京口會合東部各軍，也趕到了秦淮河南岸。這時，蕭方等、王僧辯率領的荊州兵，還有遠從高州（今廣東陽江）趕來的援軍也先後趕到。援軍的聲勢再次高漲起來。為了讓臺城知道援軍雲集的消息，蕭嗣的部下李朗用苦肉計，故意違抗軍令挨了一頓鞭子，然後投奔侯景，痲痺叛軍後跑入臺城。城裡知道援軍源源而來，人心大振。形勢變得對梁朝君臣有利。

但是各路援軍缺乏統一指揮，大都督柳仲禮為人粗暴，傲慢無禮，不能服眾。更嚴重的是，散布各處的梁朝宗室諸位王、公、侯爺，各懷鬼胎，互相猜忌，不僅不能合作，更沒人出來說話。因此，建康城外的援軍雖多，卻是各自為政，眼看著臺城被圍，就是無人上前。多路援軍的軍紀惡劣，只顧在秦淮河畔擄掠，反而失去了民心。臺城遭圍近百天，情形越發糟糕。戰爭爆發時，臺城有意識地囤積糧食，累積了四十萬斛糧米，但是沒有儲備燃料、草料以及魚鹽等物資。人光吃米也不行，於是軍民們就開始捉老鼠、痲雀，殺馬，甚至煮皮革吃。據說，連佞佛的蕭衍也不得不吃起了雞蛋。城中軍民死亡了十之八九，屍橫盈路，慘不忍睹。

叛軍的日子也不好過，侯景也缺糧。他包圍著臺城，勤王援軍又包圍著他。侯景原本依靠建康城東的存糧支撐，如今被援軍斷了路，無法運來。侯景聽到荊州兵趕到，心裡也發怵。進退不得之時，謀士王偉建議侯景「詐和」，假意求和，把握把東城的糧食運進石頭城，把握休整兵馬，等對方懈怠後，再一舉擊破。侯景又一次欣然採納，派人向臺城求和。

蕭衍見侯景議和，大怒：「和不如死！」太子蕭綱苦苦哀求父皇允許議和。他眼看著臺城將要不保，自己的太子地位就要動搖了；而如果能保住臺城，穩定一下局面，自己還是太子，還有機會當皇帝。於是，蕭綱力主議和。蕭衍猶豫再三，對蕭綱說：「你要和，就你去辦吧，只是不要為千載之後的人所笑！」大臣傅岐反對議和，指出這是侯景的緩兵之計。但是蕭綱固執己見，派人與侯景和談。二月中旬，雙方在臺城外會盟。和談達成，建康城內外平靜了下來。

但是，侯景藉口種種理由，一會是部隊要休整，一會是朝廷某些大臣對他不友好，要求撤換，就是不肯渡江北撤，繼續包圍著臺城。他督率部下把握搶運糧食，明顯是用心險惡。即便如此，原先就不是真心勤王的各路諸侯紛紛懈怠下來。最大的地方實力派、湘東王蕭繹已經集合荊州主力部隊，在長江中游駐紮了一個多月，別有用心地等待著臺城的消息。愚蠢的蕭衍、蕭綱父子還發文各地，說和談成功。蕭繹聞訊，準備返回江陵。侯景的叛軍喘息已定，又見各路援軍紛紛懈怠，立即翻臉突襲臺城。三月十二日夜，叛軍在城中叛將的接應下，攻破臺城。

永安侯蕭確抵敵不住，跑進宮裡向蕭衍報告：「臺城失守。」蕭衍躺在床上，問：「還能不能打？」蕭確回答：「無力再戰了。」蕭衍長歎一聲：「自我得之，自我失之，亦復何恨！」的確，南梁是蕭衍打下來的，也即將滅亡。蕭衍能在王朝命懸一線的時候，認識到「自我失之」，還算有自知之明，多多少少認識到了自己的錯誤。不過他的「亦復何恨」就是自欺欺人的話了。即便治理了將近五十年天下的蕭衍對江山沒有留戀，並不在乎，江南的百姓也已經陷入了戰火煎熬之中，富庶的經濟也慘遭破壞，怎麼能說「亦復何恨」呢？這是蕭衍不負責任的自我安慰罷了。

侯景以區區八百殘兵，一路橫掃江南，終於在五個月內攻破了南梁。

# 四〇、侯景之亂III：權力大過親情

## 一

攻入臺城的當天，侯景帶著五百甲士去見蕭衍。

這是兩個人的第一次見面。幾十年的帝王生涯讓蕭衍塑造了很強的氣場，侯景從底層一路廝殺過來，還真沒看見過蕭衍這樣的人。蕭衍雖然成了俘虜，卻不慌不忙地問侯景：「你是哪裡人，竟敢作亂？你的妻子、兒女還在北方嗎？」侯景竟然害怕得汗流滿面，張口結舌，不知道怎麼回答。一旁的部將任約替他說：「臣侯景的妻子和兒女都被高氏殺了，現在只有一人歸順陛下。」蕭衍問：「你過江時有多少兵馬？」侯景收拾情緒，回答：「千人。」蕭衍又問：「攻城時多少？」「十萬。」蕭衍再問：「現在有多少兵馬？」侯景頓時膽壯起來：「率土之內，莫非己有。」蕭衍畢竟是輸了，在這個話題上說不過侯景。但他依然正色告訴侯景：「如果你忠於朝廷，就應該管束好部下，不要騷擾百姓。」侯景答應了。

別過蕭衍，侯景告訴身邊的親信，自己征戰疆場多年，從沒有膽怯過，不知道為什麼見到蕭衍竟然感到害怕，莫非真的有「天子威嚴」存在嗎？害怕歸害怕，它一點都不妨礙侯景的叛軍在臺城大肆搶劫，將皇宮搶得精光。

侯景又用蕭衍的詔書，命令各地援軍解散。

有人建議邵陵王蕭綸突襲侯景，出其不意，很可能殲滅叛軍。蕭綸不聽。各路援軍的大都督柳仲禮接受詔書，準備解散各軍。他的父親柳津一直被圍困在臺城裡。之前，柳津登城向兒子高喊：「你的君父遭難，你不能竭力，後人將把你說成何等樣人！」柳仲禮自從受傷後，就喪失了戰鬥的勇氣，對父親的高喊無動於衷。蕭衍曾詢問柳津退敵之計，老人家傷心地說：「陛下有邵陵，臣有仲禮，不忠不孝，如何能夠平賊！」在柳仲禮、蕭綸等人帶頭下，建康周邊各路援軍紛紛撤回。之前，湘東王蕭繹命王琳運輸米二十萬石支援建康，船到姑孰（今安徽當塗），聽到臺城失陷，王琳將米沉入長江，空船返回荊州。可見蕭繹不是真心要救援父皇的。遺憾的是，懷有這樣心思的宗室成員不只一人。

侯景把梁武帝蕭衍攥在手裡，不知道如何處置，暫時還尊奉他為皇帝。之前被侯景擁戴為皇帝的蕭正德，就得不到所有人的承認了。侯景把他拉下龍椅來，讓他做了侍中、大司馬。蕭正德這才明白自己只是侯景的一個棋子，大呼上當，寫密信給蕭範，約他起兵進攻侯景。結果密信被侯景緝獲，蕭正德被殺。永安侯蕭確堅定反對侯景，之前戰鬥英勇，反而受到了侯景的賞識，被留在侯景身邊。一次出獵的時候，蕭確趁侯景身邊沒人，搭弓就要射殺他。不想，弦斷了，侯景發覺後，當場殺死了蕭確。

侯景派兵日夜看管著蕭衍。蕭衍看到有許多武士佩戴兵器，在皇宮中大模大樣地進進出出，就問身邊侍從怎麼回事。侍從回答：「這是侯丞相派來的衛兵。」蕭衍喝道：「什麼丞相！不就是侯景嗎？」侯景聽說後，生氣了，把蕭衍監管得更嚴，還斷絕了蕭衍的飲食。蕭衍已經是八十六歲的老人了，之前三個多月天天擔驚受怕的，如今又沒吃沒喝，很快就憂憤成疾，病重了。五月的一天，蕭衍在昏迷中醒來，覺得口中發苦，就喊人送蜜水上來。喊了兩聲都沒有人回答，蕭衍環顧偌大的宮殿，只有他孤零零一人，不禁悲從心來，發出「嗬、嗬」的聲音，去世了。五月二十六日，侯景擁戴太子蕭綱即位。蕭綱就是簡文帝。

佔領建康後，侯景迫切需要擴大地盤，保障充裕的後勤。他自然把目光投向了東南富庶的三吳之地。三吳，指的是現在蘇南和浙北地區的吳郡（在今蘇州）、吳興郡（在今湖州）、會稽郡（在今紹興），該地區自然優越、人煙密集，又是南方世族大家的根據地。從東晉以來，除劉宋泰始二年（四六六年）三吳曾遭受戰火外，將近一百年沒有發生過戰事，已經發展成為當時中國經濟最發達的地區。

侯景派遣部將董紹進攻廣陵、于子悅進攻吳郡。他們都只帶上了幾百名烏合之眾，說是行軍，不如說是搶糧更為合適。三吳地區的每座城池的守軍都比敵人要多，且城堅糧足，如果有心一戰，完全可以禦敵於家門之外。但是，到當年年底，三吳完全被叛軍佔領。這要歸因為統治三吳地區的世族大家們羸弱不堪，根本不能應戰，他們不是坐等叛軍來抄家滅門，就是開門投降，最後還是落得個身首異地的下場。至此，侯景佔領了以建康為核心、以三吳為後方的大片地盤。

侯景的統治極為殘暴。他公然提倡燒殺擄掠，告誡眾將攻破敵軍營壘後要屠城，讓天下都知道自己的威名。他在石頭城立了一座大碓，抓了反對他的人就放在碓裡舂死。侯景還禁止人們低聲說話，違反的要株連三族。種種表現，都很像是一個壓抑了很久的底層人物，驟然暴發後的變態反應。富庶的三吳地區慘遭破壞，叛軍燒殺劫掠，四處抓人，把很多人當作奴隸販賣到北方去。侯景敗逃壽陽的時候，曾上奏蕭衍，要求與王、謝等世族大家通婚。蕭衍為難地說：「王謝門第太高，你考慮考慮朱張以下的門第吧。」侯景哪裡受得了如此重的門第觀念，怒道：「總有一天，我要吳中兒女配給奴隸！」如今，他果然報復性地屠戮三吳的世族大家，抄家滅門都不罕見。王謝等頭等門第的大家族，元氣大傷，很快凋零。整個三吳地區都變為了野狼橫行於鄉間、廢墟中躺著枯骨的地獄。

## 二

簡文帝蕭綱雖然如願當上了皇帝，卻是侯景的傀儡。侯景對他看管極嚴，除了幾個特定的人，不讓他見其他任何人。大寶元年（五五〇年）十一月，南康王蕭會理等乘侯景不在建康之機，密謀起兵，先殺侯景的軍師王偉，再佔領京師。不幸，保密工作又沒做好，被侯景發覺了。參與者都被殺。之前能夠接近蕭綱的少數幾個人，為了避嫌，也都和蕭綱離得遠遠的。只有武陵侯蕭咨還照常去找蕭綱請示彙報。侯景果然懷疑蕭咨也在搞陰謀，把蕭咨暗殺了。從此，除了侯景和個別宮人，再也沒人敢接近蕭綱。蕭綱幾乎與世隔絕了。

有能力與侯景相抗衡的是盤踞在長江中上游的幾位宗室親王。從東往西分別是這麼幾位：蕭衍的六子、邵陵王蕭綸在臺城破後，退兵郢州（今湖北武昌）；往西到江陵是蕭衍的七子、荊州刺史、湘東王蕭繹；再往西就到了四川，蕭衍的八子、武陵王蕭紀擔任益州刺史，都督現在四川、陜南等地。這三位王爺是親兄弟。

南邊的湖南地區有駐在長沙的湘州刺史、河東王蕭譽，北邊的湖北北部有駐在襄陽的雍州刺史、岳陽王蕭詧。這兩位王爺也是親兄弟，分別是昭明太子蕭統的二兒子、三兒子。另外夾在幾位王爺之間的現在重慶地區還有一個桂陽王、信州刺史蕭慥。他是蕭衍的哥哥蕭懿的孫子。這後面三位王爺是前三位王爺的侄子。

六位蕭姓王爺都擁兵一方，其中以湘東王蕭繹力量最強。荊州原本就是僅次於揚州的第二富庶之地，加上蕭衍又給蕭繹安上了「都督荊雍等九州諸軍事」的頭銜。在名義上，桂陽王、岳陽王、河東王三位侄子都要受蕭繹的管轄。蕭衍死後，外藩諸王對侯景擁戴的傀儡蕭綱並不賣帳，各行其是，多數人都有心思自立為帝。而骨肉同胞的存在，就是他們登基稱帝的最大障礙了。於是，諸位王爺忘卻了殺父之仇、拋棄了國破之恨，開始自相殘殺。

蕭繹動作最早，最凌厲。兒子蕭方等撤軍回江陵，帶來了臺城失守的消息。蕭繹不組織勤王，只是加強江陵城防，防備侯景進攻。蕭衍死訊傳到江陵後，蕭繹祕不發喪，既不公開蕭衍的死訊，更不承認哥哥蕭綱的皇帝身分。他不用蕭綱的大寶年號，繼續沿用父皇蕭衍的太清年號。侄子、信州刺史蕭慥也去建康增援，撤軍途中經過江陵。有人向蕭繹誣告蕭慥與岳陽、河東二王勾結，要奪他的地盤。蕭繹不辨真假，就把蕭慥殺了。

蕭繹之前藉口勤王，下令下轄的各州出兵出糧。岳陽王蕭詧就派一名軍官領兵前往。蕭繹要蕭詧親自帶兵去，蕭詧不肯去。而蕭詧的二哥、湘州刺史蕭譽則斷然拒絕蕭繹徵糧徵兵，不肯服從蕭繹。兩人對蕭繹言辭不恭，叔侄三人日常關係很不好。建康戰事停歇後，蕭繹決定先拿蕭譽開刀，進軍湘州首府長沙。湘州之戰打得很艱難，從太清三年（五四九年）六月到大寶元年（五五〇年）四月打了差不多一年，蕭繹還賠上了長子蕭方等的性命。情急之下，蕭繹急令大將王僧辯火速進攻長沙。王僧辯認為部隊沒有集合完畢，請求緩期。蕭繹急得拿劍砍了王僧辯的左腿，後者頓時昏厥過來，後被人搶救回來。蕭繹依然把王僧辯關入大牢，由此可見蕭繹這人性情相當暴躁，而且對下嚴苛。長沙的蕭譽向雍州的三弟蕭詧求救。蕭詧率眾兩萬攻打江陵，想來個圍魏救趙。蕭繹窘迫之餘，重新請出王僧辯來，請他主持軍事。王僧辯最初在北魏政權任職，在蕭衍統治前期南逃歸附，一直在蕭繹身邊為官，忠於蕭繹。儘管無辜被主公砍了一劍，王僧辯還是為蕭繹出謀劃策，招降了多名蕭詧的部將。蕭詧不戰而敗，狼狽逃回襄陽。王僧辯又馬不停蹄，南下進攻長沙，殺死了蕭譽。

二哥死了，蕭詧就成了蕭繹的下一個目標。蕭詧惶恐不安，向西魏宇文泰求救，自願做西魏的附庸。宇文泰看到北齊的高氏趁著侯景之亂在淮河流域拔城掠地，早就心中癢癢，見有南梁王爺歸降，大喜，馬上封蕭詧為梁王，並派大將楊忠（楊堅之父，隋朝建立後追封太祖皇帝）率軍進駐襄陽，幫助蕭詧防守。蕭繹派柳仲禮率軍進攻襄陽，被楊忠打敗。柳仲禮成了俘虜，魏軍擴大戰果，逼向江陵。蕭繹不得不和西魏談判，割漢江以東以北的土地給西魏，並送一個兒子到長安做人質。接受了屈辱的條件後，蕭繹的北方防線暫時穩定了。

解決三個侄子後，蕭繹的下一個目標是從建康東撤、駐兵郢州（今湖北武昌）的邵陵王蕭綸。蕭繹擔心他這位六哥兵馬強盛對自己不利，派王僧辯領兵開向郢州，「迎接」蕭綸回江陵。蕭綸痛心地說：「我志在殺賊，別無他意。七弟疑心我要和他爭皇位，處處算計我。我如果和七弟刀兵相見，就是骨肉相殘，被千百年後的人嘲笑。」他只能選擇率兵向北開拔，越走人馬越少，九月走到齊昌（今湖北黃陂）時部下離散得只有幾千人了。蕭綸萬般無奈，歸降北齊。北齊封蕭綸為梁王（又是一個梁王），扶持為傀儡。蕭綸北上河南，第二年二月想向西邊拓展地盤，在與西魏軍隊的戰鬥中被楊忠殺死。

蕭繹的八弟、武陵王蕭紀在益州很有想法，計畫率軍出三峽，「過問」一下長江中下游的事情。蕭繹給他寫信，承諾只要蕭紀按兵不動，日後和他「分國而治」，重演三國時期東吳和蜀漢的歷史。蕭紀同意了，固守四川的地盤。這兩個兄弟，都早早地打起了黃袍加身的心思。

至此，湘東王蕭繹在長江中游一枝獨秀，成了最大的實力派。他在大寶元年（五五〇年）四月發布檄文，下令討伐侯景。說是討伐，蕭繹卻遲遲沒有動作，反倒是侯景聞訊搶先逆江而上，向中游動刀子了。叛軍由任約、于慶率領，分頭進軍。大寶元年（五五〇年）七月，任約兵臨湓城（在今江西九江）。鎮守此處的蕭綱之子、尋陽王蕭大心一觸即敗，向任約投降；叛軍逼近郢州。在南邊，于慶則佔領了豫章（今江西南昌）。

蕭繹派徐文盛東進與任約對峙。在當年年底、來年年初，徐文盛和任約打了幾仗，連戰連捷——侯景軍隊的戰鬥力原本就不強。任約頻頻向建康告急。侯景先是加派宋子仙率兵援助任約，又在大寶二年（五五一年）留王偉守建康，親自領兵西上。侯景和徐文盛正面打了一仗，也吃了敗仗。

這時候，侯景豐富的經驗和過人的膽略顯露了出來。他被打敗後，並不灰心，而是想出了又一個冒險的計畫來。當時，蕭繹任命十五歲的兒子蕭方諸為郢州刺史，派鮑泉來輔助。這兩個人，一個是無知貪玩的少年，一個是懦弱的老官僚，全靠徐文盛在前線抵抗，自己在郢州城裡胡作非為，不作戒備。侯景派宋子仙、任約領四百騎兵，繞過前線，走陸路偷襲郢州。四月初三晚，天色昏暗，風雨交加，郢州守兵看看夜幕中有一隊人馬在奔馳，連忙報告。州府中，蕭方諸正在和鮑泉玩遊戲。他騎在鮑泉肚皮上，用五色彩線把他的鬍子紮成一根根小辮。聽到報告，玩得起勁的蕭方諸根本沒聽進去，鮑泉想當然地認為不可能是敵軍，很可能是自己人。兩人都不當回事，不做任何戒備。結果，四百叛軍直衝進郢州，宋子仙一馬當先，殺進州衙。蕭方諸看到凶神惡煞的宋子仙，屈膝就拜。宋子仙見到床下露出點彩線，喝令士兵搜查，把鮑泉拖了出來。這兩人都成了刀下之鬼。郢州被叛軍佔領。偷襲得手，侯景越過徐文盛軍，順利進入郢州。前線的徐文盛部隊喪失鬥志，不戰而潰。許多家在郢州的官兵投降了侯景。徐文盛逃回江陵。侯景在郢州短暫逗留後，分兵給宋子仙進攻巴陵（今湖南岳陽）、任約進攻江陵，自率主力殿後。叛軍水陸並進，氣勢凶猛。這是侯景的極盛時期。

## 三

四月十九日，叛軍開始進攻巴陵城。宋子仙開始沒把巴陵放在眼裡，攻打了幾回，卻發現這是個硬骨頭，很難攻克。原來，郢州失守以前蕭繹已任命王僧辯為大都督，領兵東征。王僧辯走到巴陵，得知郢州失守，決定扼守巴陵堵擊叛軍。巴陵告急，蕭繹加派胡僧祐、陸法和帶兵救援。侯景則親自率軍進攻巴陵，同時命令任約截擊胡僧祐率領的援軍。一直打到六月，叛軍在巴陵城下被拖了一個多月，傷亡超過一半，加上疾病橫行，侯景元氣大傷。不巧，任約在赤亭（在今湖南南縣附近）反被胡僧祐打敗，成了俘虜。侯景燒營撤走。

王僧辯乘勝追擊，在六月下旬收復郢州，俘虜宋子仙；七月攻克湓城。之前，江西地區的叛軍遭遇了從廣東方向北上勤王的陳霸先部隊的猛攻。梁將侯瑱之前投降侯景，駐紮在豫章，如今宣布反正，配合陳霸先進攻于慶部叛軍。于慶在陳霸先和侯瑱的夾擊下，節節敗退，收縮到長江流域，又遭到了順江而下的王僧辯的猛攻。于慶狼狽而逃。豫章、尋陽等重鎮都被收復。最後，侯景只蒐集幾千殘兵敗將，退回建康。

侯景勢力衰微，卻開始琢磨著代梁稱帝，過過當皇帝的癮。王偉大為贊成，認為侯景稱帝可以「示我威權，且絕彼民望」。王偉以為侯景稱帝能夠收拾人心，其實侯景早已經失去了人心，稱帝只能遭致更多的反對。

侯景陣營完全沒有認識到危險來臨，亂哄哄地開始準備。侯景早就看簡文帝蕭綱不順眼了，廢他為晉安王，幽禁起來，立豫章王蕭棟做新皇帝。蕭棟的父親是昭明太子蕭統的長子、豫章王蕭歡。蕭統去世後，梁武帝蕭衍曾經一度想立蕭歡為皇太孫，但最後沒有實施。蕭棟就是蕭歡的長子。侯景禍亂建康的時候，蕭棟這樣的小王爺日子很難過，都淪落到和老婆兩個人在庭院裡開荒種菜，勉強維持生計的地步了。一天，幾個叛軍破門而入，架起蕭棟就走。蕭棟嚇得大哭，連連哀求不要殺他。他被拉去見侯景後，侯景揮揮手，蕭棟就當上了新皇帝。同時，簡文帝的太子蕭大器、尋陽王蕭大心等宗室二十餘人被侯景殺死。侯景又命王偉以祝壽的名義去拜訪蕭綱。蕭綱知道王偉是來要自己性命的，卻假裝不知情。既然是祝壽，蕭綱就拉王偉飲酒，喝得酩酊大醉。王偉用土囊把沉醉的蕭綱壓死了。

侯景拉蕭棟為傀儡皇帝，完全是裝點最後的門面。到十一月，只做了四個月皇帝的蕭棟被廢為淮陰王。侯景粉墨登場，做起了皇帝。之前簡文帝蕭綱曾封他為漢王，侯景就定國號為「漢」。

漢朝偽政權完全是一場鬧劇。侯景大封當初跟隨他從河南逃到壽陽再一路打到江南的老兄弟們為高官。這些人完全不知禮儀，上朝的時候一哄而上，全無章法。王偉可能是其中唯一的明白人，就對侯景說要立禮儀、訂制度，尤其是要先建立新王朝的宗廟。王偉讓侯景趕緊「立七廟」。侯景不懂，問「七廟」是什麼。王偉解釋說皇帝必須祭七代祖宗，問侯景七代祖宗的名字。侯景想了好一會兒，說：「我只記得我爸叫侯摽，不過他死在朔州了，魂靈不會大老遠地跑到江南來享受供品的！」這話引得哄堂大笑。部下有人說侯景的爺爺叫乙羽周，王偉就隨手寫下「侯周」作為侯景的爺爺，再從兩漢、魏晉時期給侯景拉了幾個侯姓的名人當祖宗，總算湊足了七個人的數。新王朝的宗廟就算立起來了。

# 四一、蕭詧：自己挖坑埋自己

## 一

侯景一些人在建康城粉墨登場，蕭繹的討伐大軍則已經逼近建康了。

王僧辯和陳霸先會師後，軍容強盛，周邊叛軍望風披靡。討伐軍只在第二年（五五二年）三月，在姑孰（今安徽當塗）地區遭到了叛軍侯子鑑部的抵抗。侯景戰前提醒侯子鑑不要和王僧辯水戰，爭取在陸地固守。王僧辯故意示弱，招惹侯子鑑下水，將叛軍一舉擊潰。三月中旬，討伐軍戰船駛入秦淮河，抵達建康城下了。

侯景得到姑孰的敗訊後，開始做負隅頑抗的準備。他下令堵塞秦淮河口，又在北岸搶築城池，準備佔領有利地形。不能讓秦淮河成為橫亙在討伐軍面前的阻礙！於是，陳霸先勇敢地率領本部兵馬渡過河去，在北岸構築營壘。其他部隊隨後跟進，抱團建立了營帳。侯景見勢不妙，「御駕親征」，親自帶領步騎一萬多人突擊梁軍營盤。梁軍頑強抵抗，抵擋住了叛軍八輪進攻。最後，侯景急紅了眼，帶著一百多名騎兵赤膊上陣。他們丟掉長矛，只執短刀猛衝陳霸先部隊。陳霸先拼死擋住，侯景耗盡銳氣，潰退下去。叛軍無力再戰。石頭城的守將見勢不妙，開城投降。侯景認為大勢已去，又不敢回臺城，站在城下把王偉痛罵了一頓，罵他盡給自己出壞主意（客觀地說，王偉給侯景出了很多好主意），然後向東逃亡而去。只有一百多騎跟著侯景逃亡。侯子鑑、王偉等人渡江往京口方向逃亡。

梁軍收復建康。王僧辯放縱官兵肆意劫掠。士兵們將宮殿糟蹋成一片廢墟，為了掩蓋罪行，在夜裡放了一把火燒了宮殿。出征時，王僧辯專門向蕭繹請示：收復建康後，如何處置侯景扶持的小皇帝蕭棟。蕭繹回答：「六門之內，自極兵威！」表面意思是要在建康城內宣揚兵威，實際上是讓王僧辯殺掉蕭棟。殺皇帝這事，弄不好會留下歷史罵名，王僧辯不願意做，明確告訴蕭繹：「臣不願意做成濟第二。」成濟是當年替司馬氏殺死曹髦的將領。王僧辯不肯幹，蕭繹就把這事交給了願意幹的朱買臣。侯景登基後，蕭棟和兩個弟弟被監禁，終日擔驚受怕。梁軍收復建康後，獄吏將蕭棟兄弟三人釋放了，兩個弟弟如釋重負：「現在總算可以免於橫死了。」蕭棟卻憂心忡忡：「未必！」果然，朱買臣找到蕭棟，請兄弟三人上船喝酒壓驚。兄弟三人上了船，就被朱買臣扔進河裡溺死了。

侯景部將侯子鑑逃到廣陵（今揚州），和守將郭元建一起投降了北齊。北齊佔領了廣陵，有了窺探江南的據點。王偉則被人抓獲，押到建康，再轉送江陵，被殺。侯景沿途收拾殘兵敗將，聚攏了數千人，一個月後被侯瑱率追兵打敗。侯景輸得只剩一條船、幾十個人。他在滬瀆（今上海）出海，想逃往北方。

侯景攻克建康後，強佔羊侃的女兒做妾，任命羊侃的兒子羊鵾做都督。羊鵾心態很複雜，既想報仇，又想藉侯景勢力飛黃騰達。他隨侍侯景左右，騙取了信任。侯景逃到海上時，羊鵾也在船上。他乘侯景熟睡時，聯絡了其他衛士，讓船家改變航向開回長江。侯景一覺醒來，發現回到了江南，大吃一驚。他正要命船家改變航向，羊鵾拔刀指著侯景說：「今日，要借你的腦袋去換富貴。」羊鵾和其他衛士一起揮刀向侯景砍去。侯景拚命躲過，逃到船艙裡。羊鵾提起一根矛趕來，一矛將侯景扎死。幾個人切開侯景的肚子，塞進鹽防止腐爛，將屍體運到建康。王僧辯下令，砍下侯景的腦袋送到江陵，砍下雙手送給北齊，其餘部分在建康示眾。建康軍民恨侯景入骨，頃刻之間就把屍骨扯得粉碎。

十一月，湘東王蕭繹正式在江陵即位，改元承聖。蕭繹就是梁元帝。王僧辯因功被封為司徒、侍中、尚書令、永寧郡公，駐建康。陳霸先因功封司空，領揚州刺史，駐京口。蕭繹和手下大臣們留戀江陵老根據地，加上建康被戰火毀壞嚴重，朝廷就留駐在了江陵。

不過，當時南方有兩個皇帝，除了蕭繹，還有他的八弟蕭紀。蕭紀早一步在成都稱帝了。蕭紀不知道侯景已死的消息，以討伐侯景為名，率領四川兵馬順江而下，來和蕭繹爭奪天下了。三峽口守將陸法和見蜀軍聲勢浩大，向江陵告急。蕭繹無將可用，把監獄裡的侯景舊將任約、謝答仁放出來，派他們去抵擋蕭紀。同時，蕭繹不惜以領土為代價，向西魏求救，慫恿西魏進攻四川。宇文泰興奮地說：「取蜀制梁，在茲一舉。」他派尉遲迥進攻四川。四川空虛，兵無鬥志，沿途守將非降即逃，魏軍很快就包圍了成都。蕭紀陷入腹背受敵的困境。他惜財如命，把金銀財寶都隨身攜帶，其中有一百箱黃金，每箱都有一百塊黃金，每塊重達一斤。每次作戰前，蕭紀都把黃金餅擺在營帳顯要位置，說要戰後論功行賞，但是從不兌現。官兵們早已和他離心離德，加上大多數人眷顧四川老家，不願出三峽，逃散得很多。七月中，任約、謝答仁發動進攻，蕭紀敗得一塌糊塗。蕭繹戰前下令：對蕭紀只要屍體不要活人！梁將樊猛搶先衝到蕭紀跟前。蕭紀連忙把黃金扔給樊猛，說：「這些金子都給你，放我一條生路吧！」樊猛冷笑道：「殺了你，這些金子照樣是我的。」蕭紀被殺。

成都被圍五十天。蕭紀死後，留守成都的蕭撝等人投降西魏。四川、陝南等地併入了西魏的版圖。侯景之亂至此算是徹底結束了。此時的江南一片蕭條，南梁國力大減，勉強維持統治。南北方的邊界線步步向長江逼近。北齊佔領了淮河到長江的廣闊地區；西魏則佔領了漢水以北、巴蜀和陝南地區，領土擴大了一倍，成了最大的贏家。

## 二

承聖三年（五五四年）三月，梁元帝蕭繹向來訪的西魏使臣鄭重地提出：第一，我已經稱帝，不再對西魏稱臣；第二，要求西魏歸還梁、益等州和漢水以北等地。蕭繹等於推翻了之前和西魏達成的所有協定。也許，他覺得侯景之亂已經結束，南方已經安定，自己有實力和西魏平起平坐了。遺憾的是，宇文泰並不這麼認為。蕭繹政權的實力並沒有隨著侯景的覆滅而增強，南梁的防守態勢依舊漏洞百出。蕭繹的平等要求只是讓宇文泰意識到需要另換一個傀儡了。

恰好，襄陽的蕭詧一再請求宇文泰派軍進襲江陵。幾年來，蕭詧完全仰仗魏軍的羽翼保護，宇文泰覺得他遠比蕭繹聽話。於是在幾個月後，宇文泰派于謹、宇文護和楊忠率軍，會合蕭詧後，向江陵殺去。

蕭繹繼承了南梁皇室擅長文學的傳統，喜歡閱讀和寫作，尤其喜歡老子，大敵當前還召集大臣們大談閱讀《道德經》的感悟。蕭繹既擔心魏軍來進攻，又自欺欺人，覺得魏軍不會來攻打自己。一會，他下令梁軍戒備；一會，蕭繹又覺得是假情報，解除了戒備；一會，他又派出使者去北方刺探情報；一會，蕭繹又輕信大臣的意見，覺得魏軍是正常調動。總之，蕭繹朝令夕改，梁軍無所適從。魏軍很順利地包圍了江陵，開始包抄蕭繹的後路。而蕭繹還在照講《道德經》，只不過聽講的將領們都滿身戎裝，穿著盔甲拿著刀槍坐在下面。

江陵即將陷落，有人建議釋放江陵監獄中的幾千名死囚犯充當兵士，蕭繹不准，還下令將死囚悉數殺死。將軍謝答仁、朱買臣勸蕭繹突圍，逃到長江南岸的任約軍隊。蕭繹很留戀江陵，加上身寬體胖，不願意動。謝答仁願意保他突圍。蕭繹躊躇不定，突然想到謝答仁、任約都是侯景的降將，覺得不能信任，決心死守江陵。他只是下令調遠在建康的王僧辯軍隊勤王，可惜遠水解不了近渴。江陵很快就被攻破了。

城破時，蕭繹燒毀了所藏的十四萬冊圖書。他認為自己就敗在死讀書、讀死書上，所以拿圖書撒氣。這樣的認識有一定的道理，但他燒書就完全沒有道理了。當時印刷術還沒有發明，圖書要靠一個字一個字的抄寫來保存，十分不容易。加上蕭繹的藏書中還有許多孤品善本，他的燒書無疑是中國文化史上一大浩劫。城破後，魏軍又屠殺了聚集在江陵的許多大臣、文人。兩相作用，中國文化發展在此刻人為地倒退了一大步。

蕭繹投降，于謹不知如何處理是好，就轉交給了蕭詧。蕭詧將七叔百般侮辱後，最後用土袋子將他活活壓死。魏軍在江陵立蕭詧為皇帝，年號大定，劃出江陵周圍百里之地作為梁朝的領土。魏軍以「助防」為名，留駐江陵，表面上是幫助蕭詧防禦，實際上是監視蕭詧。蕭詧地位類似西魏的藩王，上疏稱臣，奉西魏正朔，連許多國內政策都沒有決策權。江陵的南梁政權完全是一個傀儡政權，歷史上稱之為西梁，或者後梁。

蕭詧請魏軍進攻江陵的本意，是要藉助外力找蕭繹報仇，同時也希望取而代之，自己當皇帝。部將尹德毅勸說蕭詧：「魏軍貪婪又殘忍，南下後肯定會燒殺搶掠，俘虜官民百姓，侵佔南方土地。殿下無異於引狼入室。到時候殿下殺人父兄、孤人子弟，百姓都把您當作仇人，誰還會擁護您呢？現在，魏軍精銳都在這裡，殿下可以藉口『犒師』，召開宴會，請于謹等魏軍將領前來赴宴預伏武士，等他們來後一網打盡。成功後，殿下才能真正達到目的。」蕭詧拒絕了這個建議。如今，蕭詧的目標應該說都達到了。但是魏軍在江陵俘虜了數萬名王公百姓，挑選其中強壯的分配給官兵做奴婢，老弱的全部屠殺。最後，江陵城中只剩下三百多戶人口給蕭詧統治。而蕭詧的老根據地襄陽，則徹底淪為了西魏的領土。蕭詧追悔莫及。他既恨領土狹小，又看到城池殘毀、財政窘迫，更不願意整日當西魏佔領軍下的木偶和橡皮圖章。蕭詧終日鬱鬱寡歡、扼腕歎息，吟誦「老驥伏櫪，志在千里，烈士暮年，壯心不已」。

梁元帝蕭繹死後，南方一時間陷入了分裂。建康周圍在王僧辯、陳霸先二人的實際控制下；長江中游的梁朝勢力推舉湘州刺史王琳為盟主，不承認蕭詧政權，並出兵試圖收復江陵。蕭詧在位的主要作為，就是圍繞與王琳等人的爭鬥展開的。王琳的進攻被蕭詧挫敗（自然有魏軍的幫助），蕭詧派大將軍王操率兵南下，反倒攻取了幾個郡。後來，陳霸先在建康建立了陳朝。王琳等人同樣不承認陳霸先政權。為了與陳軍作戰，王琳向蕭詧稱藩，並請求蕭詧出兵共同對付陳霸先。蕭詧同意了，可惜軍隊還沒出發，王琳已經失敗。長江中游的南岸地區被陳軍佔領。因此，後梁的領土自始自終只局限在江陵周圍的幾個縣而已。

蕭詧在位八載，憂憤成疾，鬱鬱而終。其子蕭巋被扶持為新傀儡，年號天保。

## 三

蕭繹在江陵延續梁朝國脈，令王僧辯鎮守建康、陳霸先鎮守京口，將長江下游託付給了二人。二人最重要的任務，就是防備已經推進到長江北岸的北齊軍隊。

陳霸先在京口招攬流民，多次應江北百姓的要求渡江進攻，試圖收復廣陵。雖然都失敗了，但是陳霸先的名聲越來越好。不少亂世豪傑聚集到陳霸先身邊，他的軍隊也得到了壯大。相比之下，王僧辯就保守得多，一心固守建康，沒有向江北和其他方向發展。江陵危急，蕭繹命王僧辯西上增援，王僧辯也沒有迅速行動。江陵陷落後，王僧辯也不承認蕭詧政權。當時，蕭繹的兒子幾乎全部在江陵遇害，只有第九子、晉安王蕭方智在外擔任江州刺史，躲過了劫難。王僧辯趕緊去尋陽迎接蕭方智。第二年（五五五年）二月，蕭方智來到建康，被王僧辯尊奉為太宰，承制統治天下。之所以沒有讓蕭方智一步到位稱帝，是王僧辯不自信和保守的表現，他還在觀看天下的局勢，想看清楚後再做打算。蕭方智年僅十三歲，還是個小孩子，建康的一切都由王僧辯作主。

當時，南梁各地方大員各自為政，互不隸屬，既有王琳為主的中游藩鎮，也有江東地區半獨立的各郡。王僧辯雖然佔據建康，擁有蕭方智，但並不能服眾。郢州刺史陸法和以郢州投降了北齊，北齊在江北的勢力進一步擴大，對建康形成壓迫之勢。北齊大軍護送被俘已八年之久的蕭淵明來到江北，寫信給王僧辯，首先對江陵的淪陷表示沉痛哀悼（反正是敵人西魏幹的，不關北齊什麼事情），然後指出如今南梁內部動蕩，需要一個長君主持朝政。因此，北齊本著「國際主義」精神，派兵「護送」蕭淵明到建康繼位，要求王僧辯迎接。蕭淵明是蕭衍的侄子，在血統上缺乏繼位的合法性。但是他背後有北齊大軍。齊軍在江北攻城掠地，擴大優勢，刀鋒直指建康。王僧辯沒有信心與北齊交戰，不得不展開外交斡旋。

雙方討價還價的結果是：王僧辯擁戴蕭淵明為新皇帝；蕭淵明立蕭方智為太子，讓王僧辯主持朝政。於是，蕭淵明在刀槍的護衛下渡江，到建康登基做了皇帝，以堂侄蕭方智為太子。和江陵的蕭詧政權一樣，這也是一個傀儡政權，只是它聽命於北齊，只是它由王僧辯繼續掌握實權。

王僧辯的所作所為遭到了陳霸先的激烈反對。陳霸先反對接受北齊強加的傀儡蕭淵明。王僧辯又以蕭淵明的名義任命陳霸先為侍中，降低了後者的官職。於是，建康和京口方向的矛盾開始凸顯並且激化。這裡要插入內容，重點介紹一下陳霸先這個人。

蕭衍即位的第二年，浙江長興縣一戶貧寒之家生下了一個男孩。家人給他取了一個很霸道的名字：陳霸先。陳霸先小的時候沒怎麼好好讀書，卻讀了許多兵書。這樣的少年通常頭腦靈活，善於鑽營，陳霸先就是這樣的人。起初，他在鄉間做里司，後來又去了首都建康當油庫吏。之後，他成為新喻侯蕭映的傳令員，得到蕭映的賞識。後來蕭映去廣州做刺史，也就把陳霸先帶到了廣州，讓他擔任中直兵參軍。陳霸先在嶺南平亂有功，先後被提任為西江督護、交州司馬兼領武平太守、振遠將軍、西江督護兼高要太守。他在嶺南招募了最初的軍隊，並降伏了杜僧明、周文育等將領。

陳霸先的真正崛起之時是在侯景叛亂中。太清二年（五四九年），廣州刺史元景仲接受侯景的招降。陳霸先毅然起兵討元景仲，推舉梁武帝的堂侄蕭勃為廣州刺史。元景仲兵敗自殺。蕭勃任命陳霸先監始興郡（今廣東韶關）事。當時臺城已經失守，陳霸先在始興招攬侯安都等豪傑，積極準備出師。不想，蕭勃一心偏安嶺南，反對陳霸先北伐，還派人聯絡南康（今江西贛州）豪強蔡路養，阻擾陳霸先越過南嶺。陳霸先則派人到江陵向湘東王蕭繹表示效忠。大寶元年（五五〇年），陳霸先越過南嶺，擊敗蔡路養的兩萬軍隊。在戰鬥中，蔡路養的內侄蕭摩訶，年僅十三歲，單騎出戰，無人能敵。陳霸先指揮將領惡戰，收降蕭摩訶，攻克南康。他迅速擊破侯景在江西地區的軍隊，收復豫章。蕭繹能得到這麼一支生力軍的擁戴，大喜過望，任命陳霸先為豫州刺史，領豫章內史。陳霸先雖非蕭繹的嫡系部隊，但之後一直被當作主力用在第一線。大寶二年（五五一年）七月，陳霸先軍隊在湓城（今九江）與王僧辯軍會師。陳霸先此時有官兵三萬、船兩千艘、糧五十萬石。王僧辯當時缺糧，陳霸先慷慨地和他分享自己的糧草。兩人還結拜為異姓兄弟，關係親密，一起消滅了侯景，一同鎮守下游抵禦北齊。

王僧辯迫於壓力傾向於接受蕭淵明時，陳霸先派人到建康反覆勸說，王僧辯都不肯聽。

當年九月，陳霸先起兵討伐王僧辯。他採取的是突襲戰術，水陸並進，迅速抵達建康城下。將領侯安都選擇了一個夜晚登陸，悄悄摸到石頭城北。此處的石頭城牆體毗鄰山地，防備較鬆，侯安都指揮士兵搭人牆，把自己拋上去。部下如法炮製，突襲得手。陳霸先則帶兵從南門殺入城中。王僧辯正在廳堂辦事，聽到城破時，敵人已經快殺到跟前了。他和兒子王頠帶上幾十個人，就地死戰，終於抵敵不過，逃上門樓。陳霸先揚言放火燒樓，逼王僧辯父子下樓投降。當夜，王僧辯父子就被絞死了。

陳霸先隨即宣布王僧辯罪狀，聲明除王僧辯父子兄弟外，他人無涉，以此來安定人心。蕭淵明非常識趣，馬上宣布退位。十月，陳霸先擁戴蕭方智即位，改元紹泰。蕭方智就是梁敬帝，以陳霸先為尚書令、都督中外諸軍事、車騎將軍、揚南徐二州刺史、司空。陳霸先掌握實權，成了長江下游最大的實力派。

陳霸先有千頭萬緒的事情要處理，首要的就是如何安撫北齊，畢竟蕭淵明是北齊扶持的傀儡。陳霸先讓蕭淵明擔任司徒，通報北齊說王僧辯「陰謀篡位」，所以才被大家推翻；我們已經擁戴新君，仍對齊稱臣，「永為藩國」。（北齊要求送回蕭淵明，陳霸先正準備將蕭淵明送還北齊，但臨出發時蕭淵明「暴病」而亡。）然而，北齊會相信陳霸先的解釋嗎，其他地方大員會聽從陳霸先嗎？

# 四二、如何看待陳朝的篡國？

## 一

南方陷於四分五裂的狀態，陳霸先的梁朝朝廷政令只能傳達到建康及其周邊地區。北齊佔領了淮南，西魏佔領了巴蜀和漢水流域；長江中游存在江陵的後梁、湘州的王琳兩大政權。其中王琳被中游諸將推為盟主，集結軍隊，對陳霸先非常不友好。不過最先對陳霸先發動進攻的是江東各郡。

王僧辯的弟弟吳郡太守王僧智得知哥哥的死訊，聯合吳興太守杜龕、義興太守韋載反抗陳霸先。陳霸先派遣周文育東征，進展很不順利，在義興和叛軍僵持了起來。陳霸先留下侯安都守建康，親自領兵去江東鎮壓叛亂。他勸降了韋載，又擊退了王僧智，形勢一片大好。不想，真正的危險在後方！陳霸先親自東征後，譙秦二州刺史徐嗣徽和南豫州刺史任約看到建康空虛，合兵偷襲建康，迅速佔領了石頭城。侯安都退守臺城，向陳霸先告急。

當時，江東還有吳興郡沒有收復。不過，陳霸先顧不上了，晝夜行軍，趕回建康。

建康的情況還在惡化。徐嗣徽、任約的叛亂不是單獨事件，事先勾結了北齊。北齊早就對陳霸先攻殺王僧辯擁立蕭方智不滿，對虛弱的江南虎視眈眈，如今得到叛軍相助，豈能錯失良機？齊軍迅速在紹泰元年（五五五年）十一月渡江佔領姑孰，與石頭城的徐嗣徽、任約相呼應。叛軍仗著齊軍的支持，猛攻臺城。陳霸先及時趕到，親自帶兵上陣，打敗了叛軍。

徐嗣徽、任約大概是怕了陳霸先，留齊軍江陵柳達摩守石頭城，二人前往采石迎接北齊援軍。他們打算聯合齊軍，再殺回建康。

陳霸先抓住這個難得的空隙，一邊組織反攻石頭城，一邊派遣侯安都偷襲徐嗣徽的老巢秦郡。侯安都一舉得手，將在秦郡繳獲的戰利品，包括徐嗣徽的生活用品，派人送往徐嗣徽。徐嗣徽大為震驚，已經在心理上輸了一陣。在建康城中，陳霸先猛攻留守的柳達摩部隊，連贏了幾場。徐嗣徽、任約引導齊兵一萬多人返回建康，增援石頭城，被侯安都的水軍擊敗。陳霸先再次猛攻石頭城，柳達摩心驚膽戰，主動求和。陳霸先雖然贏了幾場，但都是戰術上的勝利，並沒有扭轉戰場局勢。齊軍已經登陸江南，又有叛軍相助，佔據戰場優勢。因此，陳霸先同意與柳達摩和談，達成協議：齊軍撤出石頭城，雙方停戰；南梁向北齊遣送人質。陳霸先派遣了侄子陳曇朗和梁元帝蕭繹的孫子、世子蕭方等的長子蕭莊兩個人渡江北上，作為人質。建康軍民屢遭戰火，迫切希望和平。陳霸先此舉，贏得了建康內外的一片讚揚聲。

可是，這只是暫時的休戰而已。柳達摩率軍撤回後，被高洋處死。在高洋看來，戰場優勢在自己手裡，柳達摩自作主張，放棄了石頭城這個重要據點，該殺！不過，高洋也沒有立即重啟戰火，而是利用休戰，調兵遣將，以大將蕭軌為大都督，會合徐嗣徽、任約等部叛軍，準備發起新一輪的猛攻。陳霸先也沒閒著，把握時間處理江東亂局。幸運的是，侄子陳蒨、大將周文育成功攻殺杜龕，收復吳興郡，又在第二年初攻破會稽郡，殺死不聽命的東揚州刺史張彪。至此，江東地區全部被陳霸先佔領，成了他穩固的後方。

北齊的大都督蕭軌陸續集合了十萬大軍，待第二年（太平元年、五五六年）春寒剛過，就殺向梁山（今當塗附近長江南岸）。陳霸先派侯安都在此駐軍，阻擊齊軍。期間，陳霸先還親臨前線犒軍。相持到五月中旬，齊軍捨棄梁山，從蕪湖出發，走旱路向建康推進，月底即推進到建康城下。臺城城牆下都出現了零星的齊軍偵察兵。大戰的陰霾再次籠罩建康。陳霸先緊密命令梁山的侯安都等軍撤回建康，收縮兵力，準備迎接空前激烈的決戰。

到六月，建康被數萬齊軍合圍，梁軍逐處應戰。齊軍牢牢掌握著戰場主動權，之所以沒有發動猛烈的攻城戰，主要是因為天氣不佳。江南的雨季來了，連日大雨傾盆，平地積水丈餘。齊軍官兵都是北方人，顯然不適應這樣的天氣，加上守衛在城牆外的營房裡，士兵們日夜站在爛泥裡，很多人腳趾都泡爛了。飲食也有問題，北方人很難在大雨瓢潑的環境中生火做飯，就算做出了東西也吃得很艱難。臺城裡面梁軍的情況雖然也不樂觀，但比齊軍要好多了。畢竟梁軍都是南方人，沒有水土不服的問題。況且臺城中建築完好，排水設施也齊全，梁軍官兵可以避雨休息，一場暴雨，使得實力的天平開始出現傾斜。

六月十一日，天氣轉晴，意味著決戰的時刻來了。陳霸先決定讓將士們飽餐一頓。城中缺糧，只剩可憐巴巴的一點麥飯。怎麼辦？總不能讓將士們餓著肚子決戰。幸而陳蒨從江東運往建康的二千斛米、一千隻鴨及時到達。陳霸先大喜，把米和鴨子都給煮了，又割了許多荷葉，每張荷葉裡裹上滿滿的飯、配上幾塊香噴噴的鴨肉，發給每位將士飽餐一頓。梁軍官兵士氣大振。第二天拂曉，陳霸先赤膊上陣，帶領官兵們向齊軍發動全面反擊。小將蕭摩訶隸屬侯安都麾下，侯安都激他說：「卿驍勇有名，但是千聞不如一見……」蕭摩訶不等他說完，朗聲說道：「今日讓明公一見！」梁軍以空前的勇猛，殺向齊軍營寨。又累又病的齊軍硬著頭皮迎戰。激戰中，侯安都落馬，蕭摩訶大喝著衝殺過去，救下侯安都。侯安都脫險後，率部繞到敵後包抄齊軍。齊軍官兵前後受敵，四散潰逃。陳霸先指揮大軍大舉追擊，齊軍死傷慘重。數以萬計的敗軍蜂擁到江邊，可憐後有追兵、前有天塹，爭相逃命，船少人多，因為互相踐踏而死或者被江水吞噬的人不計其數。造反的徐嗣徽及其兄弟徐嗣宗被俘，包括大都督蕭軌在內的四十六名齊軍將領也成了俘虜，只有任約等少數將領僥倖逃脫。逃到長江北岸，清點人數，十萬北齊大軍只剩下兩三萬人。齊軍傷了元氣，喪失了南侵的實力。陳霸先取得了決定性的勝利。

高洋希望贖回俘虜，陳霸先不同意，將被俘的蕭軌、徐嗣徽等人斬首。十三日，梁軍又燒毀齊軍遺留的艦船，烈焰沖天。之前的幾十年，南梁官民屢次遭北方欺負，只有挨打的份兒，太需要如此輝煌的勝利來振奮人心了。陳霸先威望大漲，高洋惱羞成怒，殺害了充當人質的陳曇朗。

## 二

南梁最大的危險解除了，原先的內部結構就需要相應調整了。

在此過程中，陳霸先發揮了主要作用，整個朝廷政令覆蓋地區都是他用長矛和鮮血重新打拼下來的。蕭方智則更多是產生與北方入侵者抵抗時證明南方政權存在的象徵性意義。陳霸先在起兵早期地位低微，需要扶持一個皇室成員號召南方軍民與外敵作戰。但是現在，陳霸先覺得沒有必要保持一位虛君了，他是親自打江山，也要親自坐江山。於是，陳霸先選擇了禪讓這一通行的做法。

太平二年（五五七年）十月，陳霸先晉爵為陳王，以揚州的會稽、臨海、永嘉、建安，南徐州的晉陵、信義，江州的尋陽、豫章、安成、廬陵等二十個郡建立陳國。蕭方智允許陳王備十二旒王冕，建天子旌旗，出警入蹕，乘金根車，駕六馬，備五時副車，置旄頭雲罕。三天後，蕭方智就禪位於陳。陳霸先沒有做什麼退讓，就大方地接受了。大臣們也免去了反覆敦請的手續煩惱。陳霸先創下了封王之後三天就受禪為帝的紀錄。新王朝國號「陳」，繼續定都建康。陳霸先就是陳武帝。中國歷史上朝代名和皇帝的姓氏重合的，僅此一家。

陳霸先封蕭方智為江陰王，在江陰郡建國，全食一郡，行梁正朔，車旗服色，一如既往遜帝的待遇。也和往常一樣，陳霸先沒有讓蕭方智繼續存活多久。五五八年，陳霸先派親信劉師知去殺蕭方智。蕭方智躲避士兵的屠殺，繞床而跑。他邊跑邊哭喊：「我本不願當皇帝。陳霸先非要我即位，現在又要殺我，這是為什麼啊？」這位十六歲的遜帝最後還是被士兵們亂刀砍死。陳霸先的行事沒有絲毫的掩蓋，倒也顯得乾脆俐落。蕭方智死後，被追諡為「梁敬帝」。蕭季卿襲爵江陰王。江陰國傳國至陳末。

明末清初的思想家王夫之研究君權的禪代問題。他的一個觀察角度就是從政治道德上分析開國君主的人格品行。對於陳霸先，王夫之認為他的政治道德要高於魏、晉、齊、梁等朝開國君主：「陳高非忠於蕭氏，而保中國之遺民，延數十年以待隋之一統，則功亦偉矣哉！」我們不能排除當時陳霸先完全沒有私心，但他以敢死之心，東征西討，客觀上使南方免於戰火。他的征戰基本上是符合南方百姓的願望的。陳霸先雖然篡奪了梁朝，但是梁朝的最後階段完全是陳霸先自己打拼出來的。他的處境就類似於曹操，天下明明是我的天下，卻要樹原先主人的旗號。陳霸先與曹操不同的是，他扯下了這面旗幟，自己光明正大地做起了皇帝。從這一點上來說，陳霸先可謂是南朝各代開國君主中最偉岸正大的。

之前的幾朝，開國皇帝篡位後，都可以安心地享受皇帝的尊榮、從容施政。但是，陳霸先當了皇帝，只是奮鬥的一個中點，遠不是終點。陳朝建立之初，只能算是南方地區比較大的割據勢力而已。陳霸先的皇帝生涯幾乎就是一部征戰史。他後來又花了兩年時間和南方的王琳、後梁等勢力爭鬥，結果出師未捷身先死。永定三年（五五九年），陳霸先去世，葬於萬安陵，年五十七歲。

陳霸先辛苦一生，身後遭遇卻是南朝各代中最悲慘的。他建立的陳朝是南朝四代中疆土最小，實力最弱的，只能在北方的軍事高壓下偏安於江南一隅，毫無作為。王僧辨的兒子王頒入隋後為隋朝大將，參加了統一南方的戰爭。陳霸先亡後，王頒糾集父親舊部，夜掘陳霸先墳墓，破棺焚屍，並將陳霸先的骨灰倒於池塘之中。死後慘遭掘墓焚屍在古代中國人看來，是最大的不幸了。

萬安陵現在位於南京市江寧區上坊鎮西北面。整個陵墓毀壞嚴重，只留下兩隻瑞獸（東面為「天祿」，西面為「麒麟」）忠誠地守護在荒野中，經歷著風吹日曬，慢慢風化。「天祿」旁邊有一個面積在二十平方米左右的小池塘，有村姑在一旁悠閒地洗衣洗菜……

## 三

陳霸先死時，敵對勢力環繞，內憂外患叢生，皇位的傳承就成了一個敏感的難題。

陳霸先的皇后和大臣們商量後，認為國家危難，迫切需要一個有能力、有經驗的長君繼位，而不應該固守父死子繼的老傳統。他們從大局出發，封鎖了陳霸先的死訊，祕不發喪，招陳霸先的侄子陳蒨還朝。陳蒨算得上跟著陳霸先創業的元老，之前和周文育在江東平定杜龕的叛亂、消滅張彪的割據，功勞不小。他還擔任過會稽太守等實職，陳霸先死時正率軍駐在南皖。得到召喚後，陳蒨迅速趕回建康，被擁立為新帝，他就是陳文帝。

陳霸先的死訊傳開後，王琳集結軍隊，想趁亂推翻陳朝。陳霸先廢蕭方智即位後，王琳集團就要求北齊送還人質蕭莊，要擁戴他為新皇帝。北齊爽快地送還了蕭莊，王琳在郢州擁戴他為皇帝。此時，王琳引兵東下，陳蒨應戰。天嘉元年（五六〇年），當王琳與陳朝將軍侯瑱在蕪湖交戰時，北周偷襲郢州。王琳腹背受敵，大敗，帶著蕭莊逃亡北齊。北周將勢力拓展到了長江中游南岸。

蕭莊投奔北齊後，北齊封他為梁王，試圖扶持他復辟梁朝。但不久，北齊被北周滅亡了。北周手裡已經有一個傀儡了（後梁），就不需要第二個傀儡，派人暗殺了蕭莊。

陳蒨繼續向中游進軍。侯瑱、侯安都等人力戰南下的北周，在當年年底收復了湘州等地。嶺南的廣州刺史蕭勃，是陳霸先的老上級，見陳霸先發達了，心裡很不舒服。聽到陳霸先死訊後，蕭勃舉兵不從。陳軍挾得勝之威，南下討伐嶺南。蕭勃兵敗而亡。陳朝至此保有長江中下游的南岸全部，是南朝時期轄境最小的一個朝代。陳朝有條件安心施政了。陳蒨勵精圖治，整頓吏治，注重農桑，興修水利，是南朝歷代皇帝中少見的有為之君。期間，陳朝政治清明，社會經濟得到了一定的恢復，國勢比較強盛。

天康元年（五六六年），陳蒨病逝，長子陳伯宗即位，史稱廢帝。

陳伯宗年輕，國事都委託給叔叔安成王陳頊。陳頊掌握大權，都督中外諸軍事，國家大事都決於他手。尚書僕射列仲舉、中書舍人劉師知等人發覺陳頊有野心，圖謀奪取陳頊大權，失敗後遭到屠殺。陳頊進一步專權，在光大二年（五六八年）以皇太后的名義廢陳伯宗為臨海王，自立為帝。陳頊就是陳宣帝。他宣稱這是陳霸先的「遺志」。陳頊是陳蒨的弟弟，頗有哥哥的遺風。他興修水利，開墾荒地，鼓勵生產，社會經濟得到了一定的恢復與發展。他是陳朝在位最長的皇帝，在位十四年，期間國家比較安定，政治較為清明。

陳頊時期最大的事件，無疑是太建五年（五七三年）開始的北伐。經過幾十年的演變，北齊國勢大減，陳頊起了收復淮南的雄心。他命令吳明徹為都督，領兵十萬征討北齊。齊軍應戰。陳朝猛將蕭摩訶一馬當先，擊斬齊軍善射者和大力士十餘人，齊軍大敗。陳軍收復歷陽、合肥、秦州等地，從長江逼近淮河。北齊派南梁降將王琳鎮守壽陽，抵抗陳朝。吳明徹採取梁武帝蕭衍的方法，攔河築壩，引水灌城。北齊派出數十萬軍隊援救壽陽，距壽陽三十里紮營，不敢與陳軍接戰。吳明徹猛攻壽陽，俘虜王琳，送到建康斬首。淮河以南的北齊政權或逃或降，陳朝順利收復數十城。南北邊界恢復到了梁朝初期的情況，隔淮河對峙。沒幾年，北齊亡於北周，華北地區劇烈動蕩。陳頊進一步萌生了收復淮河以北領土，飲馬黃河的雄心。他沒有在北周進攻北齊之時「趁火打劫」，卻在北周統一北方後才出兵淮北。結果，陳軍敗於周軍，非但飲馬黃河的宏偉藍圖沒有實現，還招惹周軍度過淮河南下，佔領了淮南地區。北伐的成果喪失，陳朝國勢也遭受重創。長江以北再度淪落敵手。

太建十四年（五八二年）陳頊病逝，傳位太子陳叔寶。陳叔寶就是陳後主。

陳叔寶的弟弟、始興王陳叔陵是個粗魯殘暴的傢伙。他除了貪戀女色，最大的愛好就是盜墓，尤其是盜挖名人墓葬，竊取不義之財。就連東晉名臣謝安的墓地也慘遭陳叔陵的毒手，陳叔陵還將謝安的棺柩拋棄，霸佔土地來安葬自己的母親。（也可見當時謝家已經敗落。）陳叔陵一直有篡位之心，計畫在父親的葬禮上殺了陳叔寶，自立為帝。

陳宣帝的靈柩停在宮中，陳叔寶在靈前大哭。陳叔陵突然拔出刀來砍向哥哥，一刀砍中陳叔寶的脖子。異常幸運的是，不知道是陳叔陵力氣太小，還是那把刀太鈍，竟然沒有深入脖子內部。陳叔寶撲倒在地，陳叔陵正要補上一刀，陳叔寶的生母柳后救子心切，衝上來阻止。陳叔陵又砍倒柳后。陳叔寶的乳母吳氏抱住陳叔陵胳膊，陳叔寶慌忙爬起來逃出殿堂去。四弟、長沙王陳叔堅將陳叔陵擒住。陳叔陵奮力掙脫，逃出宮門。

陳叔陵一不做，二不休，赦免囚犯，武裝起來，又召諸王和諸將，要和陳叔寶拼個你死我活。可惜無人響應。陳叔寶命大將蕭摩訶率步騎數百人去討伐。陳叔陵企圖招降蕭摩訶，遭到拒絕後知道大勢已去，先逼迫妃子張氏及寵妾七人跳井自殺，自己帶上步騎百人想突圍投降隋朝，中途被蕭摩訶截獲。陳叔陵被斬首，諸子賜死，親信一併伏誅。陳叔寶在平定內亂後，安全繼位。他將陳叔陵的王府改成豬圈，下令將謝安的墓地歸還給謝家。

登基後，陳叔寶因為脖頸被砍受傷，在殿中養病，屏去諸姬，只留貴妃張麗華隨侍。這段病中經歷，讓陳叔寶非常寵信張貴妃。陳朝自陳霸先開國以來，很少關心宮廷生活，內廷陳設很簡陋。陳叔寶認為後宮過於樸素，開始大興土木，採選江南美女。在一片熱熱鬧鬧的安樂氣象中，陳朝邁向了衰落。

# 四三、北齊是怎麼衰敗？

## 一

南方梁陳交替期間，北齊的統治者是高洋。高洋的運氣很好，他父親高歡給他留下了相當不錯的家底，在當時西魏、北齊和南梁三足鼎立的格局中，北齊的實力是最強的。雖然在即位初期爆發了侯景的叛亂，但是高洋運籌得當，迅速將侯景這股禍水引到南梁去了。南梁被侯景之亂攪得天翻地覆，高洋樂在心裡，跟在侯景身後「接收」了淮南江北不少的州縣。西魏宇文泰也忙著趁火打劫，侵佔西南地區，北齊和西魏保持了相對和平——客觀上，雙方都沒有吞併對方的能力。此外，高洋還對北方少數民族用兵。當時柔然已經衰落，突厥繼起，向南侵略北齊。高洋領兵迎戰，痛擊了突厥人，迫使他們收縮回了北方。

對外方面唯一讓高洋不爽的，就是陳霸先的崛起，殲滅了北齊南侵的大軍，給了北齊實實在在的打擊。不過，北齊的元氣並未受損，高洋統治初期政治清明，政權鞏固。北齊領土北到長城，南隔長江與陳朝為界。

政權鞏固後，高洋荒淫殘暴的惡性就暴露了出來。他種種令人髮指的惡行和讓人瞠目結舌的

「行為藝術」，在之前章節已有論述。當了皇帝後，高洋的這些癲狂行徑不斷升級，比如徵發十萬民伕在都城鄴城修建宮殿，比如他掀翻太后婁昭君的車輦、暴怒著要殺害生母，又比如高洋常常無緣無故地屠戮大臣。高洋把異母弟弟永安王高浚、上黨王高渙關進鐵籠，關押在地牢裡，自己拿著長矛亂刺他們，最後堆上柴火將兩個弟弟活活燒死。常山王高演是高洋同父同母的弟弟，勸了高洋幾句。高洋就把他反綁起來，拿刀擱在他頭頸上，問：「誰教會你進諫的？」高演回答：「天下人三緘其口，除臣之外，還有誰敢說話？」高洋就命人用亂棍痛打高演。高演被打了幾十棒，奄奄一息了。幸虧高洋酗酒睡著了，底下人見狀沒再動手，高演這才撿回一條命。上行下效，整個北齊都變得沒有法治，官吏動輒施用酷刑，盤剝百姓。貪污腐敗問題也很嚴重。到了高洋統治晚期，府庫蓄積已經枯竭，已經不能支持正常的政府運轉了。

高洋時期的強大是表面的，空虛的。北齊政權的深層次矛盾，並沒有得到解決。北齊政權建立在六鎮鮮卑族實力和關東漢族豪強的共同支持之上，鮮卑人和漢人的矛盾始終存在，同時還有一個地方豪強和中央政府之間的矛盾。高洋找不到解決的方法，只能在雙方之間保持平衡，一會兒打擊鮮卑人，重用漢族人楊愔，讓他當尚書令，又迎娶趙郡李氏的女子為皇后；一會兒又貶低漢族人抬高鮮卑人，侮辱尚書令楊愔，無端殺害漢族大臣。他也知道任意殺戮並不能保持長治久安，始終擔心有人威脅高家的統治。

彭城王元韶是北魏的宗室後裔，是孝莊帝的侄子。雖然元氏已經禪位，高洋依然擔心元氏威脅皇權。他剃去元韶的鬚髯，強迫元韶像婦女一樣粉黛化妝、穿上婦人的衣服做自己的隨從。高洋揚言：「我以彭城為嬪御。」以此來侮辱元氏，諷刺元氏微弱。天保十年（五五九年），天降流星，太史官上奏：「今年當除舊布新。」高洋很自然將此和大臣反叛，陰謀推翻自己聯繫起來。他問元韶：「當年東漢光武帝為什麼能夠中興漢朝啊？」元韶早就高洋給折騰得戰戰兢兢，不能理性思維了。他汗流滿面，突然冒出一句：「那是因為王莽篡位的時候，沒有把劉家的人斬草除根。」高洋很喜歡「斬草除根」的說法，為了防止被推翻的元氏復辟，決定將元氏家族一網打盡。他將和北魏皇室有關係的二十五個元氏家族滿門抄斬。凡是父祖封過王的，或者曾經身居高位，或者乾脆就因為子弟強壯的，都被斬首。劊子手連嬰兒都不放過，把他們拋向天空，用長槊扎死。前後一共殺害了七百二十一人，屍體被投入漳河。鄴城漁民捕到河魚，常從魚肚子裡剖出人的指甲來。鄴城上下，為此長期不敢吃魚。餘下的十九個元氏疏宗家族，則遭到嚴厲管束，被禁止當官。始作俑者元韶也在黑名單上。他把腸子都悔青了，在鄴城地牢裡絕食而死。

北齊境內其他姓元的人家，害怕殃及池魚。一個叫做元景安的人，是北魏皇室的疏宗，提議上奏高洋，申請改姓高氏。堂兄元景皓反對：「做人怎麼能自棄本宗，改姓他姓呢？大丈夫寧可玉碎，不能瓦全。」元景安竟然向高洋告發了堂兄，害得元景皓被殺，家屬流配彭城。高洋同意元景安改姓高氏。這就是「寧為玉碎，不為瓦全」典故的來源。

常年暴虐荒唐的生活，損害了高洋的建康。天保十年（五五九年）十月，高洋因酗酒生病而死，才三十一歲。高洋發喪之時，群臣號啕大哭，但都只有聲音，沒有一滴眼淚。

## 二

高洋的兒子高殷繼位，年僅十五歲。高殷就是孝昭帝。

高洋臨終時，對弟弟常山王高演說：「你要奪我的位子就奪吧，別殺我兒子。」

高洋癲狂了大半輩子，但心底清醒得很。他清楚自己留下的北齊王朝充滿鉤心鬥角、爾虞我詐。而高殷這個兒子身上流著一半漢人的血液，從小就在國子監接受儒家教育，文弱得很，高洋評價他「性格懦弱，像漢人的孩子」。為了磨練兒子的膽量，高洋帶著高殷一起做斬首「供御囚」的遊戲，逼高殷動手殺人。高殷顫顫巍巍，揮刀砍了好幾下都沒有砍下死囚的腦袋。高洋氣得用馬鞭抽打高殷，把兒子嚇成了結巴。自己的結巴兒子能否掌控江山，高洋心裡沒底。

高洋的擔心很快變為事實。他死前，之前被暴力掩蓋著的鮮卑人和漢族人的矛盾爆發了出來。高殷即位後，漢族大臣楊愔、鄭頤等人輔政，加上高殷年幼，生母李太后為代表的趙郡李氏開始攝取實權，勢力旺盛。當時，高歡的髮妻婁昭君還在世，被尊為太皇太后。她出身邊塞的鮮卑家族，對漢人的崛起很警惕，說：「我怎麼能受漢族老婆子（指李太后）的擺弄！」鮮卑貴族和大臣紛紛聚集到婁太后身邊。婁太后的兩個兒子、高殷的兩位皇叔高演、高湛是其中的中堅分子。北齊政壇出現了兩派針鋒相對的勢力。

尚書令楊愔決定扳倒高演、高湛，和鄭頤等人商量後，將兩位皇叔外調地方刺史，以消除威脅。他們覺得李太后是漢族人，會站在自己一邊，就把這事向李太后做了彙報。李太后果然站在漢族大臣們的一邊，但沒有一點保密意識，把這個陰謀和身邊的一個女官說了。這個女官就是當年高澄強奪的高仲密的妻子李氏。李氏在高澄死後入宮做了女官。李太后認為李氏和自己同姓，是同一個戰壕的。不想，李氏權衡利弊後，跑去向婁太后告密了。婁太后馬上叫來高演、高湛，密謀殺掉楊愔等漢族大臣。任命頒布後，高演、高湛二人藉口慶祝，擺宴招待大臣們。楊愔等人不知有詐，坦然赴宴，被當場拿下，砍了腦袋。婁太后把李太后、高殷叫過來，訓斥了一頓，逼他們將實權轉移到高演手上。沒過幾個月，婁太后又廢高殷為濟南王，扶持常山王高演登基做了新皇帝。高演就是齊昭帝，這一年是乾明元年（五六〇年）。

退位的高殷很快被高演殺死，史稱廢帝。

高演第二年（皇建二年，五六一年）就死了，傳位給弟弟長廣王高湛，高湛就是武成帝。高演為什麼不傳位給兒子呢？為了保住兒子高百年的性命。北齊權力鬥爭激烈，與其讓兒子當皇帝，權力和生命都受到篡位者的威脅，倒不如誰願意當皇帝就讓誰當去。

高湛是北齊的第四個皇帝，也是婁昭君第四個當皇帝的兒子（長子高澄被追尊為皇帝）。高湛接手的帝國，矛盾叢生，國庫空虛，已經出現了衰敗跡象。高湛千頭萬緒不知從何入手，乾脆自暴自棄，甩手不幹了。他在政治上無所作為，終日沉湎於美色之中，一心享受。皇帝昏庸無為，朝政更加黑暗，奸佞橫行。和士開、穆提婆、高阿那肱等人專權腐化，反而受高湛寵信，小人得志。奸臣和士開為人猥瑣，在取悅高湛方面卻很有本事。高湛越來越離不開他，兩人之間沒有半點君臣的樣子。高湛心底還是有治國雄心的，隱隱間為朝政的墮落焦急。和士開就勸他說：「自古帝王都已經化為灰土，明君堯舜和昏君桀紂又有什麼區別呢？陛下應該趁年輕力壯，把握時間享樂，國事吩咐大臣去辦就行了，陛下不必親自操勞。」高湛竟然覺得非常有道理，更是當起了甩手掌櫃，把朝政都委託給和士開辦理。他三四天才上一次朝，和士開權傾朝野，黨同伐異。和士開的膽子越來越大，甚至和胡太后發生姦情，朝野一片憤慨。高湛睜隻眼閉隻眼，乾脆在河清四年（五六五年）傳位太子高緯，當起了太上皇。天統四年（五六八年），高湛因為酒色過度而死，時年三十二歲。

繼位的高緯，史稱齊後主。他深得乃父高湛的真傳，雖然自家王朝已經風雨飄搖，他依然自顧自地荒淫享樂，自稱「無愁天子」。高緯日常生活窮奢極欲，後宮金碧輝煌還嫌不足，把宮殿拆了又造、造了又拆，為了享樂晚上燃油照得夜空如同白晝。宮廷之外是賣官鬻爵，高緯則肆意封賞，連寵愛的狗、馬、鷹、雞都被封為儀同、郡官、開府等高官，讓寵物像達官顯貴那樣坐著車輦，由人伺候著。他把畜生看得比百姓重，百姓也就不把他當皇帝看。

和士開在高湛死後，雖然還把持著大權，但地位危險多了。仇家們瞅準高緯不理朝政，凡是上奏的文件一般不看就簽字的空子，給和士開下了一個套。武平二年（五七〇年），大臣王子宣上了一道彈劾和士開的奏章，羅列了大量罪名，奏請逮捕和士開法辦。大臣馮子琮將這道奏章夾在一大堆公文中呈遞上去。高緯果然看都不看，一道一道地簽字蓋章了。走完「合法」手續後，琅琊王高儼、領軍大將軍庫狄伏連等人在宮門口埋伏士兵，在和士開上早朝時一擁而上，亂刀砍過去將他殺死。高緯聽到風聲後，慌忙寫了道赦免文書派人趕來救和士開，可惜晚了一步。

一個奸臣的死，並不能拯救滑入黑暗深淵的北齊。和士開死後，朝政沒有絲毫起色，反而越來越糟糕。高緯在位十三年，是統治時間最長的北齊皇帝，最大的本領就是陷害忠良。

當時天下三足鼎立，亂世重兵，重兵就得重將。北齊大將斛律光是朔州（今山西朔縣）高車族人，擅長騎射，從基層幹起，積功做到了大將軍、太傅、右丞相、左丞相。在與北周近二十年的爭戰中，斛律光多次參戰指揮，連戰連捷，曾大敗北周名將韋孝寬，算得上令敵人膽寒的一代名將。韋孝寬和斛律光交戰多次，屢戰屢敗，心裡特別憋屈。戰場上打不贏，就從政治上想辦法。韋孝寬知道高緯猜忌多疑，又知道斛律光長期在外領兵，在朝堂上並沒有多大根基，就使了一招反間計。他派人到處散播斛律光擁兵自重、陰謀篡位的謠言，還派奸細混入鄴城到處傳唱：「百升飛上天，明月照長安。」一百升為一斛，明月是斛律光的字，謠言直指斛律光有篡位野心。眼紅斛律光的大臣們乘機向高緯進讒言，誣告斛律光謀反。武平三年（五七二年），高緯召斛律光入宮覲見，埋下伏兵，用弓弦殘忍地勒死了他，並以謀反大罪將斛律家族抄家滅族。斛律光一心為國，為官清廉，抄家的人只看到一些弓箭刀鞘。斛律光死後，前線將士為之心寒，士氣大為低落。高緯自毀長城，朝野有識之士莫不痛惜。斛律光的死訊傳到北周後，在位的周武帝宇文邕喜出望外，為此宣布大赦，還下詔追封斛律光為上柱國、崇國公。滅亡北齊後，宇文邕還在鄴城感慨說：「斛律光若在，朕豈能至鄴？」高澄的四子、蘭陵王高長恭按輩分是高緯的堂叔。他驍勇善戰，功勳卓著，也引起了高緯的猜忌。高長恭為了避禍，刻意保持低調，平日深居簡出，不過問軍隊事務，可還是被高緯賜酒毒死。如此反覆，等大戰來臨時，北齊都沒有能拿得出手的將帥了。

只過了二十多年，原本在三足鼎立中最強大的北齊，迅速被宿敵北周超越，就連對南陳的優勢也喪失了。它成了三國中最弱的一方。這其中的原因，一是北齊的高氏皇族家庭教育有問題，沒教出一個奮發有為、勵精圖治的皇帝來；二是北齊各種矛盾糾結，朝野始終沒有找到解決的方法。無論是恢復、發展屢遭戰火摧殘的經濟，還是弭合民族矛盾，北齊都無所作為，白白浪費了高歡奠定的好基礎。它最終被銳意改革的北周滅亡，也就在情理之中了。

# 四四、又是統一，北周滅亡北齊

## 一

基礎比北齊差、建國比北齊晚的北周，內部也有眾多矛盾。但它在發展中逐一解決了問題。

北周的開國皇帝宇文覺登基時只有十五歲，是中國歷史上年紀最小的開國君主。但是實際權力掌握在堂兄宇文護手中。矛盾就此產生了。

雖說是堂兄弟，但宇文護的年紀比宇文覺大了二十多歲，幾乎就是兩代人。宇文護是宇文泰大哥宇文顥的兒子，出生在六鎮起義前的武川鎮。宇文泰之父宇文肱非常喜歡這個孫子。北方大亂後，宇文顥在與起義軍的混戰中陣亡，年幼的宇文護隨著各位叔叔在北方流蕩，先後投奔過葛榮、爾朱榮等陣營。他是在刀光血影中長大的，隨著叔叔宇文泰南征北戰，屢建戰功，曾與于謹、楊忠南征，攻破江陵。宇文泰死時，兒子們都年輕沒有經驗，就選擇侄子宇文護給兒子保駕護航。宇文護在西魏政權中地位本不高，在各位柱國大將軍之下。柱國大將軍于謹權衡後，支持宇文護繼承軍政實權，擔任大司馬、封晉國公。宇文護趁熱打鐵，逼迫西魏恭帝元廓禪位於宇文覺，建立了北周。從這點上說，宇文護不負所託。

宇文護的缺點是作風太過強硬，容易招人忌恨。柱國大將軍趙貴、獨孤信是宇文泰的同輩人，也算是西魏政權的締造者，對後來居上的宇文護不太滿意。趙貴領銜柱國大將軍，想推翻宇文護，找獨孤信串聯。獨孤信拒絕參與，趙貴就此作罷。此事終究還是被人告發，宇文護殺死趙貴，又逼獨孤信自殺。他就透過這樣的強硬手段，排擠一批人，換上自己人，獨攬了大權。

問題是，名義上的一把手宇文覺也是個作風強硬的人，而且正值青春叛逆期，不甘心大權旁落。他在身邊聚集親信，密謀殺宇文護。密謀沒實施就洩漏了，宇文護毫不手軟地廢黜了只當了幾個月天王的宇文覺，不久又毒死了他。

宇文護挑選宇文泰的長子宇文毓做新天王。宇文毓就是北周明帝。

宇文毓登基前溫文儒雅，不想登基之後也變得作風強硬，對宇文護不滿。宇文護不得不宣布「歸政」，將所有權力都交還給宇文毓，只保留兵權。宇文護的理由是局勢還不穩，自己要幫堂弟控制軍隊、穩定局勢，實際上是以退為進，觀察宇文毓的下一步行動。宇文毓以為大權在手，興沖沖地正式稱帝（之前北周的最高統治者不稱皇帝，稱天王），並雄心勃勃地要大展拳腳。宇文護害怕起來，擔心宇文毓對自己不利，在武成二年（五六〇年）毒死了他。無論是宇文覺還是宇文毓，在位時間都很短，宇文護則忙於攬權和弒君，北周朝政無所作為。

宇文護挑選的北周第三任皇帝是宇文泰的第四個兒子宇文邕，當時只有十八歲。宇文邕就是北周武帝。

宇文邕沉穩低調，平時不怎麼說話，一說話就擲地有聲。宇文泰生前很喜歡宇文邕，誇獎他：「成吾志者，此兒也。」宇文泰的確沒有看走眼。對於專權霸道的宇文護，宇文邕曲意尊崇，讓堂兄擔任大塚宰、都督中外諸軍事，繼續做他的晉國公。遇到事情，宇文邕都讓大臣先請示宇文護。有大臣說宇文護的壞話，宇文邕都加以訓斥，甚至通報給宇文護。漸漸地，宇文護對宇文邕放心了，覺得不會發生什麼意外了。

天和七年（五七二年）三月的一天，宇文護覲見皇太后。宇文邕和宇文護兩人邊走邊聊。宇文邕無意中提到皇太后年紀大了，卻還酗酒，對身體不好，請宇文護一會勸太后少喝酒多運動。宇文邕還拿出事先寫好的《酒誥》，請宇文護念給皇太后聽。宇文護一點都沒生疑，見到太后照著《酒誥》就認真念了起來。突然，宇文邕拿起手裡的玉珽，從背後狠狠地砸了宇文護。宇文護一擊倒地，還沒有死。宇文邕喝令一個帶刀近侍上來給宇文護補上一刀。近侍緊張得手腳發軟，刀砍下去竟然不見血。宇文邕的弟弟、衛王宇文直這時衝了進來，給了宇文護致命的一刀。宇文邕又誅殺宇文護的親信，順利親政，正式走上前台。

當時，北周已經建立十五年了，之前宇文護都沒有什麼大的動作，國家發展緩慢。宇文邕宣布宇文護的罪狀時，指責他「任情誅暴，肆行威福，朋黨相扇，賄貨公行」，「使戶口凋殘，徵賦勞劇」。宇文邕上台後，大刀闊斧地變革，一方面延續父親宇文泰的改革措施，一方面向鮮卑舊俗開刀，釋放奴隸，融合內部矛盾。建德元年（五七二年），宇文邕下詔在江陵戰役中被俘獲的南梁奴隸全部赦免為民。這其中聚集了不少南方的政治、文化精英，宇文邕擇才錄用。針對當時佛教勢力膨脹，和道教頻繁發生矛盾的問題，宇文邕評定儒、佛、道三家的長短，定佛教為末位。建德三年（五七四）五月，宇文邕又下詔禁止佛教、道教，銷毀經像，強令和尚、道士還俗為民。一時間，北周境內滅佛焚經、驅僧破塔風氣大盛，佛門寶剎都變更為民宅，和尚道士還俗的有兩百多萬人之多，開始向國家納稅服役。不過，宇文邕保留了兩教各一百二十人，稱通道觀學士，專事闡釋三教經義。「周武帝滅佛」是歷史上三大滅佛事件之一。此外，宇文邕還禁絕淫祀，凡是與禮典記載不符，都廢除禁絕。經過這一番的興革發展，北周戶口稠密，賦稅成長，在綜合國力競爭中超越了北齊。

宇文邕一生勤於政事，堅持做兩件事情：第一是終生厲行節儉，生活極其簡樸。他平常穿布衣蓋布被，只有十餘個妃嬪。宇文護掌權時建造的宮室，都被拆毀，其中的珠玉寶物都被賞賜給貧民。第二件事情是宇文邕堅持和將士同甘共苦，戎馬倥傯時堅持身先士卒。他重視軍隊訓練，經常親自到校場閱兵，每年都參加部隊的演習。演習時，宇文邕和將士們一起在山谷中行軍，辛苦跋涉；他還參加將士們的宴會，每次都執杯向大家敬酒或者親手給將士們賞賜。宇文邕不是一味地討好官兵，其實他是一個嚴酷少恩的人，但平易近人、不辭辛勞，行事無私果斷，在軍隊中的威望越來越高。每次征戰，宇文邕都親臨戰陣，還常常帶頭馳騁衝鋒，感動得將士們都願意為他效死力。

宇文邕的種種表現，都和荒淫無恥的高洋形成鮮明的對比。之前歷史發展的規律告訴我們，北周的勝利只是時間問題了。

## 二

宇文邕有心統一天下，首要目標就是滅亡宿敵北齊。之前三十餘年，宇文勢力和高家勢力激戰了多場，雙方都傷痕累累，結果誰也滅不了誰。北周朝野普遍認為東西方均勢還未打破，反對與北齊決戰。

北周建德四年、北齊武平七年（五七五年），宇文邕力排眾議，決定御駕親征討伐北齊。周軍主力出河南，殺向洛陽而去。宇文邕以統一為目的，視北齊百姓為自己的子民，嚴肅軍紀，嚴禁周軍進入齊境後伐木、踐稼，犯者斬首，因此頗得民心。周軍順利攻佔了河陰（今河南孟津縣東），宇文邕親自帶兵進攻金墉城（今河南洛陽附近），不克。北齊右丞相高阿那肱從晉陽率大軍南下救援。宇文邕不巧得了急病，周軍只得退兵。

第二年十月，宇文邕集中了十幾萬大軍，再次御駕親征。這次，周軍不再出兵河南，而是渡過黃河進攻晉陽。晉陽是高家的巢穴，北齊主力雲集此處。擊潰了山西的齊軍主力，就等於勝利了一大半。宇文邕本次採取先難後易的戰略，行軍布陣小心謹慎，重兵圍住晉陽的門戶平陽。宇文邕分派各軍，守住各處關隘，以阻遏晉陽的齊軍南下；佔領要害，阻遏河內的齊軍北上；另派步騎兵扼守蒲津關，以保證後方的安全；再分出一萬兵力攻打平陽周圍的城池，分散齊軍。宇文邕派王誼指揮主力進攻平陽城。北齊的海昌王尉相貴據城死守。北方統一的第一場決戰就在平陽展開了。宇文邕異常重視此戰，親自到城下督戰。北齊官員則人心渙散，行台左丞侯子欽首先出城投降；北齊晉州刺史崔景嵩防守北城，喪失信心，向宇文邕投降。北周將領段文振率數十人為先遣，在崔景嵩接應下，首先登上城牆。周軍攻破平陽，俘獲尉相貴及齊軍八千人。周軍旗開得勝，迅速佔領了平陽周邊地區。

平陽大戰正酣時，齊後主高緯正和寵妃馮淑妃在天池（今山西寧武縣西南）打獵。前線告急文書雪片一樣飛來，早晨一封，上午一封，中午又是一封飛馬傳書，右丞相高阿那肱都扣下來不向高緯報告。他說：「陛下正享樂，前線小小交兵，都是常事，不用急著奏聞！」晚上，前線信使又送來急報：「平陽失陷。」高阿那肱這才把戰事報告給高緯。高緯要趕回去處理，馮淑妃卻撒嬌要再打一次獵。高緯竟然置國家安危於不顧，又和馮淑妃打起獵來。

等到十一月，高緯親率十萬大軍南下平陽。齊軍軍容嚴整，宇文邕不願和他們硬碰硬，決定撤軍避其鋒芒。他留一萬軍隊給梁士彥堅守平陽，留其他軍隊散布河東各地，聲援平陽，自己返回長安。宇文邕試圖在新佔領區採取守勢，以逸待勞，讓齊軍銳意消磨在堅城要害之中。齊軍包圍平陽，晝夜不停地攻打。城中情況危急，城堞皆盡，久不見外援，守城將士難免有些驚慌。梁士彥神態自若，激勵將士們說：「死在今日，吾為爾先。」將士們看主帥身先士卒，士氣大振，都以一當百，奮勇殺敵，擊退了一波波進攻。在戰鬥間隙，梁士彥動員軍民乃至婦女，把握修繕城牆。齊軍改挖地道攻城，挖塌了一段城牆。齊軍乘虛而入。在這緊急關頭，高緯突然傳令暫停攻城。原來，高緯要和馮淑妃一起觀看齊軍攻破平陽城的勝利一幕。後方的馮淑妃用最快的速度塗脂抹粉，再趕到前線也需要相當一段時間。等她到的時候，周軍早已利用間隙用木板把城牆缺口堵上了。

宇文邕回到長安，得知平陽危急，馬不停蹄就率軍返回山西。十二月，宇文邕就再一次出現在平陽城下。各路周軍集結而來，大約八萬人，近城紮營，東西綿延二十餘里。大戰臨近，宇文邕命齊王宇文憲去查探齊軍虛實。宇文憲轉了一圈回來後，信心滿滿地報告宇文邕：「請破之而後食。」宇文邕高興地說：「如汝言，吾無憂矣！」兩人這麼一表演，周軍士氣大振。宇文邕又乘馬巡視各軍。平時的累積在此時發揮了作用，宇文邕能夠高聲叫出各軍主帥的姓名，加以慰勉。遇到熟悉的官兵，宇文邕也都打招呼。將士看到皇帝竟然知道自己的部隊，士氣更加高昂。

大決戰開始了。應該說當時周齊兩軍人數、裝備、實力都不相上下，但周軍士氣高漲，齊軍漸漸有所不支。高緯帶著馮淑妃在後方高崗上觀戰。馮淑妃遠遠看到齊軍有敗退跡象，沒心沒肺地大喊：「敗啦，齊軍敗啦！」愛妃慌張了，後果很嚴重。高緯帶上馮淑妃慌忙向後撤去。齊軍看皇帝帶頭逃跑，軍心大亂，連戰皆潰。平陽一戰，齊軍陣亡上萬人，餘者倉皇撤走。齊軍丟棄的軍械甲仗，散落了數百里。周軍打掃的戰利品，堆積得像小山一樣。齊軍主力在事實上被打垮了。

高緯敗逃晉陽，宇文邕乘勝向晉陽進軍。高阿那肱率軍一萬鎮守高壁，看到宇文邕率軍殺到，望風而逃。介休守將韓建業率軍投降。宇文邕迅速殺到晉陽城下。高緯想棄城投奔突厥，隨從大臣和侍衛們大多不願意，四散而走。高緯北逃不成，向東折向首都鄴城。宇文邕成功攻破晉陽，尾隨殺向鄴城。

當時北齊還佔有河北、山東，元氣尚存。鄴城的大臣們都勸高緯重整軍備，再與宇文邕決戰。將領們請高緯檢閱部隊，還為他準備好了講稿，要他對著將士們慷慨流涕，激勵人心。一切準備就緒，高緯也走到了將士們面前，可他突然忘記了將領們教他的詞，茫然站了一會兒，哈哈大笑起來。高緯這一笑，笑得隨從們先是不知所措，接著也禁不住大笑起來。台下將士們見此，紛紛說：「皇帝這副模樣，我們還為他賣命幹什麼？」人心一下子就散了。高緯無計可施，只好使出了最後一招：禪位。他把皇位讓給了八歲的皇太子高恆，自己做了太上皇。鄴城保衛戰沒開打，就失敗了。

北齊承光元年（五七七年）正月，宇文邕率軍攻破鄴城。太上皇高緯在城破的前一天帶上小皇帝高恆和一百多個騎兵向東方逃去。周軍輕易攻入鄴城，北齊王公以下官員都投降，無人為朝廷

「捐軀」。高緯一行人逃到濟州，覺得兩個皇帝（一個太上皇、一個皇帝）的目標太大了，派人拿著皇帝璽紱到瀛州，又禪位給任城王高湝。不管高湝同意不同意，高緯再逃往青州。可是，宇文邕就是認定了高緯，派遣精兵強將追擊到青州。奸臣高阿那肱看高家大勢已去，在青州投降，高緯、高恆只帶上十幾個人倉皇南逃，想投奔陳朝，途中被周軍俘獲。二月，周軍攻下信都，俘虜任城王高湝、廣寧王高孝珩等北齊宗室。北齊王朝算是徹底滅亡了。隨後，宇文邕又派軍平定了北齊各地的反抗，從此統一了整個黃河流域和長江上游地區。北方在分裂了將近半個世紀之後，再次歸於一統。

齊後主高緯被送到長安，先受封侯爵，幾個月後被宇文邕扣上「謀反」的大罪，株連家族。北齊高姓皇子皇孫全被處斬。高緯的寵妃馮淑妃淪落為奴，給人舂米；其他皇后、公主則流落各地，貧窮無依，淪入了社會底層。

滅亡北齊後，宇文邕還有「平突厥，定江南」的理想沒有實現。吞併北齊的第二年（五七八年），宇文邕計畫征討突厥，不想在出征前夕病逝，年僅三十五歲。當時北周對南陳擁有絕對優勢，統一勢在必行。宇文邕在邁向天下一統大門的最後一步時倒下了。不過，他為隋唐時期的大一統局面打下了基礎。

## 三

宇文邕在世時，挑選長子宇文贇作為繼承人。他對兒子的要求非常嚴格，尤其是對繼承人宇文贇動不動就施用體罰，頗有恨鐵不成鋼的意思。周武帝嚴令太子東宮官屬每月寫一份詳細報告，細細稟明太子在這個月的所作所為；還常常警告宇文贇：「自古至今被廢的太子數目不少，難道我別的兒子就不堪繼任大統嗎？」儘管父親從來沒有將更立太子的事情提上日程，但宇文贇始終戰戰兢兢、如履薄冰。宇文贇原本是好酒好色的年輕人，現在不得不壓抑自己的癖好，堅持每天和大臣們一樣，五六點鐘就佇立於殿門外等待父皇早朝，即使是嚴寒酷暑也不例外；堅持待人接物不卑不亢，說話溫文爾雅。因此，周武帝對宇文贇的表現大致還是滿意的。

實際上宇文贇是個傑出的演員。歷史上出現過很多像他這樣登基之前規規矩矩，實際上滿肚子男盜女娼的太子。宇文贇和同時期南齊的蕭昭業一樣，平常因為有老爹的嚴格管教，言行不僅正常，還多有值得稱讚的地方。但一旦父親去世，沒有人再拘束他們，他們就會坐在皇位上將天下鬧得天翻地覆。

周武帝死的時候，宇文贇剛好二十歲。父親的棺材還擺放於宮中沒有入殮，宇文贇就原形畢露。他不但絲毫沒有悲傷之色，還撫摸著腳上的杖痕，惡狠狠地對著父親的棺材大聲叫罵：「死得太晚了！」

宇文贇將父親的嬪妃、宮女都叫到面前，排隊閱視，將長得漂亮、自己喜歡的都納入後宮，毫不顧及人倫綱常。從此，宇文贇開始了淫蕩荒唐的執政生涯，活生生葬送了父親奠定的基業。宇文贇在寶座上肆虐了九個月後，覺得做皇帝太麻煩了，於是將帝位傳給七歲的兒子宇文闡，寵信鄭譯等人，透過他們遙控指揮朝政。宇文贇執政時期，北周的大權開始轉移到權臣手中。

# 四五、又是政變，這回主角是楊堅

## 一

日後被追封為隋太祖的楊忠其實出身很苦。

隋朝建立後，朝廷說楊家出身於著名的弘農楊氏，楊忠是漢太尉楊震的第十三世孫。這樣顯赫的出身已經難以考證，但是我們可以確定的是，楊忠沒有享受到這樣的出身帶來的任何好處。楊忠出身於北魏六鎮漢族家庭，家境貧寒（一說其父是北魏寧遠將軍楊禎，很可疑）。六鎮起義時，楊忠沒有參加鎮兵。他想過平穩安逸的生活，所以就拚命地往南方逃亡。但是跑到北魏南部邊境的時候，他實在是無路可去了。不得已，他也參了軍，做了名北魏士兵。爾朱榮發動河陰之變後，北魏宗室汝南王元悅、北海王元顥、臨淮王元彧和部分刺史南逃投降了梁朝。楊忠也莫名其妙地被裹挾在這股南逃的潮流中，到了江南。不久，南梁扶持元顥返回中原爭奪帝位，楊忠又莫名其妙地隨軍返回了中原。爾朱榮打敗了這股北上的軍隊，楊忠也就做了俘虜。他的這段早期經歷展現了一個無依無靠的普通百姓隨波逐流、為生存而奮鬥的艱辛。

爾朱榮並沒有屠殺俘虜，反而挑選其中強壯順眼的編入自己的軍隊。楊忠就被挑中，被編入將軍獨孤信的部隊。楊忠於是跟隨獨孤信轉戰南北。在戰爭中，楊忠和獨孤信結下了終生的友誼。北魏分裂後，楊忠追隨獨孤信，跟著元修西入關中，投入宇文泰的陣營。獨孤信的部隊被派往東南方收復荊州。獨孤信以楊忠等人為前鋒，一舉收復了被東魏佔領的荊州。不久東魏大軍反攻，獨孤信部一敗塗地。楊忠便跟著獨孤信又一次逃亡江南，在南梁度過了三年遊蕩生活，直到西魏透過外交途徑將他們贖回來。西魏對從南梁歸來的將領們非但沒有懲罰，反而加官晉爵，比如賀拔勝被封為太師，獨孤信被提升為驃騎大將軍、加侍中、開府。楊忠則被宇文泰看中，直接調入自己帳下聽用。

在宇文泰的直接指揮下，楊忠在對突厥、東魏和南梁的戰爭中屢建戰功。宇文泰死後，楊忠又成為幫助宇文覺建立北周政權的鐵桿將領，因功受封為柱國、隋國公。楊忠歷經了宇文泰、宇文覺、宇文毓、宇文邕四朝，在北周天和三年（五六八年）因病結束征戰生活，回到京城長安。皇帝宇文邕和主政的宇文護親自到楊家探望病情，授予楊忠帝國元勳的榮耀。幾天後，楊忠死在家中。

《隋書》對楊忠的記載相當簡單：「皇考從周太祖起義關西，賜姓普六茹氏，位至柱國、大司空、隋國公。薨，贈太保，謚曰桓。」但是楊忠的功勳、地位和人際關係，為兒子楊堅的崛起奠定了紮實的基礎，賦予了楊堅較高的政治起點。因為父親被皇帝賜姓的緣故，楊堅的前半生被稱為普六茹堅，小名那羅延。

隋朝的李德林《天命論》中說楊堅「帝體貌多奇，其面有日月河海，赤龍自通，天角洪大，雙上權骨，彎回抱目，口如四字，聲若釧鼓，手內有王文，乃受九錫。昊天成命，於是乎在。顧盼閒雅，望之如神，氣調精靈，括囊宇宙，威范也可敬，慈愛也可親，早任公卿，聲望自重」。大意是說楊堅長得很大氣，威武雄壯。李德林還將楊堅身上的特徵都和天命、日月等敏感事物聯繫在一起，極力論證楊堅的形象就注定了他必將成為皇帝。很可能楊忠的外貌和體魄都不錯，遺傳給了兒子楊堅。我們現在看那一時期的雕塑，武將的形象大致如此。

一代梟雄宇文泰見了楊堅後，感歎說：「此兒風骨，不似代間人。」意思是說楊堅這個小孩子長得很好，不像是來自於代地這樣的北方邊鎮。宇文毓即位後還曾經派遣善於相面的趙昭去觀察楊堅，看看這個小孩子日後會不會成為奸雄。趙昭回來對宇文毓說：「楊堅不過是做柱國的料。」柱國類似於大將軍，意思是說楊堅日後最高也就做到大將軍，不會對北周的皇位造成威脅。但是一轉身，趙昭就悄悄對楊堅說：「公當為天下君，必大誅殺而後定。善記鄙言。」意思是說，你以後肯定會登基做皇帝的，但是要先經歷一場殘酷的殺戮才能平定天下。這些話都被記載在《隋書》楊堅的傳記中。

楊堅十四歲的時候就因父親的緣故進入政壇，成為京兆尹薛善的功曹。十五歲時，楊堅因為父親的功勳被授予散騎常侍、車騎大將軍、儀同三司的高位，被封為成紀縣公。第二年，楊堅再次升遷為驃騎大將軍，加開府。宇文毓即位後晉升楊堅為右小宮伯，晉封大興郡公。宇文邕即位後任命不滿二十歲的楊堅做了隨州刺史的實職。

楊忠的好朋友、柱國大將軍獨孤信把女兒許配給楊堅。獨孤家的女兒就成為了後來有名的獨孤皇后。兩家聯姻，關係更進一步。獨孤家族所代表的軍隊勢力成為了楊堅有力的靠山。

當時主政的宇文護不知為什麼，看楊堅特別不順眼，多次想加害他。大將軍侯伏、侯壽等一再祖護楊堅。不久楊忠死了，楊堅襲爵為隋國公。不滿宇文護的周武帝聘楊堅的長女為皇太子妃，給楊堅的地位上了一層保險。齊王宇文憲對周武帝宇文邕說：「普六茹堅相貌非常，臣每見之，不覺自失。恐非人下，請早除之。」意思說，楊堅這小子有反相，應該早日除去這個禍害。宇文邕說：「此止可為將耳（我只讓楊堅做到大將軍，不會有事的）。」內史王軌又對宇文邕說：「皇太子非社稷主，普六茹堅貌有反相。」意思說，皇太子不像是個好君主，而楊堅卻有反相。宇文邕見有人說自己長子的壞話，不高興了：「必天命有在，將若之何（有天命在，能怎麼辦，能有什麼事情）！」楊堅聽說了這些對話後，心驚膽戰起來。他採取了韜光養晦的方法，開始裝出一副平庸木訥的樣子來。可見在早期，楊堅的能力和地位就引起了朝野的嫉妒。有的人還想藉機打擊楊堅。但楊氏家族、獨孤家族的勢力護衛著楊堅基本的地位，加上楊家的長女又是周武帝太子的王妃，所以這些暗箭終究沒有對楊堅構成致命的威脅。

宇文贇即位後，楊堅的長女做了皇后。楊堅升任上柱國、大司馬，參與朝廷大權。宇文贇的昏庸荒淫、倒行逆施，使他很快在群臣中失去威信。一向有野心的楊堅開始結交大臣，準備取而代之。但宇文贇並不是笨蛋，多少對楊堅的行動有所察覺，只沒有抓住確切的把柄。一次，宇文贇單獨召見楊堅，事先對左右侍衛說：「如果一會楊堅在席上神色有所異常，就立即殺了他。」楊堅來了後神色自若，與皇帝面對面毫無異常，左右侍衛們也就沒有下手。宇文贇既沒有楊堅謀反野心的真憑實據，又礙於他是自己的岳父，更難下決心除掉楊堅了。

楊堅為了避免皇帝的猜疑，不得不主動放棄朝廷權力，計畫到地方上去任實職。他想曲線救國，等將來天下有變時利用實力爭奪皇位。楊堅將自己的願望告訴了結交的朋友、皇帝身邊的紅人、內史上大夫鄭譯。史載：「高祖為宣帝所忌，情不自安，嘗在永巷私於譯曰：『久願出藩，公所悉也。敢布心腹，少留意焉。』譯曰：『以公德望，天下歸心，欲求多福，豈敢忘也。謹即言之。』」可見當時楊堅說：「我想到外地去鎮守藩鎮，希望你能在宮中幫我多留意留意。」鄭譯回答說：「楊公的德望，天下人誰不知道。大家都支持你。現在你想進一步發展，我怎麼能不幫忙呢？」五八〇年，宇文贇決定出兵南伐，想調親信鄭譯去南邊。鄭譯便向皇帝請示元帥人選。宇文贇就問他的意見。鄭譯回答：「若定江東，自非懿戚重臣無以鎮撫。可令隋公（楊堅）行，且為壽陽總管以督軍事。」他鄭重地向皇帝推薦了楊堅。宇文贇對鄭譯一向信任，而且覺得將楊堅放到外地去也是個不錯的選擇，就下詔任命楊堅為揚州總管。

## 二

楊堅剛被任命為揚州總管還沒有出征，宇文贇就病倒了，而且是日益嚴重。北周的宮廷之中開始醞釀起宇文贇死後的權力分配來。《隋書．帝紀第一》記載：「內史上大夫鄭譯、御正大夫劉昉以高祖皇后之父，眾望所歸，遂矯詔引高祖入總朝政，都督內外諸軍事。周氏諸王在藩者，高祖悉恐其生變，稱趙王招將嫁女於突厥為詞以征之。丁未，發喪。」短短的兩行字就概括了決定中國命運的巨大的政治陰謀。

這段記錄透露出宇文贇不久就在宮中死去。內史上大夫鄭譯、御正大夫劉昉這兩個深受宇文贇信任的大臣暗地中與楊堅關係密切，決定推舉楊堅主持新朝的朝政。對於鄭譯、劉昉兩人來說，新皇帝年幼，如果要想保持榮華富貴，必須與新的主政人做好關係。其中最簡單的方法就是扶持與自己關係密切的大臣主持朝政。於是他們選擇了楊堅。而楊堅作為原來的皇后，現在的太后的父親，自然很容易進出宮廷。於是三人在宮中一拍即合，偽造了一份宇文贇的遺詔，宣布由楊堅輔助新皇，主持朝政，都督中外軍事。楊堅、鄭譯、劉昉三人都害怕掌握實權的宇文家族諸位王爺發難。於是，他們封鎖了皇帝的死訊，宣布趙王宇文招的女兒將要嫁給北方的突厥人，徵召各位王爺入長安。等一切都安排定了，三人才宣布皇帝死訊，公布遺詔。

鄭譯、劉昉兩人在這場政變中發揮了關鍵的作用。他們都是世家子出身，政治起點高，長期活動在宮廷中，親近宇文贇。宇文贇也都將他們作為心腹。這樣的宮廷政治人物通常都出身高貴，但是輕浮奸詐，隨性妄動。比如劉昉是大司農劉孟良的兒子，「性輕狡，有奸數」，「及宣帝嗣位，以技佞見狎，出入宮掖，寵冠一時」。劉昉在宮廷中的輕浮狂妄的舉動，曾經使他受到廢黜。但宇文贇離不開這樣的角色，不久又任命他為大都督、小御正，與御正中大夫顏之儀一起主持宮廷事務。

《隋書．劉昉傳》對這一場宮廷政變有更為詳細的描述，告訴我們這並不像《隋書．帝紀第一》所概括得那般簡單、平穩。「及帝不癒，召昉及之儀俱入臥內，屬以後事。帝喑不復能言。昉見靜帝幼沖，不堪負荷。然昉素知高祖，又以後父之故，有重名於天下，遂與鄭譯謀，引高祖輔政。高祖固讓，不敢當。昉曰：『公若為，當速為之；如不為，昉自為也。』高祖乃從之。」

宇文贇快不行的時候，召劉昉和顏之儀進入臥室，囑咐後事。宇文贇當時基本喪失了語言能力，只是示意兩人照顧好兒子宇文闡。劉昉見宇文闡還是個小孩，承擔不了一個亂世王朝的政治重任，於是就想引入自己認識的、皇后的父親、揚州總管楊堅輔政。劉昉和鄭譯一謀劃，兩個人就去找楊堅了。楊堅一開始還不敢參與這場陰謀（可能是裝裝樣子），劉昉就說：「你想做，就趕緊和我們一起幹；如果不做，我劉昉就自己幹下去了。」楊堅這才同意搏一把。

就在劉昉和鄭譯去找楊堅的時候，另一個在臥室裡的大臣顏之儀也沒閒著。《隋書．劉昉傳》說：「時御正中大夫顏之儀與宦者謀，引大將軍宇文仲輔政。仲已至御坐，譯知之，遽率開府楊惠及劉昉、皇甫績、柳裘俱入。仲與之儀見譯等，愕然，逡巡欲出，高祖因執之。」顏之儀與宦官們的關係比較好，他們打開宮門引入了大將軍宇文仲，也想偽造詔書以宇文仲為輔政大臣。他們的動作比楊堅要快，宇文仲都已經到達皇帝的寶座了，鄭譯（這時候）才得到消息，急中生智，帶著開府楊惠及劉昉、皇甫績、柳裘等大臣進入大殿，計畫與宇文仲、顏之儀等人展開面對面的較量。色厲內荏的宇文仲和顏之儀等人見大臣們都進來了，滿臉驚愕，自亂了陣腳。他們不僅不敢展開針鋒相對的鬥爭，還猶猶豫豫地想逃走。這時候楊堅出場了，輕易就將宇文仲、顏之儀等人抓了起來。

之後楊堅等人的政變有條不紊地進行著。鄭譯等人做了一封假詔書，以宇文贇遺詔的名義宣布：楊堅總管朝政，輔佐自己的外孫、剛八歲的宇文闡。楊堅等人又利用假詔書奪取了京城部隊的指揮權，穩定了政局。宇文贇時期，政令嚴苛、刑罰殘酷，老百姓群心崩駭，人心浮動。楊堅剛輔政，就清理這些嚴刑峻法，撫慰百姓，以身作則，躬履節儉。天下百姓也認同了新的執政班子。

楊堅在鞏固輔政地位後，開始向威脅自己輔政地位的宗室各位王爺展開了攻勢。當時剛去世的宇文贇的弟弟、漢王宇文贊在朝廷中和楊堅的地位不相上下，與楊堅同帳而坐。宇文贊的存在不僅使楊堅不能完全施展拳腳，而且很容易成為政敵利用的旗幟，成為替代楊堅的潛在威脅。《隋書．劉昉傳》說劉昉幫助楊堅巧妙地除去了這個政敵。劉昉搜羅了許多美女獻給宇文贊。宇文贊當時還不到二十歲，高興地接受了美女，對劉昉也親近起來。劉昉和宇文贊熟悉了後，就勸說宇文贊：「大王您是先帝的親弟弟，眾望所歸。現在是孺子當國，怎麼能夠承擔軍國大事呢！如今先帝剛剛駕崩，人心尚未穩固。大王不如先退回宅第，等局勢安定後再出來主政，還可能入宮做天子。這才是萬全之計啊。」宇文贊實在是太年輕了，缺乏社會閱歷和政治經驗，聽劉昉這麼一說，竟然覺得非常有道理，就從此深居簡出，不與楊堅爭奪權利了。楊堅高興地拜劉昉為下大將軍、封黃國公，鄭譯為沛國公。兩人因為有定策之功，一起成為楊堅的心腹。

除去宇文贊，當時在地方掌握實權的近支王爺一共是五位，分別是：趙王宇文招、陳王宇文純、越王宇文盛、代王宇文達、滕王宇文逌。楊堅在政變的時候就害怕這五位王爺聯合起兵反對自己，所以（楊堅）封鎖皇帝的死訊，利用假詔書將五王都召回長安，剝奪了他們的實權和軍隊。五位王爺在楊堅輔政後，都很不服氣。但是他們已經失去了實權，無法與楊堅抗衡了，所以五個人便透過另一位王爺畢王、雍州牧宇文賢祕密聯繫外藩將領起兵。

相州總管尉遲迥是北周的重臣宿將，也對楊堅的輔政非常不滿，在東夏起兵反對新政府。一時間，河北、河南、山西一帶出現騷動。十幾天時間裡，尉遲迥聚集了近十萬反對力量。宇文冑在滎州、石愻在建州、席毗在沛郡、席毗的弟弟席叉羅在兗州回應尉遲迥。尉遲迥還派遣自己的兒子向南方的陳國請援，並作為人質。楊堅果斷地命令上柱國、鄖國公韋孝寬率領大軍討伐關東的叛亂，很快平定了這場騷亂。韋孝寬將尉遲迥的首級送到長安，還討平了騷亂餘黨。尉遲迥作亂的時候，鄖州總管司馬消難割據本州回應，淮南的很多州縣都參與了叛亂。楊堅平定尉遲迥後，命令襄州總管王誼討伐司馬消難。司馬消難被打敗，逃往南陳。荊郢一帶的少數民族卻乘機作亂，楊堅又命令亳州總管賀若誼討平這一帶。事後查明，這場騷亂有畢王宇文賢和趙陳五位王爺在幕後陰謀作亂的影子。楊堅捉拿宇文賢處斬，但寬恕了趙王五個人的罪過，還下詔給予在長安的五位王爺劍履上殿，入朝不趨的待遇，安定人心。

鎮守四川地區的上柱國、益州總管王謙也是個野心家。他看到幼主在位，楊堅輔政，就以清除權臣、匡復朝廷為藉口，發動巴蜀的軍隊作亂。楊堅開始因為關東和荊州一帶騷亂分了精力，沒有馬上討伐四川。王謙的軍隊屯劍閣，乘機攻陷了始州。現在楊堅命令列軍元帥、上柱國梁睿討伐王謙，很快就在長安的宮殿裡看到了王謙的首級。楊堅看到巴蜀阻險，常常發生叛亂，於是開闢平道，毀掉劍閣險要，防止再次動亂。

在解除了中央的威脅和地方勢力的反對後，楊堅在短時間內完全掌握了北周政權。

楊堅的成功讓長安的五位王爺坐臥不安。他們走了著險棋，在趙王府擺下鴻門宴邀請楊堅參加。五位王爺的面子楊堅還是要給的，加上楊堅也想看看五個人想做什麼，所以就去趙王府赴宴了。趙王在府裡埋伏了甲士準備取楊堅的性命，楊堅自己進入了非常危險的境地。甲士還沒出動，楊堅的隨從元胄就有所察覺拉著楊堅找了個藉口跑出來。趙王陰謀暴露，楊堅以謀反罪殺掉了主謀的趙王宇文招、越王宇文盛。經過這次未遂暗殺，楊堅加強了對政權的控制，把握篡位的準備工作。

## 三

大象二年（五八〇年）九月，宇文闡下詔說褒獎「假黃鉞、使持節、左大丞相、都督內外諸軍事、上柱國、大塚宰、隋國公」楊堅道高雅俗，德協幽顯，運帷帳之謀，行兩觀之誅，掃萬里之外，對朝廷功勳卓著。詔書罷免了左、右丞相的官制，任命楊堅為唯一的大丞相。十月，宇文闡又追封楊堅的曾祖父楊烈為柱國、太保、都督徐兗等十州諸軍事、徐州刺史、隋國公，上謚號「康」；追封楊堅祖父楊禎為柱國、太傅、都督陝蒲等十三州諸軍事、同州刺史、隋國公，上謚號「獻」；追封楊忠為上柱國、太師、大塚宰、都督冀定等十三州諸軍事、雍州牧。在完成對楊氏家族的世系追封後，楊堅同月誅殺陳王宇文純，第二月誅殺代王宇文達、滕王宇文逌。

十二月，北周晉封楊堅的公爵為王爵，位在諸侯王上。隋王楊堅可以劍履上殿，入朝不趨，贊拜不名；朝廷備九錫之禮，賜予楊堅璽紱、遠遊冠、相國印、綠綟綬。北周以中原各州二十郡為隋國，隋國置丞相等上下官員。楊堅一再推讓，以各種理由拒絕接受。於是，朝野掀起龐大的對楊堅的歌頌浪潮，恭請隋王接受恩賞。最後楊堅不得不接受王位，但他只要了中原的十個郡作為封地。之後，北周下詔晉封楊氏各位先祖為王爵，各位夫人封為王妃。

楊堅在通往皇位的賽跑中開始衝刺。現在，連傻子都知道楊堅即將登基稱帝了。

北魏的漢化改革雖然促進了民族融合。但是在政治領域，鮮卑等少數民族掌握著實權。北魏、北齊和北周都是少數民族建立的王朝，上層貴族排斥漢人，熱中於黃河流域的鮮卑化與胡化。楊家就因為從政有功被賜胡姓普六茹，楊堅之前一直被稱為普六茹堅。楊堅上台後立即恢復了自己的漢姓。大定元年（五八一年）二月楊堅又下令：「以前賜姓，皆復其舊。」楊堅開始毫不手軟地對付反叛舊臣和豪強大吏，清理少數民族貴族隊伍。他罷黜了一些沒有真才實學的人，即便有些人對楊家有著這樣那樣的功績；提拔有真才實幹的人輔佐自己管理國家政務。這不僅遏止了半個多世紀的鮮卑化趨勢，而且也意味著長期處於政治劣勢的漢族人能夠真正進入政壇。漢族人士自然支持楊堅的執政。

同月，楊堅接受了九錫之禮。不幾日，宇文闡又下詔允許楊堅佩帶有十二旒的帝冕，建天子旌旗；出警入蹕，乘金根車，駕六馬，備五時副車，置旄頭雲罕。隋王王妃為王后，世子為太子。這一次楊堅在推讓了三次後平穩地接受了。宇文闡又馬上下詔，承認周德將盡，天命從宇文家轉移到了楊家，自己要依漢魏故事，禪位給楊堅。楊堅依然是再三退讓。宇文闡先後派遣太傅、上柱國、杞國公、大宗伯、大將軍、金城公等高官貴族敦請楊堅接受帝位。朝廷百官也紛紛勸進，恭請楊堅順應上天和百姓，登基稱帝。楊堅這才點頭同意受禪。

楊堅於是在人們的簇擁下，從相國府穿著平常的衣服入宮。在臨光殿，宇文闡恭敬地將皇位禪讓給楊堅，楊堅更衣即皇帝位。同時，朝廷在長安南郊設祭壇，楊堅派遣太傅、上柱國、鄧公竇熾柴燎告天。意思是告訴上天，楊堅做了地上的皇帝。同日，楊堅上告太廟；大赦天下；改年號「大定」為「開皇」；變更北周官制，恢復漢魏時期的漢族舊官制。《隋書》記載禪讓當天，京師長安出現了祥雲。整個禪讓過程和之後的宣示讓長安城忙碌了一天。

這時的楊堅剛四十歲。因為楊家的爵位是隋王，因此楊堅依慣例將新王朝定名為「隋」。都城是漢族舊都長安城。

退位的宇文闡還是個年僅九歲的小孩子。楊堅封宇文闡為介國公，食邑五千戶，待之以隋朝賓客之禮。介國公的旌旗、車服、禮樂，一應照舊，按照他在位時期的標準配給。宇文闡上書可以不稱表，答表可以不稱詔。北周的諸王也都降封為公爵。

三個月後，介國公就死了。《隋書》對這位小遜帝退位後的生活只記載了兩句話：「辛丑，陳散騎常侍韋鼎、兼通直散騎常侍王瑳來聘於周，至而上已受禪，致之介國。」「辛未，介國公薨，上舉哀於朝堂，以其族人洛嗣焉。」前一句話透露了介國公的死因。南陳事先不知道北周禪讓的確切時間，派遣散騎常侍韋鼎、兼通直散騎常侍王瑳兩個人出使北周。兩位使節到達長安的時候，北周已經不存在了，隋朝剛剛建立。韋鼎和王瑳兩個人都是死腦筋，覺得自己是向北周出使的，現在也理當去見介國公。於是這兩個人就去拜見宇文闡，當作完成使命。宇文闡只是個九歲的孩子，哪知道其中的奧妙所在，接見了南陳皇帝派來的使團。楊堅必定對這件事極為震怒。沒幾天宇文闡就死在家裡了。楊堅在朝堂上為宇文闡舉哀。因為宇文闡沒有子嗣，隋朝在宇文家族後人中找人延續了宇文闡這一脈。

我們對照《周書》對宇文闡最後生活的描述，可以發現一些微妙的內容。《周書》中說宇文闡當介國公的食邑是一萬戶，但是一切待遇「有其文，事竟不行」。意思說介國公空有爵位，實際上隋朝並沒有給予他相應的待遇。「隋開皇元年五月壬申，帝崩，時年九歲，隋志也。」在這句話中，《周書》記載了介國公的死，基本史實與《隋書》一樣。但最後加了個小尾巴「隋志也」。意思是說，這是隋朝官方的說法，《周書》沒有做考證，也不敢對真實情況進行調查。我們有充分的理由懷疑介國公宇文闡是被自己的外公楊堅殺死的。

宇文闡被隋朝追諡為靜皇帝，葬在恭陵。（巧合的是，楊堅是從宇文氏手中奪取的帝位，其子隋煬帝楊廣卻又是命喪宇文氏之手。）

# 四六、金陵王氣黯然收

## 一

楊堅建立隋朝時，陳朝皇帝陳叔寶對他很感興趣，很想看看這個梟雄的長相。別人都說楊堅「貌異世人」，陳叔寶就更好奇了，安排一個畫家作為出使隋朝的副使去北方，任務是把楊堅畫下來。陳叔寶這才看到了楊堅的畫像。陳叔寶看到楊堅的畫像後，竟然嚇得面色蒼白，語無倫次起來。他喊道：「我再也不想見到這個人了！」陳叔寶是一個在深宮中被纖纖玉手撫養大的文人皇帝。他可能是被楊堅那魁梧、凶猛的北方大漢形象給嚇到了，也可能是被楊堅身上透露出來的凶悍、幹練的氣質給嚇到了。他隱約感覺到，自己遇到了一個剋星。

如今，陳叔寶在文學領域的名氣比在政治領域要大得多。他最著名的作品是詞《玉樹後庭花》：「麗宇芳林對高閣，新裝豔質本傾城；映戶凝嬌乍不進，出帷含態笑相迎。妖姬臉似花含露，玉樹流光照後庭；花開花落不長久，落紅滿地歸寂中！」整首詞寫得非常瑰麗，一點亂世的背景色調都沒有。陳叔寶還充分發揮自己的文人想像力，建築了臨春、結綺、望仙三閣，整天和妃嬪、狎客們在其中遊宴，賦詩贈答。每次宴會開始的時候，妃嬪、近臣和狎客們交雜而坐，飲酒作樂。陳叔寶是文人，在座的也都是文人，對這美景美酒，當場寫詞作曲。陳叔寶欣賞的都是曼詞豔語。文思遲緩、寫不出來的人和寫得不合陳叔寶心意的人都會被罰酒，寫得好的詞則被譜上新曲子，交給聰慧的宮女們學習、演唱、配舞表演。陳叔寶通常安排上千名宮女演唱那些靡靡之音。除了《玉樹後庭花》，《臨春樂》也是經常表演的曲目。

陳叔寶最寵愛兩個嬪妃，一個是張貴妃，一個是孔貴嬪。張貴妃名麗華，長得是傾國傾城、國色天香，一頭秀長的頭髮拖到地面，光彩照人。而且張麗華很聰明，記憶力很好，能記住連陳叔寶都搞不清楚的大小政務。陳叔寶上朝退朝的時候都離不開張麗華，常常是抱著張麗華坐在自己的膝蓋上一起批閱公文。孔貴嬪長得也很漂亮，陳叔寶誇獎她賽過西施和王昭君。孔貴嬪也很喜歡對政務指指點點。於是大臣們就透過宦官，勾結張貴妃和孔貴嬪，賣官鬻爵，黨同伐異。

在眾多的大臣中，陳叔寶最喜歡的是尚書顧總，因為顧總的詩寫得很好，滿紙浮靡之氣，沒有一句有用的實話。因為趣味相投，顧總成了陳叔寶宴會的常客。好事者爭相抄傳顧總的那些滿紙脂粉氣的豔詩，作為混官場的敲門磚。山陰（今浙江紹興）人孔範雖然也寫得一手瑰麗文章，但趕不上顧總的水準，只好另闢蹊徑，和孔貴嬪結為兄妹，結果也成為了陳叔寶的座上客。陳叔寶不喜歡批評的聲音，孔範就一心給他文過飾非，憑著一套拍馬屁的本領後來居上，做了丞相。

做文人做久了，陳叔寶也覺得不好玩了，就自己去佛寺賣身為奴，算是去宮外「體驗生活」，還美其名曰是「禳壓妖異」。總之，對於陳叔寶來說，做詩度曲才是正業，而管理國家只是副業，有心思的時候料理一下，沒心思的時候就撂到一邊去。孔範曾對陳叔寶說：「外間諸將，起自行伍，統統不過是一介匹夫，不能指望他們有什麼深謀遠慮。」陳叔寶深以為然，對帶兵將帥很不重視。將領們一有小過失，就會被奪去兵權。陳朝邊備越來越鬆弛。

亂世之中，朝廷畢竟離不開軍隊的支持。陳叔寶時期，陳朝最著名的將領除了任忠（任蠻奴），就是蕭摩訶了。蕭摩訶是陳朝草創時期的老將軍，對陳叔寶有擁立大功。陳叔寶即位後，和蕭摩訶結為親家，娶蕭家的女兒為皇太子妃。蕭摩訶喪偶，續娶了夫人任氏。這個任氏年少美麗，體態容貌都很出眾。因為和張麗華結為姊妹，任氏經常出入宮廷。在宮中，任氏羨慕宮中風流自在的生活，陳叔寶則被她的美色所吸引，兩人眉來眼去，勾搭成奸了。自此，任氏自由出入宮廷，時常留宿過夜，和陳叔寶縱情享樂。任氏對蕭摩訶解釋說自己常常被張麗華挽留，夜宿宮中。蕭摩訶直腸子，開始還信以為真，後來聽到的風言風語越來越多，這才意識到妻子給自己戴了一頂碩大無比的綠帽子。他很生氣，又無可奈何，歎道：「我為國家出生入死，功勳卓著，而皇上不顧綱常名分，姦污臣妻，教我有何顏面立於朝廷！」

面對隋朝建立後，南北方局勢越來越緊張，不斷有人提醒陳叔寶加強軍備。陳叔寶確自信地認為：「王氣在建康，他人又能怎麼樣？」孔範附和說：「長江天險，限隔南北。北方的虜軍，怎麼能過飛渡天塹呢？肯定是那些前線的將領要冒領功勞，妄言事態緊急而已。」陳叔寶覺得孔範的話說到自己心裡去了，對長江天險更加有恃無恐，對日益增多的軍事警告不放在心上。

而長安的楊堅從登基第一天開始，就開始準備伐陳。他向高熲徵求將帥人選，高熲推薦了賀若弼和韓擒虎。韓擒虎，河南東垣（今河南新安東）人，將門出身，當年四十三歲。韓擒虎小的時候很受宇文泰賞識，在北周時歷任都督、刺史等職，參加了消滅北齊的戰爭，也有過與陳朝作戰的經驗，屢挫陳師。賀若弼，洛陽人，祖先是漠北部落首領，當時三十七歲。賀若弼文武雙全，年輕時候就小有名氣，被齊王宇文憲招攬為幕僚。他也參加過與陳朝的戰爭，攻佔過陳朝數十座城池，還擔任過隋陳邊界的壽州、揚州等地的刺史。楊堅對兩人都很滿意，隨即任命韓擒虎為廬州（治所在今安徽合肥）總管，賀若弼為吳州（治所在今江蘇蘇州）總管，把平陳重任託付給了二人。

隋朝要吞併陳朝，困難還不小。隋朝建立之初，只是佔領黃河流域、江淮地區和四川的割據政權而已。它的南方是並不弱小的陳朝，北方是非常強大的突厥人。突厥騎兵一直盯著富裕的中原地區，時不時闖進長城以南來搶掠一下。開皇元年（五八一年）九月，楊堅曾經倉促發動過一次伐陳大戰，由高熲負責節度諸軍。雖然隋軍攻佔了湖北的長江以北地區，但沒有能力突破長江防線南下。而北方的突厥人一看隋朝軍隊主力南征去了，耀武揚威地殺向中原而來。剛好此時南方的陳宣帝陳頊被嚇死了，陳叔寶繼位，求和討饒。高熲有了台階下，就以「禮不伐喪」為冠冕堂皇的理由奏請班師。開皇二年（五八二年）二月，楊堅命令高熲等人撤回，草草結束了伐陳戰役。

經過這次失敗，楊堅君臣意識到伐陳是一項巨大的系統工程，需要拔除許多障礙才能順利進行。首先，楊堅進行內部整頓，主要是在軍事上「將定江表，首置軍府，妙選英傑」。君臣一心，經過幾年勵精圖治，隋朝的財政收入大為改善，軍力顯著增強。其次，隋朝需要有一個有利的伐陳環境。隋朝夾在突厥和陳朝之間，旁邊還有吐谷渾等少數民族騷擾，不能集中精力對付陳叔寶。楊堅琢磨著，強大的北方游牧民族，比陳叔寶的靡靡之音要難對付得多，因此定下先南後北的策略，對少數民族採取撫慰策略。隋朝加強和吐谷渾的聯繫，不斷派遣友好使團，誇獎的誇獎，送禮的送禮，把吐谷渾給穩住了。

突厥鐵騎比吐谷渾難對付多了。楊堅即位的第二年，突厥汗國大軍就殺入長城作為「賀禮」。

開皇三年（五八三年），突厥大軍再次殺入長城以南劫掠。這一次，楊堅針鋒相對地進行反擊。在反擊突厥的戰鬥中，有一名河西的戍卒，叫做史萬歲，毛遂自薦來到轅門前要求參軍去打仗。剛好突厥人派了一名勇士來叫陣挑戰，隋軍將領就叫史萬歲去會會突厥勇士，看看這個史萬歲有沒有什麼真本事。結果，史萬歲上前三下兩下就把突厥勇士的腦袋給砍了下來。突厥軍隊見自己千挑萬選的勇士被隋朝普通的一名戍卒輕易給解決了，大驚失色，從此再也不敢猖獗地叫陣單挑了。史萬歲可不是一般的戍卒。他是京兆杜陵（今西安東南）人，父親史靜是北周的大將。史萬歲從小就學習騎射，好讀兵書，少年時代跟隨父親史靜參加了北周伐齊的戰爭，後來又參與平定尉遲迴的反叛。遺憾的是，開皇初年史萬歲被牽連進去了一樁謀反案，被發配到敦煌當了一名戍卒。殺突厥勇士的時候，史萬歲已經三十四歲了。因為表現突出，楊堅不僅免了史萬歲的罪，還越級提拔他為車騎將軍。

這一回，突厥沒有從隋朝掠奪到什麼好處。不想，這一次行動就成為了突厥鐵騎最後的輝煌。撤軍後，突厥陷入了大分裂狀況，「且彼渠帥，其數凡五，昆季爭長，父叔相猜」，爭權奪利，內訌得不亦樂乎。楊堅緊緊把握住這次機會，把握時間加強北邊防禦工事，鞏固邊防。從開皇元年（五八〇年）到開皇七年（五八七年），七年之間隋朝五次修築長城、一次在沿邊險要築城，而且越臨近伐陳前夕，築城的時間相隔越近，最頻繁的時候兩年之中隋朝四度築城。逐漸地，突厥也不再成為隋朝伐陳的障礙了。

## 二

解決了北方問題後，楊堅君臣把目光重新折向了南方。

當時在湖北地區有依附隋朝的傀儡政權：西梁。北周被隋朝取代後，西梁又向楊堅稱臣。儘管西梁很恭順，楊堅也不能容忍一個割據政權的存在。開皇七年（五八七年），楊堅徵召西梁皇帝蕭琮入朝。蕭琮不敢違抗，於是率領群臣二百餘人從江陵趕到長安朝見新主子。蕭琮前腳剛走，楊堅派遣的軍隊後腳就進駐了江陵城，宣布廢掉西梁政權。蕭琮一到長安，就被封為莒國公，不讓他走了。西梁就此滅亡，存在三十三年。

吞併西梁後楊堅任命三兒子、秦王楊俊為山南道行軍元帥，率領水陸大軍十餘萬進屯漢口，負責長江中游地區的軍事行動；同時，提拔嶄露頭角的楊素為信州總管，駐守在永安郡（治所在今湖北新州）。楊素的主要任務是造船——突破長江防線需要大量的船隻。楊素製造了每艦能容戰士八百人的「五牙」、每艦能容戰士百人的「黃龍」以及規模稍小的「平乘」、「舴艋」等船艦，準備在上游順江而下，掃平江南。之前北方王朝吞併南方王朝（西晉滅東吳），就是船隊出三峽，順江而下取得成功的。當然了，在廬州的韓擒虎和駐軍吳州的賀若弼兩支部隊才是隋軍的主力。他們布置在長江下游，直接威脅陳叔寶小朝廷的心臟地區。韓擒虎、賀若弼面對的是蕭摩訶和任忠的部隊，是陳朝的主力部隊。

部署完畢，隋朝緊鑼密鼓地展開了戰前準備。賀若弼向楊堅獻上了《取陳十策》。楊堅頗為讚賞，賜寶刀一口，讓賀若弼放手去幹。

賀若弼的策略是：欺騙。首先，他在廣陵駐紮隋軍一萬人，過一兩個月時間就派新的部隊將原來的軍隊替代下來。一萬人的軍隊反覆調防，鬧得動靜很大。一開始的時候，江南岸的陳朝軍隊很緊張，做好了戰備；後來看到隋朝每隔一段時間就反覆調軍，是例行的軍隊調動，心想「隋軍真是有病，整天瞎折騰」，也就不去管它了。接著，賀若弼動不動就帶上大隊人馬，到長江邊上打獵，旗幟招搖，人馬喧譟。對岸的陳朝軍隊見賀若弼等人打獵打得很帶勁，也沒有多想，又在心底想「隋朝真是沒人了，讓這麼一個田獵將軍來領兵」，之後任由賀若弼往來江岸各地，不放在心上。賀若弼不僅打獵，還要和陳朝人做生意。南方缺馬，賀若弼就用老馬和陳朝交換船隻。陳朝人不是笨蛋，就把最舊最破的船隻換給賀若弼。結果賀若弼買了五六十艘破船，停在江北的軍營裡。陳朝人以為自己得了大便宜，心想：「隋朝人連好船都沒有，把幾條破船當寶貝，捏在手裡。」

至此，賀若弼已經麻痺了陳朝軍隊的警惕性。陳軍已經對北方的軍隊調動和將領往來熟視無睹了。暗地裡，賀若弼在揚子津集結了大量的戰船，在渡口堆積了大量的蘆葦、枯荻，堆得像山一樣高，把戰艦遮蔽得好好的。為了更保險，隋軍的所有戰船都被塗成和枯荻一樣的黃色。即使是陳朝的間諜細作，也沒有發覺賀若弼的戰備情況。同時，賀若弼常常派遣都督來護兒渡江偵察。來護兒是南方人，在長江兩岸駕輕就熟，把敵人的底細摸得一清二楚。

大臣高熲則向楊堅建議，在經濟上打擊陳朝，來個釜底抽薪。

江北地寒，作物成熟比南方要晚；江南土熱，自然條件好，水田早熟。江南田地成熟，就要進入農忙收割季節的時候，隋朝突然揚言要發動大軍進攻江南。陳朝趕緊調集軍隊防守，把農田暫時放在一邊。等陳朝大軍雲集的時候，隋朝又偃旗息鼓，沒有動靜了。陳朝人剛要料理農田，隋朝大軍又鼓聲大作，陳軍只好再次戰備。這樣一而再，再而三，農時荒廢了，江南一季的收成就錯過了。同時，陳朝對隋朝所謂的大軍討伐的信息也不相信了，以為又是在逗自己玩。高熲還根據南方的物資儲積不是像北方一樣放在地窖裡，而是放在竹片和茅草建造的房子裡的情況，派出大量間諜縱火，燒毀陳朝的官府儲備和軍事物資。這樣反覆幾年的騷擾，做得陳朝不堪其擾，心力財力俱疲。現在，萬事俱備，只等總攻命令下達了。

開皇八年（五八八年）三月，楊堅很高調地宣布討伐陳朝，發誓要統一天下。楊堅君臣給陳叔寶羅列了二十條大罪，抄寫三十萬份傳單散發江南，下詔說：「天之所覆，無非朕臣，每關聽覽，有懷傷惻。可出師授律，應機誅診，在期一舉，永清吳越。」陳叔寶君臣看到傳單，心想：嗯，隋朝這次又想忽悠我們，讓我們白忙一場，我們才不會再上當呢！因此，陳朝上下一點都沒上心。

十月，楊堅在壽春（今安徽省壽縣）設置淮南行台省，任命次子晉王楊廣為行台尚書令，總管滅陳事宜。當時楊廣剛滿二十歲，不懂軍事，所謂的主帥只是名義上的，伐陳的具體事務由左僕射高熲負責，「三軍諮稟，皆取斷於熲」。楊堅給前線調集了五十一萬八千大軍，制定了分進合擊，直指陳朝都城建康的軍事計畫：晉王楊廣由六合出發，秦王楊俊由襄陽順流而下，楊素的水軍從永安東進，韓擒虎由廬江急進，賀若弼從吳州渡江，此外還有荊州刺史劉思仁、蘄州刺史王世績、青州總管燕榮等人從海陸各地出兵，各軍都以滅亡陳朝為目標。

儘管在政治上很高調，隋朝的伐陳戰役在軍事上卻很低調，是典型的突襲戰。

五八九年的元旦夜，吳州方向的賀若弼率軍乘大霧從廣陵祕密渡過長江。將要渡江的時候，賀若弼酹酒發咒說：「我賀若弼親承廟略，遠振國威，伐罪吊民，除凶翦暴，上天和長江為我作證。

如果上天善惡分明，就讓我大軍得勝歸來；如果出師不利，賀若弼葬身江魚腹中，也死而無恨。」

賀若弼說完，率領大軍浩浩蕩蕩地渡江前進，對岸的陳軍竟然沒有發覺。等隋軍安然渡過長江，殺向陳軍各據點後，陳軍才倉皇組織抵抗。正月初六，賀若弼成功佔領京口（今江蘇鎮江），俘虜了陳朝的南徐州刺史黃恪和五千陳軍。京口是陳軍的倉儲重地，賀若弼是輕裝渡江襲擊，沒有帶領多少輜重，佔領京口後利用陳軍的儲備解決了自身的供應問題。賀若弼下令發給陳軍俘虜口糧和遣散費，讓他們每個人帶上伐陳的傳單，各回鄉里去做隋朝的義務宣傳員。陳朝官兵們撿了條命，都說隋軍的好處，高高興興地拿著傳單散往各地。因為有俘虜的宣傳效應，再加上賀若弼所部軍令嚴肅，下令有軍士敢拿民間一物者立斬不赦，全軍與百姓秋毫無犯，進展順利。

盧江方面，韓擒虎嫌大軍進攻速度太慢，率領五百精騎撇下主力，單刀直入，殺向江南而去。韓擒虎這一支奇兵趁著夜色渡過長江，襲擊了江南岸的重要渡口采石（今安徽當塗西北）。當時陳軍守衛都喝醉了。韓擒虎輕易就佔領了重鎮采石，繼續飛速向建康穿插前進。

隋軍煞費苦心對陳朝的欺騙戰略取得了圓滿成功。陳叔寶君臣依賴的長江天塹就這樣被輕易「飛渡」了。

## 三

各地的軍情急報像暴風雪一樣湧入陳朝宮廷，形勢已經非常緊急了。

陳叔寶和他的那群文人朋友還是不以為意。僕射袁憲特別著急，奏請陳叔寶發兵抵禦，起碼也要在首都附近組織抵抗。陳叔寶根本聽不進去袁憲的話，對隋軍深入州郡告急的現實熟視無睹，每天依舊奏樂侑酒，賦詩歌唱「美好的生活」。他還笑著問左右近臣說：「南北分治以來，北齊曾經三次進攻南朝，北周也出兵了兩次，都慘敗而去，這是為什麼？」孔範說：「長江天塹，自古以來就隔斷南北。隋軍又怎麼能飛渡成功呢？這肯定又是前線將領們想立功想瘋了，妄言事急，給自己撈好處。我孔範還覺得自己功勞小、官職低微呢，如果北虜真敢渡江，我就能殺敵做個太尉公了。」陳叔寶對孔範的回答相當滿意。當時，有拍馬屁的人謠傳說隋軍的戰馬不習慣江南的水土，一到南岸後就成批死去。孔範搖頭晃腦，歎息說：「可惜了，那些將來都是我們的馬，為什麼死了啊？」陳叔寶哈哈大笑，跟著孔範一起惋惜起來。建康城的君臣上下從此歌妓縱酒，把前線的告急文書拆都不拆就丟在床底下去，繼續生活在天堂裡。

卻說賀若弼、韓擒虎兩軍從東西兩個方面快速推進，陳軍各部望風而散，隋兵如入無人之境。賀若弼分兵堵住曲阿（今江蘇丹陽），防止現在長江三角洲及以南地區的陳軍增援建康，自己率主力進攻建康；韓擒虎在佔領姑孰後，沿著長江逼近建康。不久，建康周邊就出現了隋軍的前鋒部隊了。

陳叔寶這才害怕起來。他膽子本來就小，對軍事一竅不通，慌忙召蕭摩訶、任忠等人來商議軍事。蕭摩訶因為陳叔寶和妻子通姦，根本就沒有為朝廷而戰的意志，一言不發。當時賀若弼的部隊已經佔領了鍾山（今南京紫金山），被陳朝看作心腹大患。陳朝決定調集諸軍在白土岡（今南京東）一帶布陣決戰。

正月二十日，陳叔寶命令陳軍出戰，去消滅賀若弼。陳軍魯廣達、孔範、蕭摩訶、任忠、田瑞、樊毅等部先後逼近白土岡，南北綿延二十里。賀若弼所部大約有八千甲士。陳叔寶在建康有十萬大軍。陳軍在數量上佔據絕對優勢，但是陳叔寶倉促命令各部進擊，事先沒有完整的進攻計畫。陳軍各部之間缺乏協調，分別發起進攻。田瑞首先率部進攻，被賀若弼軍擊退。魯廣達等部趕到後也投入了戰鬥。賀若弼抵擋不住，不得不暫時後退。陳軍取得了勝利。為了避免陳軍追擊，賀若弼下令施放煙幕，掩護隋軍整頓恢復。在緊張的戰鬥間隙，賀若弼保持了冷靜的思考。他觀察到陳軍各地得勝後出現了驕惰情緒，同時孔範率領的部隊陣列和士氣最差。於是，賀若弼督厲將士以必死的決心向孔範所部發起決戰衝鋒。孔範就是一個窩囊廢，在賀若弼的反攻面前一敗塗地，倉皇逃竄。孔範部隊的戰敗導致了陳軍全線潰退。陳軍各部缺乏調度，爭相逃命，場面失控，有五千多人因為互相擠踏而死。陳朝軍隊的主力就這樣潰散了。賀若弼乘勝追擊，推進到樂遊苑（今南京玄武湖南側）。

蕭摩訶在亂軍中被俘虜。賀若弼命令刀斧手將他推出斬首。蕭摩訶畢竟是一代名將，臨刑前神色自若。賀若弼很敬佩，下令免罪鬆綁，以禮相待。蕭摩訶投降了隋軍。

西邊的韓擒虎正在進攻姑蘇（今江蘇蘇州），半天就佔領了這座名城，第二天佔領新林（今南京市西南）。韓擒虎在江南百姓中的威信很高，許多人晝夜不絕前來韓擒虎軍中投降。被賀若弼打敗的東邊的許多陳軍部隊也向韓擒虎投降了，其中包括任忠、田瑞等人。陳叔寶也聽說了韓擒虎的大名，緊急派遣將軍蔡征守住朱雀航（在今南京秦淮河上）。結果派出去的陳軍聽說對手是韓擒虎，竟然一哄而散。任忠引導著韓擒虎的五百精騎從朱雀門進入了建康城。當時，城內還有部分陳軍要負隅頑抗。任忠現身說法，勸降說：「老夫都投降了隋朝，你們還怕什麼呢？」任忠在陳朝軍隊中威望很高，他的喊話渙散了陳軍的鬥志。殘存的陳軍紛紛繳械投降。韓擒虎以區區五千人竟然長驅直入，一舉佔領了建康城。

賀若弼沒能第一個進入建康城，因為他在玄武門南遭到了頑強的抵抗。陳將魯廣達率領殘存的部隊苦戰不降，殺死了數百隋軍。一直打到日薄西山，陳軍越來越少，隋軍越來越多。魯廣達對著陳叔寶的宮闕方向跪地叩首，悲傷慟哭，最後繳械，束手就擒。賀若弼在當天傍晚從北掖門進入建康城。

隋朝大軍進入建康城的時候，陳朝的宮廷中依然鼓樂聲聲，陳叔寶還在那喝酒吟詩。隋軍殺入朱雀門的時候，陳朝的大臣就逃得無影無蹤了。

陳叔寶見原來在身邊的人都逃跑了，這才意識到問題的嚴重。僕射袁憲在王朝的最後時刻不離不棄，還在陳叔寶身邊。空蕩蕩的朝廷中，只剩下陳叔寶和袁憲兩個人了。陳叔寶傷感地說：「朕從來待眾臣不薄，今天眾人皆棄我去，只有你留了下來。不遇歲寒，焉知松柏？我朝就要滅亡了，並不是朕無德，而是江東衣冠道盡啊。」誠然，大臣們道德低劣，沒有為國盡忠之心，是陳朝速亡的一大原因。但是陳叔寶將王朝湮滅的全部責任推到大臣們身上是不公平的，難道你陳叔寶就沒有責任嗎？

陳叔寶說完，也要找個地方躲藏起來。袁憲勸說道：「皇上是九五之尊，北兵來了，想必也不敢對陛下怎麼樣。事已至此，陛下還能到什麼地方去呢？不如整理衣冠，端坐在正殿之上，像當年梁武帝見侯景的樣子，去見隋軍。」陳叔寶哪有蕭衍那樣的氣魄。他又一次拒絕了袁憲的勸諫，像無頭蒼蠅一樣，在宮廷中找藏身的地方。袁憲還想勸，陳叔寶說：「鋒刃之下，哪有兒戲，朕自有辦法。」陳叔寶跑到後堂景陽殿，發現了一口深井，突然計上心頭。他趕緊去拉來張貴妃、孔貴嬪，三人抱在一起，拉住一根繩子，跳入井中躲藏起來。袁憲一直跟在陳叔寶身邊，見皇帝找到了這麼一個藏身之處，悲傷欲絕，跪地痛哭，最後朝著深井叩首後，逃命去了。

韓擒虎的部隊衝入皇宮後，到處搜索不到陳叔寶。隋兵就抓了幾個內侍，逼問陳叔寶藏在什麼地方。一個內侍最後指指井口。隋朝士兵看井裡漆黑一團，叫幾聲沒人應答，不相信一個皇帝會藏在裡面。有個隋兵往下扔了塊石頭，才聽到下面傳來求饒的聲音。眾軍扔下繩子去，喝令陳叔寶拽住繩子上來。大家拉繩子的時候，覺得繩子特別重，有人就打趣說：「別人都說南方人瘦，怎麼陳叔寶這麼胖啊！」拉上來一看，噢，原來是陳叔寶和張貴妃、孔貴嬪三個人。看著陳叔寶狼狽的樣子，眾軍笑得前仰後翻。

據說當時張麗華的胭脂蹭在井口，有人就把這口井叫「胭脂井」。又有人不齒於陳叔寶禍國自取其辱的行為，把它叫做「恥辱井」。

賀若弼的部隊隨後進入皇宮。賀若弼聽說韓擒虎捉住了陳叔寶，傳令將陳叔寶帶來看看。陳叔寶來了後，誠惶誠恐，汗流浹背，雙腿戰慄，向賀若弼求饒不止。賀若弼很實在，安慰說：「你是小國之君，進入我大隋朝後，還能做個歸命侯，不需要恐懼！」陳叔寶再三拜謝，心裡寬了好多，可還是誠惶誠恐，聲音發抖。

## 四

除了江東戰場外，隋軍在其他各條戰線也都進展順利。

楊素率領艦隊出三峽，原本計畫進攻兩湖地區。陳軍在三峽橫綴了大鐵索，阻礙了楊素戰艦的東下。後來，楊素發動夜襲，一舉打敗陳軍守衛部隊，然後率水軍東下，一路上艦船遍布江面，旌甲曜日。隋軍以破竹之勢先後打敗各處陳軍。一路上，楊素端坐船上，容貌雄偉，兩岸的陳國百姓看到他，彷彿看到了江神，心生畏懼。楊素打到巴陵（今湖南岳陽）的時候，隋朝的地方政權已經土崩瓦解了。最後，楊素與秦王楊俊勝利會師。

陳朝南部廣袤的嶺南地區，處於半自治的狀態。隋滅陳的時候，嶺南各地奉高涼（今廣東陽江西）的冼夫人為主，保境拒守。這位冼夫人是原來高涼太守馮寶的夫人，已經六十多歲了，經過了歷次的政治風雲，威望很高，被嶺南人視為「聖母」。陳叔寶被俘後，按照隋朝的意思給冼夫人寫了一封信，告訴冼夫人陳朝已經滅亡了，要求冼夫人帶著嶺南各州縣投降隋朝。楊堅派遣韋洸攜帶著陳叔寶的親筆信和冼夫人先前進獻給陳朝的「扶南犀杖」招降冼夫人。冼夫人知道陳朝滅亡的消息後，召集各地和各部落首領數千人集體痛哭了一整天，然後派孫子前去迎接韋洸進入嶺南。嶺南各地也併入了隋朝的版圖，冼夫人因功被封為「宋康郡夫人」。

建康淪陷後，江東的部分地區拒不投降。正月底二月初，隋軍把主要精力都花在消滅江東的陳朝殘餘勢力上。隋朝大將宇文述率領三萬人，也參加了伐陳的戰爭，一度佔領石頭（今南京城西清涼山）。然後，宇文述聯合從海上來的燕榮的軍隊，將各地的抵抗勢力一一擊破。

各地初定，高熲作為「接收大員」，先行進入建康，接收陳朝圖籍資料，封鎖府庫。名義上的主帥楊廣早早就聽說了張麗華的美貌，在高熲出發前私下拜託說：「您進入建康，一定要找到張麗華，不要傷害她啊。」楊廣這個傻小子在高熲走了後，一直在做自己和張麗華的若干春夢。誰想，高熲一點面子都不給楊廣，把張麗華叫來後，說：「此等妖妃，豈可留得？昔日姜太公滅紂，蒙面斬妲己，我也要學他。」說完，高熲就把張麗華的腦袋砍了下來。

除了求色不成外，楊廣的其他作為還是可圈可點的。楊廣「封存府庫，金銀資材一無所取」，嚴令軍隊「秋毫無所犯，稱為清白」，因此天下都稱讚他的賢德。楊堅對二兒子也很滿意，任命楊廣為江南總管，留在南方鎮撫各地。楊廣奏請宇文述為壽州總管，協助自己統治江南。此後，楊廣治理江南十年，期間南方經濟迅速復甦，社會安定，百姓安居。楊廣、宇文述等人功勞不小。

## 五

四百年的分裂局面就此結束，中國開始邁向大一統的盛世。

隋朝重新統一天下，離不開楊堅、高熲等人個人的作用，更是當時社會發展的要求。俗話說「分久必合，合久必分」，這是有一定道理的。南北方的長期戰亂，主要原因是南北方的民族紛爭。在長期的民族爭戰中，各民族差異逐漸消失，各民族相互融合，產生了文化認同。南朝名將陳慶之從黃河敗回後感歎：「自晉、宋以來，號洛陽為荒土，此中謂長江以北，盡是夷狄。昨至洛陽，始知衣冠士族，並在中原。禮儀富盛，人物殷阜，目所不識，口不能傳。」可見在南方人的心目中，北魏也不再是割據的蠻夷政權了。隋朝初年，大文人薛道衡作為聘陳內史出使陳朝，正月裡看到鴻雁從南方返回北方，寫下了《人日思歸》：「入春才七日，離家已二年。人歸落雁後，思發在花前。」這樣的文字，一點都不比南方繼承漢族正統學識的文人們寫得差。

大家都認為南北方人都是同樣的人了，那為什麼還要分裂呢？

那麼為什麼由北方的隋朝統一了天下，而不是陳朝消滅隋朝呢？北方王朝統一天下的必然性在於北方一直是中國的政治、軍事中心，實力強於南方。楊堅即位後，隋朝國勢蒸蒸日上，而當時陳朝門閥制度把持政治，土地兼併嚴重，正處於衰弱時期。北方出了一個隋文帝，南方卻是陳後主當政，僅憑兩人的表現，我們也能知道應該是誰消滅誰。

南北統一後，高熲帶著陳朝的俘虜北歸大興。陳叔寶受到了楊堅的禮遇，生活得相當不錯。隋朝每次舉辦宴會的時候，楊堅怕陳叔寶傷心，規定不能奏吳音。陳叔寶經常參加隋朝達官顯貴們的聚會，時間久了，奏請楊堅說：「我沒有官爵職位，每次參加朝集，都感到有點尷尬，希望能獲得一個官號。」楊堅聽說陳叔寶主動要求當隋朝的官，感歎說：「陳叔寶這個人沒心沒肺。」陳叔寶在大興，依然每天醉酒吟詩，很少有清醒的時候。楊堅就向監護陳叔寶的人問他每次飲酒多少。官員回答說：「陳叔寶與其子弟每日飲酒一石。」楊堅大吃一驚，繼而感歎道：「隨他去吧，否則叫他如何過日？」

楊堅曾對陳叔寶有過一個評價：「如果陳叔寶能把作詩和喝酒的心思用來治國，又怎會有今天呢？」楊堅要感謝歷史賜予他的機遇。僅憑統一天下的功績，楊堅就能夠名垂青史。何況，隋唐盛世的大門即將打開，還有更大的機遇等待著他呢！

# 四七、大文豪、大狂人謝靈運之死

## 一

經過幾代人的努力，尤其是在「淝水之戰」的推動下，陳郡謝家躋身世族領袖地位。由東晉後期直至南梁，陳郡謝家一直和琅琊王氏並稱「王謝」，是南朝的最高門第。

南朝歷代皇帝登基加冕的時候，都喜歡找謝家輩分高的人來當司儀，象徵著世族大家對新皇帝的支持。謝家子弟慢慢地隱退幕後，不喜歡打理實際政務，但頭等門戶的光輝始終不落。南梁時，王琮娶了始興王的女兒繁昌縣主為妻。後來，始興王悔婚，要王琮和女兒離婚。王琮的父親王峻向始興王求情。始興王推脫道：「這是皇上的意思，我也不願如此。」王峻就放狠話說：「臣太祖是謝仁祖（謝尚）的外孫，我們家也不需要藉與殿下聯姻來提高門戶。」好幾代之後，謝家外孫的身分都能讓人在王爺面前強硬起來，謝家的門戶勢力可見一斑。

謝家的崇高地位展現在三個方面，或者說這三個方面支撐了謝家的權勢。首先，謝家世代為官，而且都是大官。自東晉至南梁（三一七～五五七年），謝氏共有十二代、一百餘人見於史傳。其次，謝家聚集了大量資產。比如謝安的孫子謝混有「田業十餘處，僮僕千人」。到宋代元嘉年間，謝混這一支還有「資財巨萬，田園十餘所，奴僮數百人」。而謝玄的孫子謝靈運在會稽老家的地產更多，包括兩座山、五所果園和數不清的竹林菜圃。第三，謝家子弟大多才華出眾，家族重視文化教育和知識累積。政治世家不管是怎麼發家的，發達後都會重視家族教育。文化素養可以提升家族的形象，保障子弟的素質。在崇尚清談、醉心文藝的南朝，文教更是世族子弟不可缺少的必修課。

謝安在家族中隱居時間最長，早期生活最閒，謝家兄弟就把子女留在東山託付給他教育了。謝安彷彿是一大家子的家庭教師，教書育人，不過他的教育內容與政治技巧有關的不多，多數是與文學和做人有關，無意中塑造了陳郡謝家重文學、喜清談瀟灑的家風。後世一直用「芝蘭玉樹」來指代謝氏子弟，說的也是謝家子弟自由灑脫的才氣、秀氣。這其中最著名的無疑是一代文豪謝靈運。

謝靈運是名將謝玄之孫、謝瑍之子。謝瑍資質平庸，只擔任過祕書郎，娶了王羲之的外孫女，生下謝靈運。也許是隔代遺傳，謝靈運繼承了王羲之、謝玄的若干優點，文學成就超過了先輩和父親。

謝靈運的政治起點很高，因為父親早死，謝靈運八歲就世襲了康樂公的爵位，食邑二千戶。加冠後，謝靈運便出任撫軍將軍劉毅的參軍，從此開始曲折的仕途，一生顛沛流離。當時政治上層風浪迭起。謝家漸漸遠離了實權，虛名為多，只能在政治風波中隨波逐流，難有作為。劉毅在與劉裕的權爭中兵敗自殺，謝靈運的堂叔謝混被誅殺。劉裕卻沒有追究跟隨劉毅、與謝混關係密切的謝靈運，反而起用他為太尉參軍，表示拉攏。此後謝靈運在一系列可有可無的小官職位上時斷時續，起起伏伏。不久劉裕取代東晉，當起皇帝建立了宋朝。新王朝建立後，晉朝的封爵不算數了。劉裕為了表示對前朝世族大家的尊崇，宣布對王導、謝安、溫嶠、陶侃、謝玄五家保留封爵，但爵位下降一級，食邑減少。謝靈運因此由公爵降為「康樂縣侯」，食邑縮為五百戶。

謝靈運繼承了家族精講玄學和精通文學的傳統，多少有點隱逸自娛的性情和豁達寬鬆的胸懷。官運不佳沒關係，謝靈運把精力都花在寫詩吟詞上。劉裕的次子、廬陵王劉義真是文學的和藹傾聽者和慷慨支持者。他很欣賞謝靈運的文才，對謝靈運的詩文愛不釋手，對謝靈運的灑脫輕浮也很認可，認為自古文人皆如此。劉義真還聲稱有朝一日要是當了皇帝一定任命謝靈運為宰相。劉裕死後，太子劉義符即位。劉義符年少無才，不久被權臣廢黜。按封建宗法，劉義符之後就輪到劉裕次子劉義真繼位，但徐羨之等權臣擁戴了劉裕三子劉義隆。權臣們先下詔將劉義真調離京城，接著又以不拘小節、誹謗朝臣的罪名貶謝靈運為永嘉太守，剷除劉義真的羽翼。安排停當，劉義隆順利登基坐了龍椅。

永嘉在今浙江溫州，山水旖旎，風光秀麗，是當今的旅遊勝地。但在南朝時，永嘉卻是烏煙瘴氣，閉塞落後得很。那雁蕩山是橫亙在人前的天險。謝靈運到了任上，也不問政事，整天尋思著怎麼征服山山水水，攀登幽靜險峻的山峰。為了登山，據說謝靈運發明了木製的釘鞋，上山取掉前掌的齒釘，下山取掉後掌的齒釘，這樣上下山既省力又穩當，史稱「謝公屐」。如果屬實，謝靈運應該在體育史上擁有無可替代的地位。美麗的山山水水淨化了謝靈運的心靈。他本因政治鬥爭失敗而來，登山多少也有逃避現實尋求心靈寧靜的目的。永嘉的山水讓謝靈運找到了心靈棲息地。很少有人能夠在一生中找到撫慰滋補心靈的地方，謝靈運在不幸之後幸運地找到了，並激發出了巨大的創作熱情。仕途失利的謝靈運在文學詩歌上找到了成功。他吟唱山水，書寫四季，記錄日月，發展出了一種全新的詩歌形式：山水詩。謝靈運就是中國山水詩的鼻祖。

「池塘生春草，園柳變鳴禽。」在這裡，謝靈運將一個普通的南方庭院有聲有色地推到了讀者面前。「密林含餘清，遠峰隱半規。」在這裡，謝靈運和讀者分享看到的山色美景。他的詩歌沒有兩晉詩歌玄思虛幻的色彩，更絕少說教與晦澀，清新美麗，平實易懂，徹底扭轉了後世的詩風。鍾嶸在《詩品》中說謝靈運的山水詩「猶青松之拔灌木，白玉之映塵沙」，上千年後依然被人傳唱。當時永嘉和建康通信不便，但謝靈運一有新作，立即以最快速度被傳抄到建康。人們稱「謝康樂的大作來了」，爭相傳閱，成為時尚標誌。

謝靈運在永嘉無為而治，縱情名山勝水，即便如此他也覺得太守的職位難熬，杵在那裡並非自己心願。到任兩年多後，謝靈運稱病辭職，回到上虞東山隱居。

宋文帝劉義隆逐漸長大，也加入了謝靈運崇拜者的行列。在剷除權臣鞏固皇權後，劉義隆徵召謝靈運回朝廷，先任命為祕書監，隨即升遷為侍中，恩寵無比。劉義隆稱讚謝靈運的詩和字為「二寶」。謝靈運的春天來了！謝靈運身上的文人陋習膨脹爆炸了出來。他自恃門第高貴，又才華橫溢，名望在外，誇耀說：「天下才共一石（一石等於十斗），三國大才子曹植獨佔八斗，我佔了一斗。剩下的一斗天下人平分。」他盲目樂觀，以為位極人臣、重塑陳郡謝家輝煌的日子就在眼前。他踴躍向朝廷建議，積極和同僚們商談政事，劉義隆無一採納。劉義隆很尊重謝靈運，但那是文藝領域的尊重，不涉及權力。他提拔謝靈運在身邊，「唯以文義接見」，只是當作文學侍從而已。不料，謝靈運一廂情願地要介入政治。沒不久，謝靈運也看出了皇帝的真實意思，皇上對他是用文字輕政治，朝廷真正得道的是另外一些有能力的實幹之才。他們的門第和名望都不能和謝靈運相比，但他們得勢了。也許朝政真的需要他們。謝靈運第二次選擇了辭官。他知道這個選擇基本上意味著告別了政壇，人生不會再有先前的良機了。謝靈運給自己個政治前途判了死刑。

辭官回鄉後，謝靈運守著碩大的莊園，寫詩作畫，找朋友遊玩取樂。他是待不住的人，不時率領數百隨從去深山幽谷探險攬勝。會稽南邊的臨海郡在群山峻嶺環抱之中，交通極其不便，據說風景優美，但很少有人去過，更沒有多少吟誦文章。謝靈運好奇心切，帶上五百個家丁家將就出發了，逢山開路，遇水搭橋，就是要一覽廬山真面目。臨海太守王秀得到報告說，有幾百人開通了天台山和括蒼山，奔臨海郡城而來。臨海很少有人造訪，王秀的第一反應就是這是一夥強人，不是來攻打郡城就是來打劫的，下令緊閉城門做好防範。謝靈運是來旅遊的，卻吃了個閉門羹。經過交涉，王秀才知道是大名鼎鼎的謝靈運來臨海做創作了，虛驚一場。謝靈運遊興不減，在臨海玩夠了，臨別時還拉著王秀，邀請他一起繼續探索深山老林。王秀可沒有謝靈運那樣的閒情雅致，更不敢擅離職守，趕緊推辭了。

居家的謝靈運又惹上了麻煩。他要填湖開田，會稽太守孟凱不同意。謝靈運說孟不讓他開發農田是因為迷信佛教，怕填湖讓魚蝦喪生，並嘲笑他說：「得道靠的是天性聰慧，你生在我前，成佛必在我後。」孟恨死謝靈運了，告了他一狀，說他有「異志」。謝靈運嚇得趕緊連夜進京申辯。劉義隆對謝靈運很了解，不僅沒有追究，還留他在建康主持典籍編輯。半年之內，謝靈運聯合他人編訂圖書上萬卷。

劉義隆覺得謝靈運這個人可惜了，起用他擔任臨川內史。到了臨川，謝靈運仍舊不理政事，終日遊蕩。人際關係也沒做好，謝靈運再次被地方官員彈劾。自己滿腔抱負，非但得不到重用，卻多次和那些泥鰍王八糾纏申辯，蒼天真是不公啊！謝靈運這次來了氣，把告他的人扣押了起來，還賦詩一首：「韓亡子房奮，秦帝魯連恥。本自江海人，忠義感君子。」滿腹牢騷的謝靈運將劉宋王朝比做暴秦，自比張良、魯仲連。這兩位都是要推翻暴秦的人。暴秦是誰？人們第一就聯想起本朝來。那麼謝靈運是要推翻朝廷了！劉義隆終於忍受不了謝靈運了，決心要治他的罪。司徒劉義康親自派人收捕他，謝靈運一不做二不休，竟然調兵拒捕。結果罪上加罪，被捕後降死一等，流放廣州。

謝靈運依然不改狂放本色，坦蕩地到廣州去了。不想，剛到廣州，新的詔書就跟到了。朝廷稱謝靈運叛逆不道，下令就地正法。謝靈運在廣州被當眾斬首，年僅四十九歲。同時被朝廷下令殺害的還有劉義真。謝靈運被斬首前歎息道：「真是小狂風雅，中狂討嫌，大狂送命。」

## 二

謝靈運的死多少意味著陳郡謝家不可挽回的衰敗。在他之後，謝家又出現了一位謝朓。謝靈運與謝朓並稱文學史上的「大小謝」。謝朓留下了「魚戲新荷動，鳥散餘花落」的詩句，風格與謝靈運相近，性情也是灑脫不羈，名聲在外，被南齊藩王器重。南齊後期，始安王蕭遙光陰謀篡位，謝朓不預其謀，反遭誣陷，下獄冤死。「大小謝」極其類似的悲劇命運何嘗不是謝家走向沒落的反覆宣示。

說到陳郡謝家的衰落，最直接的原因就是連年的戰亂和殺戮。孫恩造反時，謝家勢力正處於巔峰時期，主持了鎮壓造反的工作。結果，兩年中近十位謝家青壯子弟死於戰火，好幾支血脈遭到了滅門。之後，桓溫的兒子桓玄繼承父親的野心，再次造反作亂，悍然稱帝。桓玄一度要佔烏衣巷的謝家作兵營。謝安的孫子謝混苦苦哀求。桓玄考慮到桓謝兩家的先人關係不錯，最後放棄了佔謝家為兵營的念頭。這兩個大劫加上侯景之亂時的殺戮，令謝家蒙受了重大損失。其次，新的政治人物和勢力的興起，尤其是寒門勢力的崛起衝擊了陳郡謝家等老牌門戶。政治氣候變了，謝家的政治田地不再旱澇保收了，後代要想重掌祖輩的權力難上加難了。後期，陳郡謝家子弟雖然充斥南朝各代，但有所作為的政治人物已不多見。世族子弟的無所作為，與政治漸行漸遠是有必然性的。陳郡謝家的衰落僅是其中的一個表現。

陳郡謝家在史書上的最後一個名士是謝安的九世孫謝貞。謝貞一生如浮萍一般在亂世中飄蕩。侯景叛亂中，謝貞隨無數難民被擄掠到長安，後回到南陳，又遇到整天唱著玉樹後庭花的陳後主。人生多舛、國家無望，謝貞苦悶異常，又遇到母親去世，他痛哭氣絕，竟然也死了。也許正是這種看似異常的「孝行」才讓謝貞在史書上為家族爭得了最後的讚譽。

謝貞詩歌才華不錯，流傳下來的卻只有「風定花猶落」一句。有人說，只憑這一句謝貞就能在中國文學史上佔有一席之地，也有人說謝貞這句參詩一語成讖，寫出了陳郡謝家和兩晉南朝整個貴族門閥的沒落。謝貞死後第四年，腐朽的南陳王朝覆滅了，金陵王氣黯然收。兩晉南北朝世族門閥的昌盛時代正式結束，王謝子弟蹤跡難尋，舊時堂前的燕子現在都出入尋常百姓家了。

# 四八、舊時王謝門前燕

## 一

魏晉南北朝時期，尤其是在東晉南朝時期，中國的官員錄取主要標準就一條：出身。出身豪門大族的子弟，就算是塊木頭也能平步青雲；出身寒門地主的子弟，就算是文曲星下凡也只能位列下僚，終生埋首文山案牘沒有出頭之日。這一切的成因都要從九品中正制度說起。

漢朝官員入仕主要靠「徵辟」。朝廷覺得哪個人有才華，地方官府或者大官員看到哪個人有能力，都可以直接發文任命他為官。挑選的標準是品德優秀、才學出眾。在發展過程中，一些家族重視家庭教育，「詩書傳業」「禮法傳家」，子弟都很出色，就世代為官。同時，品德和才學的高下，沒有統一的測試標準，主要靠鄉黨的評議。東漢末期，品評人物優劣的「清議」開始出現。品評人物，影響朝廷的徵辟。曹魏推行「九品中正制」默認了之前的現狀，又考慮到亂世之中人才四散漂流，鄉黨評議不盡準確的實際情況，將鄉間的評議權力收歸政府，設立專門的中正官員評議轄區人才，將人才分為上中下三等九品，根據品級的高低授人官職。人事任免的權力被中正官員操縱，加上中正官員都由現職官員出任，新挑選的官員自然都是官家子弟。那些世代為官的氏族子弟就佔了優勢。所以說，陳群等人創議「九品中正制」之初就是站在氏族大家的立場上，與即將稱帝的曹丕討價還價。隨著氏族官員掌握中正官制，氏族子弟充斥上品，最後出現了「上品無寒民，下品無士族」的局面。入仕的標準簡化成了只看家族出身，不問其他。再後來，整個制度異化為純粹以血緣為標準了。

在東晉和南朝，世族子弟二十歲即可入仕，而寒族子弟要三十歲才能「試吏」（從基本辦事員幹起）。世族子弟入仕後，壟斷清貴顯要的官職，比如祕書郎、佐著作郎、黃門侍郎、散騎侍郎等。這些官職成了世族子弟的專利，能很快轉遷高官。我們看南朝的許多人物傳記，「起家著作佐郎」、「領著作」、「掌著作」、「掌國史」、「修起居注」的記載比比皆是。這些人中間，文字功底紮實、有真才實學的人不能說沒有，但絕大多數人並沒有文史之才。而寒族出身的人，即便文采出眾也做不了這些官職。南梁時人吳均，是公認的大才子兼史學家，先是「待詔著作」，後來又為梁武帝編《通史》，就因為不是世族出身，一輩子都沒當上官。此外，東晉和南朝都明文規定世族可以蔭護部分人口，依附世族的人口可以免除賦稅徭役；規定世族可以封山固澤，圈地佔地；當官帶來的地位、權力和收益等好處順帶著也落入了世族子弟的囊中。部分世族還擁有私人武裝。這些好處世代相傳，又反過來增強了世族大家的勢力。

世族出身的好處顯而易見，而且越來越大。南方的世族大家們為了壟斷仕途和利益，做了許多荒唐的事情。

比如「譜學」開始流行。所謂譜學，就是研究家譜的學問。這可是「大學問」，是明確各個家族貴賤高低，防止寒門地主冒充世族的「根本所在」。所以每家世族都很重視編撰家譜，明確誰是自家人；各家之間相互學習家譜，辨別誰才是同類人。官員選拔，各級中正官員不管才能，只翻家譜，凡是高門大戶的一律定為上品。擔任中正官的人，除了本身是世族外，還必須對各家世族的祖宗十八代都了然於胸。發展到頂峰時，官場中人都鑽研「譜學」，將各家的譜系名諱等背得滾瓜爛熟，免得交往時張冠李戴或者犯了名諱。誰不精通譜學，便被認為「無能」、「不稱職」，遭到裁撤。一批批「譜學家」應運而生，梁人徐勉著《百官譜》二十卷，為了官員選拔做到「彝倫有序」；陳朝吏部尚書孔奐，因為「詳練百氏，凡所甄拔，衣冠縉紳不悅伏」。東晉時，譜學家賈弼之奉命編撰《姓氏薄狀》七百一十二篇，集十八州一百一十六郡士族，「凡諸大品，略無遺闕」。後來南梁王僧儒「知撰譜事」（一個專門的譜學官職），在《姓氏薄狀》的基礎上撰成《十八州譜》七百一十卷，作為官方的「譜學」版本。琅邪王氏，高平郗氏，陳郡謝氏，太原王氏，潁川庾氏，河南褚氏，陳郡袁氏，魯郡孔氏，陳留阮氏等是公認的高門貴戶。而遲至梁朝，官方譜學的前百名都沒有南方的土著世族。世族也分高低，永嘉之亂時從北方南渡的世族是高門，欺壓南方土著世族。南北世族的內部矛盾一直存在。

修了家譜，世族們又為了保證家族血統的純正，聯手杜絕與世族圈子之外的人通婚。王謝兩大世族就經常聯姻，吳郡的朱張顧陸是一個婚姻集團，會稽的孔魏虞謝則是另一個婚姻集團。世族子弟其他都風風光光的，婚姻選擇的範圍卻非常狹窄，門第、輩分和年齡都合適的對象沒幾個。南齊時期，發生了王源嫁女給富陽滿氏的案子，轟動一時。王源的老婆死了，家裡又很窮，吳郡富陽人滿璋之家境富裕，替子滿鸞求娶王源的女兒。滿璋之給了五萬錢作為聘禮，王源就答應了。五萬錢的數目很大，王源不僅操辦了女兒的婚事，還用餘錢繼了弦。不想，當時的世族領袖沈約彈劾王源將世族女子嫁給寒門子弟。王源的曾祖父王雅是西晉的尚書右僕射，祖父和父親也都是清官顯要，他的世族身分沒有人懷疑。但是富陽滿家卻被世族圈子懷疑是寒門地主。王源解釋，滿璋之說富陽滿氏是高平世族滿寵的後代（滿寵在魏明帝時任過太尉，其孫滿奮是西晉的司隸校尉），自己又見滿璋之擔任王國侍郎，準女婿滿鸞擔任主簿，才定下這門親事的。沈約認為，滿璋之的世族門第沒有明確根據。滿家最後顯赫的人滿奮早在西晉就死了，後代之後沒沒無聞，滿璋之的家世顯係偽造。（可能是各家譜牒中都沒有有關滿家親屬的一絲半縷的記載。）因此，沈約彈劾王源「人品庸陋」，與滿家聯姻是唯利是求，「蔑祖辱親」。最後，王源被逐出世族行列，禁錮終生。可見，世族和寒門之間的界線涇渭分明。

世族人家更荒唐的是，最後竟然發展到不和非世族的人士交往，甚至想方設法地侮辱主動示好的非世族人士。南齊的中書舍人紀僧真出身寒門，卻風流儒雅，一副世族子弟的派頭。齊武帝蕭賾非常欣賞紀僧真，常說：「人生一世，何必計較士庶門戶？不要看紀僧真出身寒人，卻是許多士大夫所不及的。」紀僧真因此求皇帝給他「抬籍」（提升進入世族行列）。蕭賾不能作主，就讓紀僧真去找都官尚書江斅。江斅出身濟陽考城江氏，世代顯貴，母親是宋文帝的公主，自己又娶了宋武帝的公主，門第顯貴。紀僧真來江家拜訪，江斅倚在榻上養神，不等紀僧真開口就自顧自地吩咐小人：「把我的榻子抬遠一些，不要靠近紀大人，人家是士族清流，我高攀不上。」下人們過來抬起榻子就走，把紀僧真晾在一邊。紀僧真馬上知道抬籍是萬萬不可能的事情了，只好灰溜溜地告辭。宋武帝時，寒門出身的國舅路瓊之，錦衣繡服、鄭重其事地拜訪王僧達。王僧達出身琅琊王氏，雖無一官半職，但門第高貴。路瓊之來後，王僧達冷淡地客套了幾句，突然打斷路瓊之的話問：「過去我家中有一個馬夫叫路慶之，不知是你的什麼人啊？」路瓊之大為尷尬，隨即起身告辭。王僧達也不挽留，當即命令僕人將路瓊之剛剛坐過的床榻拿去燒掉。路瓊之回去後找路太后哭訴，路太后大怒，向宋武帝哭訴：「我還活著路家就這麼被人欺凌，我死了路家人還不沿街乞食啊！」宋武帝劉裕是一代梟雄，殺人無數，但對這事一點辦法都沒有，說了一句：「瓊之年少，沒有事情去拜訪王僧達幹什麼啊！活該他受人欺辱。王僧達那樣的貴公子，豈可以加罪乎？」

## 二

說到南朝的皇帝們，世族大家和他們的關係比較微妙。世族勢力是依附政權產生的，離開了政權他們的世襲權力就得不到保障。晉室南渡時，北方南下的世族紛紛支持司馬睿建立東晉，是為了保障世襲特權。之後南朝歷代禪讓，世族大家們都很務實地承認勝利者，主動支持新的王朝，對新皇帝表示效忠。目的也是保障世襲特權。

擺在世族大家面前的最大難題可能就是南朝皇帝的出身都不高。劉裕就不用說了；宋齊的蕭氏雖然算是地主出身，卻也不是什麼顯赫門第，勉強算是寒門；陳霸先則是南方土著出身，以小吏起家。世族們不和新皇帝交往又不行，怎麼辦？南朝史書特別重視載明人物的家世譜系，凡記世族人物必載其祖先官階履歷，寫得越早越顯赫越好。於是世族們就給新皇帝編撰一個顯赫的祖先，比如說南齊蕭道成是西漢相國蕭何的第二十四世孫，並煞有介事地拉扯出了從蕭何到蕭道成之父二十三代世系、官位，一代一代地註明，還將並非一族的蕭姓名人也拉扯進來。給非世族的皇帝們編排顯赫的譜系，除了對皇帝的奉承外，世族們的主要目的是證明皇帝也是世族中人，從一個側面證明世族血統的高貴。最終，他們還是為保障世襲特權。

南朝皇帝們需要世族大家們的支持，因為世族的勢力異常強大。新皇帝們不能也不敢取消世族的特權。但另一方面，世族勢力強大到了威脅皇權的程度，皇帝們不得不出面對世族進行抑制。皇權和世族權力的鬥爭潛伏在南朝政權發展的始終。

南朝主要的賦稅徭役來源是戶口登記在冊的自由農。但長期以來戶口政策流於形式，因為世族大家們隱藏了許多人口，供自己驅使，接受自己剝削。為了安置北方南下的百姓，東晉和南朝都設置了僑州、僑郡、僑縣。其中的百姓被稱為僑人，不算正式戶籍，不負擔國家稅役。東晉和南朝歷代都想整理戶籍，按實際居住地編定戶籍，取消對僑人的優待，統一接受政府剝削。東晉時，桓溫、劉裕都親自主持過戶口整理工作，都以嚴厲著稱，還處置過部分人。但世族大家紛紛反對整理戶口，害怕經濟利益和依附人口受損。最後，歷次戶口整理都不徹底，僑州、僑郡、僑縣始終存在。朝廷和世族的利益都受到了照顧，誰都壓不倒誰。

皇帝們在政治上與世族勢力鬥爭的主要手段就是扶持寒門地主勢力。世族子弟們都擁擠在那些清貴顯要、升遷快速的官職上，逐漸不屑於處理實際政務，導致許多負責實際事務、位置重要的職位落入寒門子弟手中。寒門子弟沒有根基，與世族子弟存在矛盾，就成了皇帝可以栽培的力量。南朝各代，寒門子弟不是典章機要，就是本身透過軍功掌握軍隊，力量上升。世族大家對攬權的寒門人士，每以「恩幸」視之，輕蔑之，侮辱之，不與之往來。然而，寒門地主力量雖有成長，卻不能動搖世族勢力的根基。一方面，寒門近臣雖然不乏有才能之人，但品德大多低下，文化素質難以與世族相比。他們貪贓枉法，弄權營私，往往較世族更甚。另一方面，他們權重之後，喜歡模仿世族奢侈豪華的風氣，極力設法混入世族行列，比如之前的紀僧真。世族控制著社會的主流生活形態，惹得寒門紛紛向其靠攏。

所以，無論是經濟鬥爭還是政治暗鬥，皇帝們都沒有成功。世族勢力不斷成長。朝廷之所以沒有立即覆滅，主要是因為世族彼此之間派系傾軋。頂尖世族之間存在矛盾，南渡和本地世族之間又存在矛盾。朝廷才能利用世族內部的矛盾，謀取均衡，維持政權。

## 三

南方的世族最終還是走向了衰落。老套地說，既有南方社會內部的原因，也有外在的變故。

這內部的原因不是寒門地主勢力的上升，而是世族自身逐漸腐化。世族的產生與壯大，重要原因是自身能力強，文化素質高，注意家庭教育。東晉是世族走向鼎盛的時期，豪門大戶都注重家學相傳。頂尖的世族，比如陳郡謝氏、琅琊王氏的家教和子弟的文化素質，都是出了名的優秀。前期的世族都當得起「書香門第」、「功勳門第」的稱號。但隨著權勢世襲，現成的地位和利益很快侵蝕了世族子弟。反正不用認真讀書、勤奮工作就能坐享其成，為什麼還要認真和勤奮呢？久而久之，世族子弟越來越不成器。梁朝全盛之時，貴族子弟大多不學無術。民諺云：「上車不落則著作（只要從車上掉不下來的小孩，就能當著作郎），『體中如何』則祕書（只要能在信中寫問候的話，就可以當祕書郎）。」「江南朝士，因晉中興，南渡江，卒為羈旅，至今八九世，未有力田，悉資俸祿而食耳。假令有者，皆信僮僕為之，未嘗目觀起一坺土，耘一株苗；不知幾月當下，幾月當收，安識世間餘務乎？故治官則不了，營家則不辦，皆優閒之過也。」八九代人都沒種過田，都不知道什麼時候收割不分稻麥了，這樣的世族大家完全脫離了現實。南梁時，世族人士都褒衣博帶，大冠高履，塗脂抹粉，出則車輿，入則扶持，找不到能騎馬的人。別人送給世族人士周宏正一匹矮小得只能在果樹下走的馬做禮物，周宏正學會了騎這匹小馬，常常騎出去，就被圈子裡的人評為「放達」。至於有尚書郎敢騎馬，則會被圈子裡的人彈劾。建康令王復有一回看到馬又跳又叫，大驚失色，顫顫巍巍對人說：「這分明是老虎，怎麼叫做馬呢？」最後侯景叛亂，世族子弟們膚脆骨柔，體羸氣弱，不耐寒暑，只能坐著等死。

東晉南朝政治的鬆懈腐敗和懦弱，掌權的世族要負主要責任。

外部原因就是從侯景之亂開始的一系列變故了。侯景之亂間接導致了南梁的滅亡，摧毀了南方的世族結構。侯景剛投降時，備受寵遇。侯景就想向王謝兩家求婚，蕭衍勸他說：「王謝門第太高，你配不上。你不妨在南方士著的朱張以下門第看看。」侯景北方人，武人一個，竟然被南方的世族文化這麼打擊，受不了。他恨上了那些世族豪門，發誓要將世族兒女拉下台來，許配給奴婢。叛亂期間，侯景進入建康後幾乎殺絕了王謝二家，其他世族也受到沉重打擊。同時，侯景給社會造成極大破壞，「千里煙絕，人跡罕見，白骨成聚，如丘隴焉」，極大打擊了世族大家們的經濟和社會勢力；他還提拔了大量寒門人士甚至奴婢下人，破壞了原有社會結構。侯景之亂，西魏兩次攻略江陵。舊世族勢力一蹶不振，面目全非。子弟甚至淪落為農夫商販。到陳霸先以胥吏身分登基稱帝，南方士著地主抬頭，南渡世族勢力更加衰落。不久，隋朝興兵伐陳，南陳覆滅。皮之不存，毛將焉附。南方所有的世族，不論南渡的還是土著的都隨著南方政權一起灰飛湮滅了。「舊時王謝門前燕，飛入尋常百姓家。」

北方世族的發展和南方不同。就政治和社會上的特權而言，南北世族是一致的，但兩者的境遇不同，作風也就有明顯的差異。一般說來，南渡的世族都是盛流名族，他們藉著擁戴王室的名義，各自封山佔澤，成立莊園，把南方土地看作他們的殖民地，並且歧視南方土著家族，引起嚴重的僑姓與吳姓之間的對立。而滯留北方的世族，門第本來就不是最高的。他們處在少數民族的統治和壓迫之下，不得不紮根百姓結好民眾，增強自己的地位，從而博取其他民族統治者的重視。「所以南方的世族是『借上而凌下』，北方的世族則為『附下以抗上』。」

南方的世族養尊處優，心態上變得自私自利，不注重家庭。大家族慢慢分裂為小家庭，士大夫父母在而兄弟分居的佔十之六七。他們往往「死亡不相知，饑寒不相恤」，甚至有「共甑分炊飲，同鐺各煮魚」的奇觀。平時各自享樂，有事時就各奔東西。北方世族就不同了。因為處境艱苦，同族之間凝聚力越來越強，家族組織趨於緊密的大家庭制。在亂世中，他們往往聚族而居。許多大家族還建立塢堡，聚攏流亡百姓，成為自給自足、亦農亦軍的社會組織。少數民族政權不敢輕辱，往往吸納他們進入政權。世族因為無力驅逐異族統治者，只有隱忍合作，奮鬥建立功業保全自己，同時透過參與胡族政權的機會，逐漸把漢族傳統文化和政治制度注入其中。因此，北方雖然戰亂不休，漢族政治傳統卻始終沒有斷絕，反而是將異族統治者的傳統融化消亡，最終使少數民族消失在漢族的汪洋大海之中。

因為漢族世族屹立不倒，始終具有強健的力量，從五胡十六國到北魏、北齊和北周，歷代王室對世族重視並引為己用。北方世族逐漸接觸少數民族政權的權力核心，最終將政權重新奪回到漢族人手中。北魏時期的漢化政策使少數民族加快融入漢族，同時許多漢族世族人士也「胡化」，被少數民族接受為同族。北魏分裂後，北齊高氏漢化程度淺，政權保持了較多少數民族習氣，對黃河中下流的漢族世族人士並不重視。東部漢族世族勢力發展不起來。而西部的北周政權因為力量薄弱，特別重視爭取關中隴西漢人的支持，對關中隴西世族很拉攏。隋唐的建立者楊氏、李氏都是關隴世族人士，就是在這一時期被宇文家族拉入北周政權內部的。北周政權和漢人逐漸融合，力量由弱變強，最終消滅了北齊和南陳，時隔四百年後重新統一了中國。北周政權也被漢人出身的楊氏、李氏等關隴世族集團篡奪。中國歷史也進入了關隴世族掌權的隋唐時代。

# 四九、佛教是如何在中國站穩腳跟的

佛教在兩漢時期就從古印度傳入了中原地區，但是當時人們對佛教教義比較無知，僅僅將它當作道教神仙的一種。少數信奉佛教的人也都是官僚體制當中的上層人士。他們往往將佛教當成和道教的黃老一樣的偶像來崇拜。在兩漢時期，人們出家為僧是非法行為。所以，當時佛教還僅僅是社會上一種邊緣思潮的存在，它的真正盛行是在魏晉南北朝時期。也是在魏晉南北朝時期，佛教解決了自己教義和中國傳統政治的深刻矛盾，最終在中國站穩了腳跟，綿延千年。

為什麼佛教在魏晉南北朝時期迅速流行？主要原因有兩點：第一，東漢末期以後，政治黑暗、社會動蕩，作為統治思想的儒家學說，越來越不能解釋社會的黑暗面，社會各個階層對儒家學說的信任產生了危機。而此時的道教還處在宗教的原始階段，被統治階級視為民間劫黨，處於被官府取締的狀態中。當時新興起的玄學雖然逐步取得了一些思想市場，但它的信仰者基本局限在士大夫當中。於是，中國社會的思想信仰就出現了一種真空，迫切需要一種思想去填補。佛教思想恰逢其時，從天而降。

第二個原因是魏晉南北朝時期局勢動蕩，王朝像走馬燈一樣更替，人民生活困苦不堪。動蕩的社會是宗教發展的沃土。當在一個社會中，人人都懷著朝不保夕的恐懼和憂慮，神靈的超自然力量自然就成了人們寄託各種美好願望的對象。魏晉南北朝時期，上至王公大臣，下至普通百姓，都有保全身家性命、保護自己財產的迫切願望。於是，他們把目光投向了新興的佛教。我們翻閱南北朝時期的正史，就會看到裡面有許多荒誕不經的事情。比如說某個官員因為獲罪而被處死刑，臨刑的時候他默念觀世音法號，竟能枷鎖自脫；還有的官員在行刑前默念佛號，就在這時皇帝赦免的詔書及時送到了；等等。這些被記入正史的傳說反映了當時官員在動亂之際，企圖信仰佛教來保全身家性命的心理。官僚階層如此，百姓更是如此。以上兩個原因相互作用使得佛教在魏晉南北朝這個亂世迅速發展起來。

兩漢時期是不准百姓出家為僧的，魏晉時期石虎說我本來就是「戎」人，理當尊奉「戎神」（即佛）。他下令不論華夷貴賤，都可以自由出家。出家的禁令解除了以後，大批百姓為了逃避牢役、保全性命，紛紛削髮為僧，求得寺院的庇護。

一般情況下，一個割據政權苛捐雜稅，橫徵無度，百姓們出家為僧的比例就高；如果一個政權政治清明、社會穩定，和尚們還俗的比例就高。那些帝王和達官顯貴們自然不願意出家為僧，但是他們的信佛、佞佛。南朝時期，王謝等世族大家皈依佛門的就有七八十人之多。即便是在東晉末年，晉恭帝還親自籌措資金數千萬，塑造了金佛，步行十餘里放置在金陵瓦罐市。南朝的梁武帝蕭衍就更出名了，他曾經三度出家到金陵同泰寺，甘願做一個寺奴，最後都是由梁朝的官員出錢將他贖回。

普通百姓和王公貴族的種種行為推動了佛教在魏晉南北朝時期氾濫。最突出的表現是當時中國的南北方都寺院林立，各家寺院收斂錢財、擴充田地，出家的和尚和尼姑數量大增。佛教寺院發展成了龐大的經濟和社會力量。據史料統計，南朝的都城建康（也就是現在的南京市）有佛寺五六百所；在北魏的前期都城平城（今山西大同市）有佛寺上百所，北朝寺廟超過了六千四百所。而南北雙方合計的寺廟估計在三萬所以上。當時，僅北魏統治區域就有專業的僧尼兩百多萬人，到了北周時期，這個數量增加到了三百多萬人。

民間的信奉和達官貴族的尊崇，使得佛教藝術在當時大為發展。典型的表現就是佛教石窟的大量開鑿。今天，我們看到的幾大佛教石窟。如敦煌莫高窟、山西大同雲岡石窟、河南洛陽龍門石窟、甘肅天水麥積山石窟，還有山西天龍寺石窟、甘肅炳靈寺石窟等等都是在魏晉南北朝時期開鑿的。其中最值得說的是敦煌莫高窟。敦煌自西漢設立郡縣以來到西晉末年的數百年之間，迅速繁榮昌盛，逐步發展成為中國西北地區的軍政中心和文化商業重鎮，成為華戎交匯的大都會。進入魏晉以後，河西地區先後建立過前涼、後涼、南涼、西涼、北涼等割據政權。西元四〇〇年，李暠割據敦煌稱王，建立了西涼。敦煌有史以來第一次成為了國都。敦煌在前涼、西涼、北涼三個割據統治時期，社會相對安定，各個政權都注重修理內政，保境安民，輕徭薄賦，同時崇尚儒學，興辦教育，招攬了大批讀書人和文化精英。當時整個河西地區文化昌盛。敦煌成為了文化中心，在當時的敦煌城裡，人們能夠看到各地前來避難的士人、大師和普通百姓，著名的儒家大師在敦煌開課講學，往往能夠聚集數百名甚至上千名學生。在地理上，敦煌是西域進出中原的交通要道，扼守佛教傳入中國的咽喉。西域的商品、文化和宗教源源不斷地來到敦煌，中原內地避難的百姓和儒家文化、生產技術也紛紛遷到敦煌，使得敦煌成為中西文化碰撞的一個焦點。在這裡，飽受動亂之苦的中原百姓紛紛拜倒在從西邊來的「佛」的腳下，希望能夠藉此解脫苦難。敦煌由此成了佛教東傳的原點和西部地區的傳教中心。有一大批佛學高僧在敦煌駐足講經，並經由敦煌進入中原大地。前秦苻堅時期，開始有佛教中人在敦煌城郊區的鳴沙山開鑿石窟。據說，當時有人看到，鳴沙山上金光萬道，彷佛有千尊金佛，於是萌發了開鑿佛教石窟表示虔誠的心意。這場浩浩蕩蕩的石窟造佛運動延續了千百年，最後造就了聞名於世的敦煌藝術。敦煌雄厚的經濟基礎和燦爛的文化以及東西思想的碰撞，全都展現在了一個一個的事物當中，表現為一幅幅著名的、美侖美奐的壁畫和一個個淹沒在黃沙和穀子堆裡的淒美的故事。北魏滅亡北涼，統一了北方以後，河西地區的文化、人物和敦煌的佛教迅速進入中原。敦煌可謂是魏晉南北朝時候佛教發展的一個駐足點和一個原點。

魏晉南北朝時期，佛教氾濫的第三個表現是這個時期名僧輩出，翻譯大盛，是中國佛教思想的奠基時期。西晉永嘉四年（三一〇年），西域龜茲僧人佛圖澄來到洛陽，當時佛圖澄已經七十九歲了。據說他在中原主持建立過八百九十三所寺廟，收了將近一萬人的門徒，他在永和四年（三四八年）的時候，在鄴城去世，享年一百一十七歲，在他眾多的門徒當中，最著名的是僧人釋道安。中國僧侶習慣於以「釋」為姓，這個做法就起源於釋道安。釋道安是冀州常州人，十八歲出家之前是飽讀儒家經書的讀書人。他在鄴城見到了佛圖澄，受到了佛圖澄的賞識，之後就一心皈依佛門，弘揚佛法。後趙滅亡後，中原混亂不堪，釋道安帶著弟子遷徙往來，在東晉興寧二年（三六四年）率弟子慧遠等四百多人來到了南方的襄陽。他在襄陽注經、講經、翻譯經文，常常聚集信徒好幾百人。

釋道安的師傅佛圖澄來到中原的時候可能還靠一些迷惑人耳目的魔術來招攬信徒，到了釋道安時期，佛學家完全成了嚴肅的學問，他們靠的是傳授思想來招攬信徒。太元四年（三七九年）的時候，前秦軍隊攻陷襄陽，苻堅將釋道安恭恭敬敬地請到了長安。在長安，釋道安組織大規模的翻譯佛經的事業，而他的弟子慧遠則在前秦軍隊攻佔襄陽以後，帶領一部分人逃到了九江，後來定居在廬山。慧遠是山西雁門人，他少年的時候遊學於許昌、洛陽，學習的是儒家經典和黃老道家之術。二十一歲在山西恆山聽釋道安講經以後，毅然出家為僧。他在廬山居住了三十多年，弘揚佛法，後來發展成了淨土宗。淨土宗是當時南方最主要的佛教宗派，廬山成了佛教重鎮，前往江南的西域和北方僧人往往匯聚廬山。廬山也發出了一封封探討佛經的信件，和北方同道通信問學。

北方與慧遠同時代的著名僧人是鳩摩羅什。鳩摩羅什是西域龜茲人。前秦苻堅命呂光進軍西域的時候，將已年屆中年的鳩摩羅什請到了涼州。後秦滅後涼後，又將他迎他到長安。後秦姚興將鳩摩羅什敬若神明，命僧人八百餘人跟從他學習。鳩摩羅什最大的貢獻是組織了大規模的佛經翻譯事業。他精通梵文和漢字，在幾百名助手的協助下翻譯了大批佛經，對佛教經典的漢化做出了重要貢獻。

除了這些宣揚西方佛教的僧人以外，魏晉南北朝時期，還興起了中國本土僧人去古印度求法的熱潮。中國僧人西行求法，在東晉時期最著名的就是法顯和尚。法顯俗姓龔，平陽武陽人，他三歲的時候就進佛寺做了小沙彌，二十歲的時候受戒。東晉隆安三年（三九九年），法顯和一些同伴從後秦的首都長安出發，西行求法。求法的道路當中，旅伴時增時減，旅途生活極為艱難。比如，從敦煌到鄯善的一段，法顯就不得不以枯骨為標誌，在戈壁荒沙中走了十七天。經過三年的跋涉，法顯在元興元年（四〇二年）才越過蔥嶺，進入北印度。他的足跡遍跡西、中、東印度各地，瞻禮佛陀遺跡，學習梵文，收求佛經。在東晉義熙五年（四〇九年），法顯搭乘商船到師子國（今斯里蘭卡），繼續求經律法。兩年後，他搭乘商船回國，途遇大風，在海上漂流了九十天，最後流落到今印尼爪哇島。又過了一年，他才從爪哇搭乘商船回到廣州，途中又遭遇暴風雨，漂流了兩個多月，結果到達了青州（今山東即墨）。法顯將自己沿途求法的經歷寫成了《佛國記》一書。在中國佛教史上，法顯是與唐朝的玄奘齊名的人物。

在喧囂的信佛、崇佛浪潮當中，也有許多人對佛教的氾濫進行了冷靜的思考，提出了批評。比如，北魏官員李瑒就根據儒家信仰對佛教進行了批評。他認為，中國的聖人不信神，不信鬼，而佛教卻宣揚天堂、地獄、靈魂等等，是地地道道的鬼教。他還曾上奏北魏皇帝，認為不應該捨棄堂堂正正之教（即儒教）而從鬼教。南朝官員天文學家何承天則根據佛教的因果報應學說認為其宣揚邪說，自相矛盾。他舉了一個例子：鵝吃草不殺生，卻最終要被人宰殺；燕子殺生，以蟲為食，而家家戶戶卻保護燕子。這樣看來，殺生者不一定有惡報，做善者卻沒有善果。何承天根據佛教思想內在的一些矛盾，認為佛教這些東西是欺騙老百姓的陷阱，應該遭到仁人志士的捨棄。

南北朝時期，對佛教最強有力的批評來自於范縝。范縝是梁武帝的老朋友，在梁朝初年的時候曾經做到尚書左丞，後遭人彈劾被流放廣州，返回建康後擔任官卑職小的中書郎。當時，梁武帝崇信佛教，范縝卻對當時舉朝傾盡財力崇佛、老百姓破家佞佛的行為表示不滿，公開發表了《神滅論》。《神滅論》的主要思想就是人的精神和肉體是一體的、共生的，宣揚人死神滅，沒有靈魂。這就否定了佛教的因果報應。佛教的教義是博大精深的，但魏晉南北朝時期，一般信徒往往只知道因果報應和神靈。范縝就根據這兩點強調神形不可分，人死則靈魂消滅。後來上至梁武帝，下至竟陵王都驅使了一批佛教信徒與范縝辯論，結果都被范縝駁得無言以對。這也說明當時南北朝社會上下對佛教的信仰並不深，並沒有理透佛教的真正深義。很多官僚、百姓崇信佛教，大體都是報著一種病急亂投醫的需要，這並不意味著佛教的博大精深的教義已經深入到人心當中。

佛教氾濫的表面喧囂，並不能掩蓋佛教和當時中國社會深層次的對立。

不解決這樣的對立，佛教就遠談不上在中國站穩了腳跟，佛教和中國社會深層的矛盾有哪些呢？除了剛才說的佛教的精神教義並沒為中國人正確接受以外，佛教對大量人口皈依佛門，大量金錢流入佛門，導致了佛教和正常的社會秩序爭奪財力、物力和人力。魏晉南北朝時期，戰亂頻繁，有一些縣的人口不足萬人，而一些大的寺廟往往擁有數以十萬的人口。這樣就使得佛教的勢力超過了地方州縣的勢力，這不能不引起各級政府的猜忌。

同時，佛教思想和中國傳統政治文化存在不可調和的矛盾。在古印度，佛教與世俗政權的關係無非是兩種。第一種是出家人四大皆空，不問塵世，入了佛門就是脫離紅塵。於是，許多早期的佛教僧侶住在深山老林裡面，不問世事，不和世俗政權交往。另一種情況就是古印度的一些王朝，比如孔雀王朝，政教合一，世俗的帝王就是佛教的最高教主。但是這兩種情況和中國的政治文化是不相融的。我們知道中國是一個崇尚大一統的國家，皇權至上。中國的中央政權絕不能允許有不受政府公權力管轄的特殊的人物和事例存在。同時，中國也是一個「非宗教」的國度，世俗的帝王不可能兼任佛教的最高教主。這就導致佛教的教義、組織機構和中國的社會產生了深層次的矛盾。

在魏晉南北朝的早朝，佛教僧侶堅持古印度的慣例，出家人四大皆空，不關心與皇權、官府產生的衝突，乾脆就不理會皇權和官場。比如，當時的佛教僧侶看到了達官顯貴，既不跪拜也不行禮，常常漠然地擦身而過。這在達官顯貴看來就是一個不敬的行為。東晉時期，掌權的大將軍桓玄曾經責問南方佛教的領袖人物慧運。他說，僧人看見了官員甚至是看見了至高無上的帝王都不行禮，這是「大不敬」，而這個「大不敬」在封建王朝的法律當中是可以抄家滅門的大罪。但是，慧遠專門寫了一篇題為《沙門不敬王者論》的文章來回應桓玄的責難。慧遠說：僧人出家，積善積德，實際上是孝敬父母。佛教教義有助於推動文化，其實是在協助官府和帝王教化百姓，所以，佛教僧侶雖然不拜帝王，但是不能說不敬。慧遠最後說，佛教僧侶是開天人之路的使者，只要帝王不違背天意、順從天意，佛教僧侶拜佛也就是在拜帝王。慧遠的這種辯解，讓桓玄無言以對。

在北方也是如此，北周武帝曾經下詔，佛教僧侶在皇帝面前不得自稱「貧僧」，必須稱「民」、稱「臣」。但是官府的這些命令並不奏效。魏晉南北朝前期，佛教仍然保持著與世俗政權抗衡的局面。這就不能不讓世俗的政治人物釋懷。魏晉末期十六國的西夏赫連勃勃大王就想出了一個歪招。他出門的時候都要身背佛像。於是，看到赫連勃勃的佛教僧侶不得不恭恭敬敬地對著赫連勃勃敬拜，這樣赫連勃勃就變相地實現了讓佛教僧人敬拜自己的目的。但是，佛教僧侶在拜過之後，往往聲稱他們所拜的是赫連勃勃背著的佛像，而不是赫連勃勃本人。

到了北魏前期，太武帝拓跋燾雄心壯志，要統一中國。他所遭遇到的一大問題就是北方的佛教勢力過於強大，壟斷了大批的人力、財力，並且太武帝害怕佛教僧侶藐視王法，不肯臣服於世俗統治，可能妨礙自己的大一統的事業。於是，太武帝開始了大規模的滅佛行動（據說得到了道教勢力的慫恿和大力支持），佛教在北方遭受了第一次毀滅性的打擊。但是，佛教的氾濫並不是一兩次舉起屠刀能解決的。太武帝死後，北方佛教捲土重來，並且盛於滅佛之前。到了北周時期，佛教僧侶竟然達到了三百餘萬人。同樣具有雄才大略的周武帝宇文邕試圖抑制一下佛教，於是就在朝堂上宣布「三教」的順序為：儒家第一，道教次之，佛教第三。排序一公布，北方佛教徒大為不滿，自認為要排在道教之前。於是，道教、佛教兩派的主要人物當著皇帝的面吵個不休。周武帝宇文邕一怒之下，斷絕佛、道兩教，沒收道觀和寺院，迫令出家人還俗。實際上當時道教還被允許保留了兩處道觀，而佛教卻完全全被廢，三百萬僧彌被押解回鄉，成為接受朝廷的統治的編戶，佛教又一次遭受了滅頂之災。

在遭受了兩次「血的教訓」以後，佛教雖然在中國沒有絕跡，但很多佛教僧侶開始進行理智的思考。他們認識到，在政治權力強盛、習慣於大一統局面的中國社會，佛教只有跟世俗政權妥協，才能在中國生存、生根、繁盛。釋道安就說：「不依國主，法事難成。」為了弘法，佛教僧侶不得不低下頭開始屈從世俗政權，在教義和組織上做了不少妥協。此後，他們不但見到帝王、官員，開始主動行禮，甚至見到一般百姓都虔誠禮拜，無論男女老幼。更重大的變化是中國的佛教僧侶主動「修正」了佛教的教義，調和佛教教義和中國政治文化的深層矛盾。在主張出家、不問世事的同時，佛教高僧們開始認識到，出家人應該服務於社會，遵從世俗政治。他們用釋迦牟尼用法力降魔的說法彌合了出家和入世的矛盾。如果這個社會不太平，如果這個社會上還有暴政和不公平的現象，就存在著佛教教義當中的「魔」，作為出家人，佛教僧侶就有義務去深入社會，去驅除這些魔障，還百姓一個天下太平。而如何還百姓一個天下太平呢？其中很重要的一項工作就是接受世俗政權的指揮，按照世俗政權的命令去救贖、教化百姓。經過這種調和，佛教勢力就完全變成了世俗政權可以藉助來緩和矛盾的一種工具。

這樣的妥協開始於魏晉南北朝時期，完成於隋唐時期，唐宋以後，佛教這個外來宗教已經完全融入了中國社會和政治文化當中，成為了中國社會和政治文化的一部分。佛教僧侶不僅和普通老百姓和鄉村士紳相互往來，甚至公然出入帝王豪門之家，恭恭敬敬地遇人就拜。歷朝歷代還出了一些國師，幫著帝王出謀劃策，深層次地參與了政治事務。另一方面，官府深深介入了寺院的經濟乃至人事安排，就是在普通州縣衙門當中也有一些專門的佛官負責給要出家的老百姓們做證明，給遠遊的和尚提供度牒。遠遊的和尚如果沒有官府提供的度牒，就是野和尚。在這樣的情況下，佛教完完全全被改造成了有中國特色的宗教。

# 五〇、說說南北朝官場的「臨時工」

## 一

南北朝官制大體沿用魏晉舊制。和大的政治環境動盪混亂一樣，南北朝的官場也怎是一個「亂」字了得。

一個朝代的官制貴在穩定不變，機構清楚、職權明晰，讓正務能夠暢通執行，讓官吏對自己的行為和前途有明確的預期。同時，一個穩定的官制能夠適應政治現實、平衡權力結構。所以，每個朝代莫不將官制視為首要之務，王朝建立之初就搭建政府架構、任官治事。南北朝的各個政權自然也想這麼做，無奈苦於政局動盪、矛盾叢生，對明晰官制心有餘而力不足。「臨時」、「隨意」就成了這個時期官制最大的特點，官場中出現了不少「臨時工」。

南北朝政權都是通過實權人物通過軍事鬥爭建立的。由於軍事鬥爭的需要，正常的官制遭到了破壞。這些強權人物往往有自己的一幫人馬，組成自己的一套班底，自成體系，繞開了正常的官制和機構，自由行使職權。又由於局勢動盪，軍、民、財等不再自成系統，往往為了作戰或者攬權方便就打破制度和常規。因事設制，因人設官，都很常見。所以，整個南北朝時期，「臨時外置」就成了官制的一大特色。

南北朝官制的另一大特色是「臨時起意」，任意增加官額、虛立官名來安置功臣、貴戚和豪門。官爵成了緩解矛盾的工具，比如一些人為了聚攏人才，積累名聲而大肆徵辟僚屬。各朝中普遍衙門多官員多，人浮於事。官員多了，事情卻辦不好，衙門和官員相互扯皮，熱衷名位，反而造成統治不穩。

當時的實權人物、領兵大將，都建有自己的幕僚和政權組織，甚至擁有私家軍隊。他們的政權被稱為「霸府」。霸府幫助主人奪取政權，就擴充為正式的政權，其中的幕僚和將領就轉化為朝廷的文武百官。私家軍隊也「漂白」為政府軍。南北朝時期，政權更迭頻繁，霸府和正式政府並沒有嚴格的界限。南北朝時期，一些人投靠某個實權人物，進入他的幕府，等幕主建立藩鎮或者奪取政權後，這些人自然就成了當權官員。今日他們還是某人的幕僚，明天就成了朝廷的三公九卿了。宗室王爺繼承皇位、登基為新皇帝後，除了大肆封賞有功的幕僚和私將外，還總要將邦國內的所有官員都加官晉爵。這就是南北朝官制的隨意之處。

說完南北朝官制的大概情況，下面分北朝和南朝、中央和地方，具體說說官場之亂。

拓跋鮮卑在建立政權初期，保留了大量游牧民族的色彩，政權簡單而粗糙。雖然吸收了漢族士大夫做長史、司馬，但底子還是少數民族。一直到道武帝拓跋珪取得并州後，拓跋鮮卑才開始建立正規的政權機構。不用說，他們採納的是漢族的政治制度，魏晉時期的官制幾乎被他們全盤採納。自刺史、太守、尚書郎以下文官，拓跋珪一般都用漢族讀書人。漢族士大夫來軍門求見，不論老少，一概引入談話，量才錄用。北魏早期正是依靠這些漢族文官的支持，才建立起穩固的統治。對於北方的漢族老百姓來說，雖然統治者換成了異族，但統治的架構還是熟悉的舊時模樣，多少能減輕些抵觸情緒。

然而，北魏前期對漢族政制度的吸收還不深入。比如他們保留少數民族的劫掠色彩，不給官吏工資，客觀上逼得當官的人去貪污腐化。另外，鮮卑貴族和漢族官吏之間存在深刻的矛盾，漢族的制度受到了鮮卑保守勢力的阻撓和破壞。直到孝文帝元宏時期，這個矛盾才得到根本解決。比如元宏施行俸祿制，官吏在俸祿之外受賄一匹，就處以死刑。更重要的是，元宏雷厲風行地推行徹底的漢化改革，大力鎮壓保守的鮮卑貴族，解決了落後民族和先進制度之間的矛盾。元宏之後的北魏王朝，起碼從外表上已經和漢族人的政權沒有大的區別了。

孝文帝死後，北魏進入內亂時期。此後貪污腐化之風日盛，貴族豪強求官的人太多，吏部不敢得罪，選拔官吏只好以求官之人的年齡和資歷為標準，按順序補官，而不顧候選人的能力、品德等。北魏官吏大增，朝廷不堪重負，只好削減百官俸祿，這就在客觀上推動了貪污之風。北魏晚期，朝廷乾脆賣官鬻爵，考核提拔也以賄賂的多少為準。不僅是州郡長官，就是縣里的小吏也要出錢購買。這就使得只有貪污的人才能平步青雲，逼得官吏們去搜刮民脂民膏、貪贓枉法。自然，百姓不堪剝削壓榨，人心浮動。

偏安的南朝一直是「華夏正朔」，繼承了秦漢、魏晉的政治遺風。它們面臨的問題，不是創建制度，也不是漢化改革，而是如何在混亂中鞏固政權。具體來說，就是如何在中央實力衰落的情況下，壓制住強大的地方藩鎮。中央和地方的關係，就成了南朝官制考慮的重要問題。鑒於時局困難、戰爭頻仍，南朝不可能採取「強幹弱枝」的手段，客觀上必須保證地方有相當的軍事和財政實力來保衛中央。所以，從劉宋王朝開始，朝廷一般任用宗室近親鎮守地方。尤其是荊州、江州等強藩的歷任刺史，幾乎都是皇帝的兄弟子侄。問題是，親兄弟也靠不住！劉宋、南齊兩代內亂不斷，哪一次沒有擔任地方藩鎮的宗室親王的影子？蕭道成滅亡劉宋，告誡子孫；若不是劉家骨肉相殘，天下哪會落入我們蕭家之手！同樣的話，蕭衍滅亡南齊後，又和子孫重覆了一遍。

梁武帝蕭衍鑒於前兩代皇室骨肉相殘的教訓，為政寬縱。他大力推行佛法，同時寬待宗室王公，希望以此來消弭內部矛盾，解決中央和地方的問題。結果寬縱導致中央權威喪盡，有實力的宗室親王蠢蠢欲動。等到侯景之亂起，皇室內部矛盾、中央和地方的矛盾攪和在一起，將江南富庶之地摧殘得白骨累累。

## 二

南北朝中央官制的最大特點是尚書、中書、門下三省制逐步確立，代替原來的三公九卿制。「三公九卿」變得徒有虛名，基本變成閒散職位。

東漢以來，丞相之名變動了多次，或稱丞相，或稱司徒。南朝繼承了丞相多變的名稱，且廢置不一，沒有定員。中樞政務實權從東漢開始就早已默默轉移到各個尚書手中，經過三國、魏晉，到南北朝的時候已經成為定勢。尚書省掌握了中樞實權，真正總攬朝政大權的丞相必須加有「錄尚書事」的頭銜才行。「錄尚書事」的意思是負責尚書省的事務，實際上是一個「加官」或者說是「差事」。錄尚書事的人有權審閱一切公文。即便是威望極重的權臣，如果沒有「錄尚書事」的名號，也不能保證權力的集中。所以，判斷一人南北朝官員是不是真正的丞相，不看他的官銜，而看他有沒有「錄尚書事」。

南朝中央朝廷的最尊貴的官銜，繼承了西晉時期的「八公」，即太宰、太傅、太保、太尉、司徒、司空、大司馬、大將軍。這八個官銜都是一等一的好名字、好官職，但徒有其名，雖然有官署，卻沒有實際負責的事務，只是用來尊崇士族或者望重之人的榮銜、虛銜而已。「八公」之下，南北朝還發明了「開府儀同三司」的官銜，也是虛銜。所謂「開府」，指開設府第，設官置吏；之前只有「三公」才有開府的待遇。儀同三司，指的是可以擇設和太尉、司徒、司空「三公」相同的儀仗。北朝的最高榮銜和南朝略不同，北齊的中樞最高官是三師（太師、太傅、太保）、二大（大司馬、大將軍），下面才是三公（太尉、司徒、司空）。北周則是三公（太師、太傅、太保）、三孤（少師、少傅、少保）。名稱雖然不同，實質都是相同的。那就是它們都是虛銜，真正的實權在尚書省。

南朝時，朝廷改尚書台為尚書省。尚書省最高長官是尚書令，副手是左右尚書僕射。在既沒有丞相，也沒有「錄尚書事」的時候，尚書令就是事實上的丞相。

不過為了限制尚書省的權力，防止出現權臣，南北朝的皇帝只將行政權力賦予尚書省，而讓身邊的中書省參與決策。中書省的最高長官是中書監，副手是中書令。中書監、中書令負責草擬詔令、策劃國政，分了尚書省的權力。中書省日漸位高權重，成了皇帝的新威脅。於是，原本只是皇帝侍從衙門的侍中寺被擴大至門下省，其最高長官侍中隨從皇帝左右，參與朝政，隨時作為皇帝的顧問。這樣一來，中書省分了尚書省的權力，門下省又限制中書省的權力。朝廷中樞分為尚書、中書、門下三省，三足鼎立，分享行政、決策和顧問權力。尚書令與中書監、侍中等同參與朝政。這隱隱中有了唐宋時期三省長官「參知政事」、「參政平章事」的雛形（南朝也有個例外，南陳的國家政務就歸中書省，尚書省反而唯命是從）。

三省權力擴大，「九卿」的職權就被侵奪了。和「三公」一樣，南北朝的「九卿」也只徒具虛名。有的完全成了可有可無的虛衙門，有的則「淪落」為後勤服務機構。比如光祿卿在秦漢時是皇帝的侍衛長，負責禁衛軍，到西晉時就只有虛名，都被排擠到皇宮之外，只在文武官員大規模朝會的時候才來點個卯而已。北齊時，光祿卿所在的光祿寺成了安排宮廷筵席的衙門。

西魏和北周的中央官制最為特殊。名臣蘇綽等人依《周禮》六官制度改革官制，在北周開始實行。北周以天官家宰總領地官司徒、春官宗伯、夏官司馬、秋官司寇、冬官司空五官，形成五府總於天官的格局。這樣的結構簡化了機構，有利於皇帝集權。六官只處理日常政務，朝廷大政的決策、審核等都由皇帝授意親信官員另行處理。不過這個制度存續時間很短，隋朝建立後就被捨棄了。

在中央官制中，御史台是極少數在大亂世中保持不變的機構之一。南北朝時，御史台的長官叫做御史中丞，負責監察百官。不管什麼時候，皇帝都很重視對官員的監察，便於自己集權。局勢越亂，矛盾越激化，皇帝越需要監察機構。所以，任憑其他衙門沉浮變換，御史台都穩坐釣魚台。

## 三

說完中央官制，再說說地方官制和軍制。

無論南北，地方官制都是州、郡、縣三級制。州是最高一級的地方行政區劃，行政長官為刺史，下設別駕、諸曹從事等。首都所在的州，刺史稱牧。郡的最高長官為太守，下面有郡丞、主簿等。首都所在郡的長官一般稱為尹，比如南朝建康所在的丹楊尹、北周長安所在的京兆尹。郡下為縣，大縣最高長官稱縣令，小縣稱縣長，下面有縣丞、縣尉等。縣下還有鄉和里。

南北朝的行政區劃和官制一樣混亂。行政區劃總的趨勢是：轄境日益縮小，數量大為增加。增加州縣，就能多安插人員。比如為了籠絡聚民自守的塢堡主，就地任命他們為當地的縣令、太守。有的時候則是為了防止強藩出現，朝廷將州縣越劃越小。比如南朝分荊州南部為湘州，拆交州為廣州、交州、寧州等。南朝還僑置州縣，產生了許多僑州、僑縣。北方則虛分州縣。北魏孝明帝以後，豪強、權貴、大族紛紛自立州郡，甚至連只有一百戶人家的小城，也稱為一州；三四個村子的地盤，也立為一郡。刺史、太守、縣令等為數眾多。北齊文宣帝的時候，下令縮減行政區劃，省去三個州、一百五十三個郡、五百八十九個縣。南朝也有類似的合併州縣的舉動，但成效不大。

南北朝官制混亂的另一個「重災區」是軍制。亂世重兵，軍隊規模擴大，軍官群體也日益壯大。軍銜自然「水漲船高」，總趨勢是越定越高、越任命越多。

秦漢時期，「將軍」名號是極寶貴、極罕見的，一般授予重要方面的主將、功勳卓著的宿將或者掌管大軍的權臣。絕大多數將領也就是「中郎將」、「校尉」等。從東漢亂世開始，「將軍」名號開始貶值，獲封將軍或者自封將軍的越來越多。到了南朝，將軍就氾濫成災了。劉宋因為戰爭頻繁，設置了許多將軍號，且突破了文武之分，高官要職紛紛兼帶將軍號。一些壓根不統兵的官職，也帶上了將軍號，只為提高地位而已。至於地方軍政首長，大多封將稱號。如果刺史或者太守，沒有得到將軍封號，就是「單車刺史」、「白板太守」，意思是沒有實權。這個現象，在南北朝各個政權中都存在。劉宋將軍的尊卑高低，以「四征」（征東將軍、征西將軍、征南將軍、征北將軍）、「四鎮」（鎮東、鎮西、鎮南、鎮北）、「四安」、「四平」為序，最貴重者為征東將軍。特別尊貴的，則加「大」字，如某某大將軍，又在一般將軍之上。而最大最貴的則是沒有具體名號的「大將軍」，不是授予元勛名臣，就是授予把持朝政的權臣。除此之外的其他將軍，比如漢朝、三個時期相當貴重的驃騎將軍、車騎將軍、左右前後四將軍等，又比如新出現的鎮國將軍、安國將軍、蕩寇將軍、鷹揚將軍、撫軍將軍等，都被稱為「雜號將軍」，不是授予一般的將領，就是作為官員的兼職。

南齊時期，「領軍將軍」、「中領軍」、「護軍將軍」、「中護軍」四個名號異軍突起，重於其他將軍。其中的原因就是他們統率京畿地區的中央軍，包括各支皇家衛隊和駐屯首都附近的正規軍。他們控制了皇宮和首都，且部隊裝備好、待遇好，優於其他軍隊，頗為其他將軍側目。南梁時期，軍銜更趨混亂。據統計，南梁的將軍號竟有三百六十五個之多。

南北朝還有「以軍代政」的趨勢。大變亂時代，常常只有統兵的實權人物才能鎮撫地方。所以，各個政權也就任命將領們為地方藩鎮。這個戰時和戰後尤其明顯，往往是誰攻佔了某地，就任命誰為太守、刺史。平時，各朝也以將軍為都督，督一郡數郡，同時兼任所在地的刺史或太守，治軍又領民。比如劉宋時沈攸之就曾擔任荊州刺史，都督荊、襄、雍、益、梁、寧、南北秦等八州諸軍事；陳霸先曾為揚南徐三州刺史，都督中外諸軍事。同時，有的將軍還加了「持節」的名號，像使節一樣擁有節杖，被稱為「持節將軍」。其中又有什麼奧妙呢？

名稱不同，權力不同。拿都督來說，「都督諸軍」為上，「監諸軍」為次，「督諸軍」為下。持節將軍以「使持節」為上，「持節」為次，「假節」為下。「持節」意味著有先斬後奏的權力，但使持節有權殺二千石以下的官員，持節有權殺平民，假節只能誅殺觸犯軍令的人。都督諸軍也好，持節也好，本質上也是臨時處置，不是正式官職，而是差遣，是「臨時工」。但因為有了差遣後位高權重，人人都爭著做這樣的「臨時工」。

# 附錄：南北朝年譜

**四二〇年（宋永初元年）**劉裕廢晉恭帝自立，國號宋，史稱劉宋，劉裕就是宋武帝。南朝開始。

**四二二年（宋永初三年，北魏泰常九年）**
宋武帝劉裕病逝，太子劉義符繼位，是為宋少帝。
北魏南侵，奪取河南、山東部分地區。

**四二三年（北魏泰常八年）**
北魏拓跋燾登基，史稱太武帝。
太武帝信用道士寇謙之，於平城起天師道場，道教大盛。
北魏築長城，東西二千餘里，以防柔然。

**四二四年（宋景平二年）**宋少帝被大臣們廢殺，劉義隆繼位，是為宋文帝。

**四二六年（宋元嘉三年）**宋文帝誅殺權臣徐羨之、傅亮。謝晦據荊州造反，兵敗而死。

**四二九年（北魏神麚二年）**太武帝拓跋燾大敗柔然。柔然人南附者數十萬人，餘部北遁。柔然元氣大傷。

**四三〇年（宋元嘉七年）**劉宋北伐，失利而返。

**四三一年（北魏神麚四年）**大夏滅西秦，北魏攻夏，夏主赫連定西遷，為吐谷渾所俘送魏，夏亡。

**四三六年（北魏太延二年）**北魏滅北燕。

**四三九年（北魏太延五年）**

太武帝拓跋燾滅北涼，北魏基本統一北方，十六國結束。北朝開始。

南北朝對峙局面形成。

**四四四年（北魏太平真君五年）**太武帝下詔禁私養沙門、巫覡，不得私立學校。

**四四五年（北魏太平真君六年）**北方蓋吳起義，反抗北魏的民族壓迫。

**四四六年（北魏太平真君七年）**太武帝納崔浩言，禁佛教，毀經像、塔寺，坑殺僧人。

**四四九年（北魏太平真君十年）**太武帝大破柔然，收人戶畜產百餘萬。柔然從此衰落。

**四五〇年（宋元嘉二十七年，北魏太平真君十一年）**

太武帝以修史「暴揚國惡」的罪名，殺司徒崔浩。

劉宋王朝幾乎傾盡全國之力發動元嘉北伐，計畫收復黃河以南失地，戰敗。

太武帝率大軍南進瓜步，揚言渡江，建康大震。魏軍到處燒殺，所過之處皆成赤地。

**四五一年（宋元嘉二十八年）**正月，魏軍北撤，圍攻盱眙，宋將臧質堅守。盱眙保衛戰打響，魏軍戰敗。

**四五二年（宋元嘉二十九年，北魏正平元年）**

北魏中常侍宗愛殺太武帝。

宋文帝聞魏太武帝死，遣蕭思話等攻魏，無功而還。

**四五三年（宋元嘉三十年）**太子劉劭殺宋文帝自立。劉駿起兵攻殺劉劭，被擁戴為孝武帝。

**四五七年（宋大明元年）**南宋實行土斷，流寓之人編入當地戶籍。

**四五九年（宋大明三年）**孝武帝與竟陵王劉誕相忌。劉誕在廣陵舉兵，孝武帝命沈慶之破城。劉誕被殺。

**四六〇年（北魏和平元年）**

柔然攻高昌，以闞伯周為高昌王，高昌稱王始於此。

雲岡石窟大約從本年起開鑿，至太和十八年（四九四年）完成。

**四六二年（宋大明六年）**祖沖之奏上《大明曆》。祖沖之推算圓周率，在3.1415926與3.1415927之間，其圓周率之精密在世界上為最早。

**四六四年（宋大明八年）**宋孝武帝死。太子劉子業即位，是為前廢帝。

**四六五年（北魏和平六年，宋泰始元年）**

魏獻文帝拓跋弘即位，年僅十二歲，丞相乙渾專權。

前廢帝殺戴法興，又殺劉義恭、柳元景、顏師伯等。朝野人人自危。江州刺史晉安王劉子勳起兵。湘東王劉彧等殺廢帝。湘東王即位，是為明帝，改元泰始。

**四六六年（北魏天安元年）**馮太后臨朝稱制，立郡學，置博士、助教、生員。

**四七一年（北魏皇興五年，宋泰始七年）**北魏獻文帝喜佛道，傳位於太子拓跋宏。拓跋宏即位，是為孝文帝。

**四七二年（宋泰豫元年）**宋明帝死。太子劉昱即位，是為後廢帝。

**四七六年（北魏延興六年）**北魏馮太后稱太皇太后，再次臨朝稱制。

**四七七年（宋元徽五年）**後廢帝劉昱被殺，劉準繼位，是為宋順帝。蕭道成開始攬權。

**四七九年（齊建元元年）**蕭道成迫宋順帝禪位，宋亡。蕭道成稱帝，國號齊，是為齊高帝。

**四八二年（齊建元四年）**齊高帝死，太子蕭賾即位，是為齊武帝。

**四八四年（北魏太和八年）**北魏開始施行「班祿」，每戶增調帛三匹、穀二斛九斗，以供百官之祿；另增調外帛二匹。給祿之後，官吏贓滿一匹者死。

**四八五年（齊永明三年）**南方唐寓之暴動。

**四八五年（北魏太和九年）**北魏頒行均田制。

**四八六年（齊永明四年，北魏太和十年）**

唐寓之攻佔錢塘，稱帝，國號吳。

北魏改宗主督護為三長制。

**四九三年（北魏太和十七年）**孝文帝藉口南征，率軍遷往洛陽。

**四九四年（北魏太和十八年）**

北魏朝廷正式從平城遷都洛陽。孝文帝詔禁士民胡服，開始大規模漢化。

洛陽龍門石窟約從本年起開鑿。

**四九五年（北魏太和十九年）**

北魏禁止在朝廷講鮮卑語；禁止遷洛代人還葬北方。

北魏在洛陽立國子、太學、四門、小學，推廣漢化教育。

**四九六年（北魏太和二十年）**北魏定族姓，改皇室拓跋氏為元氏，其餘鮮卑諸姓均改為漢姓。

鮮卑八姓與漢四大姓同等。

**五〇〇年（齊永元二年）**雍州刺史蕭衍在襄陽起兵。

祖沖之死，生前首次把圓周率準確數值推算到小數點後七位數。

**五〇一年（齊永元三年）**齊南康王蕭寶融在江陵即位，是為齊和帝。

蕭衍攻入建康，東昏侯蕭寶卷被殺。

**五〇二年（梁天監元年）**蕭衍為梁公、梁王，殺齊明帝諸子。蕭衍推翻齊朝稱帝，國號梁，是為梁武帝。

**五〇三年（北魏景明四年）**北魏攻克淮河防線重鎮義陽。

**五〇五年（梁天監四年）**十月，梁武帝任命臨川王蕭宏統領大軍北伐。第二年大敗而返。

**五〇七年（梁天監六年）**魏軍圍攻鍾離，鍾離保衛戰爆發。梁軍大勝魏軍。

范縝發表《神滅論》。

**五一五年（北魏延昌四年）**北魏孝明帝元詡立，胡太后臨朝稱制。

**五一六年（梁天監十五年）**梁築浮山堰城，引淮水灌壽陽。秋，堰壞，沿淮城戍村落十餘萬口漂流入海。

**五二〇年（北魏神龜三年）**元叉、劉騰發動政變，殺死清河王元懌，幽禁胡太后。

**五二三年（北魏正光四年）**北魏懷荒鎮民起義。破六韓拔陵率沃野鎮兵民起義，殺鎮將。六鎮起義開始。

**五二五年（北魏正光六年、南梁普通六年）**

胡太后發動政變，誅殺元叉，重新掌權。

北魏徐州刺史元法僧以彭城投降南梁。梁軍北上，後因主帥蕭綜叛逃而大敗。

**五二七年（梁普通八年）**梁武帝蕭衍在同泰寺出家為僧，三日後返回。此後二十年，蕭衍又三次出家，大臣用鉅金贖回。

**五二八年（北魏武泰元年）**

胡太后毒殺元詡，並扶持小皇帝元釗。

爾朱榮以為元詡報仇為名起兵，殺胡太后及元釗，並在河陰屠戮文武百官，史稱「河陰之變」。

爾朱榮在鄴城大敗葛榮，降服百萬起義軍。葛榮遇害。

**五二九年（梁中大通元年）**北魏北海王元顥在梁軍扶持下稱帝。梁軍一度攻克洛陽，旋即被爾朱榮大敗。元顥被殺。

**五三〇年（北魏永安三年）**

元子攸殺爾朱榮，爾朱榮餘黨攻陷洛陽，殺元子攸。

爾朱家族先擁立元曄為帝，後又逼元曄禪位給元恭。

**五三一年（北魏普泰元年）**大將高歡起兵討爾朱氏，立元郎為帝。

**五三二年（北魏普泰二年）**高歡廢元恭及元郎，立元修為帝，自為大丞相。元修就是孝武帝。

**五三四年（北魏永熙三年）**

高歡舉兵向洛陽，孝武帝奔關中，依附大將宇文泰。

高歡入洛陽，立元善見為帝，是為東魏孝靜帝，東魏遷都於鄴。

閏十二月，宇文泰毒殺孝武帝，立元寶炬為帝，是為西魏文帝，都長安。

北魏分裂為東西兩魏。

**五三五年（西魏大統元年）**西魏丞相宇文泰定新制二十四條。蘇綽制定公文格式及計帳、戶籍之法。

**五三七年（西魏大統三年）**宇文泰在沙苑大敗高歡，史稱「沙苑之戰」。

**五三八年（西魏大統四年）**東魏與西魏在洛陽周邊大戰，史稱「河橋—邙山之戰」或者「河陰之戰」。

**五四一年（西魏大統七年）**西魏宇文泰在蘇綽、盧辯等人相助下開始改革。

**五四三年（西魏大統九年、東魏武定元年）**西魏與東魏在河橋、邙山地區再次大戰，史稱「邙山之戰」。

**五四七年（東魏武定五年）**

東魏高歡死，子高澄嗣位。孝靜帝被高澄幽禁。

侯景叛亂，試圖割據河南，同時「歸降」西魏和南梁。南梁出兵支援侯景，西魏出兵蠶食河南州縣。

楊衒之撰《洛陽伽藍記》。

**五四八年（梁太清二年）**南方爆發侯景之亂。侯景於壽陽起兵反梁，渡江直入建康，圍臺城。

**五四九年（梁太清三年）**

侯景陷臺城，梁武帝蕭衍死，侯景立蕭綱為帝，是為簡文帝。

陳霸先在嶺南起兵，討伐侯景。

**五五〇年（北齊天保元年，西魏大統十六年，南梁大寶元年）**

高洋廢東魏孝靜帝，自立為帝，國號齊，都鄴，史稱北齊。高洋就是齊文宣帝。

西魏宇文泰創立府兵制。

湘東王蕭繹發布檄文，討伐侯景

**五五一年（梁大寶二年）**侯景廢簡文帝，立蕭棟，很快又廢棟自立，國號漢。

**五五二年（梁承聖元年）**

王僧辯、陳霸先克建康，侯景東逃。

蕭繹在江陵即位，是為梁元帝，向西魏稱臣。

**五五三年（西魏廢帝二年）**西魏攻佔益州。

**五五四年（西魏恭帝元年）**西魏陷江陵，梁元帝蕭繹被殺。

**五五五年（梁紹泰元年）**

蕭詧在江陵稱帝，稱藩西魏，史稱後梁。這是西魏的傀儡政權，領土只有江陵附近幾個縣。

北齊強迫王僧辯在建康擁戴蕭淵明為帝。陳霸先起兵討伐，殺死王僧辯。蕭淵明退位。

陳霸先擁戴蕭方智登基，蕭方智就是梁敬帝。

**五五六年（西魏恭帝三年，梁太平元年）**

陳霸先大敗南侵的齊軍。

西魏仿《周禮》建六官。

宇文泰死，世子宇文覺嗣，侄宇文護統理軍國事。

歲末宇文護迫魏恭帝禪位給宇文覺，西魏亡。

**五五七年（北周孝閔帝元年、梁太平二年）**

宇文覺稱天王，是為孝閔帝，北周建國。

宇文護廢宇文覺，立宇文毓為天王，是為明帝。

陳霸先代梁稱帝，國號陳，是為陳武帝。

**五五九年（陳永定三年、齊天保十年）**

陳霸先病逝，侄子陳蒨繼位，是為陳文帝。

高洋病死，長子高殷繼位。

**五六〇年（北周武成二年、北齊乾明元年）**

宇文護廢明帝，立宇文邕為帝，是為周武帝。

高殷被廢為濟南王，叔叔高演即位，是為孝昭帝。

**五六一年（北齊皇建二年）**高演病逝，傳位九弟高湛，是為武成帝。

**五六四年（北齊河清三年）**北齊頒新律令，又重新頒布均田令。

**五六五年（北齊河清四年）**高湛傳位於太子高緯，自為太上皇帝。高緯就是齊後主。

**五六六年（陳天康元年）**陳文帝逝世，長子陳伯宗即位，是為廢帝。

**五六八年（陳光大二年）**陳伯宗被廢為臨海王，叔叔陳頊即位，是為陳宣帝。

**五七四年（北周建德三年）**周武帝宇文邕禁佛、道兩教，毀棄經像，強令和尚、道士還俗。

**五七五年（北周建德四年）**北周大舉攻齊，因周武帝急病退兵。

**五七六年（北周建德五年）**周武帝率兵再次攻齊，在平陽打垮齊軍主力。周軍攻破晉陽。

**五七七年（北周建德六年）**周軍攻破北齊首都鄴城。北齊滅亡。

**五七八年（北周建德七年）**周武帝死，太子宇文贇繼位，是為宣帝。

**五七九年（北周大成元年）**周宣帝傳位於太子宇文闡，是為靜帝。

**五八〇年（北周大象二年）**楊堅總國政，先後平定起兵反抗他的相州總管尉遲迥、鄖州總管司馬消難、益州總管王謙。

**五八一年（隋開皇元年）**

楊堅接受宇文闡禪位，建立隋朝，年號開皇。楊堅就是隋文帝。

隋軍伐陳，未能突破長江防線，於第二年撤回。

**五八二年（陳太建十四年）**陳宣帝死，陳叔寶繼位，是為陳後主。

**五八三年（隋開皇三年）**突厥大軍殺入長城以南劫掠，遭到隋軍反擊。

**五八七年（隋開皇七年）**楊堅徵召西梁皇帝蕭琮入朝。西梁滅亡。

**五八八年（隋開皇八年）**三月，隋文帝楊堅任命楊廣為主帥伐陳，統一大戰爭開始。

**五八九年（隋開皇十九年）**正月，隋軍攻破建康，陳叔寶投降。陳朝滅亡。

# 參考文獻


◉李延壽．南史．北京：中華書局，一九九七

◉魏收．魏書．北京：中華書局一九九七

◉沈約．宋書．北京：中華書局二〇〇九

◉蕭子顯．南齊書．北京：中華書局一九九五

◉姚思廉．梁書．北京：中華書局二〇〇三

◉魏徵等．隋書．北京：中華書局一九九六

◉程應鏐著．南北朝史話．北京：北京出版社一九七九

◉周一良、鄧廣銘等著．中國歷史通覽．上海：東方出版中心一九九四

◉吳小如主編．中國文化史綱要．北京：北京大學出版社二〇〇一

◉沈起煒著．細說兩晉南北朝．上海：上海人民出版社二〇〇二

◉張程著．禪讓．北京：線裝書局二〇〇七

◉鄒紀萬著．魏晉南北朝史．北京：九州出版社二〇〇九

◉陳　羨著．悠悠南北朝——三國歸隋的統一路．重慶：重慶出版社二〇〇九

◉吳小如主編．中國文化史綱要．北京：北京大學出版社二〇〇一

◉陳　英著・北魏孝文帝遷都洛陽及漢化心理剖析・甘肅：甘肅社會科學二〇〇五（2）
◉葛劍雄著・蓋世英雄還是千古罪人——元（拓跋）宏及其遷都和漢化・讀書一九九六（5）
◉傅義漢著・從太子詢被殺看北魏的遷都鬥爭・大同職業技術學院學報二〇〇三（9）
◉陳　爽著・世家大族與北朝政治・世家大族與北朝政治・北京：中國社會科學出版社
一九九九
◉陳　爽著・河陰之變考論・《中國社會科學院歷史研究所學刊》第四集・北京：商務印書館
二〇〇七

# 大地叢書介紹

**作者：張雲風**
**定價：280 元**

長篇歷史小說《蘭陵王傳奇》，講述了一個傳奇的悲劇故事，塑造了一個傳奇的悲劇人物形象。蘭陵王屬於皇族王子中的「另類」， 身上具有很多有別於其他皇族王子的優良品質。這個藝術形象，像是漆黑夜空的一顆流星，用耀眼的光芒在天宇劃出一條美麗的亮線，瞬間隕滅。流星很亮很美，但不能也不可能改變漆黑夜空的漆黑性質，給予人的只是剎那間的驚詫、驚異、驚奇，並留下美好的回憶、回想、回味。「悲劇將人生的有價值的東西毀滅給人看。」蘭陵王的悲劇在於生不逢時，濁世醉世，使他只活了三十二歲， 就被封建專制制度、北齊一夥丑類「毀滅」 了。人類社會發展進程，從總體上說是真善美不斷戰勝假惡醜的過程。但在一個特定時期裡，一個局部範圍內，假惡醜也是會戰勝真善美並壓制住真善美的。閱讀這部小說，可以得到這樣的警示。

# 大地叢書介紹

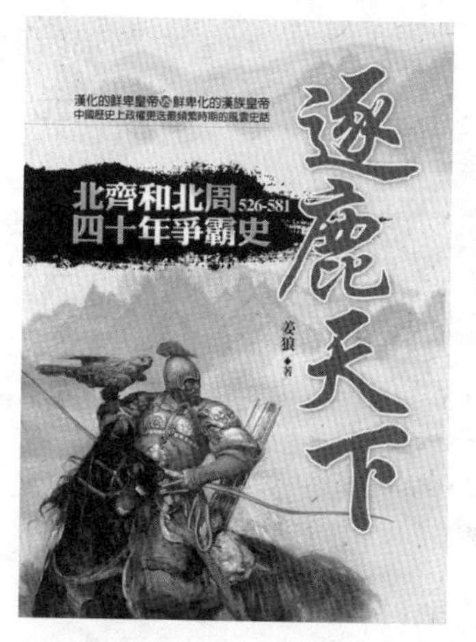


**作者：姜狼**
**定價：320 元**

## 漢化的鮮卑皇帝 VS 鮮卑化的漢族皇帝
## 中國歷史上政權更迭最頻繁時期的風雲史話

西元六世紀初時，曾威震天下的北魏帝國在內憂外患的打擊下，最終徹底崩潰，只留下一堆華麗的歷史碎片。千里北方大地上，狐兔狂奔，胡沙漫天，各路軍閥勢力為了獲得北方天下的統治權，大打出手。

真正從群雄中殺出重圍的，是鮮卑化的漢人高歡和鮮卑化的匈奴人宇文泰，震撼歷史的雙雄爭霸拉開了序幕，此後，河橋之戰、沙苑之戰、邙山之戰、玉壁之戰，歷史銘刻了屬於他們的驕傲。

一切總會被時間終結，但幸運的是，在高歡和宇文泰的子孫們的堅持下，脱胎於東魏的高氏北齊帝國，和脱胎於西魏的宇文氏北周帝國，延續著父輩的熱血與鐵血，上演了一齣齣精彩的攻防戰。

但讓他們都沒想到的是，他們並不是最終的勝利者。笑到最後的，却是一個名叫普六茹那羅延的漢人，他就是楊堅。

歷史總是充滿著不可預知的神秘色彩。

# 大地叢書介紹

**作者：姜狼豺盡**
**定價：280 元**

在中國歷史上，漢唐之後各經歷了一次大分裂時期。一次是漢朝之後極為著名的三國，唐朝之後是五代十國，五代十國和三國的歷史軌跡極為相似，但和三國的歷史知名度相比，五代十國則有些沒沒無聞。

但對於現代中國而言，五代十國的歷史意義遠在三國之上。晉高祖石敬瑭為一己之私，悍然出賣北方戰略屏障燕雲十六州，致使中原無險可守，受制於強悍的游牧民族。漢族政權兩次亡天下，極大地改變了中國歷史的進程。

五代是指唐朝滅亡後、宋朝建立前，在中原地區存在的五個政權：朱溫建立的梁，李存勖建立的唐，石敬瑭建立的晉，劉知遠建立的漢，郭威建立的周。在歷史上，這五個短命小朝廷都被視為正統；五代之後是宋、元、明、清、中華民國、中華人民共和國。

正史皆以五代為正統，十國只是附於五代，知名度相對更低。不過要是提及一個人物，想必大家都會恍悟。中國詞史上的開山鼻祖李煜，正是五代後期十國之一的南唐末代皇帝。「問君能有幾多愁，恰似一江春水向東流」之後沒多長時間，李煜便被宋太宗趙光義下藥毒死，只留下一闕闕帶著歷史血腥味的詞章，無言地在向歷史陳說李煜的悲劇。

十國是指楊行密建立的吳，李昪建立的南唐，錢鏐建立的吳越，王建建立的前蜀，孟知祥建立的後蜀，馬殷建立的楚，高季興建立的荊南，劉隱建立的南漢，王審知建立的閩以及劉崇在今山西建立的北漢。這還沒有包括劉守光建立的燕政權，李茂貞建立的岐政權，周行逢建立的湖南政權，留從效和陳洪進建立的清源軍，張氏和曹氏在大西北建立的歸義軍，以及契丹貴族耶律阿保機建立的遼，在雲貴高原一帶的大理政權。

五代十國存在的時間長短雖然和三國大抵相當，但這一時期政權遠多於三國，所以過程之曲折、鬥爭之殘酷、命運之無常，讓歷史都為之震撼。歷史總是這樣，驚心動魄之後，是無限的感慨……

# 大地叢書介紹

**作者：張程**

**定價：320 元**

魏晉南北朝（西元220年—589年），是中國歷史上一段分裂的時期。這個時期由220年曹丕強迫東漢漢獻帝禪讓，建立曹魏開始，到589年隋朝滅南朝陳重新統一結束，共400年。可分為三國時期、西晉時期（與東晉合稱晉朝）、東晉與十六國時期、南北朝時期。另外位於江南，全部建都在建康（孫吳時為建業，即今天的南京）的孫吳、東晉、南朝的宋、齊、梁、陳等六個國家又統稱為六朝。

189年漢靈帝死後，東漢長期混亂，誕生了曹魏、蜀漢、孫吳三國。到後期曹魏逐漸被司馬氏取代，265年被西晉取代。263年蜀漢亡於魏，280年孫吳亡於晉，三國最後由晉朝統一。

魏：是指曹丕建立的魏國，屬三國時期朝代，與蜀、吳三國鼎立。

晉：即指司馬炎建立的西晉。

西晉皇朝短暫的統一，於八王之亂與五胡亂華後分瓦解，政局再度混亂。在304年因為成漢與劉淵的立國，使北方進入五胡十六國時期。316年西晉亡於匈奴的劉曜後，司馬睿南遷建康建立東晉，南北再度分立。東晉最後於420年被劉裕篡奪，建立南朝宋，南朝開始，中國進入南北朝時期。然而北朝直到439年北魏統一北方後才開始，正式與南朝宋形成南北兩朝對峙。

# 大地叢書介紹

**作者：醉罷君山**
**定價：320 元**

西元前三世紀，秦王朝的暴政天下大亂，使得秦王朝以短時間滅亡，起而代之的是由漢高祖劉邦所創立的漢王朝。

西漢（前206年 ～ 9年），與東漢合稱漢朝。西元前206年劉邦被西楚霸王分封為漢王，而後經過歷時四年的楚漢戰爭，劉邦取勝後，西元前202年最終統一天下稱帝，建國號為「漢」，定都長安。史稱西漢。至西元9年1月10日王莽稱帝，改國號為新，西漢滅亡，一共210年。

劉邦一統天下建立漢王朝，自此帝國進入一個長期的空前繁榮，由文景之治到漢武帝，文治武功達到巔峰。

西漢極盛時的疆域東、南到海，西到今巴爾喀什湖、費爾干納盆地、蔥嶺一線，西南到今雲南、廣西以及今越南中部，北接大漠，東北至今朝鮮半島北部。

項羽以「巴蜀漢中四十一縣」封劉邦，以治所在漢中稱「漢王」，稱帝後遂以封地名為王朝名。又劉邦都城長安位於劉秀所建漢王朝都城洛陽之西，為加以區別，故史稱「西漢」。而劉邦建立的漢王朝在劉秀所建漢王朝之前，因此歷史上又稱前者為「前漢」。

# 大地叢書介紹

**作者：姜狼**
**定價：250 元**

三國時代從東漢末年算起，長不過百年，卻英雄紛起，豪傑遍地。一代風流才子蘇東坡迎風高唱：「大江東去，浪淘盡，千古風流人物。」

雖然三國是漢末唐初三百年天下大亂的開始，但畢竟就整個歷史發展階段而言，三國處在了歷史上升時期。三國是亂世，不過卻亂得精彩，因此三國熱自然就歷久不衰。

也許是受到了《三國演義》的影響，我們心中的那個近乎完美的三國，更多的是指西元184年東漢黃巾起義以來，到西元234年諸葛亮病逝五丈原，這五十年的精彩歷史。尤其是東漢末年那二十多年時間，幾乎包攬了三國歷史最精華的部分。比如孫策平江東、官渡之戰、三顧茅廬、赤壁之戰、借荊州、馬超復仇、劉備入蜀，失荊州、失空斬、星落五丈原等。

其實要從嚴格意義上來講，三國真正開始於西元220年曹丕代漢稱帝，曹操、孫策、袁紹、呂布、劉表、荀彧、荀攸、龐統、法正、郭嘉、周瑜、魯肅、呂蒙、關羽都是東漢人。

三國之氣勢，足以傾倒古今，嘗臨江邊，沐浩蕩之風煙，歎一身之微渺；慕鳥魚之暢情，悲物事之牽錮。滾滾長江東逝水，浪花淘盡英雄……

南北朝原來是這樣 / 張程著. -- 一版.-- 臺北市：
大地, 2013.10
面： 公分. --（History：60）

ISBN 978-986-5800-04-8（平裝）

1. 南北朝史 2. 通俗史話

623.4 102019637

# 南北朝原來是這樣

HISTORY 060

作　　者：張程
發 行 人：吳錫清
主　　編：陳玟玟
出 版 者：大地出版社
社　　址：114台北市內湖區瑞光路358巷38弄36號4樓之2
劃撥帳號：50031946（戶名 大地出版社有限公司）
電　　話：02-26277749
傳　　眞：02-26270895
E - mail：vastplai@ms45.hinet.net
網　　址：www.vastplain.com.tw
美術設計：普林特斯資訊股份有限公司
印 刷 者：普林特斯資訊股份有限公司
一版一刷：2013年9月

定　　價：320元